管理科学与工程系列精品教材
南京航空航天大学"十四五"规划教材

项目计划与控制

楚岩枫　马相林　马丽娜　沙　颖　编著

电子工业出版社
Publishing House of Electronics Industry
北京·BEIJING

内 容 简 介

本书参考美国项目管理协会(PMI)的《项目管理知识体系(PMBOK)指南》和国际项目管理协会(IPMA)的《项目管理知识体系与要点》，系统地介绍了项目计划与控制的理论与方法。全书共 10 章，主要包括项目管理概述、项目计划与控制概述、项目进度计划与资源均衡、项目采购规划、项目成本计划与质量计划、项目实施与控制管理、项目组织与项目团队、项目冲突管理、战略性项目管理及项目结束与后评价等内容。本书每一章后均有能力测试题及案例分析，将原理方法和案例有机结合，使读者快速理解知识点，并提高读者的实际应用能力。

本书可作为高等院校经济类、管理类、工程类等专业的本科生、专业硕士研究生教材，也可供各类项目管理人员、项目工程技术人员学习参考。

未经许可，不得以任何方式复制或抄袭本书之部分或全部内容。
版权所有，侵权必究。

图书在版编目(CIP)数据

项目计划与控制 / 楚岩枫等编著. — 北京：电子工业出版社，2024.4
ISBN 978-7-121-47589-4

Ⅰ.①项… Ⅱ.①楚… Ⅲ.①工程项目管理 Ⅳ.①F284

中国国家版本馆 CIP 数据核字(2024)第 063151 号

责任编辑：王二华
特约编辑：角志磬
印　　刷：三河市龙林印务有限公司
装　　订：三河市龙林印务有限公司
出版发行：电子工业出版社
　　　　　北京市海淀区万寿路 173 信箱　　邮编：100036
开　　本：787×1092　1/16　　印张：16.25　　字数：395.2 千字
版　　次：2024 年 4 月第 1 版
印　　次：2025 年 8 月第 2 次印刷
定　　价：52.00 元

凡所购买电子工业出版社图书有缺损问题，请向购买书店调换。若书店售缺，请与本社发行部联系，联系及邮购电话：(010)88254888，88258888。

质量投诉请发邮件至 zlts@phei.com.cn，盗版侵权举报请发邮件至 dbqq@phei.com.cn。
本书咨询联系方式：wangrh@phei.com.cn。

前　　言

项目管理的核心是以计划为基础，以控制为手段。项目计划是项目组织根据项目目标的规定，对项目实施工作进行的各项活动做出的周密安排，是项目管理的职能之一，是项目实施的基础。由于项目计划工作面临许多不确定性，在实施过程中又面临多种因素的干扰，因此在项目按计划实施的过程中，项目的进展可能会偏离预期轨道，这就需要进行项目控制。项目控制是指项目管理者根据项目进展的状况，对比原计划（或既定目标），找出偏差、分析原因、研究纠偏对策，并实施纠偏措施的全过程。

本书在内容选取和组材上宏观而不空洞，微观而不烦琐，使读者既理解了项目计划与控制的本质，又培养了项目计划与控制的应用能力。这种管理理念和管理能力正是中国项目管理实践者最需要的。本书具有以下4个特点。

（1）理论上的先进性。本书力求将国内外最新的项目计划与控制理论和实践收集在书中，向读者展示本领域的前沿思想。

（2）内容上的普遍性。本书以共性的项目管理知识体系为主，不限定项目类型。

（3）结构上的完整性。本书从管理者角度出发，从提高管理者的理论水平和实践能力双重需要出发，以计划为基础，以控制为手段，力求向读者展示一个完整的项目计划与控制过程。

（4）教学上的实用性。本书每章在介绍项目计划与控制的理论和方法后引入教学案例，将项目计划与控制的理论方法和案例有机结合起来，同时在每章后设置了能力测试题，使读者能较快地理解知识点，并锻炼应用能力。为了便于教学，本书还准备了教学用的电子课件和能力测试题答案，以本书作为教材的教师可与出版社联系，免费获得这些教学资源。

本书是应电子工业出版社之约，面向全日制专业学位硕士研究生、MBA、MEM等非全日制硕士研究生，以及高年级本科生而编写的项目管理教材。全书由南京航空航天大学经济与管理学院楚岩枫负责设计、编写和定稿工作，其中第3、4、5、6、7章由南京工程学院马相林编写，第8章由吉林大学马丽娜编写，南京航空航天大学硕士研究生高晋刚参与了案例的编写与全书的校对工作。

在本书的编写过程中，我们参考了大量的国内外有关文献资料，书末附有主要参考文献，对所借鉴成果的作者表示感谢！对于由于疏忽未在参考文献中列出的，在这里一并表示感谢！在本书的策划与设计过程中，我们得到了电子工业出版社王二华编辑的大力支持，对他的辛勤工作表示衷心感谢！

由于作者水平有限，书中的缺点和不足在所难免，殷切期望有关专家和广大读者批评指正。

楚岩枫
2023年7月

目 录

第1章 项目管理概述 …… 1
1.1 项目与项目生命周期 …… 1
1.1.1 项目的定义与特点 …… 1
1.1.2 项目生命周期理论 …… 2
1.1.3 特殊类型项目的生命周期模型 …… 5
1.2 项目管理与项目管理的发展趋势 …… 7
1.2.1 项目管理的概念及特点 …… 7
1.2.2 项目管理与运作管理 …… 9
1.2.3 项目管理的历史、现状 …… 10
1.2.4 项目管理的发展趋势 …… 11
1.3 项目管理成熟度 …… 12
1.3.1 能力成熟度 …… 12
1.3.2 项目管理成熟度模型 …… 14
本章小结 …… 17
能力测试题 …… 17
案例分析 …… 18

第2章 项目计划与控制概述 …… 21
2.1 项目计划概述 …… 21
2.1.1 项目计划 …… 21
2.1.2 项目计划的目的及作用 …… 22
2.1.3 项目计划的原则 …… 22
2.1.4 项目基准计划与项目基线 …… 23
2.2 项目计划的形式与内容 …… 23
2.2.1 项目计划的形式 …… 23
2.2.2 项目计划的内容 …… 24
2.2.3 项目计划管理中的常见问题 …… 28
2.3 项目计划过程 …… 29
2.3.1 项目计划开始前的准备 …… 29
2.3.2 项目计划的步骤 …… 29
2.4 项目控制概述 …… 30
2.5 项目控制类型 …… 31
2.6 项目控制过程 …… 32
本章小结 …… 35
能力测试题 …… 35
案例分析 …… 37

第3章 项目进度计划与资源均衡 …… 38
3.1 项目进度计划 …… 38
3.1.1 项目目标与项目分解 …… 38
3.1.2 项目工作(活动)依赖关系的确定 …… 40
3.1.3 项目工作时间的估计 …… 41
3.1.4 项目进度计划的制订 …… 42
3.1.5 网络计划技术概述 …… 45
3.1.6 计划评审技术 …… 58
3.1.7 CCPM制订项目进度计划 …… 64
3.1.8 可调控的项目进度计划方法 …… 66
3.2 项目资源计划 …… 66
3.2.1 项目资源的分类 …… 67
3.2.2 资源在项目计划中的影响 …… 67
3.2.3 项目资源的均衡 …… 67
3.3 工程案例分析 …… 76
本章小结 …… 77
能力测试题 …… 78
案例分析 …… 80

第4章 项目采购规划 …… 81
4.1 概述 …… 81
4.2 制订采购管理计划 …… 82
4.2.1 计划的输出 …… 83
4.2.2 自制或购买决策 …… 83
4.3 实施采购 …… 85
4.3.1 潜在供应商的来源 …… 85
4.3.2 潜在承包商的信息 …… 85
4.3.3 评估潜在供应商时使用的方法 …… 85
4.3.4 供应商选择 …… 86

4.4 合同类型 …………………………… 87
　　4.4.1 固定价格合同 ………………… 87
　　4.4.2 成本补偿合同 ………………… 88
　　4.4.3 人工费加原材料费合同 ……… 89
本章小结 …………………………………… 90
能力测试题 ………………………………… 90
案例分析 …………………………………… 92

第5章 项目成本计划与质量计划 …… 93
5.1 项目成本估算 …………………………… 93
　　5.1.1 成本类型 ……………………… 93
　　5.1.2 项目成本估算的常用方法 …… 95
　　5.1.3 项目成本估算应考虑的问题 … 98
5.2 项目成本预算 ………………………… 100
5.3 项目质量计划 ………………………… 102
　　5.3.1 项目质量的核心概念 ………… 102
　　5.3.2 制订质量管理计划 …………… 108
　　5.3.3 项目质量成本/收益分析 …… 110
　　5.3.4 项目质量目标的权衡分析 …… 110
5.4 工程案例分析——构皮滩水电站工程质量管理 …………………… 114
本章小结 ………………………………… 116
能力测试题 ……………………………… 117
案例分析 ………………………………… 119

第6章 项目实施与控制管理 ………… 120
6.1 项目实施与控制概述 ………………… 120
　　6.1.1 项目实施过程 ………………… 120
　　6.1.2 项目控制 ……………………… 121
6.2 项目进度控制 ………………………… 125
　　6.2.1 项目进度计划的实施 ………… 125
　　6.2.2 项目进度监控 ………………… 126
　　6.2.3 项目进度更新 ………………… 127
6.3 项目成本控制 ………………………… 132
　　6.3.1 项目成本控制内容和依据 …… 132
　　6.3.2 挣得值分析法 ………………… 133
6.4 项目质量控制 ………………………… 138
　　6.4.1 项目质量控制的特点 ………… 139
　　6.4.2 项目质量控制的工具和技术 ………………………………… 140
　　6.4.3 项目质量控制的层次 ………… 141
6.5 项目变更控制 ………………………… 144
　　6.5.1 项目变更概述 ………………… 144
　　6.5.2 项目变更控制 ………………… 145
6.6 工程案例分析——挣值管理在工程项目中的应用 ………………… 146
本章小结 ………………………………… 151
能力测试题 ……………………………… 152
案例分析 ………………………………… 153

第7章 项目组织与项目团队 ………… 155
7.1 项目组织对项目绩效的影响 … 155
　　7.1.1 项目组织的概念与特征 ……… 155
　　7.1.2 项目组织结构的形式 ………… 156
　　7.1.3 项目组织结构的选择 ………… 160
　　7.1.4 项目组织结构与项目绩效的关系 ………………………… 162
7.2 项目经理的领导力 …………………… 162
　　7.2.1 项目经理与职能部门经理 …… 163
　　7.2.2 项目经理的职责和权利 ……… 163
　　7.2.3 项目经理的挑选与能力要求 ………………………………… 164
　　7.2.4 项目经理如何领导项目团队 ………………………………… 166
7.3 高效项目团队的建设 ………………… 167
　　7.3.1 高效项目团队的特征 ………… 167
　　7.3.2 团队发展的阶段 ……………… 168
　　7.3.3 团队沟通 ……………………… 169
　　7.3.4 虚拟项目团队 ………………… 173
　　7.3.5 项目团队的激励与绩效管理 ………………………………… 176
7.4 创建项目文化 ………………………… 179
　　7.4.1 项目文化在工程项目管理中的作用 ………………………… 179
　　7.4.2 项目文化的结构及实践 ……… 180
7.5 工程案例分析——知识型团队成员的管理 …………………… 180
本章小结 ………………………………… 183
能力测试题 ……………………………… 183

　　　　案例分析 …………………………… 184

第8章　项目冲突管理 ………………… 186
　8.1　项目冲突的来源 …………………… 186
　　8.1.1　项目冲突概述 ………………… 186
　　8.1.2　项目冲突的来源 ……………… 187
　8.2　项目冲突的解决策略 ……………… 188
　　8.2.1　定性的项目冲突解决策略 …… 188
　　8.2.2　定量的项目冲突解决策略 …… 190
　8.3　项目生命周期的冲突管理 ………… 197
　8.4　工程案例分析 ……………………… 199
　　本章小结 ……………………………… 202
　　能力测试题 …………………………… 202
　　案例分析 ……………………………… 204

第9章　战略性项目管理 ……………… 205
　9.1　战略管理 …………………………… 205
　　9.1.1　战略管理的定义及特点 ……… 205
　　9.1.2　战略管理理论的发展 ………… 206
　9.2　战略性项目管理概述 ……………… 206
　　9.2.1　战略性项目管理——多项目管理的新阶段 ………………… 206
　　9.2.2　战略性项目管理的产生 ……… 208
　9.3　项目组合管理及项目群管理 …… 210
　　9.3.1　项目组合管理 ………………… 210
　　9.3.2　项目群管理 …………………… 214
　9.4　企业战略性项目管理模式 ……… 219
　　9.4.1　企业项目管理发展面临的困境 ……………………………… 219
　　9.4.2　企业战略与项目管理结合的必要性 ………………………… 219
　　9.4.3　企业战略性项目管理模型 … 220
　　本章小结 ……………………………… 223
　　能力测试题 …………………………… 224
　　案例分析 ……………………………… 226

第10章　项目结束与后评价 ………… 229
　10.1　项目结束 ………………………… 229
　　10.1.1　正常结束(竣工) …………… 229
　　10.1.2　非正常终止(下马) ………… 230
　10.2　项目后评价 ……………………… 231
　　10.2.1　项目后评价概述 …………… 231
　　10.2.2　项目后评价的主要内容 …… 234
　　10.2.3　项目后评价的方法 ………… 236
　10.3　工程案例分析 …………………… 241
　　本章小结 ……………………………… 245
　　能力测试题 …………………………… 245
　　案例分析 ……………………………… 247

参考资料 ………………………………… 249

第 1 章　项目管理概述

本章提要

人类的活动可以分为两类：一类是连续不断、周而复始的活动，称为"运作"；另一类是临时性的、一次性的活动，即"项目"。随着经济的不断发展和人们需求多样化程度的提高，项目对各类经济活动和人们的日常生活产生了越来越重要的影响。项目管理作为一种现代化管理方式，已经成为组织管理的重要组成部分，并影响组织的整体发展。在本章中，我们将学习项目管理的历史、现状和发展趋势；项目的定义、特点和项目利益相关者；项目生命周期各个阶段的划分、特点和主要内容；项目管理的概念、特点和基本职能；项目管理成熟度模型。

1.1　项目与项目生命周期

1.1.1　项目的定义与特点

1．项目的定义

项目是指人类临时性、一次性的活动。从广义上讲，项目就是在既定资源、技术经济要求和时间的约束下，为实现一系列特定目标的多项相关工作的总称。

在美国项目管理协会(Project Management Institute，PMI)所发布的项目管理知识体系(Project Management Body of Knowledge，PMBOK)中，项目是"为创造一种独特产品或服务而进行的暂时性努力"。国际标准化组织所颁布的 ISO 10006 将项目定义为"独特的过程，有开始时间和结束时间，由一系列相互协调、受控的活动组成，其实施是为了达到规定的目的，包括满足时间、费用和资源等约束"。

上述定义说明项目是一个有待完成的任务，有特定的环境和目标；在一定的组织、有限的资源和规定的时间内完成；满足一定的性能、质量、数量、技术、经济指标要求。

2．项目的特点

1) 目的性

任何项目都具有强烈的目的性，并通过明确的项目目标表现出来。项目目标一般由成果性目标和约束性目标组成。成果性目标是指项目的最终目标，在项目实施中需要将其转换为功能性要求或过程性要求，是项目全过程的主导目标。约束性目标又称限制条件，是指限制项目实施的客观条件和人为约束，因而是项目实施过程管理的主要目标。

2) 独特性

项目是一次性的任务，这意味着每一个项目都具有独特性，主要表现在目标、环境、条件、组织、过程等诸多方面。没有两个完全相同的项目。

3) 关联性

项目的关联性主要表现在两个方面：一是目标的关联性，即项目的主要目标，如质量、费用和时间之间存在着紧密的联系；二是实施活动的相互依赖性，即项目实施内部活动之间，以及项目活动和组织其他活动之间存在着相互作用，必须统筹安排、相互协作，才能高质高效地完成项目任务。

4) 冲突性

在项目的生命周期中总是充满冲突。在项目的规划阶段，常常需要在项目交付物性能、项目经费和时间等方面进行权衡；在项目的实施阶段，常常面临资源的变更与竞争；在项目的结束阶段，常会产生对项目评价的冲突。项目组成员之间，项目利益相关者之间的冲突贯穿项目始终。因此，与其他经理人相比，项目经理需要具备高超的解决冲突的技巧。

5) 生命周期性

项目是一个在有限时间内完成的任务，有开始时间和结束时间。一般项目都会经历概念、规划、实施和结束 4 个阶段，这个过程称为项目的"生命周期"。项目的生命周期表现为明显的规律性，如在概念阶段资源投入较少，在规划、实施阶段进展较快、资源投入较多，在结束阶段资源投入又趋于减少等。

1.1.2 项目生命周期理论

项目是一个动态的系统，它随时间而变化。从系统的观点看，项目系统始终处于变迁之中。但是，项目系统的变化不是任意的，而是遵从某种特定的模式。像所有生命有机体都会经历出生、成长、成熟、衰老和死亡这种明显的生命周期一样，项目也具有一定的生命周期性。在项目管理中，认识项目系统的生命周期特征十分重要。

1. 项目的生命周期性

项目是在一定时间内，在一定的资源成本约束下，为实现既定目标的一次性工作任务。每个项目都要经历从开始到结束的时间过程，在这一过程中，项目都要经历类似的几个阶段，这些阶段构成了项目的生命周期。

项目的生命周期可以分为 4 个阶段，即概念阶段、规划阶段、实施阶段、结束阶段。在不同的阶段中，项目管理的内容和重点各不相同。项目生命周期的 4 个阶段如图 1-1 所示。项目生命周期及其核心工作如表 1-1 所示。

应该引起注意的是，由于不同项目的规模、类型、复杂性等不同，因此阶段的划分和定义也会有所区别。例如，大型系统项目的生命周期分为概念定义与可行性研究、设计、生产试制、定型与投入运行、处置(报废或作为他用)等阶段；世界银行贷款项目的生命周期则分为项目选定、项目准备、项目评估、项目谈判、项目实施、项目后评价等阶段。但是可以肯定的是，

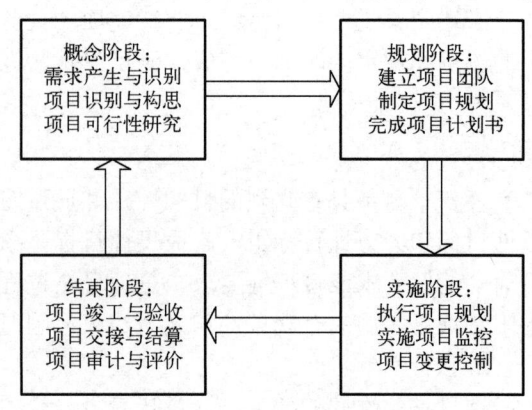

图 1-1 项目生命周期的 4 个阶段

不论怎样划分项目的阶段，都要对项目完成和限制的条件进行明确的规定，以便对项目的完成情况进行审查。

表 1-1 项目生命周期及其核心工作

概念阶段	规划阶段	实施阶段	结束阶段
明确需求	确定项目团队成员	建立项目组织	完成最终产品
调查研究，资料收集	明确项目范围	建立项目沟通机制	项目竣工与验收
项目识别	确定项目质量标准	实施项目激励机制	项目结算/清算
项目构思	研究项目实施方案	建立项目工作包	项目审计
明确项目目标	分解项目工作结构	细化各项技术要求	项目文档总结与移交
项目可行性研究	制订项目主计划	建立项目信息系统	资源清理
提出项目申请书	制订项目经费计划	执行 WBS 各项工作	项目后评价
明确合作关系	制订项目资源计划	获得订购物品和服务	转换产品责任者
提出项目团队组建方案	制定项目实施政策与程序	指导/监控/预测：范围、质量、进度、成本	解散项目组
项目风险研究	评估项目风险	解决实施中的实际问题	
获准进入下一阶段	提出项目概要报告，获准进入下一阶段	提交各类项目进展报告，获准进入下一阶段	

2．项目生命周期各阶段的特点

1) 项目生命周期的一般特点

项目生命周期各阶段的资源投入量具有相似性。在项目的初始阶段，资源的投入量一般较低，随着项目的进展而逐渐增加，当接近结束时又迅速减少(如图 1-2 所示)。项目经理应该完全了解项目中每个阶段的资源要求，从而有效地利用和控制资源，以便达到项目每个阶段的预定目标和整体的总目标。项目都是以从慢到快再到慢的发展方式运行的。这主要是项目生命周期各阶段资源分布的变化所导致的(如图 1-3 所示)。

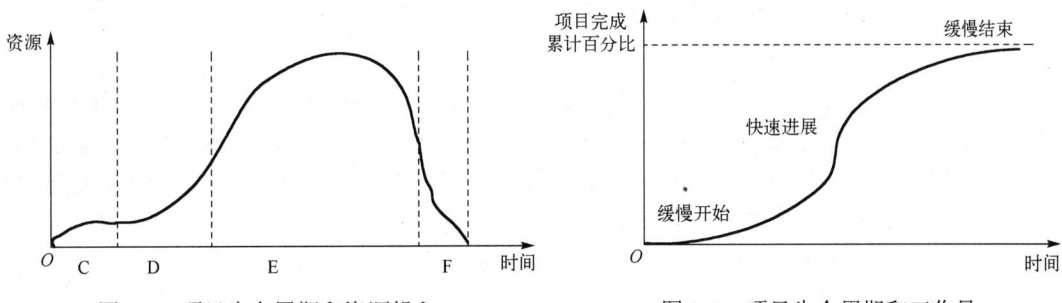

图 1-2 项目生命周期和资源投入　　图 1-3 项目生命周期和工作量

在项目的初始阶段，项目的风险和不确定性较大，成功率较低。随着项目的进展，项目的风险和不确定性逐渐降低；成功完成项目的概率随之提高。

项目团队成员对项目的最终产品和项目过程中的成本都会产生影响。在项目的初始阶段这种影响是最大的，但随着项目的向前发展通常会逐渐减小。图 1-4 说明了在项目生命周期中各个阶段的努力程度。图中横坐标表示时间，纵坐标表示的可以是工时、项目的相关人员，也可以是单位时间所耗费的资源。在项目的概念阶段，并不需要太多的努力，等到进入项目的规划和实施阶段，活动将会增多，工作量将会增大，并逐步达到巅峰，随后项目进入结束阶段，努力程度开始降低，并随着项目最终的完成而停止。

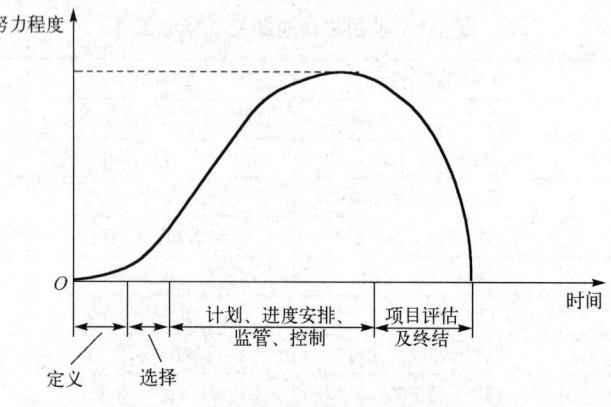

图1-4　项目生命周期和项目努力程度

2) 项目概念阶段的特点

项目概念阶段主要的任务是提出并确定项目是否可行。在该阶段，客户的主要职责是识别并明确需求或问题的存在；而承约商的职责是识别项目，构思项目，证明自己有能力满足客户的需求。项目概念是项目存在的依据，是项目管理涉及的一切活动的基础。项目概念阶段的特点如下：

①投入的资源相对较少；
②所需的人员较少；
③主要是智力劳动；
④持续的时间较短；
⑤在招标、投标过程中的竞争十分激烈；
⑥需要承约商与客户密切沟通。

3) 项目规划阶段的特点

项目规划阶段开始于客户通过承约商的项目方案并签订项目合同之时。承约商在该阶段的主要任务是制定项目计划书，主要内容包括确定项目工作范围、进行项目工作分解、估算资源和成本、估计时间、安排进度、安排人员等；制定项目规划，主要内容包括进度计划、费用计划、质量管理计划、组织计划、资源计划和风险管理计划等。项目规划是项目实施的蓝本，它从整体上确定了项目目标的性质，对于项目的成功具有至关重要的作用。项目规划阶段的主要特点如下：

①资源的投入量仍然相对较少，但明显超过概念阶段；
②持续的时间较短；
③以智力劳动为主；
④以承约商活动为主。

4) 项目实施阶段的特点

随着项目规划的完成，项目进入生命周期的第三阶段——实施阶段。该阶段的主要任务是执行项目规划，并进行项目的监督和控制。在执行方面，要依据项目规划和计划书配置资源，调拨资金，执行工作任务，把图纸上的规划变成现实的项目交付物。在监督与控制方面，尽管在项目规划阶段已经制订好项目执行计划，但在具体执行过程中，内外环境会发生变化，执行也会发生偏差。监督与控制的作用就是依据具体情况，及时调整项目执行过程中出现的偏差，确保项目目标按计划、按质量要求、按成本预算实现。项目实施阶段的主要特点如下：

①资源的投入随着实施进展加速而达到最大值；
②持续时间较长；
③体力劳动和智力劳动并存，但体力劳动大幅增加；
④以承约商活动为主。

5) 项目结束阶段的特点

项目结束阶段是项目生命周期的最后阶段。该阶段的主要任务包括项目的竣工、验收、移交、结算或清算、评价和总结、项目试运转、项目后评价等。在传统的项目管理中，这一阶段所经历的时间一般较短。但是随着承约商之间竞争的加剧，以及某些技术型项目的客观要求，项目结束阶段有延长的趋势，而且资源投入也有所提高。项目结束阶段的工作对于强化客户关系、汲取经验教训、获得未来项目的成功有着积极的作用。该阶段的主要特点如下：

①资源投入迅速降低；
②经历的时间可能较短；
③包含承约商、客户及第三方交付的活动。

1.1.3 特殊类型项目的生命周期模型

1. 定义—测量—分析—改进—控制（DMAIC）模型

许多企业采用项目管理方法来制定规划、管理质量及改进生产率。事实上，有多种模型可以选用。这些模型虽然都基于事实做出正确决策，并确保实现预期的结果，但在某些方面也存在不同之处。用于质量改进的六西格玛方法使用了 DMAIC 模型，图 1-5 中给出了这种模型。

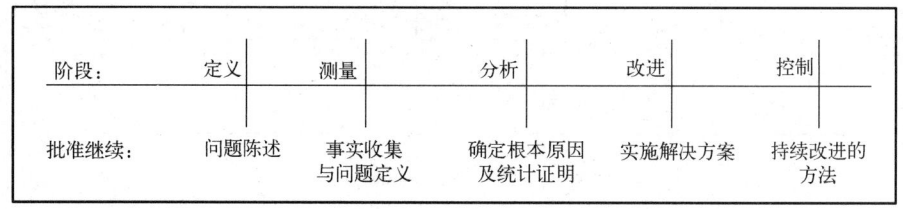

图 1-5　DMAIC 模型

2. 研发（R&D）项目生命周期模型

许多企业使用项目管理方法来组织、规划和管理研发工作。研发项目的周期相差很大，如一种新药从想法的提出到成功的市场推广需要 10 年之久，而开发一种新型食品并上市只需要几周的时间。由于研发项目的高风险和需求的不确定性，因此一些模型会很复杂并有多个阶段，而另一些要简单得多。图 1-6 给出了适合国防研发项目的生命周期模型。

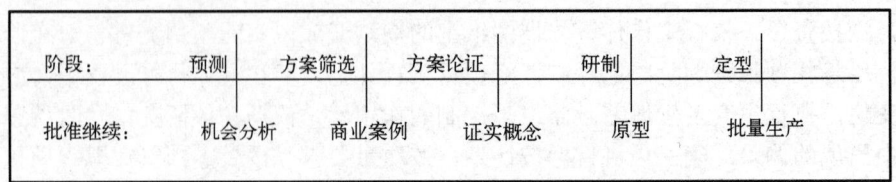

图 1-6　研发项目生命周期模型

3．工程项目生命周期模型

因为工程项目在建设面积和工程复杂性上差异很大，所以使用了多种项目生命周期模型。图 1-7 给出了一般的工程项目生命周期模型。

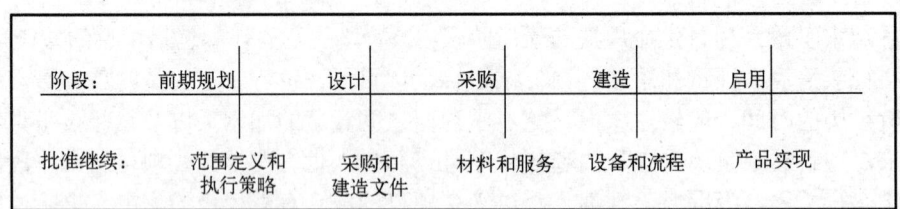

图 1-7　工程项目生命周期模型

4．敏捷项目生命周期模型

在信息系统开发项目或允许变更计划的项目中有一种模型越来越受欢迎，这就是敏捷项目生命周期模型。这种模型有时也称迭代法、增量法、适应法或变更驱动法。这种模型的开始与其他项目生命周期模型一样，但在项目实施阶段，这种模型允许快捷规划，对交付物进行修改。图 1-8 给出了一般的敏捷项目生命周期模型。

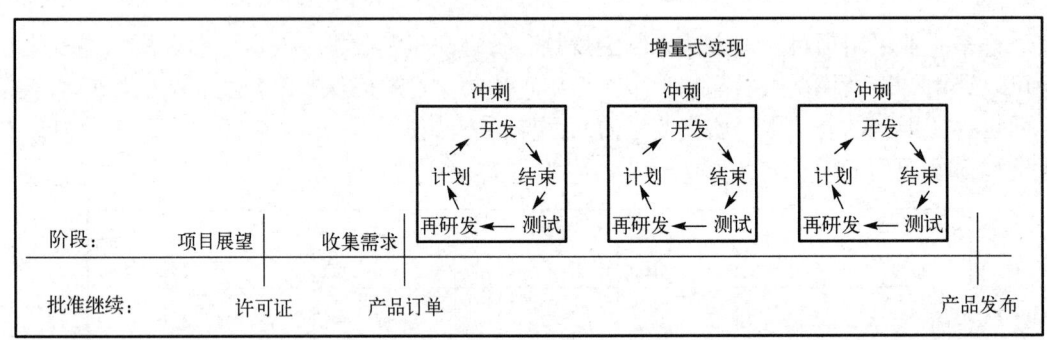

图 1-8　敏捷项目生命周期模型

5．软件开发项目生命周期模型

软件开发项目生命周期模型有螺旋生命周期模型、瀑布模型、增量释放模型、原型模型等。本书主要介绍螺旋生命周期模型。

玻姆(Boehm，1988)提出了螺旋生命周期模型，明奇(Muench，1994)对其进行了改进，现在该模型已经得到普及，尤其在美国国防部(DOD)。该模型(如图 1-9 所示)非常有助于迭代式开发，其中项目可以多次经由同一阶段，而每次都会变得更完善，即接近于最终产品。

该模型具有两个显著特征：一个是循环方法，以便在降低风险级别的同时，不断扩展系统定义和提高实施程度；另一个是一组里程碑定位点，以确保利益相关者达成可行且共同满意的解决方案。

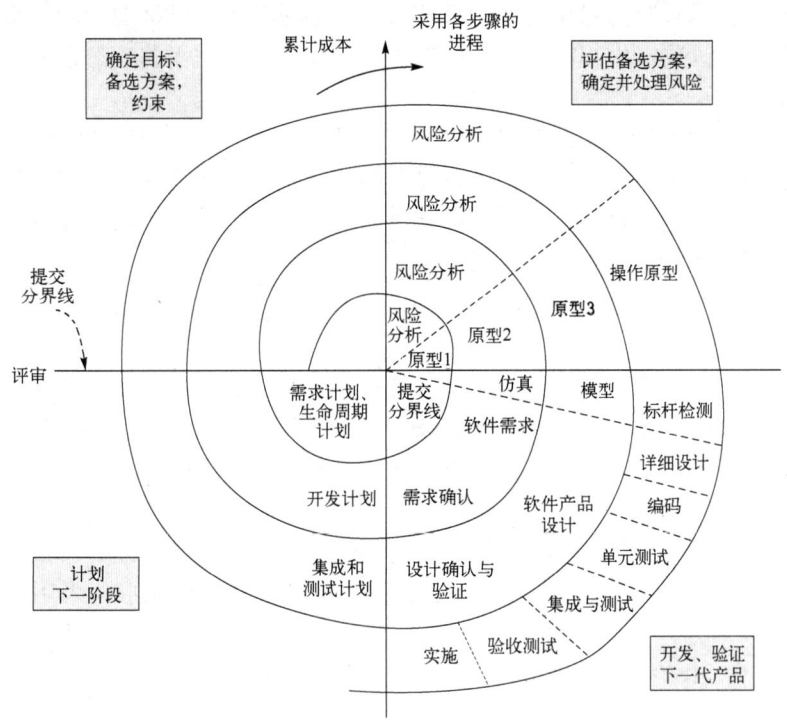

图 1-9　螺旋生命周期模型

1.2　项目管理与项目管理的发展趋势

1.2.1　项目管理的概念及特点

项目管理是伴随着人类生产活动的复杂化和社会进步而逐渐形成的管理科学的重要分支。20 世纪 70 年代以来，项目管理理论对大型复杂项目的实施提供了有力的支持，改善了人们对各种资源利用的计划、组织、领导和控制的方法，从而引起了广泛重视，并对管理实践做出了重要贡献。今天，科学技术发展日新月异，市场环境变幻莫测，国际化竞争日趋激烈，企业要善于应付潜在的形势变化和经营环境带来的新挑战，项目管理的理念显得更为重要。

1．项目管理的概念

1) 项目管理的含义

随着项目及其管理实践的发展，项目管理的内涵也得以充实和发展。如今，项目管理已经发展成为一种新的管理方式，一门新的管理学科。

"项目管理"具有两个含义：一是指一种管理活动，即一种按照项目的特点和规律，对项目进行组织管理的活动；二是指一门管理学科，即以项目管理为研究对象，探索项目活动的科学规律和管理理论与方法的一门学科。前者是一种客观实践活动，后者是前者的理论总结；前者以后者为指导，后者以前者为基础。两者在本质上是完全统一的。

项目管理就是以项目为对象的系统管理方法，通过一个临时性的专门的柔性组织，对项目进行高效率的计划、组织、指导和控制，以实现项目全过程的动态管理和项目目标的综合协调与优化。

所谓全过程的动态管理是指项目管理贯穿于项目的整个生命周期，通过不断进行资源配置和协调，不断做出科学决策，使项目过程始终处于优化运行状态，产生最佳效果。所谓综合协调与优化是指项目管理应综合协调好时间、成本、质量等约束性目标，在较短的时间内成功实现一个特定的成果性目标。因此，项目管理的本质是一种运用有规律的且经济的方法对项目开展高效率的管理活动，并在时间、成本和技术效果上达到预定目标。

2) 项目管理的维度

项目管理是以项目经理负责制为基础的目标管理。一般情况下，项目管理是按任务(垂直结构)而不是按职能(平行结构)组织的。通常，项目管理围绕项目计划、项目组织、进度控制、成本控制和质量管理 5 项基本任务展开。理解项目管理的另一个角度是项目的三维管理：

(1) 时间维度，即把项目的生命周期划分为若干阶段，从而进行阶段管理；

(2) 知识维度，即针对项目生命周期不同阶段的特点和知识构成，采用和研究不同的管理技术方法；

(3) 保障维度，即对人、财、物、技术、信息等的后勤保障管理。

2．项目管理的特点

与传统的职能部门管理相比较，项目管理的最大特点是注重综合管理，并且有严格的时间期限。项目的日程安排和进度对项目管理产生很大压力。项目管理的特点主要表现为以下几个方面。

1) 对象的特殊性

由于项目管理是针对项目的特点而形成的一种管理方法，因此其管理对象应是项目或可以当作项目来处理的运作活动，尤其是大型的、复杂的项目。鉴于项目管理的科学性和高效性，有时人们会将重复性"运作"中的某些过程分离出来，加上起点和终点当作项目来处理，以便运用项目管理方法，提高过程效率。

2) 管理的系统性

项目管理的系统性表现在两个方面：一是项目的系统性，即依据系统论"整体—分解—综合"的原理，可将项目系统分解为许多不同层次的任务责任单元，以便明确分工和责任，促进协作和综合管理，最终完成预定目标；二是过程的系统性，即强调对项目生命周期的全过程管理，注重局部与整体、阶段与全过程的协调，以避免局部或阶段影响整体或全过程的效果。

3) 组织的临时性与柔性

项目组织具有临时性和高度柔性的特点。一是项目的一次性决定了项目组织的临时性。当项目终结时，作为项目实施载体的项目组织的使命也就结束了。二是项目的高度不确定性和冲突性需要项目组织具有高度的柔性，以适应内外环境的不断变化，促进各部分的协调与控制,以确保项目总体目标的实现。

4) 管理体系的目标性

一般情况下,项目采用多层次目标管理。由于项目涉及的专业领域往往十分宽广,项目管理者无法成为每个领域的专家,因此只能以综合协调者的身份,向被授权的专家讲明应承担的任务,协商确定目标及时间、经费、工作标准的限定条件,此外的具体工作则由被授权者独立处理。同时,项目管理者应经常反馈信息、检查督促,并在遇到困难时给予各方面支持。

在目标管理体系中,项目管理采用基于团队管理的个人负责制。基于项目管理的要求,需要采用项目经理负责制,项目团队成员在各自任务及目标的指导下,分工负责,协调合作,共同完成总体目标。

5) 管理方法的开放性

项目管理采用先进的管理理论和方法,如采用网络图编制进度计划,采用目标管理、全面质量管理、价值工程、技术经济分析等理论和方法控制项目总目标,采用先进、高效的计算机信息管理系统进行项目管理等,其管理方法具有鲜明的科学性和开放性。

6) 环境创造的重要性

在任何管理活动中,创造和保持一种环境,"使置身于其中的人们在集体中一起工作以完成预定的使命和目标"是至关重要的。因此,项目管理的要点就是创造和保持一种使项目顺利进行的环境。项目管理是一个管理过程,不是技术过程,处理各种冲突和意外是项目管理的主要工作。

3. 项目管理系统

从系统的观点看,项目是一个系统,而项目管理则是一项系统工程。在项目管理系统中包含3个层次的管理活动,即基础技术层、组织层和制度层,它们和项目所处的环境相互作用,形成了项目管理的特定系统。

1) 基础技术层

基础技术层包含实施项目的基本技术,如网络计划技术、施工技术、控制技术、试验技术等,是项目实施的基础。该层面的工作趋向于标准化和常规化,管理者通常以任务为导向实施管理,其决策大多是依据标准、规范和规则而程式化的。

2) 组织层

组织层是基础技术层整合后的结构体现,如职能式组织结构、矩阵式组织结构、项目式组织结构等,是项目管理的核心。该层面的工作主要是协调项目各职能的相互关系,确保各项技术活动的输入,并对活动的输出进行有效的控制,具有很强的指导性和控制性。

3) 制度层

制度层是项目活动与环境相关的层次,也是项目管理系统的最高层次。项目的最高管理者针对不同的项目内外环境制定项目目标,以及适合于项目组织运行的组织制度和项目方案,确保项目满足客户需求。该层面的工作特点是概念性、长期性和不确定性。

1.2.2 项目管理与运作管理

1. 运作管理的含义

运作,泛指将投入转化为产出的过程。运作管理是企业日常管理活动的一个重要组成部分，是对产品制造和提供服务过程中的各种运作活动的计划、协调和控制。其核心在于对生产系统进行有效的管理，可以从以下两方面进行理解：

(1) 对服务和产品进行高绩效的设计；

(2) 获取资源，同时对员工、设备、设施、资源分配、工作方法等构成要素进行计划、协调和控制，把资源投入变为产出。

运作管理有狭义与广义之分，前者以运作过程为对象，着重研究如何对运作过程进行有效的管理；后者以运作系统的设计、构建及运行为对象，实行全方位的综合性管理。

运作管理专业人士可以做出许多影响到整个组织的关键决策。这些决策包括以下几点。

(1) 什么：需要什么资源？需要多少？如何配置资源？

(2) 何时：何时需要每类资源？这项工作应何时做出安排？应何时订购物料和其他物资？何时采取纠正措施？

(3) 哪里：工作在哪里进行？

(4) 如何：如何设计产品或服务？工作如何来做？

(5) 谁：谁来做这项工作？

2. 运作管理与项目管理的区别

运作管理和项目管理最大的区别就在于运作管理协调生产过程管理职能分工问题，而项目管理全面统筹组织管理项目问题。

运作管理更多地在组织层面按照各个职能板块划分专业并实施专业化管理，而项目管理则是在项目层面整合不同管理职能，最终实现对项目目标的管理。前者的职能和工作较为常规和固定，而后者限于需求的不同，项目目标有所差异，项目过程有所差异，不是常态化工作。如何协调组织层面全面管理的需求同时满足项目层面全面管理的需求，在职能层面如何保证运营过程的分职能专业化管理的需求，又保证适应项目层面因项目需求的变化而实施特点目标的专业职能化管理，这是实施运营管理和项目管理中最重要也是最为核心的工作。

因此，全面管理和职能化分工这对天然的矛盾是我们实施项目管理和运作管理之间最大也是最为突出的问题和矛盾，处理好两者之间的关系，能有效解决因管理方式的差异而导致的问题。全面管理主要依赖于不同层级管理的需求而实施，在各个组织层级的统一指挥下完成各自的分工。项目管理要求项目经理可能是属于某一层级的，也可能是跨职能的，又或者是专业队伍，但都是在解决一个问题，就是将跨职能的人员和组织统一纳入为实现项目目标而建立的临时性组织。跨部门、跨职能统筹协调是项目管理最主要的特点，作为最小的组织层面管理者，班组虽然没有跨职能部门，同样要求实施全面管理，履行跨职能的管理要求。

1.2.3 项目管理的历史、现状

项目管理的发展经历了漫长的过程。自远古时代潜意识的项目管理就开始产生，后经过大量的项目实践逐渐形成了现代项目管理的科学体系。人类早期的项目可以追溯到数千年以前，如埃及的金字塔，中国的万里长城、都江堰等，都是先人项目实践的典范，代表了人类智慧的结晶。

在这些人类早期的项目中，同样面临项目管理问题。因此，西方一些学者认为，人类

最早的项目管理应该是中国人建造万里长城和埃及人建造金字塔。但是直到20世纪初，人类管理项目的思想还是非系统性的，还没有形成清晰的理论、技术和方法，而主要是依靠个别人的天赋和才能。

20世纪60—70年代，项目管理逐渐成为基于关键路线制订系统性计划的一种技巧，在建造复杂的交通工具，如潜水艇、航天飞机等领域得到了应用。到了20世纪80年代，随着计算机的发展，软件逐渐成为各类项目和组织制订计划与控制实施的工具。项目管理作为开发新产品和新服务的管理模式受到广泛欢迎。20世纪90年代，项目管理已经扩展到广泛的业务中。项目计划与控制的方法虽然占主导地位，但项目管理中人的因素变得更加重要了。项目管理已经深入到一个组织的所有"细胞"中，并包含了我们常听到的热门话题，如持续改进、并行工程、战略变革、多项目管理等。

产品生命周期的缩短是促使项目管理发生变革的最强有力的因素。50年前，所有产品的平均生命周期是15~20年。今天，这一数字大约是3年。高科技企业的经理们预估其产品的生命周期只有6个月左右。显然，新产品开发的速度已经呈几何级数增长。较短的生命周期增加了一个组织需要同时处理的项目的数量。一个组织同时应付100多个项目的情况也并不罕见。资源的短缺和冲突在这样的环境里会蔓延开来。如何在产品上市时间和资源短缺这对矛盾间求得平衡？出现的这些问题将改变项目选择与项目管理的方法。

全球竞争已经席卷世界各个角落，没有哪个国家、哪个产品能够幸免。要在今天这样激烈的竞争中生存并取得成功就必须要进行持续的创新和流程改进。那些善于创新和流程改进的组织才能赢得最后的胜利。而这些活动本身就属于项目的范畴！项目管理方面的著名专家在预测未来时总结得很好："……公司将不再把它们自己看成等级分明的功能性组织，而是由一系列不断改变、不断更新的项目构成的快速反应的企业，所有项目都要做得更快、更省、更好。"

1.2.4 项目管理的发展趋势

当项目成为组织的焦点时，组织将自然而然地适应和改变自己以进行更加有效的项目管理。

1. 组织文化促进组织学习

未来成功的组织文化将是一种具有灵活性、对项目高度重视、成员能够持续地努力学习、不断改进流程的文化。

2. 项目管理系统

项目将与战略需求紧密相连。在高效的组织中，所有成员都将非常清楚战略目标与项目之间的联系。各项目之间对组织资源的竞争要求我们建立一个集中化的项目优先体系来分配组织资源。所有项目都是未来导向型的，围绕组织的目标和商业计划进行，并且将组织的资源与能力结合起来。

3. 评价与奖励体系将支持有效的项目管理

将团队（组织）的激励措施与个人评价结合起来，奖励与评价体系将协同对成功的项目管理提供支持。

4．项目审计将成为项目管理的有机组成部分

组织将建立完善的项目审计体系，重大的长期项目将定期进行进度审计，确保满意的项目进度和进行及时必要的改正。

5．对项目的公关管理将更加重要

项目经理将减少在项目管理上所花的时间，而在协调项目与所属组织内外部各方面的关系上将投入更多精力。由于项目经理既要满足不同利益团体的要求，又要保持项目的完整性，因此公关管理将变得日益重要。人们普遍认识到，一个项目经理最主要的工作之一就是控制和调整项目范围以满足客户的需求。项目经理们将减少对项目实施的直接监督和指导，取而代之的职业化的工作团队与合作的文化将鼓励一种领导风格，即管理者定义需要做的工作，而团队成员有充分的权利去找出最好的做法。

6．合作将成为共同的项目目标

为了完成共同的项目目标，不同组织间将建立长期的合作关系。像矩阵管理一样，合作将成为人们共同完成项目的基本方式。合同及相关激励条款将更加集中在风险分担、相互收益及利润分配上。

7．特别项目团队将变得越来越普遍

更多的项目将由特别项目团队完成，其成员都是独立的承包商。组织将招聘各个项目的经理或负责人，再由这些人在组织之外招募合适的团队成员来完成项目。一旦其负责的某部分项目完成了，这些专业人员将成为自由代理人，寻找下一个项目的雇佣机会。自由代理人需要向专业性网络缴纳一定的费用，因为这种联系对于将来的工作机会至关重要。

1.3　项目管理成熟度

1.3.1　能力成熟度

1．能力成熟度模型（CMM）

软件产业要想实现国际化，首先必须采用国际通用的软件工业化生产标准，即CMM（Capability Maturity Model）认证。由美国软件工程研究所（Software Engineering Institute）开发的能力成熟度模型 CMM 是一种协助企业改进软件制作质量与管理流程并进行评估的标准。它是 SEI 集多年软件研究的经验所研制的过程标准，如今已成为国际上最流行、最适用的软件质量改进体系。

2．CMM 将软件组织的成熟度划分为 5 个等级

1）初始级

特点：项目的成功与否不是靠合理有效的软件流程来保证的，而是靠个人能力来保证的。无论是组织内部的管理高层还是外部的客户，都无法预见其项目的前景和结果，更不要说将结果控制在预算和进度目标之内。软件项目就像是一个"魔术般"的黑箱子。

软件组织只要从事软件生产和维护，就自动达到初始级，而其他等级要经过 CMM 认证。

不能把未经 CMM 认证与处于初始级两者混淆，有些软件组织虽然没有经过 CMM 认证，但以 CMM 的要求看，也许远远超出初始级的标准。

2）可重复级

软件组织的能力不再受制于个人，但也并非组织拥有，而是依赖于项目组。项目组从以往的类似项目中归纳成功经验和失败教训，并以此作为指导新项目开展的依据，从而在很大程度上，可以保证类似项目的再次成功。

如果用一个词来概括，那就是"有纪律的"。项目组在其范围内实施基本的项目管理，并对进度、预算和产品功能进行计划和跟踪，以便于项目的进展处于一种基本可控的状态。

在实施 CMM 的过程中，管理人员必须首先注重自身流程的纪律化。有些项目经理或质量管理人员，往往首先看到的是"程序员"的自由散漫，只要流程改进，就要求"程序员"遵循这个规矩、那个条例，就要写文档、开大会。这不仅违背了 CMM 的初衷，更违背了流程改进的初衷，缺乏群众基础的流程改进，无法取得实效。

3）定义级

在整个软件组织范围内，开发和维护软件的流程，包括管理的和工程的流程，以及这些流程的集成，已被明确地定义。这样，各个项目就可以依据定义好的标准软件流程进行裁剪，明确其中每一项具体任务和工作的输入、输出、开始和完成的判断标准和条件、操作过程，以及验证措施等。

由于每一项具体任务和工作都是可见的，因此外部人员可以随时深入到"黑箱子"中，了解项目的进展情况，从而也使及时调整项目和降低项目风险成为可能。

定义级软件组织的特点是不同项目的成功经验和失败教训可以相互比较，其能力是属于组织的，而不是项目团队的，更不是成员个人的。为了保证组织流程的标准和一致性，通常会有一个跨项目的团队，如 SEPG（Software Engineering Process Group）负责整个软件组织的流程活动。为了使组织内的每一个人都可以明确自己的角色和权责，并能有效实施，开展整个软件组织范围内的培训是必不可少的。想要建立起这样的流程，就要对个人的工作进行授权，不能过分刻板。常有人把 CMM 解释为刻板的文档和僵硬的工作规范，这样的理解至少是极端化的。刻板、僵硬，以及随之而来的官僚作风，并不是 CMM 天生使然，而是对 CMM 的曲解和误用。

4）可管理级

对各类项目成功经验和失败教训的定性比较发展为定量比较，从而使得人们（无论是内部的，还是外部的）可以更加科学、客观地预测软件项目的进度、预算和质量。定量是指在一定的概率下将结果误差控制在一定的范围内。

5）优化级

重点从"建立"进一步转移到"优化"上，优化靠软件组织自己的积累、尝试和总结经验教训，最终软件组织具备了自我改进的基础架构和实现系统。尽管软件组织的内部情况会变化，外部环境和要求也会不同，但软件组织都可以在原有的基础上进行可控、可测的流程优化，因为流程的每一个环节都是可见的、可客观评价的。

1.3.2 项目管理成熟度模型

1. 项目管理成熟度模型的发展背景及演化

20 世纪 90 年代以后，项目管理的研究热点开始从针对单个项目的管理转向企业和组织如何运用项目管理来达成其战略目标。除研究单个项目管理的方法和技术外，企业和组织需要一套完整的系统理论和方法来选择正确的项目，并通过不断提高自身完成项目的能力和水平，保持竞争力、获得战略成功。项目管理成熟度模型正是在这种背景下被开发出来的，并用于评估企业现有的项目管理能力，帮助企业持续改进自身的管理。

对于企业和组织而言，最重要的是成功完成项目目标，使客户对项目的最终交付物满意，通过不断完成项目，以达到企业或组织的目标。为了达到上述目标，企业和组织通常会按照自身的战略进行市场调研和项目筛选；可能会为项目经理和员工提供各种理论和技能的培训；建立各种项目管理规章、制度、规范和表格，从而规范项目的流程；高层领导参与对项目利益相关者的分析工作，并协助制订详细的项目计划；制定项目控制的各种标准和指标；在项目结束时总结成功的经验和失败的教训供以后的项目参考。所有这些工作都是为了保证项目最终的成功。同时，随着一个又一个项目的完成，企业和组织的项目管理能力也会随之不断提高。

对于企业和组织而言，时间和资源总是有限的。如何在竞争中不断保持领先？企业和组织目前在哪些方面与同行差距最大？如何找到企业和组织在项目管理方面最薄弱的环节，以把资源首先用于这些薄弱环节，提高这些方面的能力？项目管理成熟度模型正是提供了这样一种框架，能够帮助企业和组织评估自身目前的项目管理水平，找到差距与不足，通过不断改进提高企业和组织项目管理能力，最终帮助企业和组织成功地实施项目。

项目管理成熟度模型的概念主要来源于已经被软件行业广泛接受的"能力成熟度模型"。1986—1993 年，"能力成熟度模型"也从最初的面向软件开发过程的成熟度研究，进一步发展为面向开发组织的成熟度研究。企业和组织要经历该模型所描述的 5 个梯级，从而达到最终的成熟。5 个梯级分别为初始级、可重复级、定义级、可管理级和优化级。

到目前为止，已经被企业和组织使用的项目管理成熟度模型有 30 多种，新的模型还在不断被开发出来，但是还没有一种模型被大家广泛认可，作为标准确立下来。

2. 国外主流的项目管理成熟度模型

1) 科兹纳(Kerzner)博士的 5 级项目管理成熟度模型

该模型包含 5 个梯级，如图 1-10 所示。每一个梯级代表项目管理成熟度的不同程度。模型的评估方法是使用问卷和打分的方法，各层次分别用 80、20、42、24、16 个问题来进行评估。该模型的评估方法较为简单，有利于对处于较低梯级的企业进行评估。对于较高的几个梯级，由于评估问题相对简单，很难真正反映出企业和组织在项目管理方面的问题和差距。如果使用该模型对国内企业和组织的项目管理成熟度进行评估，还应当注意问卷中问题的设计，需要根据国内的环境与市场情况进行改进。

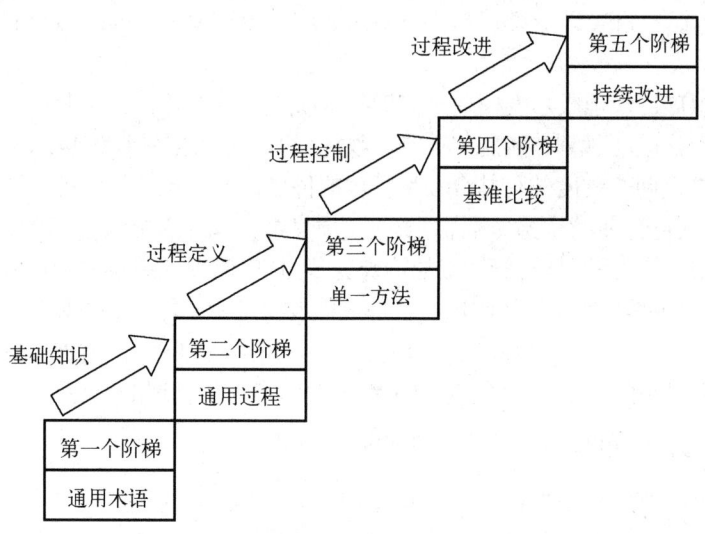

图 1-10 Kerzner 的项目管理成熟度模型

2) 美国项目管理解决方案公司(Project Management Solutions, Inc., PMS)的 5 级项目管理成熟度模型

该模型借鉴了 PMI 的项目管理 9 大知识体系与 SEI 能力成熟度模型的架构,将二者进行了有机的结合,构成二维的模型,如图 1-11 所示。由于模型的基础是两个已经被普遍接受的知识体系,在实际应用过程中得到了很多企业的认可。模型存在的主要问题是在面向企业和组织项目管理的全过程或多项目管理时,仅针对 PMI 的项目管理 9 大知识体系构造模型不能满足要求。

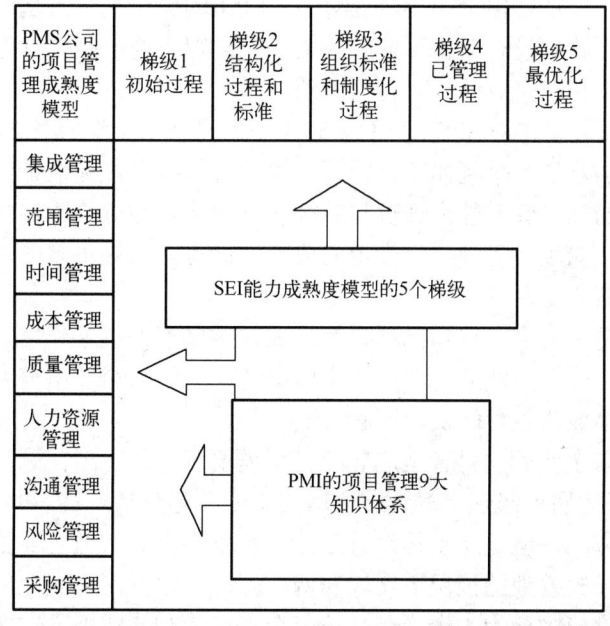

图 1-11 PMS 公司的项目管理成熟度模型

3) PMI 的组织项目管理成熟度模型(Organization Project Management Maturitg Model, OPM3）

PMI 的组织项目管理成熟度模型是在借鉴以前所出现的各种模型的基础上，除在面向项目管理 5 个过程(启动、规划、实施、控制、收尾)和过程改进的 4 个梯级(标准化、测量、可控制、持续改进)这两个维度外，结合项目管理的特点，在组织项目管理层次方面增加了第三个维度，即单个项目管理、大型项目计划管理、项目组合管理 3 个领域。PMI 的组织项目管理成熟度模型可以反映组织在项目管理上的特殊竞争力，用以保证组织顺利实施项目管理和提供项目预期的产品与服务。PMI 的组织项目管理成熟度模型中的能力还可以按启动、规划、执行、控制和收尾这 5 个项目管理过程来分类。该模型在体系上较为合理，对于项目管理能力的考察不再局限于组织内的单个项目，而是着重于组织面向多项目管理的能力和水平。

3. 项目管理成熟度模型在国内企业的应用分析

1) 项目管理成熟度模型在国内的应用情况

20 世纪 90 年代以来，越来越多的企业已经认识到项目管理方法的重要性，并且开始把项目管理运用到企业的管理之中。建筑行业推出的项目经理资格认证、建造师执业资格认证，国家劳动社会保障部实施的项目管理师国家职业资格认证，以及国家发展和改革委员会开展的投资建设项目管理师等针对个人的项目管理认证，说明国内行业和企业层次已经非常重视对于项目管理人才的培养。但是对于如何评估企业的项目管理能力，国内还没有开发出被广泛认可的标准和方法，只有软件和航天行业的个别企业做了一些探索性的工作。

经过广泛的宣传、推广及政府的支持，国内已经有很多软件开发企业应用美国卡内基梅隆大学软件工程研究所的 CMM 方法来进行软件研发项目管理，部分企业还通过了由相关机构组织的 CMM 认证。由于国内企业对于 CMM 的应用基本上是照搬国外的模型，没有本土化的过程，因此并没有取得预期的效果。因此国内的一些软件企业，如联想、东大等开发了一些适合于自身企业的项目管理方法。

中国空间技术研究院在神舟飞船项目管理中引入"成熟度"的概念，通过总结 11 年来的项目管理经验，构建了神舟飞船项目管理持续改进的机制，提供了适宜于神舟飞船项目及其组织环境特点的项目管理能力评价与持续改进的途径与方法。神舟飞船项目管理成熟度模型不仅是神舟飞船项目管理进一步走向成熟的标志，同时也是国内对项目管理成熟度模型的开发和创新的典型。

随着国内越来越多的企业认识到项目管理成熟度模型的重要作用，如何参考国际上主流的项目管理成熟度模型，建立一套适合中国国情、为国内企业所普遍认可的中国项目管理成熟度模型，已经成为亟待解决的问题。

2) 建立适合中国企业的项目管理成熟度模型需要解决的主要问题

(1) 模型的普遍适用性问题。尽管国内国防工业、建筑业、IT 和软件行业等已经广泛应用了项目管理的方法，但是从整体来看，管理水平不高。有些企业虽然建立了项目管理的规范，但是依靠经验管理的情况还比较普遍。因此，根据国内企业的具体情况，应当考虑把项目管理成熟度模型分为 5 个梯级，第一个梯级为初始级或入门级，在此基础上再逐步设立更高的梯级。

(2) 模型的全面性问题。站在企业和组织项目管理的高度，可以把项目管理成熟度模型中所考虑的项目管理知识扩展到项目的决策阶段、实施阶段和交付后的使用阶段，从全生命过程管理的角度来设计模型。另外，为全面考核企业项目管理的能力，可以把项目组合管理、大型项目计划管理及单个项目管理统一纳入模型的考虑范围。

3) 评估基准的确定问题

评估是项目管理成熟度模型中的关键内容。如何确定模型中的关键过程、最佳实践及企业和组织不同梯级的能力表现，仅参考国外的模型显然不可取。针对国内企业和组织的特点，应当对国内各类型企业和组织的高层管理人员及项目经理进行相关调查，并且参考各行业项目管理专家的意见，识别出国内企业和组织项目管理方面的关键过程与最佳实践。在此基础上，结合国外项目管理成熟度模型中对于企业和组织项目管理能力的评估标准，最终确定适合国内企业的项目管理成熟度评估基准。

本章小结

本章介绍了项目的定义与特点，从项目生命周期性及项目生命周期各阶段的特点等角度阐述了项目生命周期理论；介绍了研发项目、工程项目、敏捷项目等特殊类型项目的生命周期模型，剖析了项目管理与运作管理的关系，回顾了项目管理的历史，介绍了国内外现有的项目管理成熟度模型及其应用情况。

能力测试题

1. 是非判断题

(1) 项目管理的目标就是按时完成任务。　　　　　　　　　　　　　(　)
(2) 项目是为完成某一独特的产品、服务或任务所做的一次性努力。　(　)
(3) 每一个项目阶段的结束必须以某种可交付成果为标志。　　　　　(　)
(4) 项目生命周期可归纳为 4 个阶段，这 4 个阶段的划分通常是固定不变的。(　)
(5) 项目管理成熟度模型的概念主要来源于软件行业的能力成熟度模型。(　)

2. 单项选择题

(1) 以下各项都是项目的特点，除了(　　)。
　　A．有始有终　　　B．临时性　　　C．重复性　　　D．独特性
(2) 随着项目生命周期的进展，资源的投入(　　)。
　　A．逐渐变大　　　B．逐渐变小　　　C．先变大再变小　　　D．先变小再变大
(3) 下列表述正确的是(　　)。
　　A．项目的生命周期是指项目的开始时间到项目的结束时间这一段时间
　　B．不管项目阶段如何划分，一般均可归纳为启动阶段、执行阶段、收尾阶段
　　C．失败的项目也存在收尾阶段
　　D．项目生命周期是循环往复的一段时间
(4) 项目的"一次性"含义是指(　　)。
　　A．项目持续的时间很短

B．项目有确定的开始和结束时间
C．项目将在未来任何一个不确定的时间结束
D．项目可以在任何时候取消

(5) 科兹纳(Kerzner)项目管理成熟度模型的最高级是（　　）。
　　A．基准比较级　　B．持续改进级　　C．通用过程级　　D．单一方法级

3．多项选择题

(1) 项目从开始到结束的若干阶段构成了项目的生命周期，以下哪些是项目生命周期的阶段（　　）。
　　A．实施阶段　　　　　B．结束阶段　　　　C．概念阶段
　　D．规划阶段　　　　　E．启动阶段

(2) 项目管理的特点包括（　　）。
　　A．对象的特殊性　　　B．管理的系统性　　C．管理的重复性
　　D．管理的自发性　　　E．管理方法的开放性

(3) 下列属于项目特点的是（　　）。
　　A．目的性　　　　　　B．冲突性　　　　　C．生产性
　　D．独特性　　　　　　E．自发性

(4) 项目管理过程可由（　　）组成。
　　A．计划过程　　　　　B．启动过程　　　　C．执行和控制过程
　　D．收尾过程　　　　　E．组织过程

(5) 运作管理与项目管理的区别主要在于（　　）。
　　A．管理方法　　　　　B．责任人　　　　　C．组织机构
　　D．收益大小　　　　　E．成本管理

4．简答题

(1) 在大众媒体上查找与项目有关的实例，举例分析当前热点话题与项目之间的关系。
(2) 列出项目的主要特点，并分析项目与运作的区别。
(3) 在企业层面上，企业项目管理的主要层次有哪些？它们有什么不同？
(4) 项目管理系统包含哪些层次？它们分别起到怎样的管理作用？
(5) 项目生命周期包含哪些阶段？各阶段的主要内容及特点是什么？

案例分析

"中海外项目管理体系建设"项目管理

中国海外工程有限责任公司（以下简称中海外）是一家主营国际承包工程，在对外经济援助、实业投资、外派劳务、工程承包和国际贸易等领域具有雄厚实力的大型工程企业。面对国际市场的快速变化，国际项目业主对承包商项目管理能力的要求越来越高。中海外作为典型的项目型企业，获取并高效地完成项目是企业赖以生存的根本。随着企业自身业务遍布全球，不断提高企业品牌和对多项目进行高效管理成为企业面临的严峻挑战。同时，

在项目实施过程中，如何对不同文化、知识背景和宗教信仰的员工进行管理，使其迅速形成生产力，也成为企业亟待解决的问题。

在中海外加盟中铁工集团重组后，为承担起作为集团海外业务"旗舰"的重任，企业面临着扩张规模、企业改制、迅速做大做强的挑战。由于这种大环境的要求和企业自身发展的需要，将先进的项目管理与企业管理有机结合，成为企业的共识。

"中海外项目管理体系建设"项目是以企业战略、管理过程、项目管理的技术、方法和工具的运用为基础，面向项目全生命周期，以项目管理信息系统为载体的，对远程、跨文化、多重项目利益相关方的众多项目，进行捕捉、资源整合、过程监控、评估激励的复杂管理系统，是中海外作为项目型企业的核心竞争力的发生器。目标用户为中海外内部企业决策层、项目管理部、驻外机构／项目经理部、其他各职能部门等。

该项目投资 840 万元人民币，历时 19 个月完成。项目产品分段交付并在企业内部试用。最终，项目提前 27 天完成。项目的关键目标得到了全面实现。

该项目属于企业内部管理变革项目，项目容量大，推行难度大，对领导力和执行力的挑战大。项目利益相关方众多，并且分布在众多国家，跨地域、跨文化的交流和协调是本项目的突出特点。项目包含了启动、计划、实施、控制、收尾 5 个管理过程，遵循计划—执行—检查—纠正的工作方式，从利益相关方的期望与责任、流程/方法/工具、评估/修正/奖惩等方面考虑，涉及项目管理制度和规定的增加与修订、企业组织架构调整、人员选择与培训、项目管理与质量体系的整合，以及项目管理信息系统开发等多项内容。

高层领导重视和强势推动是企业内部变革项目成功的关键。在项目实施过程中，中海外高层领导非常重视，鉴于该项目的难度和风险，企业 CEO 亲自担任项目经理，项目团队核心成员由 CEO 助理、总工程师、副总工程师和部门经理组成。在给予项目副经理一定授权的同时，对关键工作和里程碑节点的实现，项目经理高度重视，亲自督促，使项目团队和全体员工感受到企业高层领导对推动项目管理变革的坚定信心。

企业内部变革项目风险极大，只能成功、不能失败，员工对团队领导的信心经不起失败的考验，一旦丧失是无法弥补的；同时，企业的正常经营和业务发展不能受到变革的不利影响。项目经理将此项目实施原则定为"稳步推进，无缝过渡"。在方法上注重对员工观念的树立、文化氛围的营造，先在局部试行提案小组，理念行得通了，再专项推进，把提案小组的负责人调到项目团队中。项目团队采用动态调整的方式，交付物分段试用，实现量变到质变，最终显现变革的成果。

沟通管理是本项目进程中的重要管理内容。本项目内部客户是总部的各部门；外部客户是各驻外机构、项目经理部等；人员涉及全员，地域涉及五大洲。企业内部变革项目最难解决的问题是员工思想上的不认同、不接受。鉴于此，沟通尤显重要。该项目团队秉承"从群众中来，到群众中去"的理念，增设了多种沟通渠道，不断完善沟通机制。在项目实施过程中，其他利益相关方也相继加入项目团队，中海外总部各部门和海外事业部人员有数千人次参与，保证了项目管理体系全员参与和信息资源获取的广泛性、真实性，也为项目成果的顺利应用打下了良好的基础。

中海外项目管理体系建设项目历经 19 个月的努力，项目在预算的范围内，保质保量提前完成，项目的关键目标得到了全面实现，企业管理体系变革，组织结构调整，建立了管理信息系统，完善了各种管理流程的制度。企业经营业绩明显提升，建设完成当年合同额同比增长了37%，企业营业收入增长了66%，项目平均收益率增长了4%。该项目也得到社会的高度认可。

目前该项目管理体系的建设和完善已经极大地提高了企业的科学管理水平，企业呈现出跨越式可持续发展的态势。

问题：
(1) 请分析该项目的项目背景。
(2) 请分析该项目管理的特点。

第 2 章 项目计划与控制概述

本章提要

项目计划与控制是项目管理过程中最重要的两个环节。项目计划是项目组织根据项目目标的规定,对项目实施进行的各项工作做出周密安排的过程。项目计划处于项目生命周期的第二阶段。项目控制是根据项目计划,对项目的实施状况进行连续的跟踪观测,并将观测结果与计划目标加以比较,如有偏差,及时分析偏差原因并加以纠正的过程。项目控制处于项目生命周期的第三阶段。本章首先对项目的计划部分进行阐述,包括计划及项目计划的概念、作用、原则,项目基准计划及项目基线,项目计划的形式与内容,项目计划的过程,项目控制的原理,项目控制的类型,项目控制的过程。

2.1 项目计划概述

计划是指组织为实现一定目标而科学地预测并确定未来的行动方案。计划管理是管理职能中最为基础和首要的职能,组织、领导、控制 3 项职能都是围绕计划而展开的。计划是为了解决 3 个问题:一是明确组织目标;二是明确达成目标的工作时序;三是明确工作所需的资源。计划管理是工作能够开展的基础,是把设想转化为实践最先发生并处于首要地位的工作,是系统工程和项目管理实践非常重要的组成部分。

2.1.1 项目计划

项目计划是项目组织根据项目目标,对项目实施进行的各项工作做出周密安排的过程。项目计划围绕项目目标的完成,系统地确定项目的工作、安排工作进度、编制完成工作所需的资源预算等,从而保证项目能够在合理的工期内,以尽可能低的成本和尽可能高的质量完成。

项目计划是项目实施的基础。计划如同航海图或行军图,必须保证有足够的信息,决定下一步做什么,并指导项目组成员朝目标努力,最终使项目由理想变为现实。

在项目的管理与实践中,项目计划是最先发生并处于首要地位的职能。项目计划是龙头,它引导项目各种管理职能的实现,是项目管理工作的首要环节,抓住这个首要环节,就可以提挈全局。项目计划是项目得以实施和完成的基础及依据,项目计划的质量是决定项目成败、优劣的关键性因素之一。

项目计划是对项目的执行及控制进行指导的文件。项目计划要体现灵活性和动态性,可以随项目变更及环境的改变进行适当的调整。

项目管理是一项主动性的工作,项目管理者要在项目进行的过程中主动地进行管理,从而找出项目中存在的问题,仅靠被动反馈是达不到预期效果的。项目计划是项目管理最为关键的步骤,是一种将项目管理的思路转化为实际形式的工作。一个成功的项目必然要有一个成功的项目计划,但是成功的项目计划却不一定能保证项目的成功,其中影响因素较多。在进行项目管理的过程中,项目的成功还要取决于管理者对项目计划执行的力度及灵活性。

2.1.2 项目计划的目的及作用

1. 项目计划的目的

制订项目计划是为了便于高层管理部门与项目经理、职能经理、项目组成员及项目委托人、承包商之间的交流沟通,项目计划是沟通的最有效工具。因此,从某种程度上说,项目计划是为方便项目的协商、交流及控制而设计的,而不在于为参与者提供技术指导。

2. 项目计划的作用

(1) 确定完成项目目标所需的各项工作范围,落实责任,制定各项工作的时间表,明确各项工作所需的人力、物力、财力并确定预算,保证项目的顺利实施和目标实现。

(2) 确定项目实施规范,成为项目实施的依据和指南。

(3) 确定项目组各成员及工作的责任范围和地位,以及相应的职权,以便按要求指导和控制项目的工作,减少风险。

(4) 促进项目组成员及项目委托人和管理部门之间的交流与沟通,增加客户满意度,并使项目各方面工作协调一致,在协调关系中了解哪些是关键因素。

(5) 使项目组成员明确自己的奋斗目标、实现目标的方法与途径及期限,并确保以时间、成本及其他资源需求的最小化实现项目目标。

(6) 作为进行风险、协商及记录项目范围变化的基础,也是约定时间、人员和经费的基础。这样就为项目的跟踪控制过程提供了一条基线,可用以衡量进度、计算各种偏差及决定预防或整改措施,便于对变化进行管理。

2.1.3 项目计划的原则

项目计划作为项目管理的重要阶段,在项目中起着承上启下的作用,因此在制订过程中要按照项目总目标、总计划进行。计划文件经批准后作为项目的工作指南。因此,在项目计划制订过程中一般应遵循以下6个原则。

1) 目的性

任何项目都有一个或几个确定的目标,以实现特定的功能、作用,而任何项目计划的制订正是围绕项目目标的实现展开的。在制订项目计划时,首先必须分析目标,厘清任务,因此项目计划具有目的性。

2) 系统性

项目计划本身是一个系统,由一系列子计划组成,各个子计划并不孤立存在,彼此之间相对独立,又紧密相关。这使得制订出的项目计划也具有系统的目的性、相关性、层次性、适应性、整体性等基本特征,使项目计划成为有机协调的整体。

3) 经济性

项目计划的目标不仅要求项目有较高的效率,而且要有较高的效益。所以,在项目计划中必须提出多种方案进行优化分析。

4) 动态性

这是由项目的生命周期决定的。一个项目的生命周期短则数月,长则数年,在这期间,项目环境常处于变化之中,可能使计划的实际进展偏离项目基准计划。因此,项目计划要随着环境和条件的变化而不断调整和修改,以保证完成目标。这就要求项目计划要具备动态性,以适应不断变化的环境。

5) 相关性

项目计划是一个系统的整体,构成项目计划的任何子计划的变化都会影响其他子计划的制订和执行,进而最终影响项目计划的正常实施。制订项目计划要充分考虑各子计划间的相关性。

6) 职能性

项目计划的制订和实施不是以某个组织或部门内的机构设置为依据,也不是以自身的利益及要求为出发点,而是以项目和项目管理的总体及职能为出发点,涉及项目管理的各个部门与机构。

2.1.4 项目基准计划与项目基线

1. 项目基准计划

项目基准计划是项目在最初启动时制订的计划,即初始拟定的计划。在项目管理过程中,它可用来与计划的实际进展进行比较、对照、参考,便于对变化进行管理与控制,从而保证项目计划能顺利实施。

项目基准计划一经确定不可更改。

2. 项目基线

项目基线是特指项目的规范、应用标准、进度指标、成本指标,以及人员和其他资源使用指标等。项目基线不可能是固定不变的,它将随着项目的进展而变化。

2.2 项目计划的形式与内容

2.2.1 项目计划的形式

项目计划作为项目管理的职能工作,贯穿于项目生命周期的全过程。在项目实施过程中,项目计划会不断地得到细化、具体化,同时也不断地被修改和调整,形成一个动态体系。

项目计划按计划制订的过程,可分为概念性计划、详细计划、滚动计划 3 种形式。

1. 概念性计划

概念性计划的任务是确定初步的工作分解结构图,并根据图中的任务进行估计,从而汇总出最高层的项目计划。在项目计划中,概念性计划的制订确定了项目的战略导向和战略重点。

2. 详细计划

详细计划通常称为由下而上的计划。详细计划的任务是绘制详细的工作分解结构图,该图需要详细到为实现项目目标必须做的每一项具体工作；然后由下而上再汇总估计，成为详细计划。在项目计划中，详细计划的制订提供了项目的详细范围。

3. 滚动计划

滚动计划意味着用滚动的方法对可预见的将来逐步制订详细计划，随着项目的推进，分阶段地重估详细计划制订过程中所定的进度和预算。每次重新估计时，对最后限定日期和成本的预测会比上一次更接近实际。最终得到足够的信息，范围和目标也随之确定下来，这样可以为项目的剩余部分准备由下而上的详细计划。

滚动计划的制订是在已经编制出来的项目计划基础上，再经过一个阶段(如一周、一月、一季度等，这个时期叫作滚动期)，根据已变化的项目环境和计划实际执行情况，从确保实现项目目标出发，对原项目计划进行主动调整。在每次调整期间，保证原计划期限不变，而将计划期限顺序逐期向前推进一个滚动期。图 2-1 显示了一个 5 月期滚动计划的制订过程。

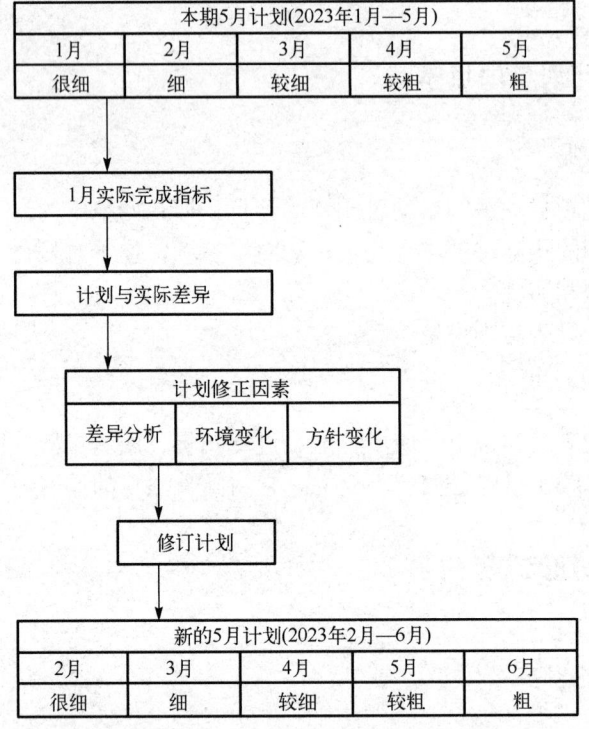

图 2-1 滚动计划示意图

滚动计划具有十分明显的优点。首先，它可使项目组织始终以一个切合实际的计划作为指导，有助于提高计划的质量和准确性。其次，它可使长期计划、中期计划和短期计划紧密衔接，从而保证了即使由于项目环境的变化而引起偏差，也能及时地进行调节。最后，它可以增加计划的灵活性，提高项目组织的应变能力。

2.2.2 项目计划的内容

项目计划制订的过程和输出如表 2-1 所示。

表 2-1 项目计划制订的过程和输出

知识领域	过程	输出
范围	范围计划制订	范围说明书 详细依据 范围管理计划
	范围定义	工作分解结构
时间	工作定义	工作清单 详细依据 更新的工作分解结构
	工作排序	项目网络图 更新的工作清单
	工作历时估算	工作历时的估算 估算的基础 更新的工作清单
	进度计划制订	项目进度计划 详细依据 进度管理计划
成本	资源计划制订	更新的资源要求 资源要求
	成本估算	成本估计 详细依据 成本管理计划
	成本预算	成本基准计划
质量	质量计划制订	质量管理计划 操作定义 检查表 其他过程的输入
风险	风险识别	风险来源 潜在的风险事件 风险征兆 其他过程的输入
	风险量化	需要抓住的机会及应对的威胁 可忽视的机会及可接受的威胁
	风险应对计划制订	风险管理计划 其他过程的输入 应急计划 储备 合同协议
采购	采购计划制订	采购管理计划 工作说明书
	询价计划制订	采购文件 询价标准 更新的工作说明书

1．项目进度计划

项目进度计划是项目计划的重要组成部分，项目的资源计划及成本计划的制订都是以进度计划为基础的。因此，项目进度计划是项目计划制订中的一项重要工作，也是项目计划的主要内容。项目进度计划是表达项目中各项工作的开展顺序、开始和完成时间，以及相互衔接关系的计划。通过项目进度计划的制订，使项目实施形成一个有机的整体。同时，项目进度计划是进度控制和管理的依据。项目进度计划按所包含的内容不同可分为总体进度计划、分项进度计划、年度进度计划等。这些不同的进度计划构成了项目的进度计划系统。

项目进度计划还可分为进度控制计划与状态报告计划。

1) 进度控制计划

项目进度计划是根据实际条件和合同要求，以拟建项目的交付使用时间为目标，按照合理的顺序所安排的实施日程。其实质是把各工作的时间估计值反映在逻辑关系图上，通过调整使整个项目在工期和预算允许的范围内最科学地安排工作。

项目进度计划也是物资、技术资源供应计划制订的依据，如果项目进度计划不合理，将导致人力、物力使用的不平衡而影响经济效益。

项目实施前所制订的项目进度计划预测完成各工作的工作量和时间值。但项目实施工作一展开，问题将逐渐暴露，实际进度与计划进度会有出入。因此，要定期检查实际进度与计划进度的差距，并且预测有关工作的发展速度。为了完成锁定工期成本和质量的目标，需要修改原计划及调整相关工作的工期，即进度控制计划。

在进度控制计划中，要确定应监督哪些工作、何时监督、谁监督、用什么方法收集和处理信息、怎样按时检查工作进展和采取何种调整措施，并把这些控制工作所需的时间和物资、技术资源等列入项目总计划中。

2) 状态报告计划

项目经理在项目实施过程中需要随时了解项目的进展情况和存在的问题，以便预测今后发展的趋势，解决存在的问题。而且，项目委托人也要根据项目的进展情况，及时做好使用前的准备。

状态报告计划要求简明扼要、表达清楚，必须明确谁负责编写报告、向谁报告、报告的内容和报告所需的信息涉及面的大小程度。

编写的内部报告与提供给项目委托人的报告应协调一致，避免相互矛盾，影响问题的解决。同类资料和信息不会因为使用对象的不同而重新计算、收集和编写报告，避免造成工作重复。

状态报告计划也应反映到项目总计划中，项目总计划中要为这项工作提供资源和安排必要的时间。

2. 项目质量计划

项目质量计划是指为确定项目应达到的质量标准及如何达到这些标准而做的关于项目质量的计划与安排。项目质量计划是质量策划的结果之一。它规定与项目相关的质量标准，如何满足这些标准，由谁及何时使用哪些程序和相关资源。项目质量计划工作的成果包括项目质量计划、项目质量工作说明、质量核检清单、可用于其他管理的信息。

项目质量计划包括与维护项目质量有关的所有工作。项目质量计划的目的主要是确保项目的质量标准能够圆满实现。项目质量计划是对待定的项目产品、过程或合同，规定由谁监控及使用哪些程序和相关资源的文件；是针对具体项目的要求，以及应重点控制的环节所制订的对设计、采购、项目实验、项目检验等质量环节的质量控制方案。项目质量计划的形式，在很大程度上取决于承包方组织的质量环境。若一个组织开发了实施项目的质量管理过程，则现有的质量手册就应该规定了项目的管理方式；若一个组织没有质量手册，或者其质量手册没有涉及项目的问题，则在这样的组织中，项目质量计划部分的内容需要非常详细，以清楚地表明如何保证质量。

3. 项目资源计划

项目资源计划是指通过分析和识别项目的资源需求，确定项目需要投入的资源种类（包括人力、设备、材料、资金等）、项目资源投入的数量和时间，从而制订出项目资源供应计划的项目成本管理活动。资源是项目实施的基础，没有资源一切都是空谈。资源对项目的进度计划、成本计划等产生直接影响，因为项目中的每个活动、每项工作都需要使用物质资源和非物质资源，而项目中的各个活动、多项目并行实施过程之中，项目之间在资金、时间、人力等资源方面也存在既共享又竞争的关系，资源配置的合理与否直接影响各项目的进度和完工质量，关系着各个项目的成败。

在制订项目进度计划的最初，通常不会考虑资源在需要的时候是否可用。因此，如果忽视资源限制的影响就会产生严重问题。避免这一问题的首要任务是重新调整项目进度计划，使所有任务都与可用资源一致。随后，检查其他项目的资源需求，并解决存在的冲突。如果不这样做，缺乏资源的情况是不会不治而愈的。一旦没有时间修改原定的项目进度计划，这种情况就会变成一块拦路石。

在实际的项目实施过程中，最好留有充足的资源储备。在很多情况下，项目实施过程中需要的资源不断增加，这样就需要调整预算和进度表。但是需要注意的是，在一些项目中，不会有充足的时间进行调整。在这样的情况下，项目经理必须确定项目的资源风险，并且制订计划以保证在需要时备用资源已经准备妥当。有时候，资源需要随时备用；另一些时候，你只需要知道你在需要时能够很快获得它们。

4. 项目成本计划

项目成本计划是成本控制的标准和依据。项目成本计划可将各子项目、各成本要素的成本控制目标和要求落实到责任部门或个人，这样在实际工作中就能"带着指标干活"。通过分析实际成本与计划成本之间的差异，项目成本计划还可指出有待加强控制和改进的领域，更利于挖潜降耗。项目成本计划是对项目消耗进行控制、分析和考核的依据。项目成本计划为成本管理工作明确了目标，将量化的指标清晰地下达至各部门，避免了成本管理工作的盲目性。项目成本计划是达到项目目标成本的一种必要程序，对成本管理工作起到了重要的指导作用，是推动实现责任成本制度和加强成本控制的有力手段。

5. 项目变更计划

项目的计划是为了实现项目目标的要求，根据已经获得的项目相关信息，对未来项目过程所做出的假设，相关信息越全面、越真实，相关环境越稳定，这种前瞻性的假设也就越可靠，与将来的实际差异也就可能越小。假设本身具有不确定性，加之当今外部环境变化无常，包括外部市场或客户的需求、企业内部的管理环境、项目组中的人员变动等各种因素，都会增加这种假设的不确定性。只有待项目完全结束后，项目的整个过程方可完全确定，这就是项目的动态性特点。因此，在项目的实际实施过程当中，通过计划变更，根据当前最新的项目进展情况，随时对项目计划做出适应性调整，不断使项目计划更贴近于真实情况，尽可能降低计划与实际的差异，以保证对项目全过程的有效控制，实现对项目的管理。

另一方面，在项目初期制订项目计划的时候，因为对相关项目信息掌握不充分、不具体，又或者后续阶段的项目任务需要根据前期阶段的工作成果制定进一步具体安排，所以难以使项目过程中后续的计划制订得非常具体。因此，在制订项目计划时，经常会在总体的里程碑计划的框架下，分阶段制订某阶段内的详细计划。前一个阶段结束后，根据其结果制订下一阶段的具体计划。这样，在整个项目的过程中，每一阶段计划的细化，其实也是对整个项目计划所做的。通过调整可以避免在项目初期信息不充分的情况下制订无谓的远期详细计划，而又可以在项目进程当中根据项目的进展情况及时制订出可行的详细计划，以支持项目管理的需要。

因此，在一个项目的实施过程中，对计划进行变更是必然的。根据以往的经验，各方面都要对计划变更给予足够的重视，通过对计划变更的管理起到控制项目的作用。

由于项目的一次性特点，在项目实施过程中，计划与实际不符的情况经常发生。这是由下列原因造成的：项目初期预测不够准确；在实施过程中控制不力；缺乏必要的信息。

有效处理项目变更可以使项目获得成功，否则可能会导致项目失败。项目变更控制计划主要规定处理变更的步骤、程序，确定变更行动的准则。

6．项目风险应对计划

项目风险应对计划是针对风险量化结果，为降低项目风险的负面效应制定风险应对策略和技术手段的过程。项目风险应对计划以风险管理计划、风险排序、风险认知、风险主体等为依据，运用风险应对的主要工具和技术，确定剩余风险和次要风险。

7．项目采购计划

项目采购计划是在考虑了买卖双方之间的关系后，从采购者的角度制订的计划。项目采购计划是识别项目中哪些需要可以通过从项目实施组织外部采购产品和设备得到满足的过程。采购计划应当考虑合同和分包商。

对于设备的采购供应，有设备采购供应计划。在项目管理过程中，多数项目都会涉及仪器设备的采购、订货等供应问题。有些非标准设备包括试制和验收等环节；对于进口设备，还存在选货、订货和运货等环节。设备采购问题会直接影响项目的质量及成本。

除设备外的其他资源的采购和供应，需要有其他资源供应计划。对于一个大型项目，不仅需要及时供应设备，还涉及项目建设中所需的材料、半成品、物件等大量资源的供应问题。因此，预先安排一个切实可行的物资、技术资源供应计划，将直接关系到项目的工期。

2.2.3 项目计划管理中的常见问题

项目计划管理的作用包括确定完成项目目标所需的各项工作范围，落实责任，制定各项工作的时间表，明确各项工作所需的人力、物力、财力并确定预算，保证项目顺利实施和目标实现，确定项目实施规范，作为项目实施的依据和指南。

在项目管理与实践中，项目计划是最先发生并处于首要地位的，它指引项目中各种管理职能的实现，是项目管理工作的首要环节，抓住这个首要环节，就可以提挈全局。项目计划的质量是决定项目成败、优劣的关键性因素之一。

项目计划管理过程中，主要存在以下几个误区。

(1) 结合度不够。项目计划管理不是一个独立的个体，它是项目管理中的一个重要组成部分，计划与实施状态的管理结合不够紧密是一大误区。

(2) 计划一经确定不能改变。没有一个项目能够从始至终按计划执行。由于在项目实施过程中会有不可预见的新情况、新事情、新问题产生，因此项目始终处在变化的过程中。

(3) 项目计划管理只往前看。项目计划管理要"翻旧账"，要总结和分析，对以往顺利完成的、变更的、变更后仍不能按期完成的项目进行分析总结，逐步形成项目计划管理的经验数据。

(4) 项目计划管理者只负责计划的管理。项目计划管理工作不仅针对一项任务，更重要的是树立全局观念，从企业的发展角度，结合市场的需求，以不变应市场的万变，提升企业的诚信度和管理实力。确保项目计划管理的严肃性，调动项目组完成计划的积极性，是项目计划管理者工作的新难点。

2.3 项目计划过程

2.3.1 项目计划开始前的准备

项目计划开始前的准备工作主要有 5 个方面。

(1) 计划必须在相应阶段对目标和工作进行精确定义，即计划是在相应阶段项目目标的细化、技术设计和实施方案的确定后做出的。

(2) 开始进行详细、微观的项目环境调查，掌握影响计划和项目的一切内外部因素，写出调查报告。

(3) 项目结构分析的完成。通过项目的结构分析，不仅可以获得项目的静态结构，而且通过逻辑关系分析，还可以获得项目动态的工作流程——网络。

(4) 各项目单元基本情况的定义，即将项目目标、工作进行分解，如项目范围、质量要求、工作量计算等。

(5) 详细的实施方案的制订。为了完成项目的各项工作，使项目经济、安全、稳定、高效率地实施和运行，必须对实施方案进行全面研究。

2.3.2 项目计划的步骤

项目计划过程可分为以下 9 个步骤。

(1) 定义项目的交付物。这里的交付物不仅指项目的最终产品，也包括项目的中间产品。

(2) 确定工作。确定实现项目目标所需进行的各项工作，并以工作分解结构图反映出来。常见的自上而下的工作分解结构图如图 2-2 所示。

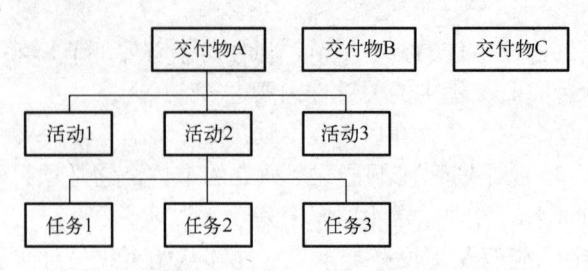

图 2-2　自上而下的工作分解结构图

(3) 建立逻辑关系图。建立逻辑关系图是为了假设资源独立，以确定各项工作之间的相互依赖关系。

(4) 为工作分配时间。根据经验或应用相关的方法给工作分配可支配的时间。

(5) 确定项目组成员可支配的时间。可支配的时间是指具体花在项目上的确切时间，应扣除正常可支配时间中的假期、教育培训等。

(6) 为工作分配资源并进行平衡。对工作持续时间、工作开始日期、工作分配进行调整，保持各项工作之间的相互依赖关系，证实合理性。通过资源平衡可以使项目组成员承担合适的工作量，还可以调整资源的供需状况。

(7) 确定管理支持性工作。管理支持性工作往往贯穿项目的始终，具体指项目管理、项目会议管理等支持性工作。

(8) 重复上述过程直至完成。

(9) 准备计划汇总。

2.4　项目控制概述

在开始一个新项目之前，项目经理和项目组成员不可能预见到项目执行过程中所遇到的情况。尽管确定了明确的项目目标，并制订了尽可能周密的项目计划，包括项目进度计划、项目成本计划和项目质量计划等，仍需要对项目计划的执行情况进行严密的监控，以尽可能地保证项目按项目基准计划执行，最大限度地减少计划变更，使项目达到预期的进度、成本、质量目标。

项目控制不是简单的动力学上所说的控制，项目的控制对象是项目本身，它需要诸多不同的变量表示项目不同的状态形式。而且在项目运行过程中，会遇到几项作业同时进行的情况，这时它的状态是多维的，其变量较难测量，所以说项目的控制过程比物理或化学的控制过程复杂得多。

所谓控制就是为了保证系统按预期目标运行，对系统的运行状况和输出进行连续的跟踪和观测，并将观测结果与预期目标加以比较，如有偏差，及时分析偏差原因并加以修正的过程。图 2-3 是简单的系统控制原理图。

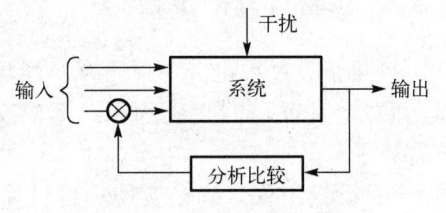

图 2-3　系统控制原理图

因为系统的不确定性和系统外界干扰的存在，系统的运行状况和输出出现偏差是不可避免的。一个好的控制系统可以保证系统的稳定，即可以及时发现偏差、有效地缩小偏差，并迅速调整偏差，使系统始终按预期轨道运行；相反，一个不完善的控制系统有可能导致系统不稳定甚至系统运行失败，系统控制效果示意图如图 2-4 所示。

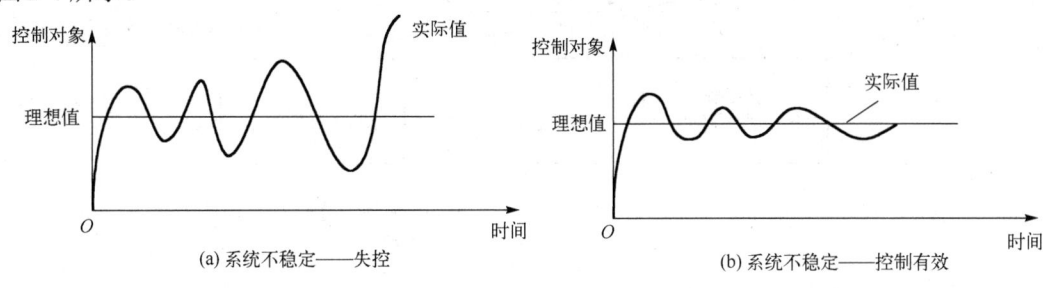

图 2-4　系统控制效果示意图

对于大型的复杂系统，则可以采取递阶控制方法，即将大型复杂系统逐层分解成相对独立、相对简单的子系统的控制方法。在子系统内部，系统结构相对简单，在上层系统，忽略子系统的内部细节，也可简化上层系统。对于一个大型复杂项目，项目的工作分解结构图为项目的递阶控制提供了方法、工具。大型复杂项目的递阶控制系统如图 2-5 所示。

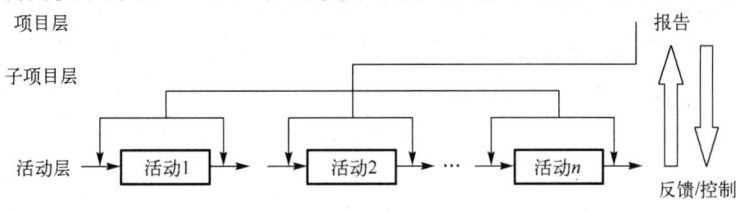

图 2-5　递阶控制系统

由于项目在前期的计划工作中面临诸多不确定性，在实施过程中又常常面临多种因素的干扰，因此在项目按计划实施的过程中，项目的进展必然会偏离预期轨道。所谓项目控制，是指项目管理者根据项目进展的状况，对比原计划（或既定目标），找出偏差、分析成因、研究纠偏对策，并实施纠偏措施的全过程。

2.5　项目控制类型

项目控制有多种分类方法。

1．按控制方式分类

类似于对物理对象的控制项，项目的控制方式也包括前馈控制（事先控制）、过程控制（现场控制）和反馈控制（事后控制）。

前馈控制是指在项目的策划和计划阶段，根据经验对项目实施过程中可能产生的偏差进行预测和估计，并采取相应的防范措施，尽可能地消除和缩小偏差。这是一种防患于未然的控制方式。

过程控制是在项目实施过程中进行现场监督和指导的控制方式。

反馈控制是在项目的阶段性工作或全部工作结束，或偏差发生之后再进行纠偏的控制方式。

项目控制类型示意图如图 2-6 所示。

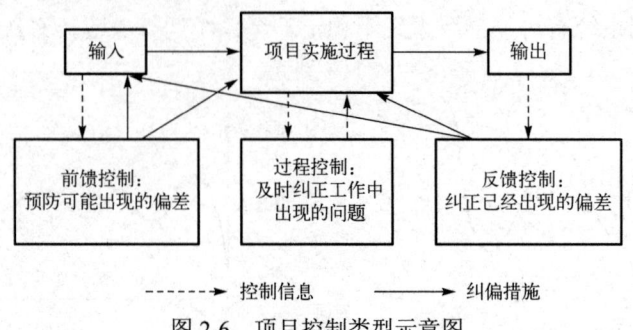

图 2-6　项目控制类型示意图

2. 按控制内容分类

项目控制的目的是确保项目的实施能满足项目的目标要求。对于项目可交付成果的目标描述一般包括交付期、成本和质量这 3 个指标。因此，项目控制的基本内容包括进度控制、成本控制和质量控制 3 项内容，俗称三大控制。

1）进度控制

在项目进行过程中，必须不断监控项目的进程以确保每项工作都能按项目进度计划进行。同时，必须不断掌握计划的实施状况，并将实际情况与计划进行对比分析，必要时应采取有效的对策，使项目按预定的进度目标进行，避免工期的拖延。这一过程被称为进度控制，按照不同管理层次对进度控制的要求可分为总进度控制、主进度控制和详细进度控制。

2）成本控制

成本控制要保证各项工作在各自的预算范围内进行。成本控制的基础是事先对项目进行的成本预算。

成本控制的基本方法是规定各部门定期上报其费用报告，再由控制部门对其进行费用审核，以保证各项支出的合法性；然后再将已经发生的费用与预算相比较，分析其是否超支，并采取相应的措施加以弥补。

成本管理不能脱离质量管理和进度管理独立存在，要在成本、质量、进度三者之间进行综合平衡。及时准确的成本、进度和质量跟踪报告，是项目经费管理和费用控制的依据。

3）质量控制

质量控制的目标是确保项目质量满足有关方面提出的质量要求。质量控制的范围涉及项目质量形成全过程的各个环节。

在项目控制过程中，这 3 项控制内容通常是相互矛盾和冲突的。例如，加快进度往往会导致成本上升和质量下降；降低成本也会影响进度和质量；过于强调质量则会影响进度和成本。因此，在项目的进度、成本和质量的控制过程中，需要注意三者的协调。

三大控制构成了项目控制最主要的内容。除此之外，项目整个生命周期的控制过程还涉及项目范围控制、项目变更控制等内容。

2.6　项目控制过程

根据以上控制和项目控制的定义，我们可以发现项目控制的依据是项目目标和计划，项目控制过程包括制定项目控制目标，建立项目绩效考核标准；衡量项目实际工作状况，获取偏差信息；分析偏差产生的原因和趋势，采取适当的纠偏行动。

1. 制定项目控制目标，建立项目绩效考核标准

项目控制目标包括项目的总体目标和阶段性目标。总体目标通常是项目的合同目标，阶段性目标可以是项目的里程碑事件要达到的目标，也可以由项目总体目标分解来确定。

绩效考核标准通常根据项目的技术规范和说明书、预算成本计划、资源需求计划、进度计划等来制定。

2. 衡量项目实际工作状况，获取偏差信息

通过将各种项目执行过程的绩效报告、跟踪报告等文件与项目合同、项目计划、技术标准规范等文件对比或定期召开项目控制会议等方式，考察项目的执行情况，及时发现项目执行结果和预期结果的差异，以获取项目偏差信息。图 2-7 展示了发现项目偏差过程的示意图。

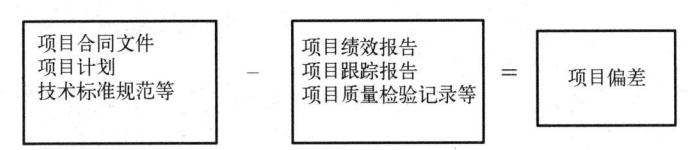

```
┌──────────────┐    ┌──────────────┐    ┌────────┐
│ 项目合同文件 │    │ 项目绩效报告 │    │        │
│ 项目计划     │ ―  │ 项目跟踪报告 │ ＝ │ 项目偏差│
│ 技术标准规范等│    │项目质量检验记录等│    │        │
└──────────────┘    └──────────────┘    └────────┘
```

图 2-7　发现项目偏差过程的示意图

为了便于发现项目执行过程中产生的偏差，还应在项目的计划阶段及项目的进程中设置若干里程碑事件。对里程碑事件进行监测，有利于项目的利益相关者及时发现项目进展的偏差，或者在项目工作中添加"跟踪报告"这一工作，报告周期固定，以定期将实际进程与计划进程进行比较。根据项目的复杂程度和时间期限，可以将报告周期定为日、周、月等。

项目进展报告一般要包含图 2-7 中的多种项目进展信息，最终提炼成项目进展的偏差报告。在偏差报告中，跟踪报告的典型变量是进度和成本信息。偏差报告分为两种形式：第一种是数字形式，分若干行，每行显示实际数据、计划数据和偏差数据；第二种是图形形式，即每个项目报告周期内的计划数据用一种颜色的曲线表示，每个报告周期内的实际数据用另一种颜色的曲线表示，偏差数据用任何时间点上两条曲线的差异表示。图形形式的偏差报告的优点是，它可以显示项目报告周期内偏差的趋势，而数字形式的偏差报告只能显示当前报告周期内的数据。

典型的偏差报告涉及跟踪项目状态的相关数据，大部分偏差报告不涉及项目如何达到这个状态的相关数据。项目的偏差报告用于报告项目当前的状态，主要为了方便项目经理和项目控制人员阅读和理解，所以无论跟踪什么偏差因素，报告的篇幅都不宜过长。

3. 分析偏差产生的原因和趋势，采取适当的纠偏行动

（1）项目进展中产生的偏差就是实际进程与计划进程的差值，一般会有正向偏差和负向偏差两种。

①正向偏差。正向偏差意味着进度超前或实际的花费小于计划花费。这对项目来说是个好消息，谁不想看到进度超前和预算节约呢？但是正向偏差也存在一系列问题，甚至比负向偏差存在的问题更严重。正向偏差允许对进度进行重新安排，以尽早或在预算约束内，或者以上两者都符合的条件下完成项目。资源可以从进度超前的项目中抽出并重新分配给

进度延迟的项目，重新调整项目网络计划中的关键路线。

如果进度的超前是项目组找到了实施项目更好的方法或捷径，那么此项偏差确为好事。但这样也会带来另外的问题——因为进度超前，项目经理不得不重新修改资源进度计划，而这将增加额外的负担。

②负向偏差。负向偏差意味着进度延迟或花费超出预算。进度延迟或花费超出预算都违背了项目经理及项目管理层的初衷。正如正向偏差不一定是好消息一样，负向偏差也不一定是坏事。举例来说，项目的花费可能超出预算，这是因为在报告周期内比计划完成了更多的工作，只是在这个周期内超出了预算。也许使用比最初计划更少的花费完成工作，因此进度出现延误，但是这种情况不可能从项目偏差报告中看出来。因此，成本与进度偏差要结合起来分析才能得出正确的偏差信息。

在大多数情况下，负向偏差只有在与关键路线上的工作有关时，或者非关键路线工作的进度拖延超出了工作总浮动时间时，才会影响项目完成日期。偏差会耗尽工作的浮动时间，一些更严重的偏差会引起关键路线的变动。负向偏差可能是不可控因素造成的结果，如供应商的成本增加或设备的意外故障。

(2) 造成偏差的原因可能是由项目相关的各责任方引起的。可能造成偏差的责任方有以下5个。

①业主(或客户)的原因。例如，业主(或客户)没有按期履行合同中规定的应承担的义务，或者应由业主(或客户)提供的资源，在时间和质量上不符合合同要求，以及在项目执行过程中客户提出变更要求等。由于业主(或客户)的原因造成的偏差，应由业主(或客户)承担损失。为了避免这类风险，应在项目合同中对甲、乙双方责任和义务做出明确的规定和说明。

②项目承包方的原因。例如，合同中规定的由项目承包方负责的项目设计缺陷、项目计划不周、项目实施方案设计在执行过程中遇到障碍、项目执行过程中出现失误等。由于项目承包方的责任造成的偏差，应由项目承包方(项目团队或其所在企业)承担责任，项目承包方有责任纠正偏差或承担损失。

③第三方的原因。第三方是指业主及签订有关该项目的交易合同的承包方以外的企业。第三方造成项目偏差的原因有由第三方承担的设计问题或提供的设备问题等。这些原因造成的项目偏差，应由业主负责向第三方追究责任。

④供应商的原因。供应商是指与项目承包方签订资源供应合同的企业，包括分包商、原材料供应商和提供加工服务的企业等。供应商造成项目偏差的原因包括提供的原材料延误、原材料质量不合格、分包的任务没有按期按质交付等。由供应商原因造成的项目偏差，应由供应商承担纠偏的责任和由此带来的损失。项目承包方可以依据其与供应商签订的交易合同向供应商提出损失补偿要求。为了避免这类风险，应在与供应商签订的合同中对供应商的责任和义务做出明确的规定和说明。

⑤不可抗力的原因。不可抗力的原因是指由于不确定的、不可预见的各种客观原因造成的偏差，如战争、自然灾害、政策法规变化等。这方面原因造成的偏差应由业主和项目承包方共同承担责任。

除了分析造成项目偏差的责任方，还要分析造成项目偏差的根源。造成项目偏差的根源包括项目设计的原因、项目计划的原因、项目实施过程的原因等。

有经验的项目经理，通常在项目的计划阶段即对可能引起偏差的原因及其对偏差的影响程度进行充分的分析，以便在计划阶段采取相应的预防措施避免或减弱这些原因对项目的影响。在进行项目偏差原因分析时，常用的工具是因果分析图(鱼刺图)，如图2-8所示。

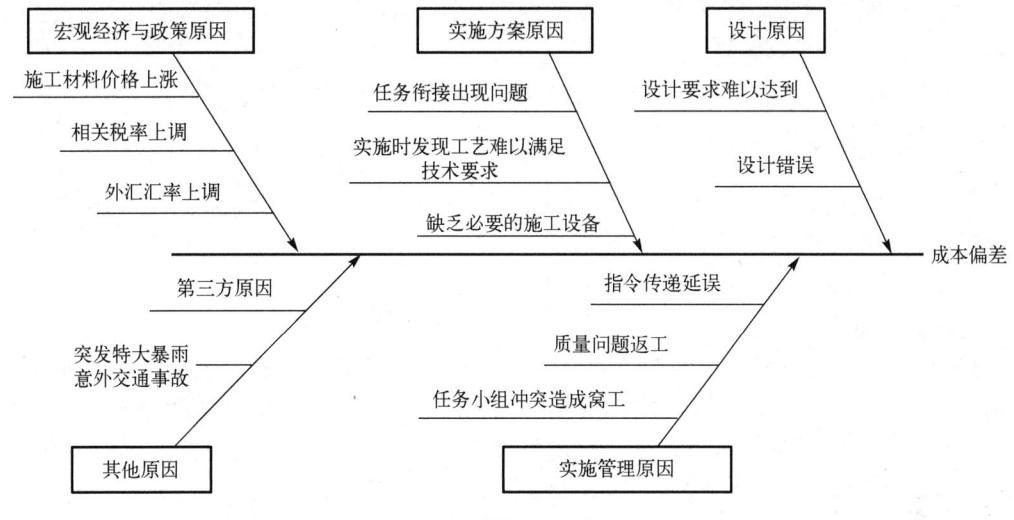

图 2-8 项目偏差因果分析图

对偏差原因的分析，还应包括对各个原因影响偏差程度的分析，对影响程度大的原因要重点防范。利用项目偏差的因果分析图，找出全部偏差原因之后，可通过专家评分法给出各个原因对偏差影响程度的权重。

偏差分析主要是分析偏差会随着项目的进展增加还是减少，是偶然发生的还是必然发生的，对项目后续工作的影响程度等。偏差分析的目的是确定纠偏措施的力度。

掌握了项目偏差信息，了解了造成项目偏差的根源，即可有针对性地采取适当的纠偏措施，如修改设计、调整项目实施方案、更新项目计划、改善项目实施过程管理等。

显然，只有了解造成偏差的责任方和根源，才能确定应由谁承担纠正偏差的责任和损失，以及如何纠正偏差。

本章小结

本章介绍了项目计划与控制的概念、过程方法及作用，总结了项目计划的形式、种类，从不同角度说明了项目计划的内容。借鉴系统控制原理阐述了项目控制的概念与意义，并根据项目类型与项目实施状态的不同，分类讨论了项目控制的类型及具体的控制措施与方法，提出了多种纠偏措施。

能力测试题

1．是非判断题

(1)项目基线是特指项目的规范、应用标准、进度指标、成本指标，以及人员和其他资源使用指标等。　　　　　　　　　　　　　　　　　　　　　　　　　　　(　　)

(2)概念性计划通常称为自下而上的计划。（　　）
(3)变更控制计划主要是规定处理变更的步骤、程序，确定变更行动的准则。（　　）
(4)正向偏差意味着进度超前或实际的花费小于计划花费，这对项目来说一定是好消息。（　　）
(5)过程控制是在项目实施过程中进行现场监督和指导的控制。（　　）

2．单项选择题

(1)在现代项目管理过程中，一般会将项目的进度、成本、质量和范围作为项目管理的目标，这体现了项目管理的(　　)特点。
　　A．多目标性　　　　　　　　B．层次性
　　C．系统性　　　　　　　　　D．优先性

(2)新聘用的项目经理了解到自己负责的项目已经落后于进度，由于在规划阶段未考虑到几个时间制约因素，因此被批准的基准进度计划具有不灵活的完工期限。你认为该项目经理首先应该(　　)。
　　A．制订项目进度计划　　　　B．控制项目进度计划
　　C．为项目活动排序　　　　　D．快速跟进项目进度计划

(3)项目目标的(　　)是项目管理最基本的方法论。
　　A．定量控制　　　　　　　　B．定性控制
　　C．动态控制　　　　　　　　D．静态控制

3．多项选择题

(1)项目目标控制的动态原理包含(　　)。
　　A．项目目标分解　　B．项目目标的计划值和实际值的比较
　　C．纠偏行为　　　　D．目标调整　　　E．确定目标的计划值

(2)项目范围变更控制的依据一般包括(　　)。
　　A．工作分解结构　　B．项目绩效报告　　C．来自项目内外部的变更请求
　　D．项目范围管理计划　　　　　　　　　E．项目利益相关者的需求

(3)项目成本计划包括(　　)。
　　A．项目资源计划　　B．项目成本估算　　C．项目成本偏差
　　D．项目成本控制　　E．项目成本预算

(4)项目控制系统包括哪些要素(　　)。
　　A．措施　　B．信息　　C．资源　　D．范围　　E．反馈

(5)项目计划的原则包括(　　)。
　　A．职能性　　B．经济性　　C．系统性　　D．目的性　　E．独立性

4．简答题

(1)项目计划的作用有哪些？
(2)项目计划管理的基本问题是什么？
(3)简单说明项目控制在项目实施过程中的作用。
(4)项目实施过程中为什么会产生项目偏差，导致项目偏差的原因有哪些？

案例分析

某市电子政务信息系统工程，总投资额约为 500 万元，主要包括网络平台建设和业务办公系统开发。通过公开招标，确定工程的承建单位是 A 公司，按照《合同法》的要求与 A 公司签订了工程建设合同，并在合同中规定 A 公司可以将机房工程这样的非主体、非关键性子工程分包给具备相关资质的 B 公司。B 公司将子工程转手给了 C 公司。在随后的应用系统建设过程中，监理工程师发现 A 公司提交的需求规格说明书质量较差，要求 A 公司进行整改，此外机房工程的装修不符合要求，要求 A 公司进行整改。

A 公司的项目经理小丁在接到监理工程师的通知后，对于第二个问题拒绝了监理工程师的要求。理由是机房工程由 B 公司承建，且 B 公司经过了建设方的认可，要求追究 B 公司的责任，而不是自己公司的责任。对于第一个问题，小丁把任务分派给程序员老张，对规格说明书进行修改。此时，系统设计工作已经在进行中，程序员老张独自修改了已进入基线的程序，小丁默许了他的操作，老张在修改了需求规格说明书后邮件通知了系统设计人员。

小丁进行项目计划的编制，开始启动项目。由于工期紧张，公司总经理关心该项目，询问了项目的一些进展情况。在项目汇报会议上，小丁向公司总经理递交了项目进度计划，公司总经理在阅读该计划以后，认为任务之间的关联不是很清晰，要求小丁重新处理一下。新的计划出来后，在计划实施过程中，由于甲方的特殊要求，需要项目提前 2 周完工，小丁更改了项目进度计划，项目最终按时完成。

问题：

(1) 分析小丁处理监理工程师提出的问题的方法是否正确？如果你作为项目经理，该如何处理？

(2) 在项目执行过程中，程序员老张独自修改了已进入基线的程序，而小丁默许了他的操作。请用 200 字以内的文字评论小丁的处理方式是否正确，如果你是项目经理，你将如何处理上述的事情。

(3) 假设你被任命为本项目的项目经理，请问你对本项目的计划与控制有何想法，本项目有哪些地方需要改进？

第 3 章 项目进度计划与资源均衡

本章提要

计划过程是决策的组织落实过程。决策是计划的前提，计划是决策的逻辑延续。将项目在一定时期内的活动任务分解给组织的各个部门、环节和个人，不仅为这些部门、环节和个人在该时期的工作提供具体的依据，还为决策目标的实现提供保证。项目进度计划是项目计划的重要组成部分，项目资源计划及项目成本计划的制订都是以项目进度计划为基础的，因此项目进度计划的制订是项目计划的主要内容。

3.1 项目进度计划

3.1.1 项目目标与项目分解

1. 项目目标

1）项目目标的定义及特点

项目目标，概括说就是实施项目所要达成的期望结果。项目的实施是追求项目目标的过程。因此，如同其他目标一样，项目目标的确定不仅要在客户同承约商之间达成一致，还要具体、明确、可测量、切实可行。

项目目标具有以下 3 个主要特点。

（1）系统性。项目是一个多目标的系统，各种目标之间相互关联、相互作用，要确定项目目标，就需要对项目的多个目标进行协调。实施项目的过程就是多个目标协调的过程，这种协调包括项目在同一层次的多个目标之间的协调、项目总体目标与其子项目目标之间的协调、项目本身与组织总体目标的协调等。

项目无论大小、种类如何，其基本目标可以表现为 3 个方面，即时间进度、成本和技术性能。项目实施的目的就是充分利用可获得的资源，使项目在一定时间内，在一定成本下，获得所期望的技术性能。然而，这 3 个方面之间往往存在着一定的冲突。通常，缩短工期要以提高成本为代价；而降低成本、缩短工期可能会影响技术性能的实现。因此，项目目标的确定需要在这 3 个方面寻求最佳的平衡。

（2）优先性。在项目的多目标系统中，不同目标对于不同项目的重要程度是不同的。例如，预算拮据的私人住宅装修项目，成本目标十分重要；新型战机的研制项目，技术性能目标的重要性要大于成本目标；而生命周期较短的产品开发项目，时间目标则显得尤为重要。在项目管理中，识别目标的优先顺序对于指导项目规划和实施是一项十分重要的工作。

(3) 层次性。项目目标是一个从抽象到具体的层次结构。项目目标的最高层是总体目标，它指明要解决的问题的总的依据和原动力，可能是一个抽象的概念。这个抽象的概念被层层分解，最终形成针对具体技术问题的具体目标。在项目目标的层次结构中，上层目标是下层目标的目的，下层目标是上层目标的手段。上层目标一般表现出概略性、难以控制性，而下层目标则表现为具体的、明确的、可测的。层次越低，目标越具体、可控。

例如，京九铁路建设项目，其最高目标是改善我国交通基础设施，带动东部地区的经济发展。对该目标进行分解可以得到交通设施建设目标和促进经济增长目标；进一步分解得到交通流量目标、财务目标、国民经济目标、社会发展影响目标、环境影响目标等；再进一步分解，最终形成施工建设的具体技术目标。

2) 项目目标的确立过程

项目目标的确立是一个由模糊、不确定逐步过渡到清晰、明确的过程。在项目的初始阶段，项目目标往往是模糊的、不具体的，甚至是不确定的。这种模糊性和不确定性随着机会研究和项目可行性研究的深入而不断变得清晰明了。

项目目标的确定过程包括明确制定项目目标的主体和描述项目目标两个阶段。一般来说，项目目标由项目发起人或项目提议人来确定，承约商的意见对于项目目标的确定起着重要的参考作用。项目目标的描述应该明确、具体、尽量量化，保证项目目标容易被沟通、理解和度量，并使所有项目组成员能够结合项目目标确定个人的具体目标。

3) 项目目标的描述

在项目建议书中，项目目标的描述应是一项非常重要的内容。在理想状况下，项目建议书的起草人是项目经理，因此项目经理是确定项目目标的重要主体。从一定程度上讲，项目经理对项目目标的正确理解和正确定义决定了项目的成败。

描述项目目标的准则有以下 4 条。

(1) 能定量描述的，不要定性描述。
(2) 应使每个项目组成员都明确项目目标。
(3) 项目目标应该是现实的，不应是理想化的。
(4) 项目目标的描述应尽量简化。

2．项目分解

项目目标明确后，要制订完善的项目计划，就必须对项目进行分解，以明确项目所包含的各项工作。这些工作可以被视为活动，这些活动在项目进程中是单独计划的工作部分。项目分解是制订项目进度计划、进行控制的基础。

项目分解先把复杂的项目逐步分解成一层一层的要素(工作)，直到具体明确为止，得到一系列活动。这些活动具有以下特点：具有明确的起点和终点、便于估计和控制所需的资源、每项活动都有专人负责。

项目分解的工具是工作分解结构(Work Breakdown Structure，WBS)，它是一个分级的树型结构，是一个对项目工作由粗到细的分解过程。工作分解结构主要有两种类型：产品导向型工作分解结构和活动导向型工作分解结构。

产品导向型工作分解结构依据的是最终产品的构成(如图 3-1 所示)。这种工作分解结构的特点是重视结果而忽略过程,有助于项目的分包、结果检查等管理工作。其缺点是在较低层次上的分解结构不容易理解,并且难以掌握项目的进展过程。

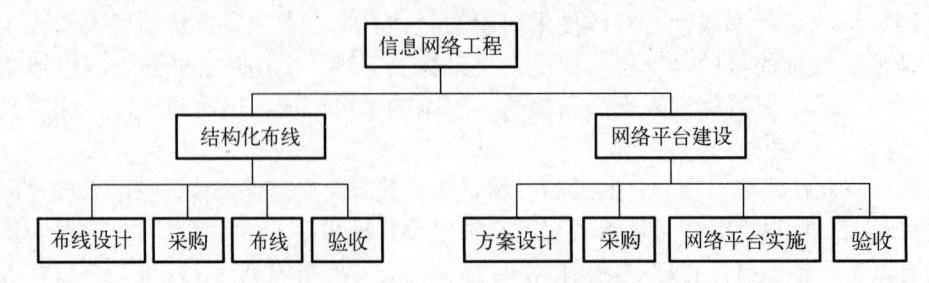

图 3-1 信息网络工程项目工作分解结构图

活动导向型工作分解结构的基本依据是项目活动的过程(如图 3-2 所示)。这种工作分解结构的特点是分解结构简单易懂,逻辑性强,容易进行活动的识别和定义,且易于实施。其缺点是不易跟踪考察,且容易注重过程而忽略结果。

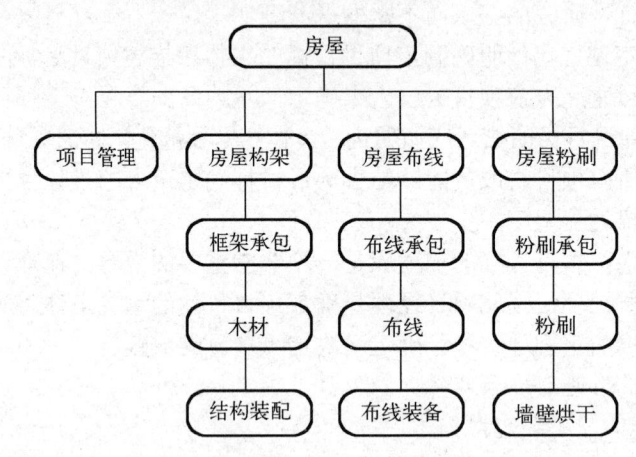

图 3-2 房屋改造项目工作分解结构图

3.1.2 项目工作(活动)依赖关系的确定

工作(活动)的先后依赖关系是指任何工作的执行必须依赖于一定工作的完成,也就是说其必须在某些工作完成之后才能进行。依赖关系既可以是强制性的,也可以是自由性的。强制性的依赖关系是指合同要求或工作性质内在固有的关系,自由性的依赖关系是指建立在最佳实践基础上,期望一种特定顺序的依赖关系。项目团队应考虑所有的强制性依赖关系,判断包括哪些自由性依赖关系。大多数团队不喜欢含有过多依赖关系的项目,因为随着项目的进展,越多的依赖关系会带来越少的选择。

"完成到开始"是最常见的依赖关系,在这种逻辑关系中存在超前和滞后两种情况。超前是指后续活动可以提前于先行活动的结束时间,滞后就是要求后续活动比原定逻辑的活动开始时间延迟。

除了"完成到开始"依赖关系,还存在如下 3 种类型的依赖关系。

"完成到完成"依赖关系，是指先行活动完成之后后续活动才能完成的逻辑关系。

"开始到开始"依赖关系，是指先行活动开始之后后续活动才能开始的逻辑关系。

"开始到完成"依赖关系，是指先行活动开始后后续活动才能完成的逻辑关系。这是最不常见的依赖关系，如在替换旧系统的项目中，新系统必须在旧系统完全停止前开始。

工作依赖关系确定的最终结果是要得到一张描述项目中各工作依赖关系的项目网络图及详细的工作关系列表。项目网络图通常是表示项目各工作的依赖关系的基本图形，通常可由计算机或手工绘制，它包括整个项目的详细工作流程。工作关系列表包括项目各工作的详细说明，是项目工作的基本描述。

3.1.3 项目工作时间的估计

工作时间是在一定的条件下，直接完成该工作所需时间与必要停歇时间之和。工作时间的估计是制订项目计划的一项重要的基础工作，它直接关系到各事项、各工作网络时间的计算和完成整个项目所需要的总时间。若工作时间估计得太短，则会在工作中造成被动紧张的局面；相反，若工作时间估计得太长，则会导致整个项目的完工期长。

网络中所有工作的进度安排都是由工作时间来推算的，因此对工作时间的估计要做到客观正确。这就要求在进行工作时间估计时，不应受到工作重要性及项目完成期限的影响，要在考虑各种资源、人力、物力、财力的情况下，把工作置于独立的正常状态下进行估计，要通盘考虑，不可顾此失彼。工作时间估计结果形成了各项工作时间的估计、基本的估计假设及工作列表的更新。

1．工作时间估计主要依赖的数据资料

(1) 工作详细列表。

(2) 项目约束和限制条件。

(3) 资源需求。大多数工作时间将受到分配给该工作的资源情况及该工作实际所需要的资源情况的影响，如当人力资源减少一半时，工作时间一般来说将会增加一倍。

(4) 资源能力。资源能力决定了可分配资源数量的大小，对多数工作来说，其工作时间将受到分配给它们的人力及材料资源的明显影响，如一个全职的项目经理处理一件事情的时间将会明显地少于一个兼职的项目经理处理该事情的时间。

(5) 历史信息。许多类似的历史项目的工作资料对于项目工作时间的确定很有帮助，主要包括项目档案、公用的工作时间估计数据库、项目团体的知识积累等。

2．确定工作时间的主要方法

(1) 专家判断。专家判断主要依赖于历史的经验和信息，当然其对工作时间估计的结果也具有一定的不确定性和风险。

(2) 类比估计。类比估计意味着以先前类似的实际项目的工作时间来推测，估计当前项目各工作的实际时间。在项目的一些详细信息获得有限的情况下，这是一种最为常用的方法，类比估计可以说是专家判断的一种形式。

(3) 单一时间估计法。单一时间估计法是指估计一个最可能的工作实现时间，对应于关键路线法(Critical Path Method，CPM)网络。

(4) 3 个时间估计法。3 个时间估计法是指估计工作执行的 3 个时间——乐观时间(t_o)、悲观时间(t_p)、最可能时间(t_m),对应于计划评审技术(Program Evaluation and Review Technique,PERT)网络,式(3-1)为期望时间的计算公式(3 个时间服从 β 分布)。

$$期望时间\ t_e = \frac{t_o + 4t_m + t_p}{6} \tag{3-1}$$

例如,某一工作在正常情况下的工作时间是 10 天,在最有利的情况下其工作时间(乐观时间)是 6 天,在最不利的情况下其工作时间(悲观时间)是 14 天,那么该工作的工作期望时间为

$$t = \frac{6 + 4 \times 10 + 14}{6} = 10(天)$$

(5) 学习曲线。学习曲线的基本思想是一个人实施某项工作的次数越多,他工作起来就会越快越好。学习曲线之所以适用于工作时间估计是因为其可以研究和预测改进的效率。因此,如果项目的某些工作已经完成过许多次了,那么项目计划人员就可以预测出这些工作的工作时间。工作效率的改进取决于以下因素:组织文化强调持续发展的程度、工作的技术含量、工作的复杂程度、工作对人的依赖程度,以及对机器设备的规定和要求。

完成工作的时间是以执行工作重复次数的两倍为改进效率进行估算的。例如,学习效率为 80%,第一次完成工作用时 100 分钟(生产第一单元),那么生产两倍单元容量时,第二单元只需 80 分钟。要求再加倍,第四单元只需 64 分钟。每次完成工作所需的时间可以用学习曲线表示。注意,学习效率非常重要,因为快速的学习能够更快地完成连续的工作。

对顾客而言,如果一个行业有陡峭的学习曲线,就会导致价格快速下降。如果人们希望新的电子产品和其他消费品价格下降,那么项目经理应将可能发生的学习置于计划之中;并且项目经理应创造和维持鼓励学习环境,这样项目才能更具竞争力。

在敏捷项目中,随着早期迭代的完成,时间估计的效率不断提高。了解特定工作需要耗费的时间之后,后续预测会越来越准确。然而,因为预测周期一般是 2~4 周迭代时间,这意味着项目经理要预测在下次迭代中能完成的工作量。

3.1.4 项目进度计划的制订

1. 里程碑计划

项目计划与行军路线相似:它们不仅显示了怎样到达目标,而且显示了所经历的路程。在达到目标的道路上,要设置一些路标,以表明已经行进了多远的路程。这种路标称为里程碑。项目的里程碑计划就是以项目中某些重要事件的完成或开始时间作为基准所形成的计划,它是项目的一个战略计划或框架,以中间产品或可实现的结果为依据,显示了项目为达到最终目标必须经过的条件或状态序列,描述了项目在每一个阶段应达到的状态,而不是如何达到。

图 3-3 为某项目的里程碑计划图。3 月底为检查点,签订子承包合同事件已经完成,完成产品规范事件已经开始,正在进行,其他事件还没有开始。

重大事件	1月	2月	3月	4月	5月	6月	7月	8月
签订子承包合同			△▼					
完成产品规范				△▽				
产品设计评审					△			
子系统测试						△		
产品首件提交							△	
完成生产计划								△

图 3-3　某项目的里程碑计划图

里程碑计划是制订详细项目进度计划的基础。里程碑计划的制订方式主要有两种。

(1)制订项目进度计划前，根据项目特点制订里程碑计划，并以该里程碑计划作为制订项目进度计划的依据。

(2)制订项目进度计划后，根据项目特点及项目进度计划制订里程碑计划，并以此作为项目进度控制的主要依据之一。

制订里程碑计划的基本程序如下：

(1)从最后一个里程碑，即项目的终结开始反向进行；

(2)运用"头脑风暴法"产生里程碑的计划草图；

(3)复查各个里程碑，有些里程碑可能是另外某个里程碑的一部分，而有些则可能是产生新的里程碑概念的工作；

(4)尝试每条因果路线；

(5)从最后一个目标开始，顺次往前，找出逻辑依存关系，以便可以复查每个里程碑，增加或删除某些里程碑，或者改变因果路线的定义；

(6)画出最后的里程碑计划图。

2．甘特图

甘特图是制订项目进度计划最常用的一种工具，最早由亨利·L.甘特(Henry L. Gantt)于1917年提出。由于其简单明了、易于绘制，因此成为小型项目管理中制订项目进度计划的主要工具。即使在大型工程项目中，它也是高层管理者了解全局、基层管理者安排进度时有用的工具。

图 3-4 为某市场调查项目计划甘特图。图中，左侧列出了项目的所有工作，项目的时间表则在图表的顶部列出，图中的横道线显示了各项工作的开始时间和结束时间，线段的长度则代表了工作的工期。而项目计划的详细程度取决于图中时间表的单位。甘特图的绘制者可以根据计划的要求，以月、周、天、小时等为时间表的单位。在绘制图形时还可以用不同的颜色代表不同性质的工作。

甘特图的特点是直观、简单、容易绘制、易于理解，但是当项目所包含的工作数量较多、逻辑关系复杂时，甘特图则难以表达清楚，更不利于进行定量分析和优化。

甘特图的类型包括传统甘特图(如图 3-5 所示)、带有时差的甘特图(如图 3-6 所示)和具有逻辑关系的甘特图(如图 3-7 所示)。

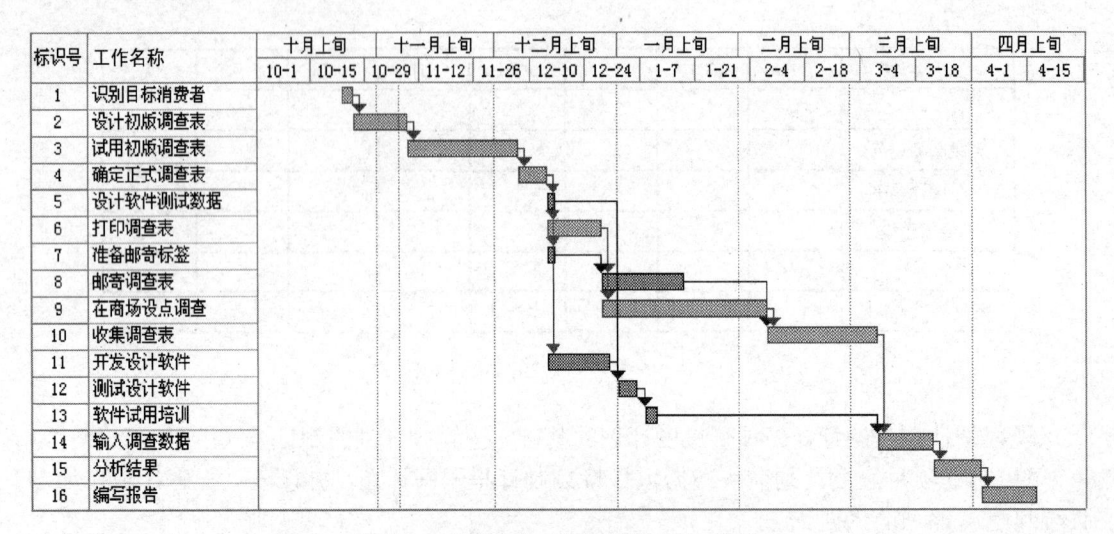

标识号	工作名称
1	识别目标消费者
2	设计初版调查表
3	试用初版调查表
4	确定正式调查表
5	设计软件测试数据
6	打印调查表
7	准备邮寄标签
8	邮寄调查表
9	在商场设点调查
10	收集调查表
11	开发设计软件
12	测试设计软件
13	软件试用培训
14	输入调查数据
15	分析结果
16	编写报告

图 3-4　某市场调查项目计划甘特图

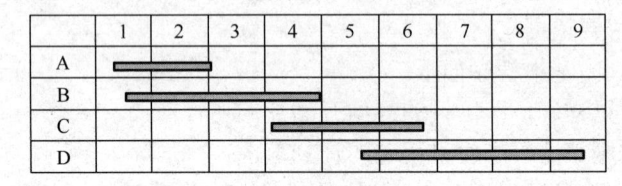

图 3-5　传统甘特图

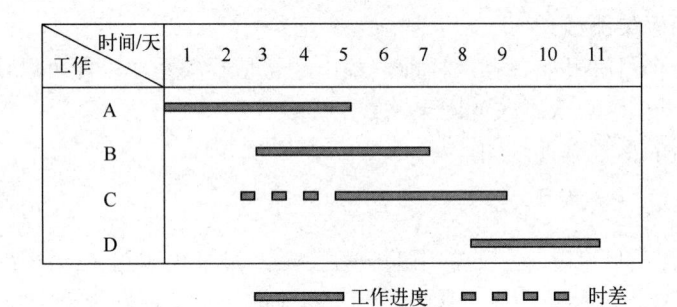

图 3-6　带有时差的甘特图

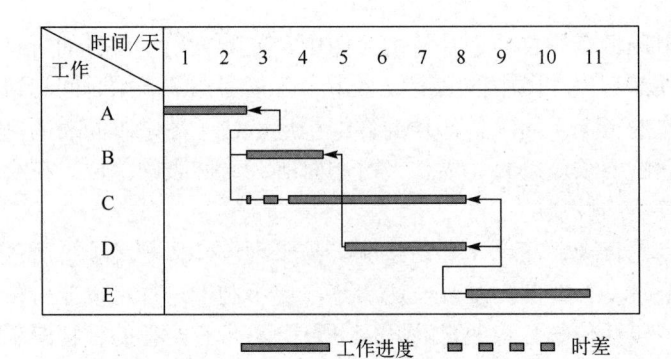

图 3-7　具有逻辑关系的甘特图

3. 网络图

网络计划的基本形式包括关键路线法(Critical Path Method，CPM)和计划评审技术(Program Evaluation and Review Technique，PERT)。CPM 和 PERT 是分别独立发展起来的两种计划制订方法，但其基本原理一致，即用网络图来表达项目中各项工作的进度和它们之间的相互关系，并在此基础上进行网络分析，计算网络中各项时间参数，确定关键工作与关键路线，利用时差不断地调整与优化网络，以求得最短工期。此外，还可将成本与资源问题考虑进去，以求得综合优化的项目计划方案。用 PERT 制订项目进度计划时，以"箭线"代表工作，按工作顺序，依次连接完成网络结构图，在估计工作的工作时间的基础上，即可计算整个项目工期，并确定关键路线。这种方法的重点是研究项目所包含的各项工作的工作时间。

在用 CPM 制订项目进度计划时，其图形与 PERT 基本相同。除具有与 PERT 相同的作用外，CPM 还可以调整项目的成本和工期，以研究整个项目的成本与工期的相互关系，争取以最低的成本、最佳的工期完成项目。

PERT 无法精准确定工作时间，只能以概率论为基础加以估计，并在此基础上，计算网络的时间参数。而 CPM 可以在经验数据的基础上较精准地确定各项工作的工作时间。对于一般项目来说，根据经验和知识，能够对项目中各项工作的工作时间进行合理、精准的确定。所以，项目管理中最常用计划制订方法的是 CPM。

很显然，采用以上几种不同的项目进度计划制订方法所需的时间和成本不尽相同。其中，制订里程碑计划花费时间最短，成本最低；甘特图所需时间要长一些，成本也高一些；CPM 要把每个工作都加以分析，如果工作数目较多，还需用计算机求出总工期和关键路线，因此花费的时间和成本更多；PERT 可以说是制订项目进度计划方法中最为复杂的一种，所以花费的时间和成本也最多。

3.1.5 网络计划技术概述

1. 网络计划技术的概念

网络计划技术大约产生于 20 世纪 50 年代，最著名的是计划评审技术(PERT)和关键路线法(CPM)。PERT/CPM 的网络图提供了一种比甘特图更为有效的时间和工作关系的度量方法。自网络计划技术发明以来，它很快成为各行各业新的项目进度计划制订和管理方法，并且在实践中得到不断的发展与完善。在 PERT/CPM 的基础上，随后又产生了一些新的网络计划技术，如图形评审技术、优先日程图示法、风险评审技术等。网络计划技术正日益成为项目进度计划和控制，以及资源优化配置的有力工具。

网络计划技术是用网络计划对项目的工作进度进行安排和控制，以保证实现预定目标的科学的计划制订和管理技术。网络计划是在网络图上加注工作的时间参数等信息而制订的进度计划。所以，网络计划主要由两大部分组成，即网络图和网络参数。网络图是由箭线和节点组成的用来表示工作流程的有向、有序的网状图形，如图 3-8 所示。网络参数是根据项目中各项工作的工作时间和网络图所计算的工作、节点、路线等要素的各种时间参数。

图 3-8　网络图

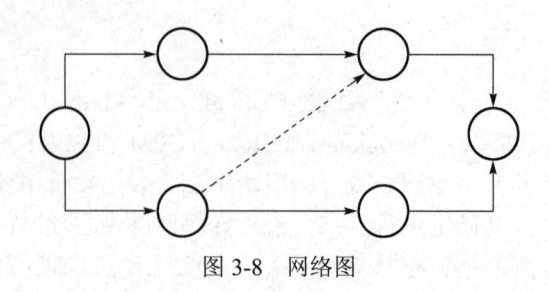

网络计划技术按逻辑关系及工作时间是否肯定可分为表 3-1 所示的几种类型。

表 3-1　网络计划技术分类表

类型		工作时间	
		肯定	不肯定
逻辑关系	肯定型	关键路线法(CPM)	计划评审技术(PERT)
	非肯定型	决策关键路线法(DCPM)	图形评审技术(GERT) 随机评审技术(QGERT) 风险评审技术(VERT)

按网络结构的不同,可以把网络计划分为双代号网络计划和单代号网络计划两种。双代号网络计划又可以分为双代号时间坐标网络计划和非时间坐标网络计划;单代号网络计划又可分为普通单代号网络计划和搭接网络计划。搭接网络计划主要是为了反映工作之间执行过程的相互重叠关系而引入的一种网络计划表达形式。

2．网络图的基本构成

下面以双代号网络图为例,说明网络图的基本构成——箭线、节点和路线。网络图是由若干表示工作的箭线和节点组成的,其中每一项工作都用一根箭线和两个节点来表示,每个节点都编以号码,箭线的箭尾节点和箭头节点就是每一项工作的起点和终点。

1) 箭线(或工作)

在一个项目中,任何一个可以被定义名称且独立存在,并需要一定时间或资源完成的活动或任务都可看作一个箭线或工作。其具体内容可多可少,范围可大可小。例如,可以把整个产品设计作为一项工作,也可把产品设计中的每一道工序、任务作为一项工作。完成一项工作需要人力、物力,占用一定的时间和空间。有些工作,如油漆后的干燥、等待材料等,虽不消耗资源但要消耗时间,在完成任务的过程中,它们同样是一个不可缺少的过程。

工作通常可以分为以下两种。

(1) 需要消耗时间和资源的工作。这类工作称为实工作,在网络图中用实箭线表示。一般在箭线的上方标出工作的名称,在箭线的下方标出工作的工作时间,箭尾表示工作的开始,箭头表示工作的完成或结束,相应节点的号码表示该项工作的代号。

(2) 既不消耗时间,也不消耗资源的工作。这类工作称为虚工作,在网络图中用虚箭线表示。虚工作是虚设的,只表示相邻工作之间的逻辑关系,虚工作的工作时间为零。

2) 节点(或事项)

每一项工作都存在开始时刻和结束时刻。一项工作若只有一项紧前工作,那么这项紧前工作的结束时刻，就是该工作的可能开始时刻；一项工作若有数项紧前工作，则要待各项紧前工作全部结束后，才有可能开始做这项工作。这种紧前工作和紧后工作的结束和开始标志，称为节点或事项。节点的主要作用是连接箭线。箭线尾部的节点称为箭尾节点，或开始节点；箭线头部的节点称为箭头节点，或结束节点，如 ①→①，i 表示箭尾节点，j 表示箭头节点。

网络图中的第一个节点称为起始节点，它意味着一个项目或任务的开始；最后一个节点称为终止节点，它意味着项目或任务的完成。网络图中的其他节点称为中间节点。

在网络图中，就一个节点来说，可能有许多箭线通向该节点，这些箭线就称为内向箭线或内向工作；若由同一个节点发出许多箭线，这些箭线称为外向箭线或外向工作。

节点具有时间内涵，不同类型的节点具有不同的时间内涵。起始节点标志着整个网络计划和相关工作开始的时刻；终止节点标志着整个网络计划和相关工作完成的时刻；箭尾节点标志着相应工作的开始时刻，箭头节点标志着相应工作结束的时刻；中间节点标志着内向工作完成和外向工作开始的时刻。

3）路线

从起始节点开始，沿着箭线的方向连续通过一系列箭线与节点，最后到达终止节点的通路称为路线。每一条路线都有自己确定的完成时间，它等于该路线上各项工作的工作时间总和，也是完成这条路线上所有工作的计划工期，该工期也可称为路长。

在网络图的各条路线中，最长的路线称为关键路线，位于关键路线上的所有工作称为关键工作；其他路线则称为非关键路线，位于非关键路线上的所有工作称为非关键工作。有时，关键路线不止一条，可能同时存在若干条，即这几条路线的路长相同。关键路线和关键工作直接影响整个项目工期的实现。

关键路线并非一成不变，在一定条件下，由于干扰因素的影响，关键路线可能会发生变化。这种变化可能体现在两个方面：一是关键路线的数量增加了；二是关键路线和非关键路线可能会发生互相转化。例如，非关键路线上的某些工作的工作时间拖延了，使得相关路线的路长超出了关键路线的路长，则该路线随之转化为关键路线，而原来的关键路线则转化为非关键路线。

目前，在项目计划中广泛应用的网络图方法包括双代号网络图和单代号网络图。

3．双代号网络图

双代号网络图又称为"活动在线上"（Activity on Arrow，AOA），即在箭线上标识项目的一项工作或活动的方法，如图 3-9 所示。

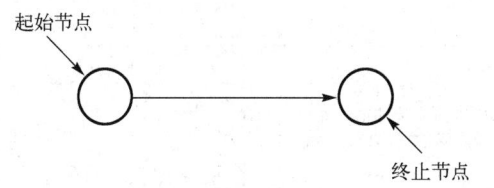

图 3-9　一项活动的 AOA 表示法

1）网络图的绘制
(1) 网络图绘制的基本规则
双代号网络图的绘制应遵循以下基本规则。

①必须正确表达项目各工作之间的逻辑关系。要做到正确表达，首先在绘制网络图之前，应确定工作之间正确的逻辑关系；其次要正确绘制。工作之间逻辑关系的网络图表示方法如图 3-10 所示。

序号	工作之间的逻辑关系	网络图中的表示方法	说明
1	A、B两项工作依次施工	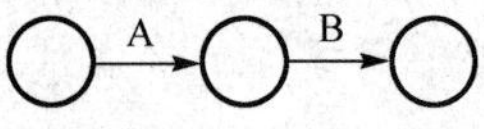	A制约B的开始，B依赖A的结束
2	A、B、C三项工作同时开始施工	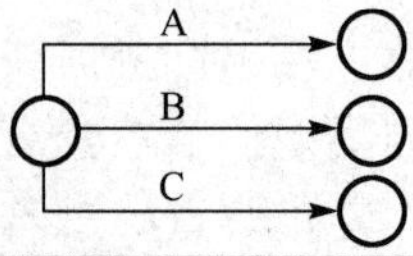	A、B、C三项工作为平行施工方式
3	A、B、C三项工作同时结束	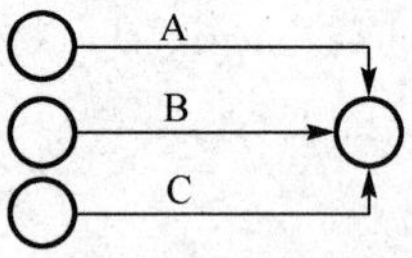	A、B、C三项工作为平行施工方式
4	对于A、B、C三项工作，A结束后，B、C才能开始	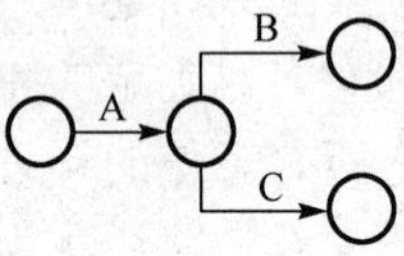	A制约B、C的开始，B、C依赖A的结束，B、C为平行施工
5	对于A、B、C三项工作，A、B结束后，C才能开始	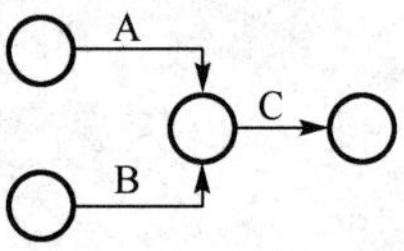	A、B为平行施工，A、B制约C的开始，C依赖A、B的结束
6	对于A、B、C、D四项工作，A、B结束后，C、D才能开始	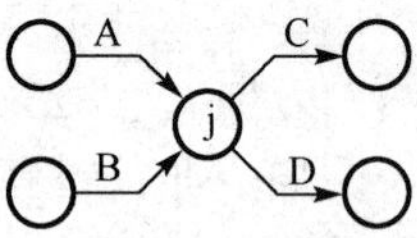	节点①正确地表达了A、B、C、D之间的关系
7	对于A、B、C、D四项工作，A完成后，C才能开始；A、B完成后，D才能开始	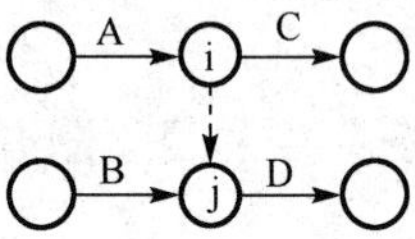	虚工作 ①→① 正确地表达了它们之间的逻辑关系
8	对于A、B、C、D、E五项工作，A、B、C完成后，D才能开始；B、C完成后，E才能开始	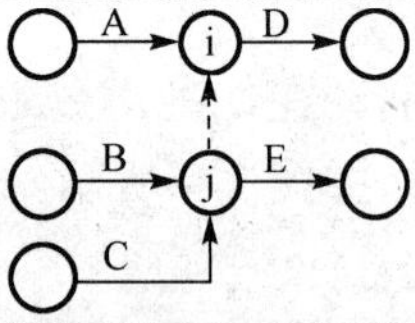	虚工作 ①→① 正确地表达了它们之间的逻辑关系
9	对于A、B、C、D、E五项工作，A、B完成后，C才能开始；B、D完成后，E才能开始	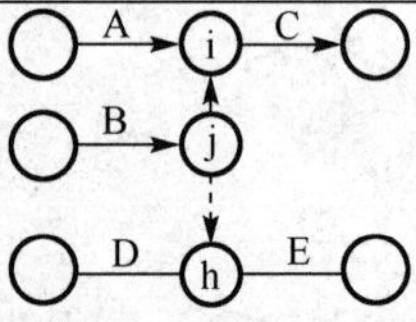	虚工作 ①→①，正确地表达了它们之间的逻辑关系

图 3-10　工作之间逻辑关系的网络图表示方法

②不允许出现循环回路，即不能从某一个节点出发顺着箭线的方向又回到该节点，如图 3-11 所示。

③严禁出现带双向箭头或无箭头的箭线。在网络图中，箭头所指的方向就是工作进展的方向，因此一条箭线只能有一个箭头。双向箭头箭线和无箭头箭线的错误画法如图3-12所示。

④严禁出现无箭头节点或无箭尾节点的箭线。箭头节点和箭尾节点代表了一项工作的结束和开始时间。无箭头节点的箭线和无箭尾节点的箭线的错误画法如图3-13所示。

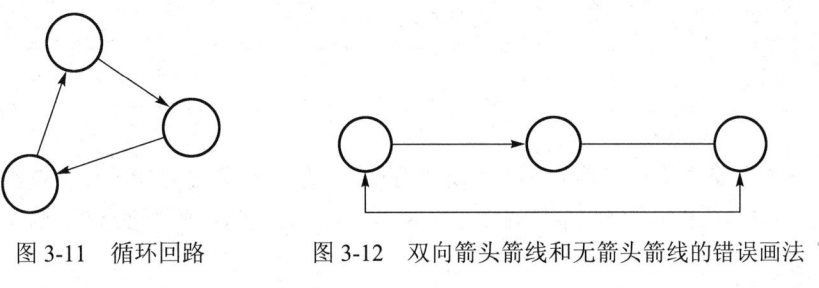

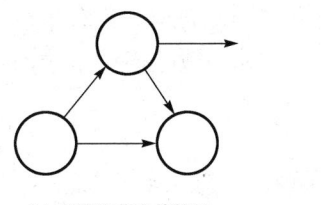

图 3-11　循环回路　　图 3-12　双向箭头箭线和无箭头箭线的错误画法

(a) 无箭头节点的箭线　　(b) 无箭尾节点的箭线

图 3-13　无箭头节点的箭线和无箭尾节点的箭线的错误画法

⑤尽量避免箭线交叉。当箭线交叉不可避免时，可采用过桥法(暗桥法)，如图3-14(a)所示；或者采用指向法，如图3-14(b)所示。

⑥在双代号网络图中，应只设置一个起始节点；在不考虑分期完成任务的网络图中，终止节点也只能有一个；其他所有节点均应是中间节点。

⑦关于箭线的画法。

箭线形状。箭线可采用直线或折线画法，避免采用圆弧线。当网络图的某些节点有多条内向箭线或多条外向箭线时，在不违反"一项工作应只有唯一的一条箭线和相应的节点"规则的前提下，可使用母线法绘图，如图3-15所示。

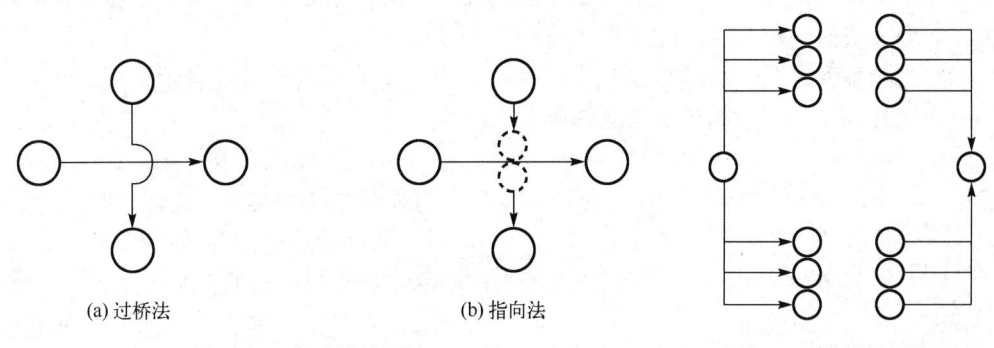

(a) 过桥法　　(b) 指向法

图 3-14　交叉线的画法　　图 3-15　箭线的母线画法

箭线长短。在非时间坐标网络图中，箭线的长短与工作的工作时间无关，而主要考虑网络图的图面布置：在时间坐标网络图中，箭线的长短应与工作的工作时间相对应，如图3-16所示。

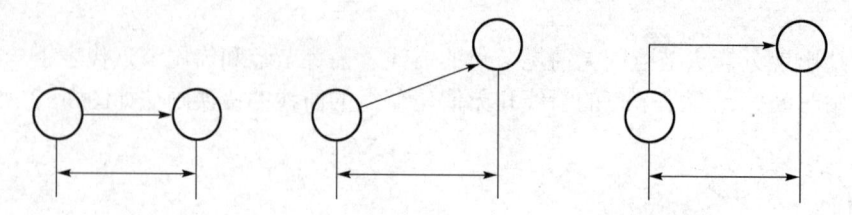

图3-16 时间坐标网络图中箭线长短与工作时间的对应关系

箭线方向。通常，网络图以从左向右的方向标志着项目进展的方向，该方向称为正向；反之则为反向。所以，箭线的方向应尽量符合从左向右表示项目进展的规则，避免出现反向箭线。

⑧关于节点编号。双代号网络图中的所有节点都必须编号且不能出现重复编号；箭尾节点的编号应小于箭头节点的编号；可采用连续编号或非连续编号的方式，其中非连续编号的方式有利于网络计划的修改和调整。

(2) 网络图的绘制步骤

用网络计划方法制订项目进度计划的第一步是绘制网络图。通常，先画一个初步网络图，在此基础上进行优化和调整，最终得到正式的网络图。一般按以下步骤绘制初步网络图。

①项目分解。根据计划要求将项目分解为各项独立的工作（活动），其中宏观控制的网络计划可以分解得相对粗略；具体实施的网络计划可以分解得细一些。一般情况下，项目分解和工艺、方法的选定是密切相关的。

②工作关系分析。工作关系确定各项工作之间的逻辑关系，一般根据已确定的项目实施方法、工艺、环境条件及其他因素，对项目进行分析，通过比较、优化等方法确定合理的逻辑关系。工作分析的结果是明确各项工作的紧前和紧后的关系，形成项目工作列表。

③估计工作的基本参数。在网络图中，工作的基本参数包括工作时间和资源需要量。一般情况下，应对每项工作估计出两个工作时间，即正常工作时间和最短工作时间。正常工作时间是指在正常条件下，完成该工作所需要的时间；最短工作时间是指通过采取特殊措施，如增加资源的投入等，完成该工作所用的最短时间。

④绘制初步网络图。将项目所包含的各项工作及其关系用网络图表示出来。

2) 网络计划时间参数的计算及关键路线

绘制网络图是为了对项目进度进行安排，并综合考虑资源和成本因素，对项目计划进行优化。为此，必须首先计算网络计划时间参数，这是网络计划实施、优化、调整的基础。

(1) 网络计划时间参数的组成

网络计划时间参数可归纳为以下3类。

①节点参数，包括节点最早时间和节点最迟时间。

节点参数在网络图上的表示方法如图3-17所示（i、j为工作名称）。

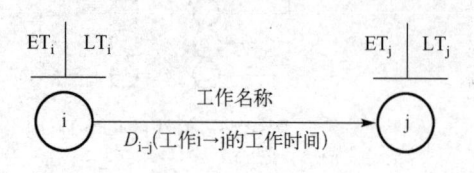

图3-17 节点参数在网络图上的表示方法

节点最早时间——ET，表示该节点所有后续工作最早可能开始的时刻，它限制其前导工作最早可能结束的时间，如式(3-2)所示。

$$ET_j = \max\{ET_i + D_{i-j}\} \tag{3-2}$$

节点最迟时间——LT，表示该节点所有前导工作最迟必须结束的时间，它也限制其后续工作的开始，如式(3-3)所示。

$$LT_i = \min\{LT_j - D_{i-j}\} \tag{3-3}$$

②工作参数，包括基本参数、最早时间、最迟时间和时差。

工作参数在网络图上的表示方法如图3-18所示。

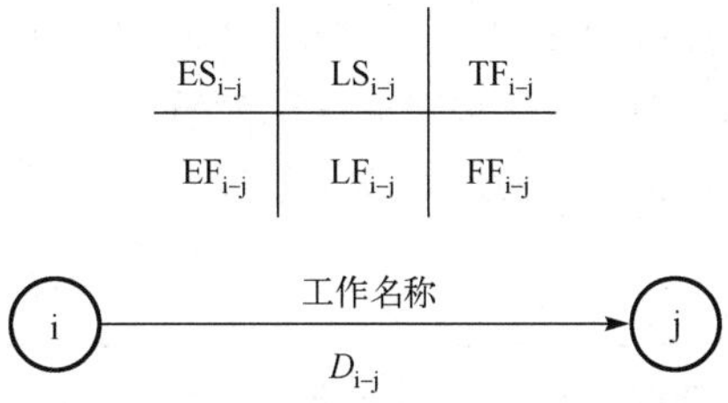

工作最早开始时间(ES)和工作最早完成时间(EF)分别如式(3-4)、式(3-5)所示。

$$ES_{i-j} = ET_i \tag{3-4}$$

图3-18 工作参数在网络图上的表示方法

$$EF_{i-j} = ES_{i-j} + D_{i-j} \tag{3-5}$$

工作最迟开始时间(LS)和工作最迟完成时间(LF)如式(3-6)、式(3-7)所示。

$$LF_{i-j} = LT_j \tag{3-6}$$

$$LS_{i-j} = LF_{i-j} - D_{i-j} \tag{3-7}$$

工作总时差(TF)是指在不影响后续工作按照工作最迟开始时间开工的前提下，允许该工作推迟其最早开始时间或延长其工作时间的幅度，如式(3-8)所示。

$$\begin{aligned}TF_{i-j} &= LT_j - ET_i - D_{i-j} = LT_j - EF_{i-j} = LF_{i-j} - EF_{i-j}\\ &= (LF_{i-j} - D_{i-j}) - (EF_{i-j} - D_{i-j})\\ &= LS_{i-j} - ES_{i-j}\end{aligned} \tag{3-8}$$

工作自由时差(FF)是指在不影响后续工作按照工作最早开始时间开工前提下，允许该工作推迟其最早开始时间或延长其工作时间的幅度，如式(3-9)所示。

$$FF_{i-j} = ET_j - ET_i - D_{i-j} = ET_j - (ET_i + D_{i-j}) = ET_j - EF_{i-j} \tag{3-9}$$

③路线参数，包括计算工期和计划工期。计算工期等于以网络计划的终止节点为箭头节点的各个工作的最早完成时间的最大值；计划工期是指进度计划的编制者，在规定工期的限制下，根据计算工期，结合项目实际情况确定的项目工期。

(2) 关键工作及关键路线的确定

①关键工作的确定。

关键工作是网络计划中总时差最小的工作。若按计算工期(T_c)计算网络参数，则关键工作的总时差为0。若按计划工期(T_p)计算网络参数，则：

当$T_p=T_c$时，关键工作的总时差为0；

当 $T_p > T_c$ 时，关键工作的总时差最小，但大于 0；
当 $T_p < T_c$ 时，关键工作的总时差最小，但小于 0。

②关键路线的确定。

一是根据关键工作确定关键路线。首先确定关键工作，由关键工作所组成的路线就是关键路线。

二是根据自由时差确定关键路线。关键工作的自由时差一定最小，但自由时差最小的工作不一定是关键工作。若从起始节点开始，沿着箭头的方向到终止节点为止，所有工作的自由时差都最小，则该路线是关键路线，否则就是非关键路线。

例 3-1 某网络计划的有关资料如表 3-2 所示，试绘制双代号网络图，并计算各项工作的时间参数，判定关键路线。

表 3-2 某网络计划资料

工作	A	B	C	D	E	F	G	H	I	J
工作时间(天)	2	3	5	2	3	3	2	3	6	2
紧前工作	—	A	A	B	B	D	F	E、F	C、E、F	G、H

解：假设 $ET_1 = 0$，$LT_9 = ET_9$，网络参数计算如图 3-19 所示。

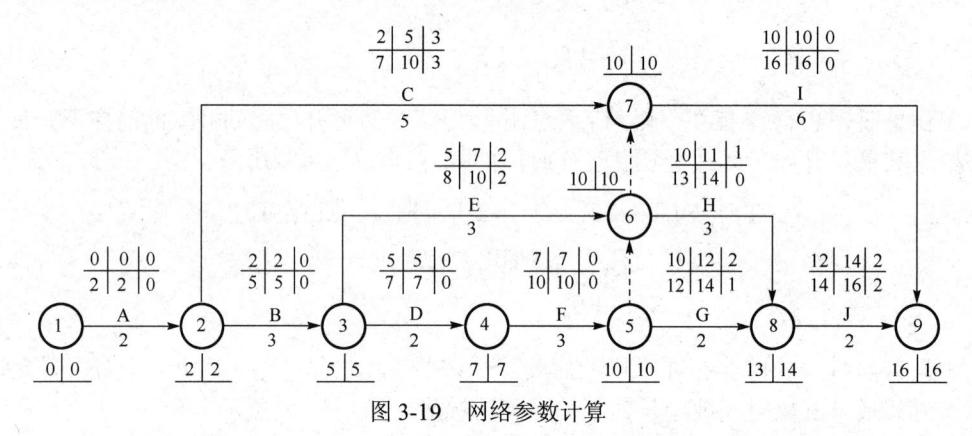

图 3-19 网络参数计算

关键路线：

①→②→③→④→⑤→⑥→⑦→⑨

4. 单代号网络图

单代号网络图根据活动和事项的发生顺序来描述项目的执行情况。一项活动就是一项工作任务。单代号网络图（Activity on Node，AON）用节点表示一项活动和相关事件，如图 3-20 所示。在单代号网络图中，箭尾节点表示的工作是箭头节点的紧前工作；反之，箭头节点所表示的工作是箭尾节点的紧后工作。单代号网络图所表示的逻辑关系易于理解，

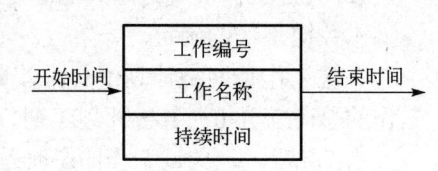

图 3-20 一项活动的 AON 表示法

绘制中不易出错。

1)网络计划时间参数计算及关键路线

单代号网络图的特点是以节点表示工作,节点的编号即工作的代号,箭线表示工作之间的逻辑关系。所以,单代号网络图的时间参数只包括两部分:工作参数与路线参数。

(1)工作参数

单代号网络图的工作参数所包括的内容与双代号网络图完全相同,其概念也完全一致,所不同的是表示符号不一样,单代号网络图工作参数的内容及表达符号如下:

工作 i 的工作时间,用 D_i 表示;

工作 i 的最早开始时间,用 ES_i 表示;

工作 i 的最早完成时间,用 EF_i 表示;

工作 i 的最迟开始时间,用 LS_i 表示;

工作 i 的最迟完成时间,用 LF_i 表示;

工作 i 的总时差,用 TF_i 表示;

工作 i 的自由时差,用 FF_i 表示。

①工作最早时间的计算。

工作 i 的最早开始时间 ES_i 应从网络计划的起始节点开始,顺着箭线的方向依次逐项计算。起始节点的最早开始时间,若无规定,则其值应等于 0,即:

$$ES_i=0$$

当工作 i 只有一项紧前工作时:

$$ES_i=ES_h+D_h$$

式中,ES_h 为工作 i 的紧前工作 h 的最早开始时间;D_h 为工作 i 的紧前工作 h 的工作时间。

当工作 i 有多项紧前工作时:

$$ES_i=\max\{ES_h+D_h\}$$

工作 i 的最早完成时间:

$$EF_i=ES_i+D_i$$

②工作最迟时间的计算。

工作 i 的最迟完成时间 LF_i 应从网络计划的终止节点开始,逆着箭线的方向依次逐项计算。终止节点所代表的工作 n 的最迟完成时间 LF_n 应根据网络计划的计算工期 T_c 或计划工期 T_p 计算,即:

$$LF_n=T_p(或\ T_c)$$

式中,T_p 的确定与双代号网络图相同;计算工期 $T_c=\max\{EF_n\}$;EF_n 为网络终止节点所代表工作 n 的最早完成时间。

当工作 i 只有一项紧后工作时,工作 i 的最迟完成时间:

$$LF_i=LF_j-D_j$$

式中,LF_j 为工作 i 的紧后工作 j 的最迟完成时间;D_j 为工作 i 的紧后工作 j 的工作时间。

当工作 i 有多项紧后工作时:

$$LF_i = \min\{LF_j - D_j\}$$

工作 i 的最迟开始时间：

$$LS_i = LF_i - D_i$$

③工作时差的计算。

工作总时差为：

$$TF_i = LS_i - ES_i \text{ 或 } TF_i = LF_i - EF_i$$

工作自由时差为：

$$FF_i = \min\{ES_j - EF_i\} \text{ 或 } FF_i = \min\{ES_j - ES_i - D_i\}$$

式中，ES_j 为工作 i 的紧后工作 j 的最早开始时间。

(2) 路线参数

单代号网络计划的计算工期的确定，前已叙述，在此不再重复。

与双代号网络不同的是，单代号网络用时间间隔 $LAG_{i,j}$ 表示相邻两项工作之间的时间关系。时间间隔是指相邻两项工作之间，后项工作 j 的最早开始时间与前项工作 i 的最早完成时间之差，如式(3-10)所示。

$$LAG_{i,j} = ES_j - EF_i \tag{3-10}$$

终止节点与其前项工作的时间间隔如式(3-11)所示。

$$LAG_{i,n} = T_p (\text{或 } T_c) - EF_i \tag{3-11}$$

式中，n 为终止节点，或者虚拟的终止节点。

例 3-2 表 3-3 是某项目工作列表，根据该表制订单代号网络计划。

表 3-3 项目工作列表

序号	工作名称	工作代号	紧后工作	工作时间(天)
1	项目策划	A	B、C、D	5
2	材料购置	B	D	8
3	组织准备	C	D、E	15
4	项目实施	D	E	15
5	项目结束	E		10

第一，根据项目工作列表绘制单代号网络图。

项目单代号网络图如图 3-21 所示。

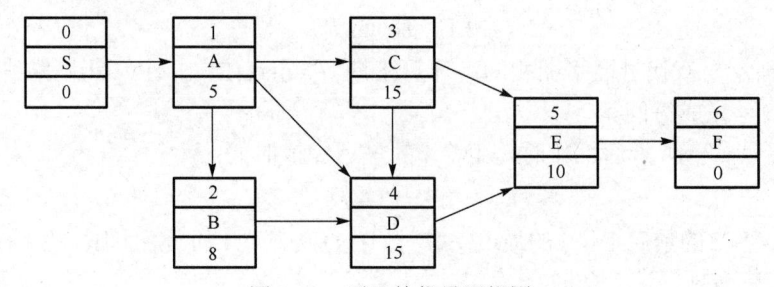

图 3-21 项目单代号网络图

第二，计算网络计划时间参数。

①计算工作时间参数。

网络的起始节点是虚设的，其节点编号为 0，工作时间、最早开始时间、最早完成时间均为 0。据此可以从左向右计算各节点或工作的最早时间、最迟时间和时差等工作时间参数，其结果如表 3-4 所示。

表 3-4　网络图中的工作时间参数计算

工作	工作时间（天）	最早时间（天）开始	最早时间（天）完成	最迟时间（天）开始	最迟时间（天）完成	时差（天）总时差	时差（天）自由时差	说明
S	0	0	0	0	0	0	0	
A	5	0	5	0	5	0	0	关键工作
B	8	5	13	12	20	7	7	
C	15	5	20	5	20	0	0	关键工作
D	15	20	35	20	35	0	0	关键工作
E	10	35	45	35	45	0	0	关键工作
F	0	45	45	45	45	0	0	

②计算相邻工作的时间间隔。

相邻工作的时间间隔如表 3-5 所示。

表 3-5　相邻工作的时间间隔

相邻工作	时间间隔符号	时间间隔（天）	相邻工作	时间间隔符号	时间间隔（天）
A-B	$LAG_{1,2}$	0	C-D	$LAG_{3,4}$	0
A-C	$LAG_{1,3}$	0	C-E	$LAG_{3,5}$	15
A-D	$LAG_{1,4}$	15	D-E	$LAG_{4,5}$	0
B-D	$LAG_{2,4}$	7			

第三，确定关键工作和关键路线。

在本案例中，总时差为 0 的工作是关键工作，即 A、C、D、E 是关键工作；根据关键工作可知关键路线是：0—1—3—4—5—6。

5．网络计划优化

上述网络图所描述的项目计划仅是一个初始方案，这种方案可能存在某些问题，如在时间方面，可能会出现计算工期超出了要求工期；在资源方面，可能出现供不应求或不平衡的情况；或者在时间和资源方面的潜力未能得到最佳的发挥。因此，要使项目进度计划如期实现，并使项目工期短、质量优、资源消耗少、成本低，则须用最优化原理调整原网络计划，这就是网络计划的优化问题。

网络计划优化是在满足既定的约束条件下，按照某一目标，通过不断调整，寻找最优网络计划方案的过程。网络计划优化包括工期优化、资源优化及成本优化 3 个方面。

1）网络计划的工期优化

工期优化也称为时间优化，其目的是当网络计划的计算工期不能满足要求工期时，通过不断压缩关键路线上关键工作的工作时间等措施，达到缩短工期、满足要求工期的目的。

(1) 缩短工期的方法

①强制缩短法。通过采取措施使网络计划中的某些关键工作的工作时间缩短,达到缩短工期的目的。强制缩短法的核心问题是选择哪些工作压缩其工作时间来达到缩短工期的目的。

②调整工作关系。根据项目各项工作关系的特点,将某些串联的关键工作调整为平行作业或交替作业。

③关键路线的转移。利用非关键工作的时差,用其中的部分资源加强关键工作,以缩短关键工作的工作时间,使工期缩短。采用这一措施,可能导致关键路线不断发生转移。

(2) 选择调整对象(工作)考虑的主要因素

①缩短工作时间对质量影响不大的工作。

②有充足备用资源的工作。

③缩短工作时间所需增加的资源量最少的工作。

④缩短工作时间所需增加的费用最少的工作。

(3) 工期优化的步骤

①计算并确定初始网络计划的计算工期、关键路线及关键工作。

②按要求工期计算应缩短的时间。

③确定各关键工作能缩短的工作时间。

④根据上述因素选择关键工作压缩其工作时间,并重新计算网络计划的计算工期。

⑤若计算工期仍超过要求工期,则重复以上步骤,直至满足工期要求或工期已不能再缩短为止。

⑥当所有关键工作的工作时间都已达到其能缩短的极限而工期仍不能满足要求时,应对计划的原技术、组织方案等进行调整或对要求工期的合理性进行重新审定。

2) 网络计划的资源优化

任何一个项目都需要消耗一定的资源才能完成,而在一定时间内,由于某些客观因素的影响,能够提供的各种资源的数量往往是有限的,这就存在如何合理利用这些有限资源的问题。对于一个项目来说,如果安排得不合理,就可能在计划工期内的某些时段出现资源需求的"高峰",而在另一时段内出现资源需求的"低谷"。在"高峰"期,如果计划的某些时段内资源需求量超出最大可供应量,则会造成"供不应求",导致工期延误;而当出现资源需求低谷时,就可能造成资源的大量积压;这种资源消耗的不均衡,必然会影响项目目标的实现。网络计划的资源优化,即力求解决这种资源的供需矛盾,实现资源的均衡利用。

资源优化通常有两个目标:一是对于一个确定的网络计划,当可供使用的资源有限时,如何合理安排各项工作的进展,使得完成计划的总工期最短,即"资源有限,工期最短"的目标;二是对于一个确定的网络计划,当总工期一定时,如何合理安排各项工作,使得在整个计划期内所需要的资源较均衡,即"工期固定,资源均衡"的目标。

(1) "资源有限,工期最短"的优化

"资源有限,工期最短"的优化的核心是通过优化,使单位时间内资源的最大需求量小于资源限量,而为此需延长的工期最少,使"工期最短"。这种优化必须在网络计划制订后进行,并且不能改变各项工作之间的先后顺序关系,否则会导致用数学方法求解问题变得复杂。目前，解决这类问题的计算方法往往只能得到一个较优的方案，难以得到最优方案。

"资源有限，工期最短"的优化应逐步对各"时间单位"进行资源检查，当出现第 t 个时间单位资源需求量 R_t 大于资源限量 R_q 时，就要进行计划调整。资源调整时，应对资源冲突的各项工作的开始和结束时间做出新的安排。其选择标准是"工期延长，时间最短"。

"资源有限，工期最短"的优化的一般步骤如下。

①计算网络计划每"时间单位"的资源需求量。

②从计划开始之日起，逐个检查每个时间单位资源需求量是否超出资源限量。若在整个工期内每个时间单位资源需求量均能满足资源限量要求，可行优化方案即制订完成，否则必须进行计划调整。

③分析超过资源限量的时段，即时间单位资源需求量大于资源限量的时间区段，确定新的安排顺序。

④若最早完成时间最小值和最迟开始时间最大值同属一个工作，则应找出最早完成时间为次小，最迟开始时间为次大的工作，分别组成两个顺序方案，再从中选取较小者进行调整。

⑤制订调整后的网络计划，重复上述步骤，直至满足要求为止。

(2) "工期固定，资源均衡"的优化

工期固定，是指严格要求项目在规定（国家颁布的工期定额、甲乙双方签订的合同工期或上级机关下达的工期）的工期指标范围内完成。资源均衡问题是在可用资源数量充足并保持工期不变的前提下，通过调整部分非关键工作进度的方法，使资源的需求量随着时间的变化趋于平稳的过程。由于情况的不同，资源本身的性质不同，资源平衡的目标亦有区别。但就一般情况而言，理想的资源计划安排应是平行于时间坐标轴的一条直线，即使资源需求量保持不变。

实际上，资源计划安排难以达到理想状态，但可以通过调整工作的时间参数使资源需求量在理想情况的上下范围内波动。常用的资源均衡方法是一种启发式方法，称为削峰填谷法，也称为削高峰法。

削峰填谷法的基本步骤为：

①计算网络计划每时间单位资源需求量；

②确定削峰目标，其数值等于每时间单位资源需求量的最大值减去一个单位量；

③确定高峰时段的最后时间点及相关工作的最早开始时间和总时差；

④计算有关工作的时间差值；

⑤若峰值无法再减少，即求得均衡优化方案；否则，重复以上过程。

3) 网络计划的成本优化

一个项目由许多必须完成的工作或工序所组成，而每项工作或工序都有着各自的实施方案、资源需求和工作时间，并且不同的实施方案、资源需求和工作时间之间存在着一定的内在联系。网络计划的成本优化，就是应用网络计划方法，在一定的约束条件下，综合考虑成本与时间之间的相互关系，以求成本与时间的最佳组合，达到成本低、时间短的优化目的。因此，对于网络计划的成本优化，其核心是在时间与成本之间寻求一个最佳的平衡点。

(1)项目时间与成本之间的关系

一般来说，项目成本包括直接成本和间接成本两部分。直接成本包括材料费、人工费、设备购置及使用费等。通常情况下，直接成本随工期的缩短而增加，当工期不正常延长时，其成本也会增加。间接成本包括项目实施、组织管理等工作所需要的成本。间接成本与项目工期大致成正比关系。

由图 3-22 可知，总成本曲线是由直接成本曲线和间接成本曲线叠加而成的，曲线的最低点就是项目成本与时间的最佳组合点，表示在合适的工期下总成本最低。

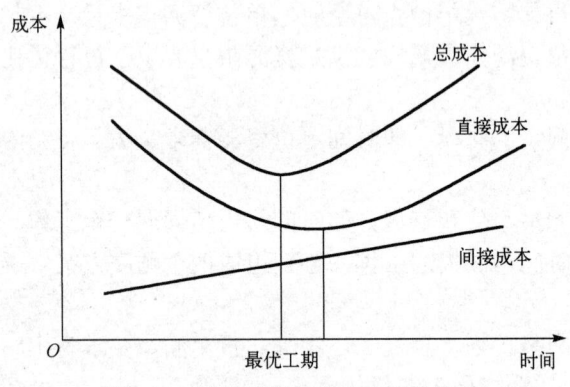

图 3-22　项目时间与成本之间的关系

(2)成本优化方法

成本优化的目的就是使项目的总成本最低，其优化过程应考虑以下几个问题。

①在规定工期的条件下，确定项目的最低成本。

②若需要缩短工期，则考虑如何使增加的成本最小。

③若要求以最低成本完成整个项目计划，则考虑如何确定其最佳工期。

④若增加一定数量的成本，则考虑可使工期缩短多少。

进行成本优化，应首先求出不同工期情况下最低直接成本，然后考虑相应的间接成本的影响和工期变化带来的其他损益，包括效益增量和资金的时间价值等，最后再通过叠加求出项目总成本。

(3)成本优化的步骤

①按正常工作时间确定关键工作和关键路线；

②计算网络计划中各项工作的成本费率；

③按成本费率最低的原则选择优化对象；

④考虑不改变关键工作性质并在能够缩短的范围之内等原则，确定优化对象能够缩短的时间，并按该时间进行优化；

⑤计算相应的成本增加值；

⑥考虑工期变化带来的间接成本及其他损益，在此基础上计算项目总成本；

⑦重复步骤③至⑥，直至总成本最低为止。

3.1.6　计划评审技术

计划评审技术(PERT)是一种双代号非确定型网络分析方法。在 PERT 中，工作的工作时间无法提前完全确定,这种网络分析方法适用于不可预知因素较多、从未进行过的新的项目和复杂的项目。

PERT 网络的画法与 CPM 网络画法相同,它与一般的 CPM 网络的区别主要在于工作时间的估计与分析。

1. 工作历时、均值与方差的估算

3 种时间估计值是指对工作时间 t 做出 t_o、t_m、t_p 3 个估计值。其理论依据是将 t 视为一个连续型的随机变量,假定某个工作所有可能的历时都可以用图 3-23 所示的统计分布来表示,估算人员可以据此对工作做出 3 个时间的估计。

①乐观时间(Optimistic Time,t_o),是指在一切进行顺利、没有任何困难的情况下,完成某项工作所需的时间。

②最可能时间(Most Likely Time,t_m),是指在正常情况下完成某工作最经常花费的时间。如果已经多次完成某项工作,最经常发生的实际工期可以作为最可能时间。

③悲观时间(Pessimistic Time,t_p),是指在最不利的情况下(如遇到不常见的或未预见到的困难)能够完成工作的时间。

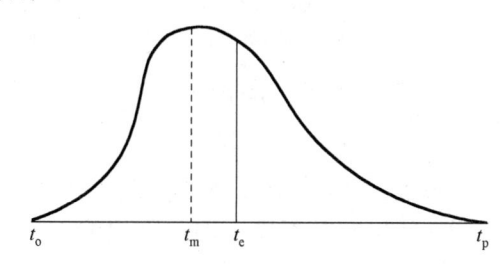

图 3-23 一项工作所有可能时间的统计分布

在估算一项工作的工作时间,建立 3 个时间估计时,最可能时间必须大于或等于乐观时间,悲观时间必须大于或等于最可能时间。

这个分布的平均值,也称为"期望时间"(Expected Time,t_e),可以用式(3-12)计算得出:

$$t_e = \frac{t_o + 4t_m + t_p}{6} \tag{3-12}$$

这个计算是对 β 概率分布的真实平均值的一个估算。使用 β 概率分布的原因是它比正态概率分布更灵活,而且能更准确地反映实际的时间和成本结果。

我们还可以估算出此分布的标准偏差 σ:

$$\sigma = \frac{t_p - t_o}{6} \tag{3-13}$$

在这种情况下,6 不是一个加权平均数,而是假定一个分布范围包括 6 个标准差(6σ)。这个假定很重要,它是指当工时估算人员进行工时的三时估计时,该工时落在范围 $t_o - t_p$ 的概率是 99%。99%意味着"几乎从来不在范围以外"。在实际情况中,这会大大低估与工作历时相关的不确定性。对这一结果进行修正,如果 t_o、t_p 是按 95%水平做出的,这时使用式(3-14)求出 σ。

$$\sigma = \frac{t_p - t_o}{3.3} \tag{3-14}$$

如果 t_o、t_p 是按 90%水平做出的,那么 $\sigma = \frac{t_p - t_o}{2.6}$。

在网络计划中，给出 3 个假定按 β 概率分布的估计时间后，就默认为允许在工作时间估计中存在不确定因素，因此为每项工作估计 3 个时间是一项随机(Stochastic)的或概率统计(Probabilistic)的技术。仅使用一个时间估计的技术叫确定性的(Deterministic)技术。既然已经假定每项工作的 3 个时间估计的分布符合 β 概率分布，则可计算在要求完工时间之前完成项目的概率。

当采用 3 个时间估计时，网络图中关键路线上所有工作的时间估计加起来可以得到一个总概率分布。由概率理论的中心极限定理可知，这个总概率分布不是一个 β 概率分布，而是正态概率分布(Normal Probability Distribution)，概率曲线是以其平均值为对称轴的钟形曲线。这个总概率分布的期望时间等于构成总分布的各项工作期望时间之和，且其方差(Variance)等于构成总分布的各项工作时间的方差之和。

2. 有关参数计算举例

1) 工作时间的估计

每项工作的估计时间是从该工作开始到结束所经历的全部时间。对于那些在工作时间估计中存在高度不确定因素的项目，可以给每项工作 3 个估计时间。

假定一项工作的乐观时间为 1 周，最可能时间为 5 周，悲观时间为 15 周，这项工作的期望时间 $t_e = \dfrac{1+4\times 5+15}{6} = 6$（周）。其 β 概率分布如图 3-24 所示。

假定另一项工作的乐观时间为 10 周，最可能时间为 15 周，悲观时间为 20 周，这项工作的期望时间 $t_e = \dfrac{10+4\times 15+20}{6} = 15$（周）。其 β 概率分布如图 3-25 所示。这正好与最可能时间的估计相同。

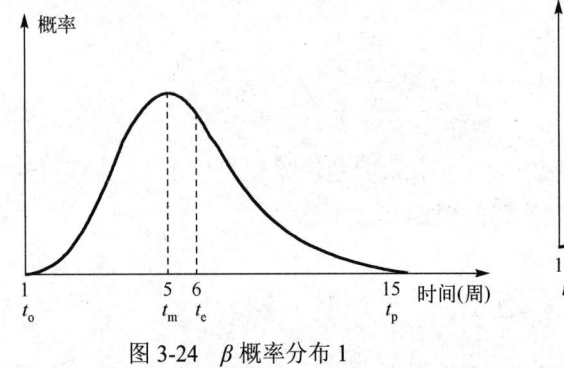

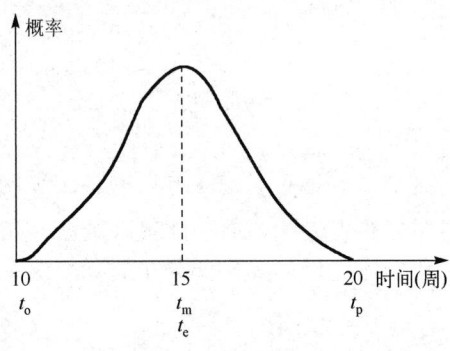

图 3-24　β 概率分布 1

图 3-25　β 概率分布 2

图 3-24、图 3-25 中曲线的峰值代表了每项工作各自的最可能时间。期望时间 (t_e) 把 β 概率分布曲线下的总面积分成相等的两部分，50%的面积在 t_e 的左边，50%的面积在 t_e 的右边，因此工作实际执行时间多于和少于期望时间的概率均为 50%。换句话说，工作实际执行时间超出 t_e 的概率为 50%，少于 t_e 的概率也为 50%。例如，在图 3-25 中，曲线下 50%的面积在 6 周的左边，50%的面积在 6 周的右边，即工作实际执行时间多于 6 周的概率为 50%，少于 6 周的概率也为 50%。

2) 工作标准差的估计

标准差是衡量分布离散程度的尺度。对于正态概率分布(如图 3-26 所示)，期望值两边一个标准差的范围内，曲线下面积约占总面积的 68%；两个标准差范围内，曲线下面积约占总面积的 95%；3 个标准差范围内，曲线下面积约占总面积的 99%。

图 3-27 给出了两个正态概率分布。由于左边的概率分布比右边的概率分布更宽，因此其分布就有较大的标准差。然而，对于任何两个正态概率分布，在其平均值两侧的一个标准差范围内部包含了各自总面积的 68%。

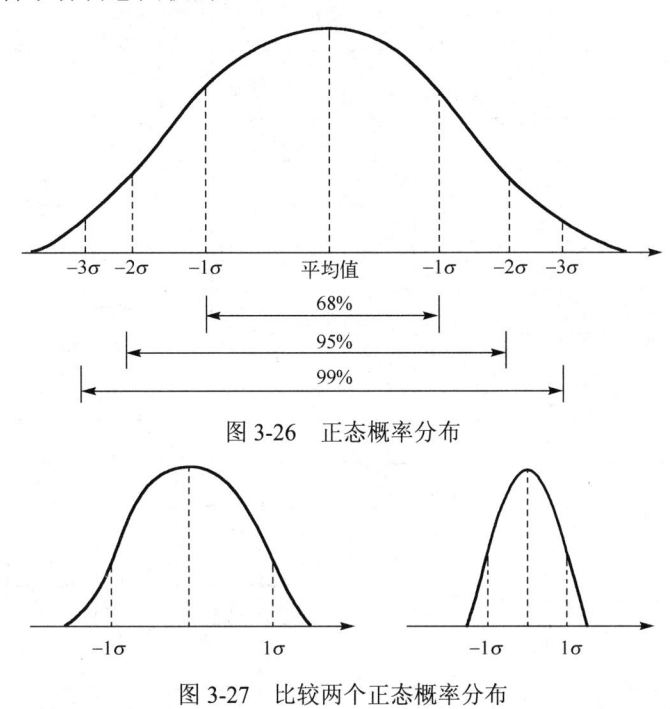

图 3-26 正态概率分布

图 3-27 比较两个正态概率分布

3．PERT 网络举例

下面通过一个例子来说明 PERT 网络中的各种相关知识，以加深对 PERT 网络处理问题方法的理解。

表 3-6 所示为一组任务的前导工作和每个工作的乐观、最可能和悲观时间，期望时间和工作历时方差。每个工作的期望时间通过前面提到的 3 次估算的加权平均来计算（为方便起见小数保留两位）。例如，计算工作 A 的 t_e：

$$t_e = \frac{t_o + 4t_m + t_p}{6} = (6 + 4 \times 10 + 14)/6 = 60/6 = 10 \text{（天）}$$

工作 A 的方差也容易计算：

$$\text{Var} = [(t_p - t_o)/6]^2 = (8/6)^2 = 1.33^2 \approx 1.78$$

与表 3-6 中数据相关的网络图如图 3-28 所示。

可用每项工作的期望时间找出网络中的关键路线和关键时间。用正推法得出关键路线为 A→B→D→G→H，期望时间为 45 天。因为期望时间（t_e）可用于所有的活动，在 45 天之前和在 45 天之后完成项目的概率都为 50%。此外，对于关键路线，由于此时的工作历时具有不确定性，因此并不能肯定 A → B → D → G → H 一定是关键路线。其他的路线，在项目实际执行时可能会变得更长。我们称 A → B → D → G → H 为关键路线仅仅是因为习惯上称具有最长期望时间的路线为关键路线。事实上，只有在实际情况发生后我们才知道哪一条路线是实际的关键路线。

表 3-6　具有不确定历时的项目工作举例　　　　　　　单位：天

工作	前导工作	乐观时间 t_o	最可能时间 t_m	悲观时间 t_p	期望时间 $t_e=$ $(t_o+4t_m+t_p)/6$	方差= $[(t_p-t_o)/6]^2$
A	—	6	10	14	10	1.78
B	A	10	12	14	12	0.44
C	B	7	12	17	12	2.78
D	B	6	6	6	6	0
E	B	10	14	18	14	1.78
F	C,D	4	10	10	9	1.00
G	D	5	10	15	10	2.78
H	E,G	4	7	10	7	1.00

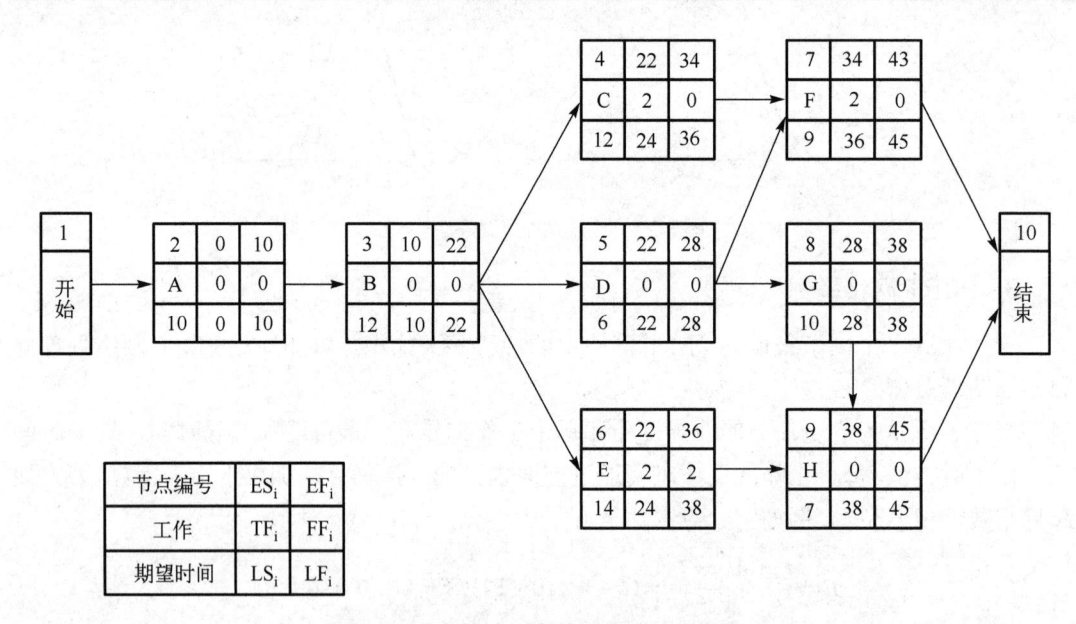

图 3-28　与表 3-6 中数据相关的网络图

　　项目在 50 天或更少的时间内完成的概率是多少呢？这个问题需要用项目工作不同程度的不确定性信息来回答。前文已经提到，所有工作的时间估计加起来可以得到一个总概率分布，且这个总概率分布为正态概率分布，而这个正态概率分布的期望时间则等于构成总概率分布的各项工作期望时间之和，其方差(Variance)等于构成总概率分布的各项工作时间的方差之和。这里存在的一个统计学上的假设，即这组工作在统计学上是独立的。这个独立性是指如果 A 是 B 的前导工作，A 早了或晚了并不会影响 B 的历时，即 A 晚了，B

可能也会晚，但并不影响完成 B 所需要的时间。实际中也会遇到统计独立性假设不符合的情况，这就需要根据实际问题进行一些相应的处理。根据网络图找出关键路线 A→B→D→G→H 后，由 $t_e=45$，$\sigma_t=\sqrt{1.78+0.44+0.00+2.78+1.00}=\sqrt{6.00}\approx 2.45$ 就可以得到整个关键路线完成时间的总概率分布。图 3-29 给出了总概率分布曲线。

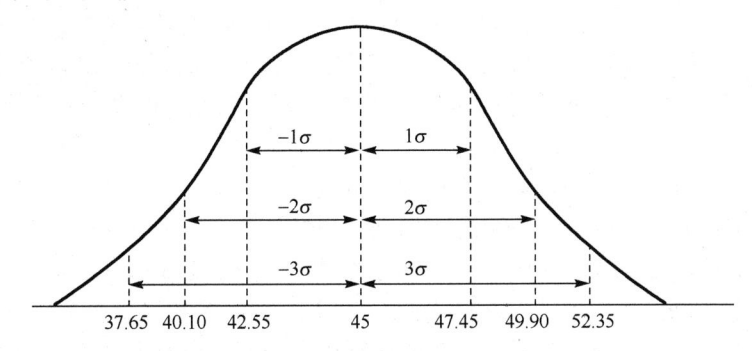

图 3-29 总概率分布曲线

根据图 3-29 可以得出总概率分布曲线及其标准差解释：图 3-29 是一个正态曲线，由前面的分析可知，在 $\pm 1\sigma$ 范围内，即在 42.55 天与 47.45 天之间包含了总面积的 68%；在 $\pm 2\sigma$ 范围内，即在 40.10 天和 49.90 天之间包含了总面积的 95%；在 $\pm 3\sigma$ 范围内，即在 37.65 天与 52.35 天之间包含了总面积的 99%。概率分布可以解释如下。

- 在 37.65 天到 52.35 天之间完成项目的概率为 99%。
- 在 40.10 天到 49.90 天之间完成项目的概率为 95%。
- 在 42.55 天到 47.45 天之间完成项目的概率为 68%。

如想求出项目在 50 天内完成的概率，其计算公式如式(3-15)所示：

$$Z=\frac{\text{LF}-t_e}{\sigma_t} \tag{3-15}$$

式中，LF——项目的要求完工时间(最迟结束时间)；

t_e——项目最早期望结束时间(正态分布的均值)；

σ_t——沿最长(花费最多时间)路线完成项目各项工作的总概率分布的标准差。

根据 $t_e=45$，LF=50，且 $\sigma_t=2.45$，则：$Z=(50-45)/2.45\approx 2.04$。

在上面的公式中，Z 是度量正态曲线上 t_e 和 LF 之间标准差的量值。这个 Z 值必须转化为 t_e 和 LF 之间正态曲线下的面积与正态曲线下总面积的比值。因为正态曲线下总面积为 1.0，因此在项目的规定完工时间之前完成项目的概率就等于曲线下 LF 以左的面积所占总面积的比例，如图 3-30 所示。

由上面对 Z 的计算，可通过查正态分布表得出：这条路线在 50 天或少于 50 天时间内完成项目的概率约为 97.93%。

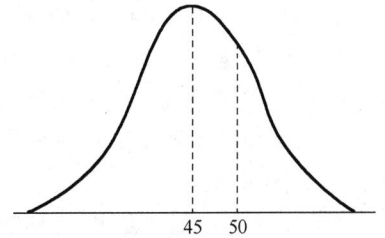

图 3-30 求解完成项目的概率的分布曲线

3.1.7　CCPM 制订项目进度计划

关键链项目管理方法(Critical Chain Project Management，CCPM)是项目管理一项较为新颖的管理方法，它由以色列物理学家、管理学家高德拉特博士提出。高德拉特博士出版了《关键链》一书，将约束理论(Theory of Constraints，TOC)应用于项目管理领域，提出了项目管理的一种新的管理方法。关键链项目管理方法强调在制订项目计划时考虑现实存在的资源约束，也强调在项目执行过程中的动态管理，以及整个项目管理流程的持续改进。

约束理论在项目管理方面，尤其是在项目进度管理上的应用，推动了关键链项目管理方法的产生。关键链项目管理方法自提出以来，引发了各个行业的关注，在各行业也取得了非常突出的成绩，被业内人士认为是项目管理领域自关键路线法(CPM)和计划评审技术(PERT)以后的最大理论成果和最重要的进展之一。国内外许多知名企业纷纷使用关键链项目管理方法提高项目管理绩效及对项目的实践计划进行控制。据有关数据，美国通信设备制造商 Harris 公司通过应用关键链项目管理方法成功将建设半导体工厂的时间从行业平均水平的 46 个月缩短到 14 个月；以色列航空公司将飞机的平均维护时间从 3 个月降到 2 周；朗讯公司则将项目的平均工期缩短了 25%。

1. 关键链的确定

关键链项目管理方法的核心是关键链。该方法认为制约项目周期的是关键链而非关键路线。关键链项目管理方法以 CPM/PERT 为基础，采用每个工作可能完成时间的 50%作为该工作工期的估算值，并以此为基础建立网络图，根据工作间紧前逻辑关系和资源约束关系确定项目最长周期的工作序列，即关键链。

(1)对项目进行工作分解，建立工作节点网络图，网络图中每个工作节点都使用三元组属性($a/r/c$)表示，其中 a 为理想工作条件下的工作执行时间估计，r 是该项工作需要的资源，c 是所需资源的数量。

(2)找出项目中的制约因素，也就是由一系列瓶颈组成的工序链，即项目的关键链。使用 CPM 和 PERT 网络计划方法时，将项目中的关键路线看作项目管理的基础，关键链项目管理方法与 CPM 不同，不仅考虑项目中各工作逻辑关系，也充分考虑项目中现实存在的资源约束。如图 3-31 所示，在 CPM 中，工作 A、C、E、F 组成了项目的关键路线，但如果考虑资源约束，假设工作 D 和工作 E 需要同一种资源，而该资源一次只能投入一项工作的执行，那么事实上工作 D 和工作 E 是不能同时进行的，综合考虑整个项目的情况，确定工作 E 的优先级高于 D，整个项目的网络图可以进行修改。因此，在考虑资源约束的情况下，项目的关键工作为 A、C、E、D、F，这 5 个逻辑构成了项目的关键链。可见，是关键链而不是关键路线决定了项目在给定紧前逻辑关系和资源约束条件下完成项目所需的最短时间。高德拉特博士的关键链定义是既考虑工作间的依赖关系又考虑资源间依赖关系的最长的工作序列。

(3)充分挖掘项目中约束活动的潜力，缩短关键链所需时间，从而重新调整系统的关键链，因此将出现新的"约束"因素。利用关键链不断进行优化管理，同时不断调整系统的关键链，使整个系统处于不断迭代优化的过程，直到得出较为理想的结果。

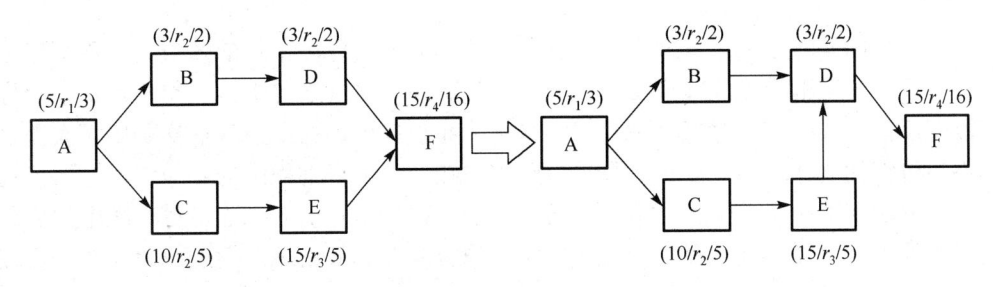

图 3-31 项目关键链确定图

2. 项目缓冲的设置

在项目执行过程中，由于项目组成员普遍存在风险规避心理，因此项目执行者提出的工作计划时间均远远长于完成工作所需的实际时间，这可以看作在工作所需的平均时间上增加了一段"安全时间"。这样的处理方式具有两方面的效果，正面效果是提高了管理不确定因素的能力，负面效果是延长了完成项目所需的时间。为了保证工作能够有较高的概率在计划时间内完成，关键链项目管理方法采取了一种方式，即用工作所需的平均时间或专家评测时间作为最终计划时间。但是由于项目执行具有很大的不确定性，为了更好地控制、管理项目的进度，在关键链末端添加安全时间，也就是项目的缓冲时间，关键链项目管理方法重新配置了 CPM 中分散存在的安全时间，这样的重新配置能够大大缩短项目所需的时间。根据有关数理统计研究，将每项工作的安全时间整合在整个项目的最后，在相同概率下，只需要较少的时间就可以完成所有工作。

为保护关键链上的工作不影响整个项目的计划进度，关键链项目管理方法要求为关键链设置项目缓冲区；同时为了防止非关键链上的工作影响关键链上工作的进度，在非关键链与关键链的汇合处设置汇入缓冲。高德拉特博士提出以关键链上所有工作可能完成时间的压缩时间作为安全时间，即缓冲区的大小，通过对缓冲区的监控来进行风险的控制和管理。

当前常用的缓冲设置方法有以下几种。

1) 均方差法

均方差法由概率统计数学方法而得，一组串行过程被合并后，串行过程的不确定性会降低为总量的一部分。具体地说，对于串行过程，总的不确定性是各个不确定量平方和的平方根。

2) 任务链工期长度 1/2 法

该方法的缓冲长度取任务链工期长度的 1/2。不确定性高的项目，比例可以比 1/2 高一些，不确定性小的项目，比例可以小一些。

3) 安全时间 1/2 法

安全时间 1/2 法也需要用两点分析法，缓冲长度等于每项任务的安全时间总和的一半。这种方法输入较麻烦，且在多数情况下计算结果和任务链工期长度 1/2 法差不多，唯一的优点是容易计算。

3. 关键链项目管理方法的优点

关键链项目管理方法相比以前的一些管理方法，既考虑了工作间的逻辑关系约束，也考虑了工作间的资源冲突。关键链项目管理方法能够大大提高项目的绩效。根据高德拉特博士的理论，关键链项目管理方法需要设置时间缓冲，通过设置缓冲，整个项目中的每项工作没有保留富余时间，对每个项目组成员都形成一种无形的压力，这样可以大大提高工作效率。传统的估计时间，没有考虑项目负责人在实施项目过程中的心理因素，而关键链项目管理方法则考虑负责人、同事、上司三者的心理因素，从而剔除项目管理中因心理因素所导致的不良习惯，大大提高项目如期完成的可能性。从系统的角度思考问题，可减少因频繁修改计划时间表所导致的工程项目的失控。

3.1.8　可调控的项目进度计划方法

在特定行业或特定情况下，可以采用可调控的方法制订项目进度计划，包括反向阶段进度计划、滚动计划、敏捷项目计划。因为这些方法不是相互排斥的，所以在同一个项目中可以使用多种方法。

1．反向阶段进度计划

建筑行业使用的一种进度计划制订方法叫作反向阶段进度计划或倒排工序计划。反向阶段进度计划由最密切接触工作的人进行制订，他们从项目最终可交付成果开始，不断询问在可交付成果前应该做什么。通过定义每项工作，确定它们的顺序，进度计划制订者确信公司有资源可以按照暂定的进度计划完成各项工作。

在使用该方法的过程中，团队应系统地从项目结束到项目开始进行反向考虑。这有助于确保所有的项目可交付成果与工作列表都能完成，因为通过反向推导，很容易发现被遗漏的可交付成果与工作。

2．滚动计划

滚动计划背后的思想是随着项目详细计划中上一部分工作的完成，再制订项目后续部分的计划。这使得项目团队既能关注短期，又不忽略长期。这意味着项目团队需要根据可用信息逐步制订详细的计划。

3．敏捷项目计划

敏捷项目计划背后的基本思想是：使工作人员、其他干系人均合作参与计划之中；虽然在起始阶段确定整个项目范围的困难程度比较高，但干系人切实希望在批准项目之前对总成本、进度、功能有粗略的了解；虽然不受控制的变更不妥，但过于僵化的变更控制也往往意味着干系人有效的紧急需求不能得到满足。

3.2　项目资源计划

项目经理应具备两方面能力以准确调整项目资源。一方面是行为能力，另一方面是技术方法。大量的技术方法可以用来估算资源需求，制订人员配备管理计划，为各项工作分配一个或多个工人，及时发现某工人在某工作处超负荷；可以运用有限的关键人员和其他资源压缩（加速）项目进度计划。

3.2.1 项目资源的分类

在项目管理中，对所使用的资源进行分类，常见的分类方法有以下 3 种。

(1)根据会计学原理对项目所需资源进行分类：劳动力成本(人力资源)、材料成本，以及诸如分包、借款等其他生产成本。

(2)根据项目所需资源的可得性进行分类。

①可以持续使用的资源，如固定的劳动力。

②消耗性的资源，如各种材料或计算机的机时。

③双重限制资源，如资金的使用就是典型的双重限制资源，在项目各个阶段的使用量和总体的使用量都是有限制的。

(3)根据项目进行中所需资源的特点进行分类。

①没有限制的资源，如不需要经过培训的劳动力或通用设备。

②非常昂贵或在整个项目的工期内，不可能完全得到的资源。例如，项目实施过程中，使用的特殊试验设备，每天只能进行 4 个小时的工作；或者某些技术专家同时负责很多项目的技术工作。这些都是此类资源的典型代表。

3.2.2 资源在项目计划中的影响

资源是项目实施的基础，没有资源一切都是空谈。资源对项目的进度计划、成本计划等有直接的影响。因为项目的每一项工作都需要利用物质资源及非物质资源，而项目中的各项工作(活动)在资金、时间、人力等资源方面往往存在既共享又竞争的关系；在多项目并行实施过程之中，项目之间在资金、时间、人力等资源方面也存在既共享又竞争的关系，资源配置的合理与否直接影响各项目的进度和完工质量，关系着各项目的成败。具体来说，当两项工作同时使用一种资源，即出现了冲突，有时还会出现某一项工作资源超负荷的情况，这时则需要通过网络计划技术调整资源的利用，适当合理分配资源的使用，如果无法调整就会出现项目延迟。项目出现资源不够或项目推迟，又会影响项目的费用。

在制订项目进度计划的最初，通常不会考虑资源在所需时是否可用的问题。因此，若忽视资源约束的影响则会产生严重问题。为避免这一问题，首先要重新调整项目的进度计划，使所有的工作都与可用资源一致；然后，检查其他项目的资源需求，并解决存在的资源冲突。而一旦没有时间修改原定进度计划，就会严重影响项目进度。

在实际项目进行的过程中，项目在很多情况下需要更多的资源，这时就要调整预算和进度表。但是，在一些项目中，在缺乏足够时间的情况下，项目经理必须确定项目的风险在哪里，并且制订计划来应对风险。备用资源的准备有两种情况，有时需要资源随时备用；另一些时候，只需要知道在必要时能够很快获得这些资源。

3.2.3 项目资源的均衡

资源均衡是处理多约束综合挑战的过程。在项目生命周期中，需要实施一系列措施进行资源均衡，从而使资源需求的影响降到最低。资源均衡要达到以下两个目标。

(1)确定资源需求并保证资源在合适的时间是可用的。

(2)制订项目进度计划时要求每个工作在不同的资源利用水平中尽可能平稳地变化。

资源均衡能帮助项目成员通过资源负载表、资源负载图全面地了解项目各项工作的资源需求与应用情况。在实际的项目实施过程中，制订合理的资源需求计划会使工作的衔接非常顺畅，不会出现因为突然的资源稀缺而不得不停止项目去寻找资源的情况。资源均衡的关键在于如何制定最优决策，即在合适的时间将合适数量的资源给到合适的工作。在对资源均衡的可选方案做出决策时，常用的方法是用平衡试探法分析资源平衡问题，或者利用简单的经验规则。

确定资源配置的平衡试探法包括将资源应用于以下方面。

(1)具有最少时差的工作。其决策规则是选择具有最小时差的工作进行资源优先排序。有人认为这种决策规则对于制定优先排序决策最有利，它可以在整个项目中产生最小的进度计划滑动。

(2)具有最短历时的工作。工作按历时由小到大排序，资源也根据工作的优先级排序。

(3)具有最小工作标识编号的工作。平衡试探法提出，当存在疑问时资源最好首先被应用到较早开始的工作中。

(4)具有最多后续任务的工作。选择有最多后续任务的工作并进行资源优先排序。

(5)需要最多资源的工作。通常将资源应用到需要最多资源的工作中，然后根据额外资源的可用性来分析剩余的工作。

下面以实例来分析资源均衡的过程。

1．工期约束下的资源均衡

下面以表 3-7 所示的项目为例来深入说明资源均衡的过程。

根据网络计划的内容，现在可以计算出每项工作的最早开始时间、最迟开始时间、最早完成时间、最迟完成时间和总时差，并且绘制如图 3-32 所示的项目单代号网络图。

表 3-7　项目举例

工作	紧前工作	工作时间(周)	每周需要的工日	需要的总工日
A	—	8	16	128
B	—	6	8	48
C	A	12	6	72
D	A、B	10	4	40
E	—	10	10	100
F	C、D、E	6	18	108
G	F	8	14	112

根据网络图可以确定项目工期与工作时间参数，如表 3-8 所示。

表 3-8 确定了网络的关键路线为 A→C→F→G。在了解这些项目信息的基础上，项目网络的资源均衡需要遵循一系列步骤，这些步骤将按照一定的顺序进行。

资源均衡的过程包括以下几个步骤。

1)编制资源负载表，确定工作的最迟完成时间

将网络图的内容与工作所需的资源数量相结合表现在资源负载表中，绘制包括工作时差的资源负载表，如表 3-9 所示。

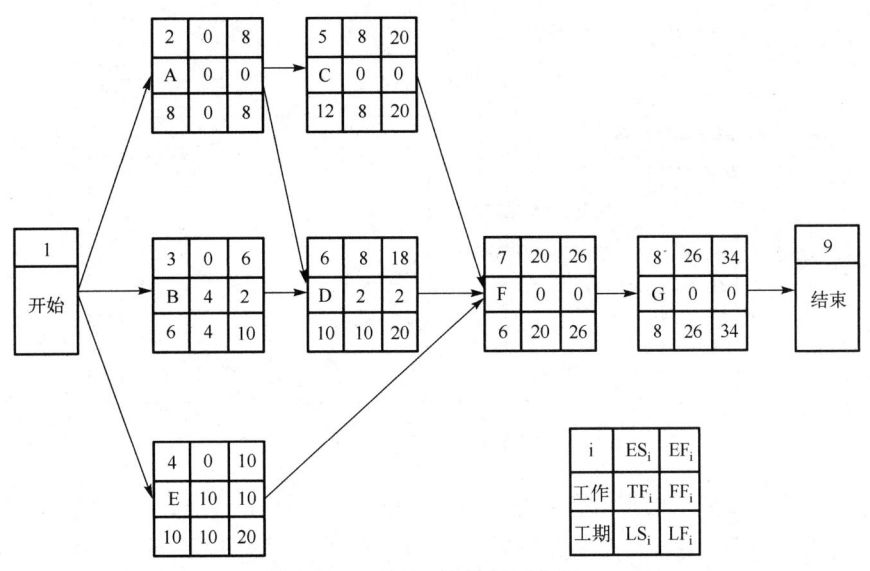

2	0	8		5	8	20
A	0	0		C	0	0
8	0	8		12	8	20

```
         ┌─A─┐    ┌─C─┐
         │   │    │   │
  1 ──→  ├─B─┼──→─┤─D─┤──→ F ──→ G ──→ 9
 开始    │   │    │   │              结束
         └─E─┘
```

1			3	0	6		6	8	18		7	20	26		8	26	34		9
开始			B	4	2		D	2	2		F	0	0		G	0	0		结束
			6	4	10		10	10	20		6	20	26		8	26	34		

4	0	10		i	ES$_i$	EF$_i$
E	10	10		工作	TF$_i$	FF$_i$
10	10	20		工期	LS$_i$	LF$_i$

图 3-32　项目单代号网络图

表 3-8　项目任务　　　　　　　　　　　　　　　　　　　　　　　单位：工时

工作	历时	最早开始时间	最早完成时间	最迟开始时间	最迟完成时间	总时差
A	8	0	8	0	8	—
B	6	0	6	4	10	4
C	12	8	20	8	20	—
D	10	8	18	10	20	2
E	10	0	10	10	20	10
F	6	20	26	20	26	—
G	8	26	34	26	34	—

表 3-9　资源负载表

工作	1 2 3 4 5 6 7 8 9 10	11 12 13 14 15 16 17 18 19 20	21 22 23 24 25 26 27 28 29 30
A	16 16 16 16 16 16 16 16]		
B	8 8 8 8 8 8]		
C	6 6	6 6 6 6 6 6 6 6 6 6]	
D	4 4	4 4 4 4 4 4 4 4]	
E	10 10 10 10 10 10 10 10 10 10	]	
F			18 18 18 18 18 18]
G			14 14 14 14
合计	34 34 34 34 34 34 26 26 20 20	10 10 10 10 10 10 10 10 6 6	18 18 18 18 18 18 14 14 14 14

工作	31 32 33 34
A	
B	
C	
D	
E	
F	
G	14 14 14 14]
合计	14 14 14 14

注：]=最迟完成时间

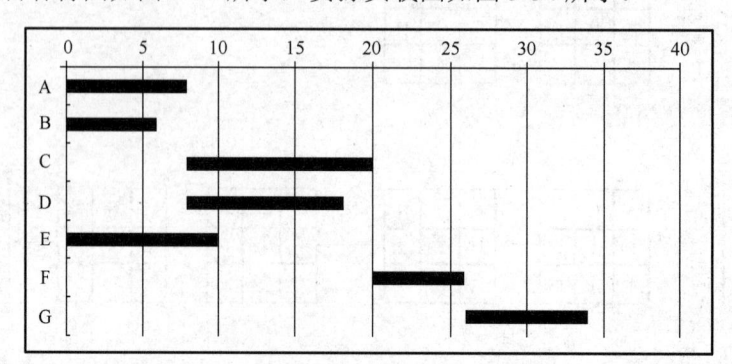

此时，项目甘特图如图 3-33 所示，资源负载图如图 3-34 所示。

图 3-33　项目甘特图

此时，资源负载表的信息非常全面，项目开始于第 1 周，工作的先后顺序根据网络图与甘特图可得。从表中可以看出每项工作每天所需要的资源。资源投入项目的时间（以工日为单位）在表的底部汇总，用来说明项目资源总需求的概况。同时，还可以看出，资源需求在开始的 6 周内达到了峰值，为 34 个工日。

资源负载表与资源负载图可以形象有效地表示整个项目基准计划中预期资源需求。据此，就可以制定优化资源平衡的策略。

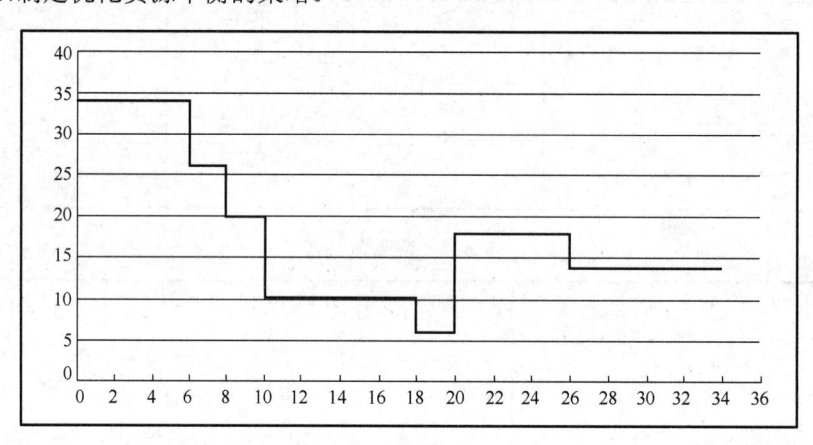

图 3-34　资源负载图

由于资源的均衡过程还需要一些额外的信息，如关键工作、有浮动时差的工作。据此，表 3-9 还将总时差与最迟完成时间应用到资源负载表中，工作的最迟完成时间（包括时差）用中括号的形式标出。因此，工作 B、D、E 显示了与各自时差相对应的最迟完成时间，而关键路线（A→C→F→G）上工作的最迟完成时间与其最早完成时间相同。

2）识别资源的过度分配

在完成资源负载表并确定所有工作的最迟完成时间之后，实际的资源均衡过程正式开始，第一步是检查项目资源负载表。在这个步骤中，需要在项目基准计划中寻找资源配置已经超过其最大可用资源水平的所有点。如表 3-9 所示，总的资源需求（最后一行的合计）显示了在项目中每天最大的需求量，如在第 1~6 周，进度计划中需要 34 个工日。项目经理需要考虑的问题是,此时的资源分配情况是否可以接受,每天的资源负荷能否承受,或者是否出现问题,资源是否由于过度分配而变得不可用。例如,如果项目预算为每周34个工日,则此时的资源负荷情况可以接受。如果资源被限制到某个数值,而该数值小于项目资源负载表中出现的最大值,那么项目中过度分配问题必须予以处理和修正。最佳情况是,被分配的工日数小于或等于项目基准计划中资源配置的最大值。然而,如果给定时间和资源项目约束的具体特性,就会更容易找到需要平衡的资源冲突。假设例子中的项目每天可用的工日最多为24个,而已经确定在进度计划中第1~6周项目需要34个工日,这就意味着资源在这一天被过度分配。发现资源过度分配后,就可以进行资源均衡过程的下一步了,即修正进度计划并消除资源冲突。

3) 均衡资源负载表

在确定项目基准计划存在资源过度分配的情况后,迭代过程正式开始,在该过程中,会重新配置资源负载表以消除资源冲突。在开始重新制订资源进度计划并消除资源冲突时,一般会产生连锁效应。在完成项目资源均衡的必要步骤后,连锁效应将变得非常明显。

阶段一:在表3-9中检查冲突点,即在第1~6周,工作共需要34个工日。工作A、B、E都被安排在这几周,分别需要16、8、10个工日。因此,资源均衡的第一个阶段需要识别相关工作,并决定哪一项工作是需要调整的候选对象。那么,哪一项工作应该被调整呢?通过前面提到的平衡试探法,首先要检查工作,了解哪些是关键工作和哪些工作有浮动时差。从编制网络的过程中可知,工作A在关键路线上。因此如果可能的话,应避免重新配置此工作,因为对其历时的任何调整将相应地影响整个项目的基准进度计划。因此,排除工作A后,剩下的调整对象就是工作B或工作E。

阶段二:第二个阶段选择要重新配置的工作。虽然工作B和工作E都有浮动时差,但工作B只有4个工日的时差,而工作E有10个工日的时差。根据经验规则,保持工作B不变,因为它有较少的浮动时差,可以选择调整工作E的进度计划。表3-10显示了对初始资源负载表进行第一次调整后的结果。第1~6周工作E分配的10个工日被划掉,即工作E推迟6周开工。调整后的资源负载表显示第1~6周不存在资源冲突,基准计划中第1~6周现需24个工日,正好满足项目每天可用的工日最多为24个的约束。

阶段三:在做出调整从而缓解资源冲突后,需重新检查资源负载表的其他部分并寻找新的资源冲突点。这时我们发现第7、8两周仍然存在资源冲突,因此必须重新经历第二阶段的过程并消除最新的资源冲突。调整的候选对象为项目中第7、8周进行的所有工作,包括工作A和E。显然,工作A被排除(它位于关键路线上),因为它没有时差。因为工作E具有更进一步向后推迟的潜力,所以可以考虑将工作E安排在工作A完成之后再开始,即工作E继续延迟2周。如表3-11所示,资源负载表底部的资源合计显示,所有工作的资源分配都保证了每天小于或等于24个工日的阈值水平,从而完成了任务。在该例中,可以在不延长项目的基准计划,也无须增加额外资源的前提下,进一步对项目资源进行均衡。实质上,该例中的资源均衡既不与资源约束相冲突,也不与时间约束相冲突。

从表3-11可以看出,资源的最大需求量是每周24个工日,发生在第1~6周;最小的资源需求量为每周6个工日。在该项目中,资源需求的变化范围减少至18个工日。

在该项目中,在不延长整个工期的情况下,为了使资源需求的变化范围最小化,最大限度地达到资源的均衡使用，还可以进一步利用总时差来进行资源的均衡。可以将工作 E 继续推迟 2 周来完成，然后将工作 B 再延迟 4 周来完成，如表 3-12 所示。

表 3-10 第一次调整后的资源负载表

工作	1 2 3 4 5 6 7 8 9 10	11 12 13 14 15 16 17 18 19 20	21 22 23 24 25 26 27 28 29 30
A	16 16 16 16 16 16 16 16]		
B	8 8 8 8 8 8]		
C	6 6	6 6 6 6 6 6 6 6]	
D	4 4	4 4 4 4 4 4 4]	
E	10 10 10 10	10 10 10 10 10 10]	
F			18 18 18 18 18 18]
G			14 14 14 14
合计	24 24 24 24 24 24 26 26 20 20	20 20 20 20 20 20 10 10 6 6	18 18 18 18 18 18 14 14 14 14

工作	31 32 33 34
A	
B	
C	
D	
E	
F	
G	14 14 14 14]
合计	14 14 14 14

表 3-11 第二次调整后的资源负载表

工作	1 2 3 4 5 6 7 8 9 10	11 12 13 14 15 16 17 18 19 20	21 22 23 24 25 26 27 28 29 30
A	16 16 16 16 16 16 16 16]		
B	8 8 8 8 8 8]		
C	6 6	6 6 6 6 6 6 6 6]	
D	4 4	4 4 4 4 4 4 4]	
E	10 10	10 10 10 10 10 10 10 10]	
F			18 18 18 18 18 18]
G			14 14 14 14
合计	24 24 24 24 24 16 16 20 20 20	20 20 20 20 20 20 20 20 6 6	18 18 18 18 18 18 14 14 14 14

工作	31 32 33 34
A	
B	
C	
D	
E	
F	
G	14 14 14 14]
合计	14 14 14 14

表 3-12　第三次调整后的资源负载表

工作	1 2 3 4 5 6 7 8 9 10	11 12 13 14 15 16 17 18 19 20	21 22 23 24 25 26 27 28 29 30
A	16 16 16 16 16 16 16 16]		
B	8 8 8 8 8 8]		
C	6 6	6 6 6 6 6 6 6 6 6]	
D	4 4	4 4 4 4 4 4 4 4]	
E		10 10 10 10 10 10 10 10 10 10]	
F			18 18 18 18 18 18]
G			14 14 14 14
合计	16 16 16 16 24 24 24 24 18 18	20 20 20 20 20 20 20 20 16 16	18 18 18 18 18 18 14 14 14 14

工作	31 32 33 34
A	
B	
C	
D	
E	
F	
G	14 14 14 14]
合计	14 14 14 14

从表 3-12 可以看出，此时资源需求的最大值仍为每周 24 个工日，但是最小的资源需求量变为每周 14 个工日，所以该项目资源需求的变动范围减少至 10 个工日。此时，项目的甘特图与资源负载图如图 3-35、图 3-36 所示。

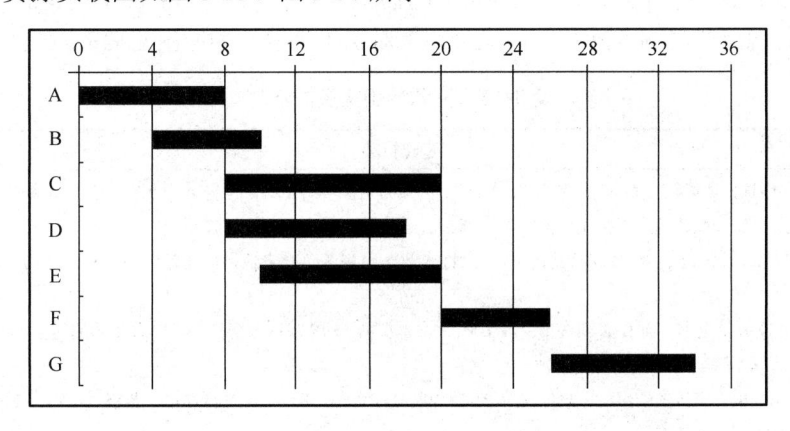

图 3-35　项目甘特图

2. 资源约束下的资源均衡

在安排进度时，往往根据经验确定资源需求情况，并假设资源可获取。实际上，很多项目均受来自资源约束条件的制约，这可能导致工作的延期完成或中断，从而使项目原有的计划无法按期实现。因为在项目进行的一个或多个阶段中，会发生资源的需求超过实际可以利用的资源的现象，同时该项目非关键工作的时差又不足以解决上述问题。因此，应用这种方法可能导致项目工期的延长。

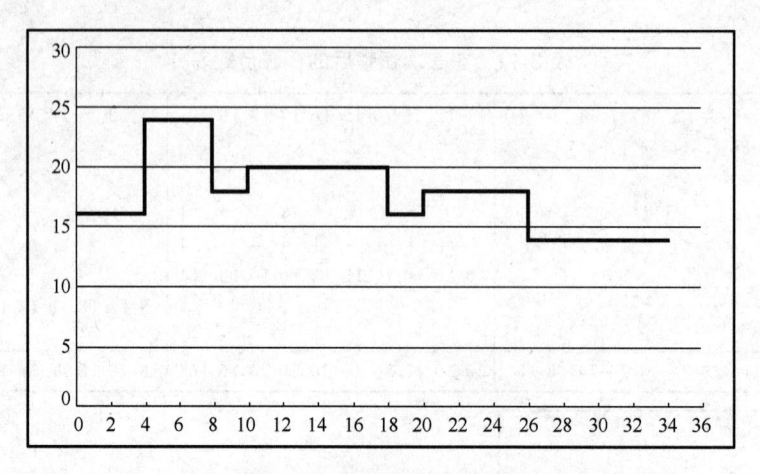

图 3-36　项目资源负载图

资源约束进度安排方法是在各种可得资源的数量不变的情况下制订最短进度计划的一种方法。在几项工作同时需要同一有限资源的情况下，拥有最小时差的工作将拥有资源配置的优先权；如果资源还有闲置，再优先分配给未被分配资源的工作中时差最小的工作，以此类推。当其他工作也需要这种资源，而该资源已经全部分给较高优先权的工作时，低优先权的工作需推迟。

仍以文中表 3-7 所示的项目为例，假设该项目在更严格的资源约束下进行，每周资源约束为 18 个工日，而非 24 个工日，则项目经理需要重新配置资源负载表，并且需保持与资源约束的基本原则不相冲突。表 3-13 列出了在本例中进行资源均衡决策过程的一系列步骤，为了保证与资源负载限制不冲突，可能会要求对初始进度计划做出必要的推迟。

表 3-13　资源均衡决策的步骤

步骤行动
1. 在工作 A、B 中选择被调整的工作时，排除 A（关键工作），为工作 A 分配资源，将 A 添加至资源负载表中，由此延迟 B
2. 在第 9 周首先为 B 分配资源。B 有 4 周的时差，调整后延迟了 8 周，故工作 B 实质延迟了 4 周
3. 比较 C、D 与 E，首先为 C 分配资源（关键工作），将 C 添加至资源负载表中，由此延迟 D 与 E，在第 9 周再为 C 分配资源
4. 比较 D 与 E，D 时差更少，而 D 必须在 B 之后，因此首先在第 15 周为 D 分配资源，D 有 2 周的时差，调整后延迟了 6 周，故实质延迟了 4 周
5. 为 E 分配资源，由于资源的约束，E 只能在第 21 周为其分配资源，E 有 10 周的时差，调整后延迟了 21 周，故工作 E 实质延迟了 11 周
6. 下面为 F 分配资源，F 必须在 E 后，因此在第 31 周为 F 分配资源，F（关键工作）调整后延迟了 10 周
7. 最后，为 G 分配资源，G 必须在 F 后，因此在第 37 周为 G 分配资源，G（关键工作）调整后延迟了 10 周。整个项目第 1 周开始，第 44 周结束，整个项目延迟了 44-34=10 周

表 3-14 描述了按照表 3-13 的步骤进行资源均衡后的结果。从资源均衡的过程可以看出，当项目的资源约束为每周 18 个工日时，项目的关键工作有 A、C、F、G。所以，首先工作 A 开始分配资源，因为工作 A 占用了 18 个工日中的 16 个工日，所以工作 B 只能在工作 A 完成之后开始。工作 B 的紧后工作是工作 D，这种逻辑关系导致了工作 D、F、G 的延期完成，项目工期延长至 44 周。此时，项目的甘特图与资源负载图如图 3-37、图 3-38 所示。

表 3-14 资源负载表 2

总时差	工作	1 2 3 4 5 6 7 8 9 10	11 12 13 14 15 16 17 18 19 20	21 22 23 24 25 26 27 28 29 30
0	A	[16 16 16 16 16 16 16 16		
−4	B	[8 8	8 8 8 8	
0	C	[6 6 6	6 6 6 6 6 6 6 6	
−4	D	[	4 4 4 4 4 4	4 4 4 4
−11	E	[		10 10 10 10 10 10 10 10 10 10
	F			[
	G			[
	合计	16 16 16 16 16 16 16 14 14	14 14 14 14 14 10 10 10 10 10	14 14 14 14 10 10 10 10 10 10

总时差	工作	31 32 33 34 35 36 37 38 39 40	41 42 43 44
	A		
	B		
	C		
	D		
	E		
−10	F	18 18 18 18 18 18	
−10	G	14 14 14 14	14 14 14 14
	合计	18 18 18 18 18 18 14 14 14 14	14 14 14 14

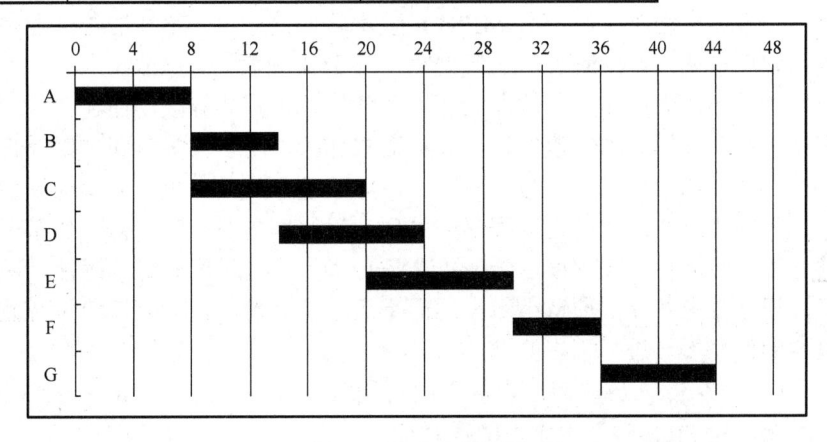

图 3-37 项目甘特图

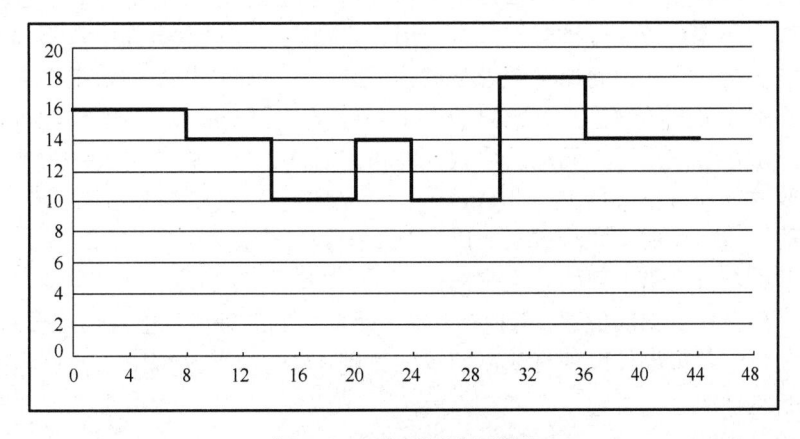

图 3-38 项目资源负载图

3.3 工程案例分析

某信息系统集成公司有在某小型炼油企业成功实施工厂制造执行系统（Manufacturing Execution System，MES）的经验，其针对炼油企业的MES1.0软件深受用户好评。

公司去年承接了A公司的MES项目实施工作。A公司是一家大型石化公司，有下属分厂十余家，包括炼油厂、橡胶厂、烯烃厂、塑料厂、腈纶厂和储运厂等，以炼油厂为石油炼制龙头，其他分厂提供半成品和生产原料，业务流程复杂。

钱经理为公司的项目经理，全面负责这个项目，这是他第一次负责大型项目。A公司信息中心的夏经理作为甲方项目经理负责实施配合。由于涉及分厂较多，因此从各分厂抽调了生产调度人员、计划统计人员、计量人员、信息人员中的技术骨干，组成各分厂的项目小组。钱经理带领的乙方项目组成员均为MES业务顾问，其中资深顾问安排到了业务最复杂的炼油厂，其他顾问水平参差不齐，分别安排到了其他分厂。公司的软件开发部设在总部，MES业务顾问均在A公司提供的现场（某宾馆）集中办公，钱经理负责A公司与公司总部之间的沟通，从总体上管理项目。

项目在8月初启动，钱经理按原MES1.0版本软件的实施经验制订了项目开发计划，收集了各分厂的用户需求，组建了MES测试服务器环境等。项目初期进行得较为顺利，但之后发生了一系列的问题。由于原MES1.0版本软件仅适用于单纯的炼油业务，而现在的化工业务在软件系统中并没有合适的模型，且A公司规模大，炼油厂的许多业务并非直线式，而是网状关系，因此MES软件的炼油业务模型也需要修改。而在钱经理的项目计划中，并没有炼油业务模型的修改计划，业务需求分析占用了很多时间，钱经理将这些需求提交给软件开发部抓紧开发。而与此同时，甲方的部分业务人员，如统计和信息人员却无事可做，或上网打游戏，或通过远程桌面处理自己原单位的一些日常工作事务。

当软件开发部将软件开发完成后，已经进入12月，项目进度已经远远落后于钱经理当初的计划。钱经理要求各分厂项目小组由顾问牵头分别对自己负责的模块进行测试，同时安排各小组中的信息人员进行报表开发，MES软件试运行的原计划则安排在12月底，拟1月中旬正式上线。信息人员认为，以现有的可用时间开发如此多报表会导致任务无法完成，而统计人员发现MES软件根本不能满足业务的需要。

项目进入混乱状态，各分厂的项目小组内也有不同的声音，有的抱怨软件操作不便，运行一个查询页面需花费3分钟时间，也有用户反映在一些录入页面中找不到提交按钮，造成资料不能保存。一些顾问迫于压力尝试修改软件，却造成用户的数据丢失，引起很大不满，甚至一些成员开始嘲笑乙方顾问的水平，进而开始怀疑MES软件能否正常运转。根据实际情况，钱经理经用户同意，将软件的投用时间重新设在1月底。为了完成这个目标，钱经理要求各项目小组从12月中旬开始，每周六、周日和晚上必须加班。元旦期间，项目小组中的一些甲方成员并没有来加班，且一个假日的中午，所在的宾馆也没有提供足够的午餐，乙方项目小组中开始有人跳槽……

钱经理受到公司总部的批评，但他却认为，即使他能准确估算出每项工作所需的时间，也无法确定项目的总工期；以项目现在的状态，到1月底无法完成，2月底也没有把握，且他无法判断具体的完成时间。

从时间角度推断项目更改失败的主要原因如下。

(1)钱经理缺少管理大型项目的经验，制订的进度计划存在问题。
(2)钱经理对某些工作的历时估算有问题，如需求分析和软件开发所需要的时间。
(3)钱经理提交给开发人员的业务需求可能存在问题。
(4)乙方项目组内部缺少沟通。
(5)甲乙双方没有明确的分工。
(6)甲方项目经理可能没有发挥对甲方成员的管理作用。
(7)没有变更控制系统或规范的变更控制流程，没有使用配置管理系统。
(8)可能对项目的每个阶段没有明确的划分，也没有相应标准来评审，就进入下一阶段。
(9)缺少从总体上控制项目的项目经理或其他监控措施。
(10)甲乙双方沟通不足，甲乙双方应该确立一个共同目标。
(11)在赶工时，加班过度降低了工作效率。
(12)工作资源估算上有问题，在人力资源使用的安排上，没有充分发挥资源的作用。
(13)缺少激励措施，没有考虑人员的流动风险。
(14)缺少对进度监控的机制，没有使用网络图等工具，没有确定各项工作间的依赖关系，对各项工作先后顺序的安排可能出现了错误。

通过原因分析，钱经理对工作方式进行了以下调整。
(1)钱经理和项目组一起重新修订一个合理的进度计划。
(2)重新核实各项工作的历时估算，包括已经发生过的历时，并记录错误原因。
(3)重新和用户一起梳理业务需求，确保理解的一致性。
(4)加强乙方项目组内部的沟通交流。
(5)对甲乙双方进行明确的分工，分清职责。
(6)甲方项目经理行使管理甲方成员的权力。
(7)制定规范的变更控制流程，在项目中使用配置管理系统。
(8)明确划分项目的每个阶段，制定评审标准。
(9)增加一个从总体上控制项目的项目经理，或制定一些监控措施。
(10)加强甲乙项目组之间的沟通。
(11)合理赶工，如果需要，可以缩小范围，先保证核心工作的实现。
(12)建立人力资源日历，充分发挥资源的作用。
(13)制定积极的绩效考核制度，减少人员的流动风险。
(14)重新梳理各项工作间的依赖关系，确保网络图能反映真实的情况，并加强对进度的监控。

本章小结

本章首先从项目进度计划与资源均衡两方面展开，针对项目进度计划，介绍了确定项目工作关系及项目工作时间估算的方法；并介绍了项目进度计划的制订方法、网络计划技术的概念及网络图的绘制方法；进一步介绍了计划评审技术、CCPM制订项目进度计划、可调控的项目进度计划方法。其次，针对项目资源计划，从不同约束视角下分析了资源配置的均衡。最后，结合工程案例体现了项目进度计划在实际工程项目中的重要作用。

能力测试题

1. 是非判断题

(1) 项目的进度、成本和质量三者之间的关系是对立统一的。（ ）
(2) 项目的进度计划表明了项目各项工作的先后顺序以及每个项目工作的历时。（ ）
(3) 关键路线就是完成项目时间最短的路线。（ ）
(4) 计划评审技术的工作工期不是固定的，而是用期望值表示的。（ ）
(5) 资源对项目的进度计划、成本计划等没有直接影响。（ ）

2. 单项选择题

(1) 在任务赶工时，应该集中于（ ）。
   A. 路线的非关键工作   B. 耗费资源多的工作
   C. 关键路线的工作   D. 降低成本，加速执行
(2) 你正在执行房屋装修项目，只有你一个人，那么在装修门和窗的顺序上，只能采用（ ）逻辑关系。
   A. 完成到开始   B. 完成到完成
   C. 开始到开始   D. 开始到完成
(3) 某项工作工期的乐观时间为3天，最可能时间为6天，悲观时间为9天，此任务工期为（ ）。
   A. 3天   B. 6天   C. 9天   D. 8.5天
(4) 甘特图与网络图之间的区别是（ ）。
   A. 历时   B. 工作   C. 节点   D. 资源的分配
(5) 关于关键路线的正确描述是（ ）。
   A. 关键路线是指在项目开始到完成的多条路线中耗时最短的那条路线
   B. 关键路线是指在项目开始到完成的多条路线中耗时最长的那条路线
   C. 网络图中最多存在一条关键路线
   D. 关键路线上的某项工作延误一天，不影响整个项目的完工时间

3. 多项选择题

(1) 项目进度计划常用的编制方式有（ ）。
   A. WBS   B. 里程碑   C. 甘特图
   D. 网络图   E. 3个时间估计法
(2) 下列表述正确的是（ ）。
   A. 关键路线法主要应用于以往在类似项目中已取得一定经验的项目
   B. 计划评审技术更多地应用于研究与开发项目
   C. 如果任务工期无法正确估计，一般采用计划评审法
   D. 关键路线法属于非肯定型，计划评审技术属于确定型方法
   E. 网络计划的基本形式是关键路线法和计划评审技术
(3) 下列表述错误的是（ ）。

A. 如果进度计划进行了修改，关键路线不会发生改变
B. 如果总时差为负，表示在预定时间内提前完成项目
C. 如果总时差为正，表示在预定时间内提前完成项目
D. 如果总时差为正，表示在预定时间内无法完成项目
E. 如果自由时差为负，表示在预定时间内无法完成项目

(4) 网络图表述正确的是（　　）。
A. 工作的最早完成时间可在这项工作最早开始时间的基础上加上这项工作的工期估计
B. 工作的最迟完成时间以项目预计完成时间为参照点在网络图中逆向计算
C. 工作的最迟完成时间可在前置工作的最迟开始时间基础上计算出来
D. 工作的最迟开始时间可在该工作最迟完成时间的基础上加上该工作的工期得出
E. 工作的最迟开始时间与最早开始时间的差为工作的自由时差

(5) 根据项目所需资源的可得性进行分类，资源主要可以分为（　　）。
A. 可以持续使用的资源　　B. 不可再生资源　　C. 消耗性资源
D. 双重限制性资源　　　　E. 没有限制的资源

(6) 通过工作分解结构（WBS）可达到的目的有（　　）。
A. 准确说明项目目标　　　B. 为项目控制奠定基础
C. 全面改进项目沟通　　　D. 识别关键工作和各项子工作
E. 了解工作包之间的逻辑关系

(7) 下面为制订里程碑计划的基本程序，正确的顺序为（　　）。
A. 利用"头脑风暴法"产生里程碑的概念草图
B. 从最后一个目标开始，顺次往前，找出逻辑依存关系
C. 尝试每条因果路线
D. 复查各个里程碑
E. 从达成最后一个里程碑，即项目的终结开始反向进行

4. 简答题

(1) 项目中各项工作的工作时间是如何确定的？它们与资源、成本、质量的关系是什么？
(2) 网络图在项目计划中的作用是什么？其构成要素有哪些？
(3) 简述双代号网络计划与单代号网络计划的区别。
(4) 资源在项目计划中的影响是什么？
(5) 分析资源均衡问题常用的方法是什么？

5. 计算题

1) 某项目 A 工作在正常情况下需要 3 天完成，A 工作完成后，B 工作正常需要 5 天完成，如果赶工可压缩 1 天，多支出 3 万元；B 工作完成后，C 工作正常需要 2 天完成，如果赶工可压缩 1 天，多支出 1 万元；C 工作完成后，D、E 工作可以并行，D 工作正常需要 4 天完成，E 工作正常需要 8 天完成，如果赶工可压缩 2 天，多支出 4 万元；最后是 F 工作，正常需要 6 天完成，如果赶工可压缩 2 天，多支出 4 万元。

(1)请绘制该项目的单代号网络图。

(2)请标出各任务的 ES/LS，EF/LF，TF/FF 时间参数，并写出该项目的关键路线，并计算总工期是多少。

(3)项目按计划进行到第 6 天的时候，由于某种原因，D 工作的工作时间变为 9 天。请问通过赶工的方式，如何保证总工期不变？写出调整后的计划。

2)某公司一新产品投产前全部准备工作如表 3-15 所示，请绘制双代号网络图，并计算时间参数和确定关键路线。

表 3-15

工作	工作内容	紧前工作	工时(周)
A	市场调查	/	4
B	资金筹备	/	10
C	需求分析	A	3
D	产品设计	A	6
E	研制产品	D	8
F	制订成本计划	C、E	2
G	制订生产计划	F	3
H	筹备设备	B、G	2
I	筹备原材料	B、G	8
J	安装设备	H	5
K	调集人员	G	2
L	准备开工投产	I、J、K	1

案例分析

某银行信息系统工程项目包含若干子项目。此工程项目通过公开招标方式确定承建单位。希赛信息技术有限公司(CSAI)经过激烈竞标争夺，赢得工程合同。合同约定，工程项目的开发周期预计为 36 周。

由于银行对于应用软件质量的要求很高，因此 CSAI 安排资历颇深的高级工程师张工全面负责项目实施。在项目正式开工之前，张工针对应用软件开发制订了详细的开发计划，设置应用软件的开发周期为 36 周。

张工安排给测试组进行测试的时间非常充足，测试周期占整个软件开发周期的 40%，约 14.5 周。在软件测试的过程中，张工安排了详细的测试跟踪计划，统计每周发现的软件系统故障数量，以及解决的软件故障。根据每周测试的结果分析，软件故障随时间的推移呈明显的下降趋势，第 1 周发现约 100 个故障，第 2 周发现约 90 个故障，第 3 周发现约 50 个故障……第 10 周发现 2 个故障，第 11 周发现 1 个故障，第 12 周发现 1 个故障。于是，张工断言软件可以在完成第 14 周的测试之后顺利交付给用户，并进行项目验收。

问题：

(1)张工的软件开发计划中是否存在问题？为什么？

(2)张工根据对软件测试的跟踪统计分析，得出项目可于计划的测试期限结束后达到验收交付的要求，你认为可行吗？为什么？

第 4 章　项目采购规划

> **本章提要**
>
> 有些项目价值的主要部分来自不同的外部供应商，有些组织甚至以项目协调人的身份存在，而其自身没有提供项目交付物的能力，因此项目采购规划对于项目的成功具有重要作用。本章主要介绍采购规划的内容及合同的类型。

4.1　概述

1．项目采购

项目采购（Project Procurement）是指从项目组织外部获得物料、工程和服务的整个采办过程。项目采购的分类方法通常有以下两种。

(1) 按采购对象不同分类。项目采购按采购对象的不同可分为有形采购、无形采购，具体分类如图 4-1 所示。

物料采购是指购买项目所需的各种机器、设备、仪器、仪表等物料，还包括与之相关的运输、安装、测试、维修等服务。

工程采购是指选择合格的承包单位来完成项目的施工任务，同时还包括与之相关的人员培训和维修等服务。

咨询服务采购是指聘请咨询公司或咨询专家来完成项目所需的各种服务，包括项目的可行性研究、项目的设计工作、项目管理、施工监理、技术支持和人员培训等服务。

(2) 按采购方式不同分类。项目采购按采购方式的不同分为招标采购和非招标采购，具体分类如图 4-2 所示。

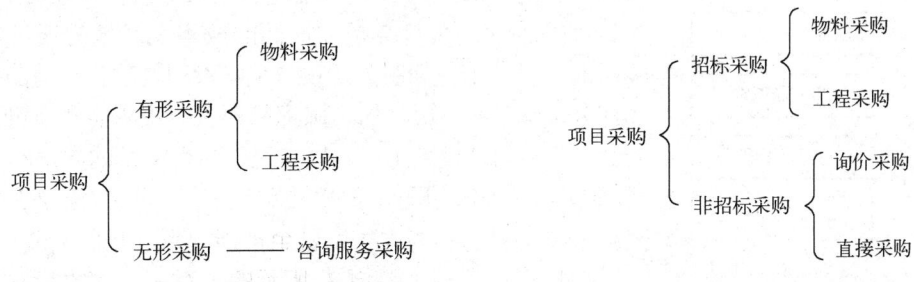

图 4-1　项目采购按采购对象分类　　　图 4-2　项目采购按采购方式分类

招标采购是由需求方提出招标条件和合同条件，然后许多投标商同时投标报价的采办过程。通过招标，需求方能够获得价格更为合理、条件更为优惠的货物或服务供应。招标又分为无限竞争性招标和有限竞争性招标两类。

无限竞争性招标又称为公开招标。公开招标是指由招标单位通过报刊、广播、电视等媒体工具发布招标广告，凡对该招标项目感兴趣又符合投标条件的法人，都可以在规定的时间内向招标单位提交意向书，由招标单位进行资格审查，核准后投标者购买招标文件，进行投标。公开投标的方式可为一切合格的投标者提供平等的竞争机会，能够吸引众多的投标者，故称为无限竞争性招标。

有限竞争性招标又称为邀请招标或选择招标。有限竞争性招标是由招标单位根据自己积累的资料，或由权威的咨询机构提供信息，选择一些合格单位发出邀请，应邀单位(必须有3家以上)在规定时间内向招标单位提交投标意向书，购买招标文件进行投标。这种方式的优点是应邀单位在技术水平、经济实力、信誉等方面具有优势，基本上能保证招标项目顺利完成。其缺点是在邀请时如带有感情色彩，就会使一些更具竞争力的投标者失去机会。对受客观条件限制和不易形成竞争的项目还可以采用协商议标的方式。

非招标采购又可以分为询价采购、直接采购等。

询价采购，即比价方式，一般习惯称为"货比三家"。它适用于项目采购时即可直接取得现货的采购，或价值较小、属于标准规格产品的采购。询价采购是根据来自几家投标单位(至少3家)所提供的报价，然后将各个报价进行比较的一种采购方式，其目的是确保价格具有竞争性。

直接采购是指在特定的采购环境下，不进行竞争而直接签订合同的采购方法，它主要适用于不能或不便进行竞争性招标或竞争性招标无优势的情况。例如，有些货物或服务具有专卖性质从而只能从一家制造商或承包商获得，或者在重新招标时没有其他承包商愿意投标等。

本章所指的采购，与企业一般意义上的商品采购有所不同。它假设卖方在项目组织的外部，并从采购(买方-卖方)关系中买方的角度出发考虑问题，即站在项目组织的角度进行讨论。

2. 项目采购管理的含义

项目采购管理(Project Procurement Management)是指为实现项目的目标，而从项目组织的外部获取物料、工程和服务所进行的管理活动。

项目采购管理是保证项目成功实施的关键活动，如果采购的物料、工程和服务没有达到项目规定的标准，那么必然会降低项目的质量，影响项目的成本、进度和质量等目标的实现，从而导致整个项目的失败。项目采购管理的总目标是以最低的成本及时地为项目提供其所需的物料、工程和服务。项目采购管理是项目管理的重要组成部分，因为任何项目的实施都需要大量投入各种资源，包括人力、原材料、设备等；一般来说，项目的采购支出约占项目资源总额的 50%以上。如果采购这一工作环节出现失误，不但会影响项目的顺利进行，甚至可能导致项目的失败。

项目采购管理由图 4-3 所示的一系列具体的管理工作过程组成。

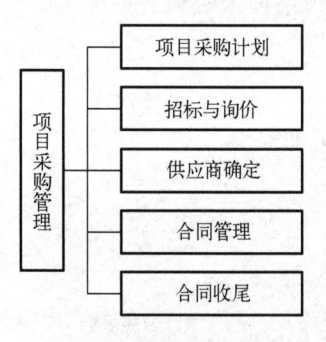

图 4-3 管理工作过程

4.2 制订采购管理计划

项目管理知识体系中的制订采购管理计划(Plan Procurement Management)是"记录项

目采购决策、明确方法、识别潜在供应商的过程",它识别出可以通过购买外部供应商的产品或服务而满足的项目需求,确定采购内容、时间和方式。在一些项目上,服务或原材料的一部分可能来自另一家公司;在其他的项目上,绝大部分或全部的工作可能由外部的公司实施。不管为了部分还是全部项目,项目组织均需要制订采购计划。应该同考虑项目需求一样,考虑母公司的需求,因为对母公司来说,为现在的项目购买而非租借产品并接着再租给将来的项目,可能带来更好的效果。

为了有效地规划原材料和服务的采购,项目团队通常要完成大部分的项目计划以便他们了解项目真正需要什么。至少,项目团队需要项目范围说明(Project Scope Statement),即"对项目范围、主要可交付成果、假设和约束条件的描述"。一旦识别了需求,项目经理应该能确定是否购买、买什么和买多少。

4.2.1 计划的输出

计划最基本的输出是采购管理计划(Procurement Management Plan),即"描述项目团队如何从组织外部获得产品和服务的项目管理计划的组成部分"。采购管理计划包括使用合同类型的指导、风险管理问题及如何选择潜在供应商。这个计划将通过获得完成项目所必需的原材料和服务的所有活动,来指导项目组织的投入。另一个重要的输出是采购工作说明(Procurement Statement of Work),即"详细说明采购内容,让潜在卖方判断他们是否能够提供所需产品、服务或结果"。这个文件将确保承包商和项目组织以同样清晰的方式理解要求的工作,如提供规格、期望的数量、质量水平、绩效数据、工作要求和其他要求等信息。

4.2.2 自制或购买决策

项目采购可以从买方卖方接口的视角来思考。这个接口存在于项目供应链的所有层次,以及项目组织的内部和外部交易之间。依据应用的环境,卖方可以被称为供应商、供应商的供应商或承包商。依据买方在项目采购循环中的位置,买方可以被称为客户、服务需要方或购买方。卖方在合同生命周期中首先被看作投标人,然后是签订合同的供应商。

对项目需要的任一产品或服务,在采购规划阶段,项目团队确定哪个项目需求最好通过购买来自外部供应商的产品和服务来满足,哪个项目需求可以在项目实施阶段由项目团队完成。通过从外部供应商处购买来满足项目需求已经成为大家所接受的做法。例如,很多公司趋向于外包它们的信息技术需求、会计工作、法律职能、物流等。

1. 自制或购买

实际上,自制或购买决策涉及错综复杂的问题,如项目组织的竞争力分析和需求分析。项目组织也需要从时间、成本和绩效控制的角度评估外包的优势和劣势。这种分析还应包括直接和间接成本,以便在平等比较的基础上做出最后的决策。项目组织评估可选择的供应商并提供与购买替代品有关的现行、准确和完全的数据。表 4-1 列出了做出自制或购买决策时的多种考虑。

通过识别它们的主要优势并在原有基础上建立优势,大部分公司开始进行战略外包分析。一家公司的竞争优势常被定义为较低的成本、产品差异(更好的质量)和反应能力(更快的交付)。对项目团队来说,因为客户的希望和当时项目取得的进展不同,所以这些方面的重要程度不同。项目时间成本分析常有助于产生有关制定有效的采购决策的独到见解。例如，关注成本最小化，但不必接受最快的交付，可以将非关键工作外包。然而，在项目的不同阶段，非关键工作会变成关键工作，这就凸显了时间的重要性。在项目实施的不同阶段，类似的因素可能对自制或购买决策产生不同的影响。尽管自制或购买调查常以成本分析开始，但各种定性因素还是常常比成本分析产生更深远的影响。由于各种项目工作的动态性和不确定性，一项全面的调查是非常复杂的。

表 4-1 自制或购买的原因

自制原因	购买原因
1. 较低的生产成本	1. 使项目团队有时间去处理其他重要的活动
2. 对质量和时间的更多控制	2. 利用专业供应商的能力
3. 缺乏合适的供应商	3. 采购的灵活性
4. 获得一个定制项目	4. 管理或技术资源不充分
5. 利用项目团队的专家和时间	5. 能力不足
6. 保护专利设计或知识	6. 需求量小

2. 外包问题

虽然外包很受欢迎，但是存在一些潜在的问题。对于项目目标来说，有一些问题比较重要。例如，失去对项目工作完成时间的控制；缺乏对外包工作的成本控制；逐渐丧失某些特定工作的专业技能；失去项目重点并且产生潜在利益冲突；由于复杂业务相互作用，而使管理无效；当使用第三方时丧失机密并出现双重外包。

采购有助于实现更高的产品质量、更短的从订货到交货的时间和更低的成本等好处。因为约束条件、重要资源的可获得性和特定的项目需求，项目采购策略会与公司采购策略不同。在做出自制或购买决策后，项目团队转入项目外包的下一阶段——选择合适的供应商和商讨合同。

如果做出购买决策，则采购计划的输出包括选择供应商的文档和标准。当有多个供应商可供选择时，应该确定选择标准，如项目总成本和风险。

做出购买决策后，项目组织要努力创造环境。潜在承包商应该有能力和动机提出有用、完整的建议书，这些建议书易于评估，而且易于确定哪个最符合客户公司的需求。客户公司通常使用采购文件（Procurement Documents），包括买方的招标邀请书、谈判邀请书、信息需求建议书、询价建议书、征求建议书和卖方答复的文件。

项目采购人员需要了解不同类型建议书的区别，以便使用正确的类型。

信息需求建议书（Request for Information，RFI）：买方要求潜在卖方提供关于产品、服务或卖方能力的不同信息的一类采购文件。信息需求建议书用于了解潜在卖方的产品或服务。

询价建议书（Request for Quotation，RFQ）：请求潜在卖方对通用或标准产品或服务进行报价的一类采购文件。询价建议书用于比较标准产品或服务的不同供应商的价格。

征求建议书（Request for Proposal，RFP）：从产品或服务的潜在供应商征求建议的一类采购文件。征求建议书用来比较非标准产品或服务的不同方法。

客户公司通过制定评估标准来定义如何对建议进行评估和排序。有了这些文件，客户公司就可以做好实施采购的准备。

4.3 实施采购

采购管理流程的第二步是实施采购（Conduct Procurements），即获得卖方回复、选择卖方及签订合同的过程。客户公司需要决定它们希望召集哪些潜在承包商，确保这些承包商了解潜在项目。有时，客户公司会制定有资格的卖方名单，允许名单上的公司就新项目提出建议。还有的时候，它们进行广泛的宣传，希望引起新的承包商的注意。在这两种情况下，它们都会发送正式的招标邀请，希望有能力的承包商为其实施项目竞争。

4.3.1 潜在供应商的来源

基于在早期采购阶段所要求事情的性质，项目团队一般通过建立健全的潜在供应商名单开始选择过程。常使用下列信息源来识别这些潜在的供应商：
- 供应商网址、公众号；
- 供应商信息档案；
- 供应商目录；
- 行业杂志；
- 电话簿；
- 销售人员；
- 贸易展销会；
- 专业组织和会议。

4.3.2 潜在承包商的信息

一旦潜在的承包商提交了标书或建议书，客户公司应用既定的筛选标准来选择一个或多个有资格实施项目并且可接受的承包商。在一些项目上，服务或原材料的供应商的选择，将部分或全部依靠价格做出决定。在其他项目上，客户基于生命周期成本选择承包商。在更复杂的项目上，客户公司可能在技术、管理、财务或经验基础上综合考虑。在采购计划阶段形成的评估标准应该指导这项决策。例如，新加坡的一项研究发现，当客户选择设计-建造承包商(该承包商同时管理项目的设计和建设，同时有其他的公司参与)时，应该考虑表 4-2 中列出的更多因素。

表 4-2 选择设计-建造承包商时要考虑的因素

任务绩效因素	环境绩效因素	财务	运营
一般心智能力	尽责的	低酬金	以前的关系
工作知识	主动的		正在进行中的关系
任务精通	社会技能		声望
工作经验	承诺		将来的关系

4.3.3 评估潜在供应商时使用的方法

在完成广泛的潜在供应商名单后，项目团队需要分别评估每个潜在的供应商。方法和分析包括如下内容：

(1) 供应商调查提供了潜在供应商的充分信息,以帮助我们在更进一步的考虑中做出选择或排除某个供应商的决定;

(2) 财务状况分析揭示了潜在供应商是否在执行项目过程中令人满意;

(3) 雇用第三方进行评估,以获得相关的信息;

(4) 现场访问让项目团队得到关于潜在供应商技术能力、制造或配送能力及管理目标的第一手信息;

(5) 质量能力分析,检查潜在供应商的质量能力;

(6) 交付能力分析,评估潜在供应商按时交付所需产品或服务的能力,也要考虑替代方案。

上面给出的分析不应限于潜在的一级供应商,在包含二级甚至三级供应商的情况下,项目团队还需要评估所有这些供应商。这些主动的筛选过程可以选出部分信誉良好的供应商。如果现有合格供应商的名单已存在,那么这个名单将是新项目的基础。

4.3.4 供应商选择

在一个或更多的潜在供应商通过评估后,必须开始选择过程。现在,项目团队邀请潜在的供应商提交标书或建议书。采购文件用来从不同的供应商处征求建议书。最普遍的采购文件是征求建议书(RFP)。征求建议书是项目团队和供应商将来工作关系的基础。实际上,供应商准备的建议书常常作为附录或证据成为供应商和项目团队之间最终合同的一部分。征求建议书常包含下列内容:

(1) 采购概述;

(2) 供应商基本要求;

(3) 技术要求;

(4) 管理要求;

(5) 价格资料;

(6) 附录。

基本的供应商选择决策是典型的决策树问题,是在不确定条件下在若干可选方案间的选择。其输出同时涉及价格和绩效,包括交付时间。

评估标准用来确定建议书的等级和其他供应商的特征。评估标准一般在征求建议书中提供,客观或主观皆可。一般情况下,最重要的评估标准是价格,其他评估标准包括供应商的技术能力、声望等也很重要。表 4-3 列出了除价格外,在评估供应商时考虑的因素。

表 4-3 评估供应商应考虑的因素

序号	因素
1	补给订货到交货的时间:在发出订单到收到订单之间的订货到交货的时间,可以转换
2	准时性:影响订货到交货时间的变化
3	供应灵活性:供应商可以承受的、没有使其他绩效因素变坏的订单数量的变化量
4	交付频率/最小批量:影响公司每个补充订单批量的大小
5	供应质量:供应质量的恶化增加了公司可获得的部件供应的变化性

续表

序号	因素
6	运入成本：使用供应商的全部成本包括将原材料从供应商处运入的成本
7	信息协调能力：影响公司匹配供给和需求的能力
8	设计协调能力
9	关税、税率和税金对一家有全球制造和供应基础的公司是非常重要的
10	供应商生存能力是指供应商履行所做出的承诺的可能性。如果这个供应商提供难以发现替代品的关键任务产品，这个考虑因素非常重要

项目团队可以选择一个或更多有资格和可接受的供应商。权重系统、自主评估、筛选系统、供应商分级系统、专家判断、建议书评估技术等许多工具和技术可以在供应商选择决策过程中使用。

选择供应商的目的是与被选中的供应商（卖方）签订一份合同。合同（Contract）是"相互有约束力的协定，使卖方有义务提供特定的产品或服务，而买方有义务为它付款"。合同是各方之间的法律关系。项目组织在涉及项目所有者或客户时会是卖方，在更普遍的采购环境中是买方。在许多项目管理范例中，项目经理必须知道如何形成和实施大范围的合同，并且和每位选择出来的供应商签订合同。合同的形式可以是简单的订购单，也可以是复杂的文件。合同的主要内容一般包括工作说明、进度基准、绩效有效期、角色和责任、定价、支付条款、交付地点、可靠性限制、奖励和惩罚。

4.4 合同类型

在自制或购买决策中，可以用不同类型的合同作为工具。就如何分担风险和如何实施项目来说，不同类型的合同是不同的。7种较常见的项目采购合同类型如表4-4所示。

表4-4 项目采购合同类型

合同类型	风险	成本
完全固定价格	卖方	成本完全已知
固定价格加奖励费	大部分在卖方	成本完全已知并且买方希望最大限度地提高某些方面的绩效
固定价格加经济价格调整	双方	项目持续期长，通货膨胀和商品价格波动
成本加奖励费	大部分在买方	成本不完全已知而且买方希望最大限度地降低某些方面的绩效
成本加回报费	大部分在买方	双方同意大部分费用基于买方对卖方绩效的评价
成本加固定费	买方	成本不完全已知
人工费和原材料费	买方	单价已知，数量未知

4.4.1 固定价格合同

固定价格合同（Fixed-Price Contract）是指"为完成一定范围的工作，约定支付固定金额的协议，不管完成工作的成本与努力如何"。最常见的固定价格合同包括完全固定价格合同、固定价格加奖励费合同和固定价格加经济价格调整合同3种。

1. 完全固定价格合同

完全固定价格(Firm-Fixed-Price，FFP)合同是固定价格合同的一种，在这种合同中买方支付给卖方合同确定的一定金额，而不管卖方的成本如何。任何由于绩效不良而导致的成本增加都是卖方的责任，它承担完成工作的义务。完全固定价格合同的一种简单形式是以特定价格在确定日期交付的一个特定项目的采购订单。

2. 固定价格加奖励费合同

固定价格加奖励费(Fixed-Price-Incentive-Fee，FPIF)合同是买方支付给卖方合同确定的一定金额，如果卖方满足确定的绩效标准，就可以获得额外数额奖励的一类合同。例如，一份以 125 万美元的价格重建一座桥的合同，若卖方在计划日期 9 月 15 日前完成，每提前一天被额外奖励 3000 美元。由于买方希望这座桥尽早投入使用，而卖方希望获得较高的奖励费，因此双方都有早日完成项目的动力。绩效激励也可包括更好的质量、更有特色或买方希望最大化并乐意为之付款的其他方面。

3. 固定价格加经济价格调整合同

固定价格加经济价格调整(Fixed-Price-Economic-Price-Adjustment，FP-EPA)合同是固定价格合同的一种，允许由于诸如通货膨胀、特定商品成本上升或下降等环境变化而对合同价格做出最终调整。例如，承包商提供项目所需的所有砂砾获得 40 万美元，但是可以根据交付砂砾时的市场价格调整合同价格。

固定价格合同给买方带来的风险低，因为不管项目实际花费了卖方多少成本，买方不会支付多于固定价格的价款。因此，卖方承包固定价格项目必须进行准确和完全的成本估算，估算应包含充足的不可预见费用。当然，应避免标价过高，因为出价较低的承包商被选中的概率大。当卖方未清楚地理解项目范围时，应该考虑成本补偿类型的合同作为替代。成本补偿合同降低了卖方的风险，提高了买方风险，它们更适合于难以估计项目成本的情况。

4.4.2 成本补偿合同

成本补偿(Cost-Reimbursable Contract)合同是买方以卖方的实际成本加上一般代表卖方利润的费用支付给卖方的一类合同。常用的 3 类不同的成本补偿合同是成本加固定费合同、成本加奖励费合同和成本加回报费合同。

1. 成本加固定费合同

成本加固定费(Cost-Plus-Fixed-Fee，CPFF)合同是成本补偿合同的一种，买方补偿给卖方允许成本(由合同确定的允许成本)加上固定数量的利润(酬金)。例如，对于研究项目，补偿科学家在项目上花费的所有时间，额外支付 5000 美元，无论实际花费多少时间。

2. 成本加奖励费合同

成本加奖励费(Cost-Plus-Award-Fee，CPFF)合同是成本补偿合同的一种，买方支付给卖方为完成工作发生的所有法定成本，再支付一定的奖励费作为卖方的利润。例如，一个承包项目，支付给承包商 300 万美元，再加上 21 万美元的奖励费，客户组织的领导者可以根据客户满意度标准决定支付多少奖励费。

3. 成本加回报费合同

成本加回报费(Cost-Plus-Incentive-Fee，CPIF)合同是成本补偿合同的一种，买方以卖方的允许成本(由合同确定的允许成本)补偿卖方，如果满足规定的标准，卖方就可以赚得一定利润。这些标准可以是进度、成本或绩效。进度标准的例子如建造大学集体宿舍的一份合同，要求不迟于 8 月 15 日完成，以便为下一学期做好准备。成本标准的例子如经费紧张的买方可能要求项目的全部成本以 150 000 美元为目标。绩效标准的例子如汽车公司和一家供应商达成电池合同，供应商可以得到一辆每加仑 55 英里油耗的、3000 英镑的小轿车。在各个案例中，按合同要求，如果实际项目好于商定的目标，卖方收到奖金；如果实际项目达不到商定的目标，卖方接受惩罚；如果满足规定的标准，买方和卖方都受益。

4.4.3 人工费加原材料费合同

人工费加原材料费合同(Time and Material Contract)是一类同时包含成本补偿和固定价格合同的混合型合同。在这类合同中，每人工小时的单位费率或每磅原材料的单位费率和固定价格合同一样在合同中被规定。然而，由于工作的数量没有确定，因此合同的价值可能如成本补偿合同那样增长。卖方仅在合同中就如何生产产品或服务要价。如果计划的生产时间被严重低估，就会造成问题。

在选择合适的合同类型时，外包项目活动的性质起到重要的作用。买方向卖方提出的要求，以及做其他规划时应考虑的事项(如市场竞争程度和风险程度)，也会影响合同类型的选择。在选择合适的合同类型时通常考虑下列条款：

- 成本和进度风险的总体水平；
- 需求的类型和复杂性；
- 价格竞争的程度；
- 成本和价格分析；
- 需求的急迫性；
- 实现周期；
- 承包商的责任；
- 承包商的会计制度；
- 分包的程度。

需要了解的重要因素之一是每类合同所包含的对卖方和买方的风险程度。每种合同类型都有附带的风险。当考虑不同的合同时，必须清楚谁承担大部分风险：买方还是卖方。在正常情况下，买方风险最大的合同是成本加固定费合同。卖方风险最大的合同是完全固定价格合同。总之，买方和卖方会商讨合同的细节，这些细节提供了双方都能接受的风险和收益。

一种为大型项目投保的风险管理技术——打包正迅速流行。打包或业主控制的保险计划(OCIP)是覆盖所有项目参与者，包括所有者、所有承包商和分包商的单一保单。与传统的保险计划相比，一个 OCIP 可能会降低所有者全部项目成本的 1%~2%，其主要优点包括更广的覆盖范围、更大的总额折扣，并且全面的损失控制计划可以减少索赔。协议的类型和复杂性也使得法律专家的帮助成为必要因素。

本章小结

本章内容首先分类列举了项目采购的形式，进而展开制订采购管理计划的相关内容；其次，分析了自制或购买决策所需考虑的因素及可能出现的相关问题，总结了实施采购过程中评估潜在供应商时使用的方法和选择供应商时应考虑的因素；最后，介绍了合同类型及各自特点。

能力测试题

1. 是非判断题

(1) 项目的采购是站在卖方的角度进行的。　　　　　　　　　　　　　　（　）
(2) 一般来说，对比公开招标采购，邀请招标采购能找到更少的投标者。　（　）
(3) 在选择供应商时，成本是唯一的决定因素。　　　　　　　　　　　　（　）
(4) 只有合同双方都履行完各自的义务时，合同才能终止。　　　　　　　（　）
(5) 征求建议书是买方和供应商将来工作关系的基础。　　　　　　　　　（　）

2. 单项选择题

(1) 下列表述错误的是(　　)。
　　A. 项目采购绝大多数是通过非招标采购进行的
　　B. 非招标采购一般适用于单价较低且有固定标准的产品
　　C. 非招标采购主要包括询价采购和直接采购
　　D. 项目绝大多数是通过招标采购进行的

(2) 某公司每年需要 A 零件 300 件，如果自制，该零件增加公司的固定成本为 300 元，该零件自制的单位变动成本为 7 元；如果外购，零件的单价为 8 元。则该公司应该(　　)。
　　A. 自制　　　　　B. 外购　　　　　C. 两者效果一样　　　　D. 不能确定

(3) 将大部分风险转移给买方的合同类型是(　　)。
　　A. 成本加奖励费合同　　　　　　　B. 人工费加原材料费合同
　　C. 固定价格加经济价格调整合同　　D. 固定价格加奖励费合同

(4) 在规划项目时，你注意到项目需要的一些材料只有拥有该材料专利的卖方能够提供。下列(　　)应该是你需要主要关注的内容。
　　A. 卖方破产　　　　　　　　　　　B. 相关法律
　　C. 将要使用的合同类型　　　　　　D. 卖方竞争

(5) 项目团队正在分析对一个长期分包合同的需求。该团队需要分包商对一个系统进行分析并解决其中存在的问题，但是因为不掌握关键技术，无法准确告诉分包商要承担的工作。该项目团队应该使用（　　）合同类型。

A．人工费加原材料费合同　　　B．成本加回报费合同
C．成本加固定费合同　　　　　D．固定价格加经济价格调整合同

3．**多项选择题**

(1) 邀请招标的特点是（　　）。
A．邀请招标不使用公开的公告形式
B．接受邀请的单位才是合格投标人
C．投标人的数量有限
D．邀请招标不要求供应商的资质
E．应邀单位必须有 3 家以上

(2) 项目采购计划的制订应注意（　　）。
A．采购物料的质量和使用性能要符合项目的要求
B．采购计划要明确规定采购的物料衔接问题
C．采购数量应尽量多，以备项目不时之需
D．采购计划要对整个采购过程进行协调管理
E．制订项目采购计划是项目采购管理工作过程的第一步

(3) 对供应商评估包括（　　）。
A．价格　　　　　　B．质量　　　　　　C．交付能力
D．信息协调能力　　E．生存能力

(4) 成本补偿合同包括（　　）。
A．成本加固定费合同　　B．单价合同　　　　C．成本加奖励费合同
D．固定价格加奖励费合同　　E．成本加回报费合同

(5) 招投标过程中被禁止的行为是（　　）。
A．采取低价策略
B．投标人之间互相约定抬高投标价格
C．投标人之间进行内部竞价，内定中标人
D．招标人向投标人提出工程的条件和要求
E．投标人以低于成本的报价竞标

4．**简答题**

(1) 项目采购的分类方式有哪几种？
(2) 项目组制定自制或购买决策时需要考虑哪些因素？
(3) 合同的类型有哪些？
(4) 识别潜在的供应商的渠道有哪些？
(5) 评估潜在供应商时，可以使用的方法有哪些？

5．**计算题**

某公司希望开发一套软件产品，如果选择自己开发软件的策略，公司需要花费 30 000 元，根据历史信息，维护这个软件每个月需要 3500 元。如果选择购买软件公司产品的策略，

需要 18 000 元，同时软件公司为每个安装的软件进行维护的费用是 4200 元/月。该公司该如何决策？

案例分析

  某系统集成商 B 最近正在争取某钢铁公司 A 的办公网络迁移到外地的项目。李某是系统集成商 B 负责捕捉项目机会的销售经理，鲍某是系统集成商 B 负责项目实施的项目经理。由于以往销售经理的过度承诺给后继的实施工作带来了很大困难，因此此次鲍某主动为该项目做售前支持。该办公网络迁移项目的工作包括钢铁公司 A 新办公楼的综合布线、局域网网络系统升级、机房建设、远程视频会议系统、生产现场的闭路监控系统等 5 个子系统。钢铁公司 A 对该项目的招标工作在 2020 年 8 月 4 日开始。该项目要求在 2020 年 12 月 29 日完成，否则将严重影响钢铁公司 A 的业务。

  时间已到 2020 年 8 月 8 日，钢铁公司 A 希望系统集成商 B 能在 2020 年 8 月 15 日前提交项目建议书。钢铁公司 A 对项目的进度非常关注，这是它们选择系统集成商的重要指标之一。根据经验、钢铁公司 A 的实际情况和现有的资源，鲍某组织制订了一个初步的项目计划，通过对该计划中项目进度的分析预测，鲍某认为按正常流程很难达到客户对进度的要求。拟订的合同中规定对进度的延误要处以罚款，但是销售经理李某则急于赢得合同，希望能在项目建议书中对客户做出明确的进度保证，先赢得合同再说。鲍某和李某在对项目进度承诺的问题上产生了分歧，李某认为鲍某不帮助销售人员拿合同，鲍某认为李某乱承诺，对以后的项目实施不负责任。本着支持销售的原则，鲍某采取了多种措施，组织制订了一个切实可行的项目进度计划，虽然其报价比竞争对手略高，但评标委员会认为该方案有保证，是可行的，于是系统集成商 B 中标。

  问题：请结合案例分析评估供应商应该考虑的因素有哪些？

第 5 章　项目成本计划与质量计划

> **本章提要**
>
> 项目成本计划主要包括成本估算与成本预算，项目质量计划主要包括质量政策、质量基准和质量保证等内容。项目成本与项目质量是紧密相连的。项目质量水平的提高会影响项目的成本，压缩项目成本有时会对项目的质量产生重大的影响，因此科学合理的成本计划与质量计划对项目的成功具有重要的意义。

5.1 项目成本估算

项目经理需要了解成本的各种类型、成本估算的时间和精准度、用于成本估算的不同方法，以及各种各样的成本估算问题。

5.1.1 成本类型

表 5-1 列出了各种类型的成本。

表 5-1　成本类型

固定成本	变动成本	内部成本	外部成本
直接成本	间接成本	租赁成本	购买成本
经常成本	非经常成本	人工成本	材料成本
定期成本	加急成本	估算成本	备用成本

1. 固定成本与变动成本

成本首先可以划分为固定成本和变动成本。固定成本是那些无论工作量大小如何变化都保持不变的成本。例如，项目需要购买一台电脑，那么不管如何使用它，买电脑花费的金额不变。变动成本是那些直接随工作量的变化而变化的成本。例如，要建一堵水泥墙，水泥的成本会随着墙体体积的变化而变化。当项目经理了解项目的规模后，他将试图花费最低的成本完成项目。对于许多项目来说，项目经理可以选择执行那些高固定成本和低变动成本。例如，购买一台昂贵的机器，会带来较低的变动成本；也可以用需要更多人工操作的廉价机器，但是会产生较高的人工成本。这些选择都涉及部分固定成本与部分变动成本。在理想情况下，成本曲线与预期项目工作量的关系如图 5-1 所示。它反映了预期项目规模下可能的最低总成本。当项目规模显著大于或小于预期时，就会出现问题。如果项目规模稍小于预期，那么总成本就会下降得少；如果项目规模稍大于预期，那么成本就会上升得相当多。因此，在做固定成本与变动成本决策时，重要的措施是了解项目的规模。

2. 直接成本与间接成本

直接成本是指那些由于该项目而发生的成本，往往分为直接人工成本和其他直接成本。例如，直接人工成本包括专为项目雇用的工人和当项目完成时解散或转入新项目的工人所花费的成本。其他直接成本包括原材料费、差旅费、咨询费、转包费、购买费和工期时间。

间接成本是指那些为维持组织正常运行所必需的但与特定项目没有直接关系的成本。例如，公司管理人员的工资、公司建筑的成本、福利、保险和文书补助都是间接成本。它们被分配到所有项目和能获得利益的其他工作上。由于工程量清单成本估算方法的出现，分配间接成本的方法近年来有了发展，这将在成本估算问题部分进一步介绍。表 5-2 列出了工作包中的直接成本与间接成本。

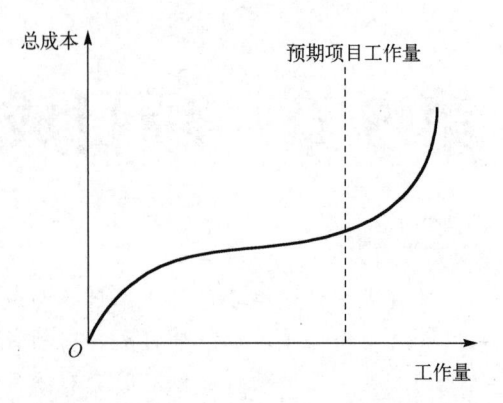

图 5-1 成本曲线与预期项目工作量的关系

表 5-2 工作包中的直接成本与间接成本

项目：应付账款改进系统	工作包：安装模块
描述：安装应付账款改进系统与相关硬件	可交付成果：安装并运行应付账款模块
成本类型	数量(小时) 单价(美元/小时)	总金额(美元)
直接人工		
程序员	120 小时，75 美元/小时	9000 美元
系统分析员	40 小时，100 美元/小时	4000 美元
系统设计者	20 小时，120 美元/小时	2400 美元
其他直接成本		
硬件		20000 美元
软件		8400 美元
咨询服务		12000 美元
直接管理费用（直接人工费的 60%）		9240 美元
合计		65040 美元

3. 经常成本与非经常成本

第三种成本对比是经常成本与非经常成本。经常成本指在项目中不断重复发生的成本，就像编写代码和砌砖。非经常成本指在项目中只发生一次的成本，如制订设计方案，一旦得到批准就会用于指导项目团队。非经常成本一般发生于项目的规划阶段和结束阶段，而经常成本发生于项目的实施阶段。

4. 定期成本与加急成本

第四种成本对比是定期成本与加急成本。定期成本是按正常工作时间和购买协议完成项目进度而发生的成本。加急成本是当因工人加班或供应商提前交货额外付费使项目加速而产生的成本。这两种成本的对比表明了在估算成本时了解进度压力与资源需求的重要性。

5. 其他成本分类

接下来的几种成本对比几乎不需要过多解释。它们有助于我们进行成本估算，也能作为清单帮我们记住可能忘记的内容。一种对比是当前组织的内部成本与外部成本。主要的外部成本，如设备，可以租赁或购买。内部成本通常包括人工成本与材料成本。

估算成本与备用成本是另外一组对比。估算（Estimate）是"量化评估可能的数量，一般来说不精确"。备用（Reserve）是"项目管理计划中用于降低成本或进度风险的储备，通常与管理储备、应急储备等一起提供关于拟降低风险的详细信息"。管理储备（Management Reselve）是"成本范围内的预算，被分配用于识别可接受的风险或做出应急或减轻的反应"。

与估算工作时间时存在不确定性一样，估算工作成本时同样存在不确定性。有些工作容易精确地估算，而其他不熟悉的工作有许多不确定性，成本估算就比较困难。如果保守估算每项不确定的工作，那么项目的总成本估算可能太高而不被批准。为了克服这个问题，要鼓励项目经理做更大胆的估算。这就意味着一些活动将超过或低于他们的估算。项目经理通常会增加应急储备应对超出他们预算的活动。

5.1.2　项目成本估算的常用方法

进度计划是从时间的角度对项目进行规划，而成本估算则是从成本的角度对项目进行规划。这里的成本应理解为一个抽象概念，它可以是工时、材料或人员等。

成本估算是对完成项目所需成本的估计和计划，是项目计划中的一个重要组成部分。要实行成本控制，首先要进行成本估算。理想的情况是，完成某项工作所需成本可根据历史标准估算。但在很多情况下，由于项目和计划变化多端，把以前的工作与现实对比几乎是不可能的。成本的信息，不管是否根据历史标准，都只能将其作为一种估算结果。而且，在工期较长的大型项目中，还应考虑到今后几年的职工工资结构是否会发生变化，今后几年原材料成本的上涨如何，经营基础及管理成本在整个项目生命周期内会不会变化等问题。所以，成本估算显然是在一个无法以高度可靠性预计的环境下进行的。在项目管理过程中，为了使时间、成本和工作范围内的资源得到最佳利用，人们开发出了多种成本估算方法，以尽量得到较好的估算结果。这里简单介绍以下几种。

1. 经验估算法

经验估算法的本质是一种专家意见法，它依靠具有专门知识和丰富经验的人对各种资源的成本进行估计。这种方法的好处是简单、快速。但是这种方法从本质上讲只是一种近似的猜测，其估算的准确性往往难以保证。经验估算法一般适用于项目概念阶段的成本估算，或者定义不明的新型项目的成本估算，这种项目没有先前类似的项目用以参考。

2. 类比估算法

类比估算法是依据过去的类似项目对未来项目进行成本估算的一种方法。该方法可以用于项目任一级别的成本估算：既可以用于项目的全部成本的估算，也可以用于子项目成本的估算，还可以用于某一工作或任务成本的估算。类比估算法的基本前提是新项目与原有项目具有相似性。通常，新项目和原有项目的相似性越高，成本估算的准确性也越高。

类比估算法中的不确定性归根结底是由技术人员和成本估算人员所做的主观评价引

起的。在多数情况下，应首先由技术人员对新项目和原有项目的技术进行比较，发现其中的差异，再由成本估算人员对技术差异所导致的成本差异进行估算，建立技术差异的成本关系。最后，依据项目工期、规模、位置、复杂程度及其他影响因素对初步估算的成本进行必要的调整。

即使当技术人员做出的所有决策都可以定量客观评价时，成本估算人员还需要确定有关技术发现过程产生的成本。通常，这些成本影响非常主观，因而类比估算法的不确定性非常大。

类比估算法适用于项目的采办早期，因为此时还没有系统的实际成本数据，也没有相似系统的大型数据库，只有此种方法的估算更为准确。

图 5-2 显示了以项目规模为类比对象进行成本估算的例子。图中，横坐标代表项目规模，纵坐标代表各项成本因素，如材料成本、人工成本和运费等。图中的点是根据过去类似项目的资料绘制而成的，然后用回归的方法求出这些点的回归线，它体现了规模和成本之间的基本关系。这里的回归线可以是直线，但也有可能是曲线。

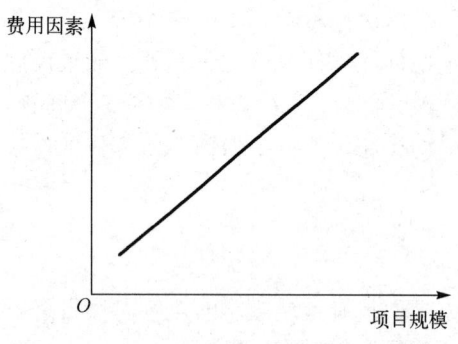

图 5-2 以规模为类比对象进行费用估算

值得注意的是，为考虑图中各点数据的可比性，对于不同年份的项目成本数据应以"基准年度"来进行折算，目的是消除通货膨胀的影响。画在图上的点代表的数字应该是经过调整的数字。例如，以 1999 年为基准年，其他年份的数字都以 1999 年为基准进行调整，然后才能描点划线。项目规模确定之后，从线上找出相应的点，但这个点是以 1999 年为基准的数字，还需要再调整到当年，才是估算出的成本数字。此外，如果项目周期较长，还应考虑到今后几年可能发生的通货膨胀、材料涨价等因素。可见，类比估算法的前提是有过去类似项目的资料，而且这些资料应在同一基础上，具有可比性。

3．参数估算法

参数估算法利用项目特性和项目成本之间的关系来估算待建项目的成本，这种估算可以依据经验，但更多的是依赖数学模型。用于估算的数学模型可以是简单的，如商业住宅以居住空间的平方米的金额估算；也可以是复杂的，如软件开发成本估算模型一般要用十几个参数。

由于参数估算法建立了项目成本和项目特性之间的量化模型，所以其基础条件是必须要初步确定项目的性能参数。参数估算法可以很容易地适应设计、性能和计划特性方面的更改，应用较为广泛，尤其是在频繁更改设计和需要进行快速成本估算时。

参数估算法的基础是建立一个有关性能与成本关系的数据库，为两者关系模型的建立提供依据。

4．基于 WBS 的全面成本估算

基于 WBS 的全面成本估算是利用 WBS 方法，先把项目任务进行分解，直到可以确认的程度，如某种材料、某种设备、某一活动单元等，然后估算每个 WBS 要素的成本，并

由此确定整个项目的估算成本。采用这一方法的前提条件是：

(1) 对项目需求做出一个完整的界定；

(2) 制定完成任务所必需的逻辑步骤；

(3) 编制 WBS 表。

项目需求的完整界定应包括工作报告书、规格书及总进度表。工作报告书是指实施项目所需的各项工作的叙述性说明，它应确认必须达到的目标。如果有资金等限制，该信息也应包括在内。规格书是对工时、设备及材料进行标价的根据。它应该能使项目人员和用户了解工时、设备及材料的估价。总进度表应明确项目实施的主要阶段和分界点，其中应包括长期订货、原型试验、设计评审会议及其他任何关键的决策点。如果可能，用来指导成本估算的总进度表应含有项目开始和结束的日历时间。

一旦项目需求被勾画出来，就应制定完成任务所必需的逻辑步骤，在现代大型复杂项目中通常用网络图来表示。

WBS 表是项目工作分解的结果，它详细列出了项目所包含的工作及各项工作所需要的资源。WBS 表和网络图共同形成了成本估算的基本依据。

基于 WBS 的全面成本估算方法需要进行大量的计算，工作量较大，所以其估算工作本身也需要花费一定的时间和成本。但这种方法的准确度较高，用这种方法做出的成本估算结果还可以用来作为项目控制的依据。最高管理层则可以用这些报表来选择和批准项目、评定项目的优先性等。

5. 成本估算中的几个问题

1) 估算的方向

项目估算的方向分为自上而下估算和自下而上估算两种。

自上而下估算一般在已完成的类似项目可作借鉴的情况下使用。首先，由上、中层管理人员估计整个项目的成本和各个分项目的成本，并将此结果传送给下一层管理人员，责成其对组成项目和子项目的任务和子任务的成本进行估算，并继续向下传送其结果，直到项目组基层。使用此方法的好处是中、高层管理人员能够比较准确地掌握项目整体成本分配，从而使项目的成本能够合理地控制在比较有效的水平上，在一定程度上避免了项目的成本风险。但此种方法特别需要建立好上下管理层畅通的沟通渠道，因为上层管理人员根据经验得出的成本估算结果，可能不能满足下层管理人员认为完成任务的需要，此时若不能适当地沟通，成本分配方案可能失去原有的作用而变成完成项目任务的阻碍，从而导致项目的失败。

自下而上估算是指从项目的基层单位开始估算自己的成本，并逐级将估算结果累加起来，最终形成项目的整个估算成本。以初步设备清单、试验方案和制造计划为基础，可以确定研制和生产硬件项目的成本。该方法的好处是对于项目成本估算更加全面、科学。但是，应防止基层人员过高估计项目成本，以及对项目总体成本难以把握的现象。

2) 协调估算

无论是"自上而下"还是"自下而上"的成本估算，最终都要将其结果上报给项目高层进行协调和审批。审批时应充分考虑通货膨胀、项目风险等因素影响，并对两种估算方式可能产生的偏差进行协调，最终确定项目高层和基层都可以接受的项目预算。

3）压缩成本

在做项目预算时，另一个值得注意的问题是压缩成本与进度、质量交换的可能性。有时，由于竞争关系和资金不足的原因，必须要对项目成本进行一定程度的压缩。有时，需要在成本、进度和质量之间寻找一种平衡。项目经理的任务就是要在项目各利益相关者之间发现各方都能接受的项目预算。

4）不可预见成本

在项目成本估算中，应加入不可预见成本以抵消不确定性的影响。一般来说，项目的不确定性越高，不可预见成本就越多。通常，项目的不可预见成本占整个项目成本的5%~10%。不可预见成本的使用通常由公司经理直接掌握，未经批准项目经理不得擅自使用。

5.1.3 项目成本估算应考虑的问题

无论用什么方法估算项目成本，都需要考虑若干问题，有些问题与所有项目相关，有些问题只属于特定项目。表5-3列出了项目成本估算应考虑的问题。

表5-3 项目成本估算应考虑的问题

支持性细节	作业成本法
变化的原因	生命周期成本
供应商投标分析	资金时间价值
价值工程	国际汇率变动

1．支持性细节

项目成本估算的支持性细节包括描述范围、估算方法、假设、约束条件，以及可能出现的结果。项目范围在项目开始时最不明确，但会随着项目规划的进行逐渐明确。每个估算都应准确说明所涉及的范围，因此版本控制很重要。

估算方法包括类比估算、参数估算与自下而上估算。在开展项目成本估算时应该说明所采取的方法名称及如何使用该方法。

进行成本估算时，使用了很多假设与约束条件。应该概括说明假设，因为两个不同背景的人会假设不同事情的发生。即使参与项目规划的全部人员均假设同样的事情，它也可能不会发生。不正确的假设经常会给项目带来更多的工作和问题。当了解越来越多的细节后，项目经理应该审查假设，发现已经被证明是错误的假设。如果出现这种情况，项目经理应该调查对项目预算（速度、范围）产生的影响。在估算直接人工成本时可能出现的假设包括：

(1) 支付给工人的普遍工资是每小时14美元；

(2) 工人已经熟悉了在项目中使用的技术；

(3) 无论是否有足够多的工作量，每周都支付工人40个小时的工资；

(4) 不允许加班；

(5) 如果加班是唯一的选择，那么允许延迟项目进度。

约束条件也很重要，因为它们经常会决定开展项目工作的方法。约束条件包括只能录用组织内工作人员、不提供额外的空间、不允许超过预算等。

应该同时说明可能的结果范围与项目成本估算值。如果没有说明范围，人们可能只关注他们听到的数值。如果实际的项目成本比估算高出100%，项目经理最好能够清晰地说明范围，否则他可能会被要求频繁地解释为什么会超出预算。事实上，许多估算者控制项目成本估算，因为他们害怕会被限制。一方面，项目经理想要尽早编制预算，以有效地管理自己的部门；另一方面，他又希望尽可能晚地提供成本估算数据（获得足够的关于项目信息之后），这就会自然而然产生一种紧张感。

2．变化的原因

项目成本的变化受到诸多因素影响。在常规项目中，使用已经得到验证的技术，并拥有经验丰富的著名项目团队，导致项目成本发生变化的因素相对较少，并且容易分类。在其他非常规项目中，项目成本则会产生更多不确定性，而且无法判断其中一些不确定性的来源。统计人员把这些变化的因素分成特殊因素和正常因素两类，如图5-3所示。

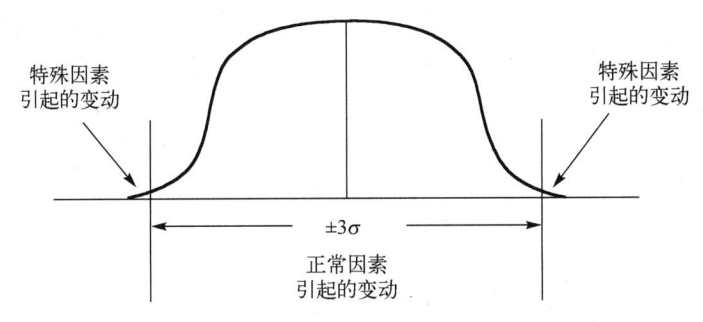

图 5-3　正常与特殊的变动因素

所有的工作流程都可能发生变化。过程越常规化，由机器完成的工作就越多，变化相应会越少。当项目有新的工作内容及较多人工参与时，变化的可能性就越大。正常的变化源自许多小因素，它们都是工作进程中固有的。

3．供应商投标分析

在一些项目中，大部分或全部的成本都来自组织内部。在其他项目中，相当一部分成本来自供应商提供的服务和供给。供应商投标分析是为了判断供应商的报价是否合理。如果几个供应商竞标同一个项目，可以认为最低的合理报价是公允的。然而，若无竞争时，则需要其他方法以确保价格公允。在一些条款中，价格在市场上被确定并且登在人们可以查询到的网站或商业报纸上。对于专业化的服务和产品，通常需要和供应商进行协商，在没有其他方法时，对于成本高的项目，项目经理可能需要建立"应该成本估算"，即尽量判断供应商所需付出的成本，以及合理的产品利润，来确定合理的供应商报价。

4．价值工程

价值工程（Value Engineering）是"用来优化项目生命周期成本，节省时间，增加利润，提高质量，扩大市场份额，解决问题，更有效地利用资源的方法"。价值工程非常强大，它可以复核已选择的用于完成工作、实现项目可交付成果特征的所有方法。通常，干系人发现想要生产出符合规格说明中特征的产品，花费的成本会高于他们希望支付的金额。在一个更新旧礼堂的项目中，礼仪委员会建议特殊的灯光控制只能用在特殊场合。总承包商建议简化控制按钮，保留所有的新灯，以节约十万美元。虽然礼仪委员会感到失望，但是礼堂管理委员会欣然同意。在一些行业中，价值工程极为普遍，把单独的阶段并入后期的项目计划中以确保在这项工作进行的一段时间中减少项目成本(时间)和提高项目质量(可用性)。

5．作业成本法

在估算成本时，项目经理需要了解的另一个问题是组织采用的会计核算系统。在历史上，大多数企业使用职能基础的会计核算系统。在这些系统中，管理成本(间接成本)被分配到成本池中，然后基于业务量分配到直接成本中。当直接成本占总成本的比例较大时，这种做法是合理的。当前，间接成本占总成本的很大比例，因此有必要精心分配间接成本，以选择真正为企业贡献最大利润的项目，并且确保控制最高的成本。作业成本法是另一种会计核算方法，通过不同类型的成本动因将间接成本分配至固定成本。成本动因包括产品数量(通常，这是职能基础的会计核算系统的唯一方法)、运行的批次数量、产品种类数量，以及使用设备数量。作业成本法要求使用更多的分配间接成本的方法，以获得更加准确的成本信息。通过提供关于成本动因更多的具体信息，作业成本法有助于支持流程改进，并说明购买昂贵设备的合理性。项目经理需要了解在他们的组织中成本是如何分配的，这样才能准确估算出分配到他们项目中的间接成本的金额。

6．生命周期成本

生命周期成本是项目经理估算项目成本时需要了解的另一个成本概念。许多项目的选择都取决于其在有效的生命周期内创造项目产品和使用项目结果的总成本，即生命周期成本。很多时候在有效的生命周期内创造项目产品所花费的成本越多，运行项目时的成本就越少，因此我们需要在制造成本和运行成本间做出这种权衡决策。现在环境问题被极大地考虑在内，计算生命周期成本时，项目经理也应该考虑到有效的生命周期结束后的产品弃置成本。这可能需要在产品中设计更多的可回收零件(虽然成本更高)。

7．资金时间价值与国际汇率变动

考虑未来成本时，项目经理需要知道如何计算资金的时间价值。当前1美元的价值会超过1年后1美元的价值。将未来收入和成本流出的价值进行折现，有利于进行更好的项目决策。项目经理需要通过适当的因素折现未来资金。通常，公司财务部门应告知项目经理折现率，折现率取决于通货膨胀率和资金成本，在国际项目中，还取决于国际汇率变动。

5.2 项目成本预算

成本预算是给每一项独立工作分配全部成本，以获得度量项目在实际执行中的成本基线的计划过程。成本预算的依据是成本估算、工作分解结构和进度计划等，其主要技术和方法与成本估算相同。与成本估算不同的是，成本预算是项目成本的正式计划，成本基线也将作为今后项目执行和监控的基本依据。累计成本线示例如图 5-4 所示。

1. 成本预算的主要特征

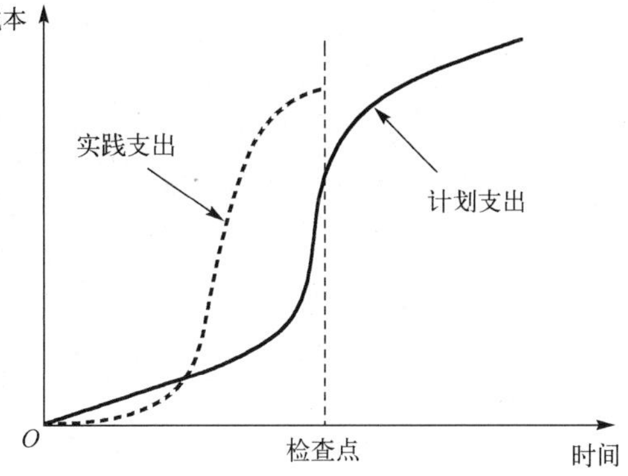

1) 计划性

在项目计划过程中，项目首先被逐步分解为各项可执行的、独立的工作或任务；其次对每项独立的工作或任务进行成本估算，根据成本估算和进度计划要求对各项工作或任务的成本进行批准、确认和汇总；最后形成项目的成本预算。可以说，成本预算是另一种形式的项目计划。

2) 约束性

成本预算又可以看成一种分配资源的计划，预算分配的结果可能并不能满足所涉及的管理人员的利益要求，而表现为一种约束，所涉及人员只能在这种约束的范围内行动。因此，从某种程度上讲，成本预算既体现了企业的政策和倾向，又表达了对项目各项活动重要性的认识和支持力度。合理的成本预算应尽可能"正确"地为相关活动确定必要的资源数量，既不过分慷慨，以避免浪费和管理松散；也不过于吝啬，以避免无法在既定的工期下确保质量。

3) 控制性

在项目执行过程中，成本预算可以作为一种执行标准而使用。因此，成本预算的制定一方面应体现项目对效率的追求，强调管理者必须小心谨慎地控制资源的使用；另一方面，由于进行成本预算时不可能完全预计到实际工作中所遇到的问题和环境的变化，所以会出现对项目计划的偏离。这就需要依据项目成本预算所提供的基准对项目的执行进行监控，及时发现偏离，并采取有效的措施修正偏离，确保项目目标的实现。

图 5-4 累计成本线示例

2. 成本预算的结果

成本预算的主要结果是获得项目成本预算表、成本负荷图和成本基线等。在成本预算表中，应列出项目所有工作或任务的名称、成本预算值、进度日程预算等（如表 5-4 所示）。而成本负荷图是成本预算表的一种图形表达形式（如图 5-5 所示）。成本基线一般是指项目成本累计负荷曲线，它是项目成本预算的基准线，将作为度量和监控项目实施过程中成本支出的依据（如图 5-6 所示）。通常，成本基线随时间的变化关系是一条 S 形曲线。

表 5-4 某项目成本预算表

工作名称	预算值/工时	进度日程预算(项目日历表)/月											
		1	2	3	4	5	6	7	8	9	10	11
A	400	100	200	100								
B	400		50	100	150	100						
C	550		50	100	250	150						
D	450			100	100	150	100					
E	1100					100	300	300	200	200		
F	600								100	100	200	200
月计	3500	100	300	400	500	500	400	300	300	300	200	200
累计		100	400	800	1300	1800	2200	2500	2800	3100	3300	3500

图 5-5　某项目成本负荷图

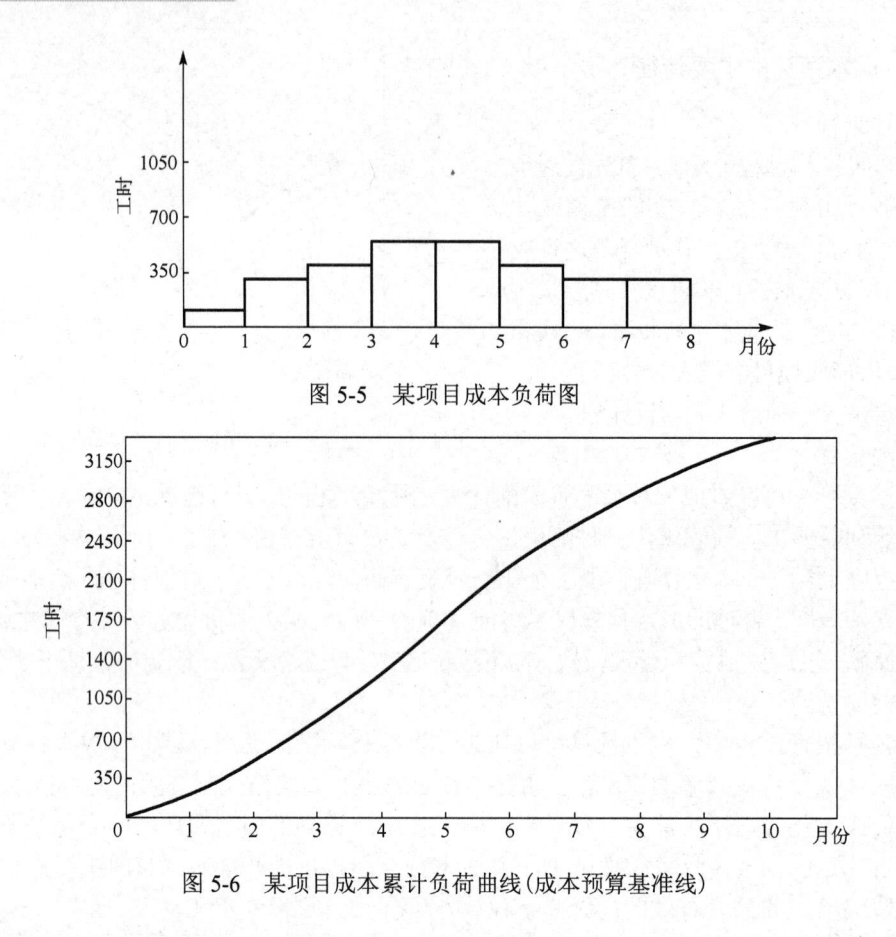

图 5-6　某项目成本累计负荷曲线（成本预算基准线）

5.3　项目质量计划

5.3.1　项目质量的核心概念

《PMBOK 指南》把项目质量简要定义为：一组固有的特性能够满足要求的程度。想要完全理解质量的定义及实现途径，需要理解由上述来源发展而来的 4 个现代质量的核心概念：干系人的满意度；过程管理；基于事实的管理；有效的执行。

1．干系人的满意度

干系人的满意度包括干系人识别、使用结构化过程确定相关质量标准，以及了解干系人最终质量目标。项目的外部干系人包括客户、供应商、公众及其他团体；内部干系人包括股东及组织内担任职务的工作人员。

基于干系人的要求制定质量标准，制定项目相关质量标准的决策过程分为以下步骤：
(1) 识别所有干系人；
(2) 根据干系人的优先级将其排序；
(3) 获悉具有优先权的干系人的要求；
(4) 制定满足这些要求的标准；

(5) 权衡取舍，做出决策。

在一般情况下，干系人积极参与质量标准的制定过程，他们会从自己的角度对质量管理过程进行判断，这样他们评判的范围既包括工作过程的质量，又包括可交付成果的质量。在进行权衡取舍时，项目经理主要起推动作用，由干系人做决策。此时，干系人需考虑成本、进度、范围和质量的相对重要性，这些对确定合理的标准很有价值。

为使得干系人满意，有必要了解以下格言。第一句格言是一位老木匠的建议："多次测量才能保证一次准确无误的切割。"也就是说，精密的计划有助于减小偏差，进而削减成本，缩短工期,这些都可以使干系人更加满意。第二句格言是"达到要求并且超出预期"。正如合同的规定，项目必须达到干系人的具体要求，但是如果能向干系人展示优化的工作过程并进行良好的沟通，那么项目的可交付成果可能会超出预期，使他们更满意。这里所说的达到要求与超出预期源自两个不同的出发点。有效的项目管理能够在成本范围内按期完成项目，达到合同要求，而有效的项目管理，不仅要达到合同要求，而且要增加客户的满意度。第三句格言是"明智的项目经理懂得开发客户的潜能"。意思是客户使用项目的可交付成果更好地完成工作，由此可能增加合作、培训、客户支持的机会，进而增加项目的收益。敏捷项目管理的建议是经常(可能是每天)与业主和其他干系人进行沟通，这对任何项目都是一条好的建议。

2．过程管理

过程(Process)是指为完成既定的产品、成果或服务所实施的一系列相互关联的活动。

1) SIPOC 模型

对项目进行深入了解的第一部分内容是明确由供应商经项目到客户的所有工作的过程。完成上述内容的有效工具是供应商(Supplier)－输入(InpUt)－过程(Process)－输出(Output)－客户(Customer)模型，即 SIPOC 模型，如图 5-7 所示。

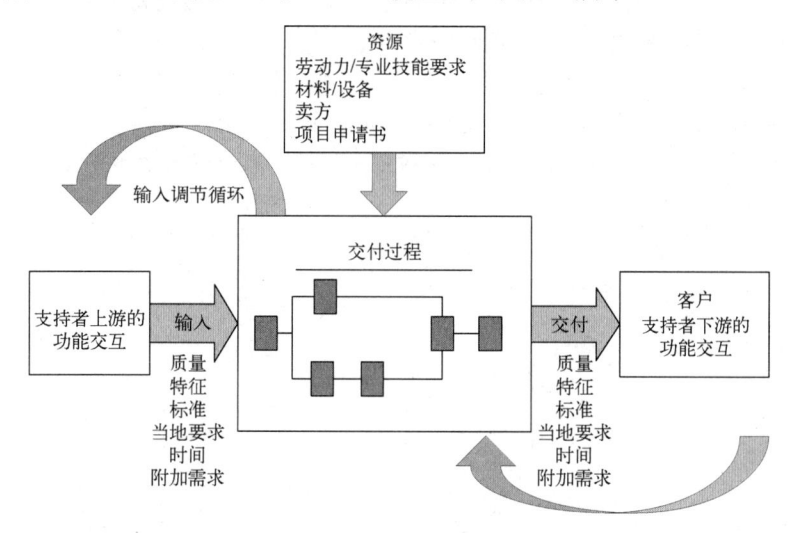

图 5-7　SIPOC 模型

图 5-7 中，过程边界定义得非常清晰。这样可以有效防止由于取消过程中靠前或靠后的步骤所导致的范围蔓延。上述 SIPOC 模型也对向过程提供输入(供应商)、从过程中获得

收益的关键干系人(客户)进行识别,而且显示出反馈循环,进而提供有用的信息。

从项目客户开始向前思考可以对 SIPOC 模型做出解释。项目经理对区别出相关项目的全部客户及他们期望的输出很有价值。此输出清单包含的期望通常过于广泛,需要做出优先化决策。此时,项目经理及核心团队可以为这些输出成果界定必要的工作过程,进而识别出完成这些活动所需要的输入,最终确定供应商。

当供应商-客户的观点明确后,下一步需要确定该过程是否能够创造项目的可交付成果。这个问题在项目章程的制定时就应该进行讨论,如对里程碑进度计划、风险、约束条件进行讨论,把可能存在的严重问题提出来。在部分小型项目中,这可能足以确定创造可交付成果所计划的方法是否可行;而在其他项目中,可能还需对进度、资源、风险进行更详细的分析。当考虑项目的过程是否可行时,项目经理要明确项目运行的可能情况,并确保管理过程的方法足够有弹性以应对可能发生的各种意外情况。

经验丰富的项目经理懂得在过程中控制质量要远远优于检测时再发现问题。原因如下:第一,生产不合格产品导致重新生产合格的输出产品,造成严重的成本浪费;第二,任何返工都会加剧很多项目本来已很紧迫的工期压力;第三,即便是最优秀的检验员也不可能检测出全部问题,一些劣质品很可能流入客户手中。

2) 过程控制

过程控制(Control)是将实施结果与计划结果进行比较,分析偏差、估计趋势以便改进过程,评价可行的替代方案,并且根据需要采取适当的纠正措施的过程。过程控制的目标是保证输出成果能够被正确预测。如果输出成果无法预测,或者预测结果不令人满意,那么项目经理就会进行过程管理的第三部分——过程改进。

3) 过程改进的 PDCA 循环

过程改进,既可以用持续渐进的方式,也可以用突破性的方式。并不是所有的项目核心团队成员及相关专家在任何时候都可以得出过程的改进方法。缓慢而稳定的改进是项目过程控制的良好基础,然而在一些情况下必须进行大幅度的改进,此时就需要突破性方式发挥其作用。无论期望的改进幅度大小,都可以使用模型使改进工作有章可循。改进模型,如 DMAIC(定义 Define、测量 Measure、分析 Analyze、改进 Improve、控制 Control),通常是以计划(Plan)—实施(Do)—检查(Check)—行动(Act)循环,即 PDCA 循环为基础的,如图 5-8 所示。

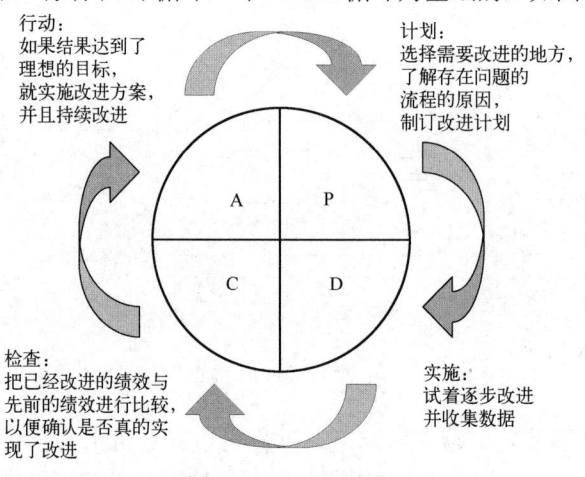

行动:
如果结果达到了理想的目标,就实施改进方案,并且持续改进

计划:
选择需要改进的地方,了解存在问题的流程的原因,制订改进计划

检查:
把已经改进的绩效与先前的绩效进行比较,以便确认是否真的实现了改进

实施:
试着逐步改进并收集数据

图 5-8 PDCA 循环

3. 基于事实管理

基于事实管理是许多项目经理面临的一项挑战。基于事实管理听上去是理所当然的事情，但实际上很难做到，原因如下：个人观点的影响；难以判断信息收集的范围；通常项目运作过程中时间紧迫，项目经理必须迅速做出决策。

基于事实管理的4个方面包括理解偏差、确定测度范围、正确地使用数据及适当地使用已知信息。

1) 理解偏差

项目决策者要明确两种偏差的区别。常见原因(Common Cause)引起的偏差是指在可预测的限制内由随机因素引起的产品设计与制作方法的偏差。而特殊原因(Special Cause)引起的偏差是指由非流程固有的、无法预见的外部因素引起的偏差。确定以下内容是重要的：项目出现偏差的时间，是否超出特定工作活动及可交付成果的预期的范围(常见原因)，是否有异常事件发生(特殊原因)。如果偏差是源于常见原因，而结果仍然达不到预期标准，那么就需要改变该系统完成工作的方式。如果偏差是由特殊原因引起的，那么改进时只需对特殊原因进行变更而非整个系统。很多质量倡议者推断大部分偏差是由常见原因引起的，而很多项目经理却立即试图将其归咎于某个员工或某个问题(特殊原因)。当真正的原因出自系统的某部分时，问题是多方面复合而成的，但原因却被错误地归咎于某一点，这样既没有解决问题，又增加了员工对工作的恐惧感。基于事实的管理要求项目经理能够辨别偏差是由常见原因还是特殊原因所引起的，而后在此基础上采取适当的解决措施。

2) 确定测度范围

项目经理要避免两个极端，其一是由于时间紧迫，无暇对项目进行任何测度；其二是测度很多方面以确保万无一失。经验丰富的项目经理会弄清楚有多少有用的数据可供收集，以及如果没有这些数据应该什么时候采取行动。质量度量(Quality Metric)是项目或产品属性及其测度的描述。测度包括项目属性，如按时在预算内完成，也包括产品属性，如缺陷频率。如果项目章程制定得很完善，那么其中应包括里程碑进度表，表中规定了每个里程碑的验收标准，这些都是很有价值的测度。经验告诉我们，项目中运行良好的方面可以继续保持；对于运行不良的方面，今后要加以避免，这些都可以作为有价值的测度提供参考。项目经理与发起人应该就测度的范围、测度的时间及测度的环境方面达成一致。很多项目发起人会因此非常繁忙，但是达成的协定越具体，收集的数据就越有价值。

3) 正确地使用数据

基于事实管理的第三方面内容是正确地使用数据。数据是测度过程中收集的对事实的简要表述。一般来说，最接近现场的人是最有利的数据收集者，他们应尽力准确无误且及时地完成数据收集工作。项目团队使用组织现有的模板进行数据收集，也可以创建自己的数据收集表单，当该工作不止一人参与时，要保证一致性。数据收集完成后要对其进行分析，使用简易的工具得出数据所代表的状态和趋势，这可以使我们获得大量的有用信息。大型复杂的项目及使用六西格玛管理的精密项目通常会进行更加详细的统计分析，把这些未经过处理的数据转化为对决策有价值的信息。

4) 适当地使用已知信息

基于事实管理的最后一方面内容是如何适当地使用已知信息。信息由数据推导而来，并需要结合项目环境进行理解，项目沟通计划通常会阐明信息是如何传播的。即使在难度很大的情况下，最好的项目文化仍强调沟通的真实性和透明度。团队鼓励员工使用信息对观点和决策提出质疑，因为基于事实做出决策通常需要很大勇气，同时需要具备一定的判断力，虽然基于事实的质疑是有价值的，但是如果质疑并非基于事实而是源于个人观点，则会对项目造成不利的影响。

4．有效的执行

有效的执行的目标是在公司内各层级、各职位培养有能力且工作积极的员工。公司领导通过发展组织文化来实现这个目标，而项目中要求项目发起者及项目经理发展项目文化。组织文化包括拥有共同价值观的组织成员共同遵守的正式和非正式的规则。有效执行的项目文化包括：提倡项目经理允许并鼓励员工承担一定的风险，并且把风险事件视为学习的机会而非惩罚的预兆；对员工进行培训和辅导使他们愿意承担风险；项目经理应放弃部分决策权而允许组织中底层成员进行决策。有效的执行需要注意以下几点。

1）对个性的认可

培养有工作能力且积极主动的员工，其最基本的出发点是把每个人都看成一个个体。各层领导都应该提倡包容精神，并懂得差异性不但可以被接受，而且非常有利于项目的发展。

2）用人之所长

杰出的项目经理不仅要组建一支优秀的团队，而且要使每个成员发挥自己的长处。每个人都有自己独特的才能，使个人取得进步并且实现自我价值的最好机会就是善用他们独特的才能。当员工认为老板很赏识自己某方面的才能，而且创造机会使他能够从事最期望并且最擅长领域的工作时，他就会发挥自己的最高水平来完成工作。

3）强调个人责任

有效的执行要求每个人了解并承担自己的责任。在项目中，大部分责任落在项目经理及核心团队成员身上。相关专家负责他们特定的活动，职能经理是相关专家的技术主管，负责选择最优的工作方法；项目发起者与项目经理共同承担项目实施的责任；客户代表负责监控他们对项目经理提出的要求所产生的影响。总之，每个人必须明确自己的责任，知道怎样做有利于总体目标的实现，而且保证正确地完成自己的工作并且对自己的决策承担后果。

4）适当的协作

最后，适当的协作是实现有效执行的关键，这里的协作既包括组织内协作，也包括组织外协作。跨职能团队要完成大量的项目工作，当个人、团队及组织的经验总结得较好时，跨职能团队才能达到最高的效率。鼓励项目内经验总结的有效方法是在项目里程碑完成或项目收尾时进行经验教训总结，这些总结是公开的，与其他团队共勉。把视角扩展到母公司以外有助于加快我们的协作与学习。虽然部分内容不适合共享，但也有大量信息是可以分享的，团队可以在互相交流中受益，这种外部分享的途径有召开会议、公司间职务调换或其他方式。一个需要有效执行才能成功的独特项目的经典案例就是老式飞机运输项目，如表5-5所示。

表 5-5 老式飞机运输项目

全球航运公司(GSC)将 1942 年的旧飞机以 100 万美元的价格销售,从辛辛那提运往澳大利亚。由于旧飞机易碎,需要制订运输计划,以达到既经济又避免损坏的目的。

他们面临两个挑战,其一是仅使用公司的人员、设备与资源来处理整个项目,另一个是要设计出一个运输这件不寻常货物的定制解决方案。

GSC 的组织文化是鼓励交叉培训、部门间合作、风险承担和用最小成本创造性地解决问题。因为旧飞机体积大又易碎,所以策略是将飞机拆卸,用集装箱海运运输。该项目被分解为 5 个部分:举起、拆卸、打包、装载、运输。

为举起整个飞机,不得不安排设备、许可证与护卫队,用平板货车将旧飞机完整地拖离机场,沿着一个主干道运到仓库。为了满足标准海运货柜的要求,必须在 FAA 的监管下拆卸旧飞机,并满足 FAA 的监管要求。为了避免损伤,每个部件都要单独包装。要检测不同类型的布料和泡沫并选择合适的,以避免划伤旧飞机。由于高度的限制,仓库管理人员需要设计并建造出定制的轮床,将旧飞机滑入集装箱中,以得到保护。打包好之后,每一部分都要进行装载,放入集装箱中,避免运输途中的损伤。之后,就开始运输旧飞机。在进行拆卸、文档编制和打包的过程中,应该考虑到新的所有者能够重新组装,将旧飞机用于航展。

项目成功首先得益于承担项目的勇气、创造性、有效利用公司资源的能力与意料之外的事件发生时调整计划的能力。最好的结果是既成功完成项目,满足所有 FAA 标准,又超出干系人预期,开发出一套能够重新组装的运输流程。

5．核心概念总结

项目质量核心概念总结,如表 5-6 所示。

表 5-6 项目质量核心概念总结

概念	具体指导
干系人的满意度	识别所有内外部干系人 将干系人按照优先级排序 获悉具有优先权的干系人的要求 制定满足这些要求的标准 权衡取舍,做出决策 认识将对工作过程和可交付成果进行质量判断的干系人 多次测量保证结果精确(计划并检查计划)以满足需求并超出预期 开发客户潜能
过程管理	学习供应商—输入—过程—输出—客户模型流程 设计质量流程远远好于仅仅发现错误 保证项目过程的可用性和灵活性 控制项目过程使其按照一定的轨道运行 使用基于 PDCA 循环的模型改进质量
基于事实的管理	理解偏差的常见原因和特殊原因间的差别 选择部分关键且容易定义的部分进行测量 仔细收集数据并用适当的项目分析工具将其转变为有用的信息 在制定项目决策时,主张基于真实、透明并充分发挥能力的沟通
有效的执行	在公司各层级、各部门培养工作能力强且积极努力的员工 培养勇于承担风险的项目文化 对个性的认可 尽可能使每个人做自己喜欢的工作,尽可能做到用人之长 确保每个人明确并接受自己的责任 尽可能广泛地分享知识、经验或其他信息

5.3.2 制订质量管理计划

质量管理计划(Quality Management Plan)是项目计划中描述如何实施组织质量政策的组成部分。

1. 质量政策

为指导公司的质量工作，组织的高层管理者通常会编写简要说明作为质量政策。该政策反映了高层管理者的质量实现原则，以及他们希望通过良好的质量所取得的效益。项目经理通常首先考虑使用总公司的质量政策，如果该政策不适用，或者该项目属于组织间合作的项目，项目经理可能需要合并或补充质量政策，但是项目的质量政策绝不能违背总公司和主要客户的质量政策意向。

一项通过互联网进行的关于 25 家公司质量政策的调查显示，各公司质量政策的差异很大，有的不超过 20 个字，有的则不止 200 个字，内容、格式也大不相同。项目经理惯用术语的出现频率如表 5-7 所示。

表 5-7 惯用术语的出现频率

术语	政策频率(%)	术语	政策频率(%)
客户	92	满足标准/法律	36
改进过程	84	可持续性/可靠性/可依赖性	36
产品	72	时间/反应	16
满足需求	68	供应商	16
服务	64	安全	16
客户价值/成本控制	56	超出要求	12
员工	44	测量	12
最好/优秀/高质量	44	声誉	12
承诺/领导	40		

调查中发现很多有趣的现象。首先，几乎所有政策都提及客户，绝大多数公司在政策中声称客户是它们存在的理由。其次，多数质量政策包括改进过程。许多公司提到达到合同的要求，但是极少有提到超过客户要求的，这意味着对于多数公司，质量的衡量标准是能否达到要求，而不是超出要求。大部分质量政策都提到产品和服务——这里应该提醒项目经理，服务和信息常常伴随产品来满足客户的需求。大部分公司也明确指出质量政策应包含客户价值与成本控制。

接下来的内容一般包括员工重要性、优秀、承诺、满足标准与可持续性/可靠性/可依赖性。最后列出了出现频率在 10%～20% 的其他术语。这并不意味着决策者认为这些术语不重要，只是相对于表上其他术语的重要性差一些。请记住，质量政策一般都很简洁，只包括几个关键性思想，因为它们的目的是确定方向，而不是计划细节。

除质量政策外，大多数项目质量管理计划还阐述了项目将使用的质量标准及如何实施这些标准。质量管理计划可能还描述了用于评价项目的质量标准及质量保证和控制的方法。

2. 质量管理计划

质量管理计划是整体项目管理计划的一部分。在小型且简单的项目中，质量计划与其他计划同时进行，而且被完美融入项目计划中。在大型复杂的或非寻常的项目中，质量计划单独进行管理，它虽然是整体项目计划的一部分，但是作为一份单独的文档出现。

项目质量管理计划应该描述如何识别下列内容：项目整体质量目标；关键项目可支付成果及每项的评价标准；从客户角度看可支付成果的完成与正确性标准；质量控制活动；关键项目工作流程及审查标准；干系人对项目流程的期望；质量保证活动；质量角色与职责；质量工具。

3. 质量标准

项目工作应该通过范围说明书或工作分解结构进行明确界定，为原材料及其他输入、工作活动、文件，以及项目的可交付成果选择适当的质量标准。这些质量标准可能是行业规范、客户的具体标准或政府的规章制度。项目经理最终负责选择适当的质量标准，以及在需要的情况下制定新的质量标准。但是，项目经理通常会从职能经理和相关专家那里获得一些信息用于制定关于工作方法的标准，并且获取客户信息用于制定文件和可交付成果的相关标准。

质量标准反映了各方经协商所确定的质量目标，可以包括用于严格界定测度范围、测度方法及目标值的标准。

4. 过程改进计划

过程改进计划(Process Improvement Plan)是项目管理计划的子计划，详细说明了分析过程的步骤，以确定能够提高价值的活动。

5. 质量保证

实施质量保证(Perform Quality Assurance)是审计质量要求和质量控制测量结果以确保采用适当的质量标准与运营定义的过程。这是为使关键干系人确信胜任的员工正在用合理的工作方法实施项目工作而广泛进行的管理活动，它有利于产生优质的项目可交付成果和文件。质量保证是一种可以在提高质量的同时管理干系人关系的方法。

了解质量保证最好的途径是考虑它的两个主要方法——质量审计和过程分析。质量审计(Quality Audit)是判断项目活动是否与组织和项目的政策、流程及程序一致的结构化、独立的过程，用来确定正在使用什么方法(最好是质量基准确定的方法)，这些方法是否有效。为了进行有效的质量审计，项目经理必须使员工明确审计的真正目的是改进方法，而非惩罚个人。

过程分析(Process Analysis)是指根据过程改进计划的步骤来识别所需的改进。它可以通过套用改进模型来完成，如图 5-8 所示的 PDCA 循环模型。过程改进不但可以提高质量，还可以提高生产率。过程改进可以是随着时间的推移而进行的渐进性改进，也可以是短时间内计划并实施，产生巨大改变的突破性改进。

6. 质量控制

质量控制(Quality Control)是监控并记录实施质量活动的结果，以评估绩效、推荐必要变更的过程。这套详细的技术活动用于检测具体项目可交付成果是否符合相应的质量标准。

质量控制一般包括对输入、活动及可交付成果的检查，并包括一个工作绩效报告系统。质量控制的输出结果为变更请求，一般包括如下内容。

(1) 预防措施(Preventive Actions)：确保项目工作的未来绩效与项目管理计划一致的有意识的活动。

(2) 纠正措施(Corrective Actions)：调整项目绩效与项目管理计划的有意识的活动。

(3) 缺陷维修(Defect Repair)：修正不合格的产品或产品组成部分的有意识的活动。

5.3.3 项目质量成本/收益分析

在进行成本/收益分析时，项目经理需要考虑如果某项目达到了规定的质量标准，那么首先减少了返工，这意味着提高了生产效率、降低了成本及提高了项目相关人员的满意度。质量、成本与利润这三者在一个项目中既对立又统一，解决这三者关系的关键是找到恰当的着力点。美国著名的质量管理专家朱兰有一句名言"提高经济效益的巨大潜力隐藏在产品的质量中"。

成本/收益法也叫经济质量法，这种方法要求在制订项目质量计划时应该充分考虑完成项目质量的经济性。质量成本是指为保证和提高项目质量而预付的一切费用，以及未达到质量水平而造成的一切损失之和；美国质量管理专家朱兰将质量成本定义为："为保证和提高产品质量而支付的一切费用，以及因未达到既定质量水平而造成的一切损失之和"。项目质量收益是指项目的高效率、低成本，质量标准的满足及项目干系人的满意度的提高；在 ISO 8402—1994 中，项目质量收益是指开展项目质量活动能够带来的全部好处(如减少返工、提高生产率、降低成本等)。质量为组织带来的收益表现为：高质量产品和与之匹配的高价格、高竞争力、有效的质量保证体系所带来的废品率减少、市场声誉和客户满意度的提升。

项目质量成本/收益方法的实质是通过运用质量成本与收益的比较分析制订出能够保证项目质量收益超过质量成本的项目质量管理计划。任何一个项目的质量管理都需要开展两方面的工作，其一是项目质量的保障工作，这是防止有缺陷的项目交付物出现而形成的管理工作；其二是项目质量检验与质量恢复工作，这是通过检验发现质量问题，并采取各种方法恢复项目质量的工作。项目质量收益是通过努力降低上述两个方面质量管理工作的质量成本而获得的收益。项目质量成本/收益法是一种使项目的质量总成本相对最低、而质量收益相对提高的项目质量计划方法。

我们可以从经济学的角度分析质量收益及如何确定质量水平，质量水平和质量成本的关系如图 5-9 所示。项目的质量对项目的收益和成本都会产生影响，即质量的持续改进在带来收益增加的同时，成本同样会增加。具体分析过程为：当质量等级改进量为 Δq 时，质量收益会增加 ΔI；相应地，质量成本也会增加 ΔC。令 $\Delta \beta = \dfrac{\Delta I}{\Delta C}$。显然，当 $\Delta \beta > 1$ 时，质量改进是可取的；当 $\Delta \beta < 1$ 时，质量改进则是不可取的；当 $\Delta \beta = 1$ 时，如果这种质量改进是对社会有益的，也是可取的，否则就是不必要的。

5.3.4 项目质量目标的权衡分析

在进行项目质量计划时，必须进行项目质量策划。项目质量策划的首要任务是设定质量目标。项目质量目标是项目在质量方面追求的目标，可以分为总目标和具体目标。总目标是项目拟达到的总体质量水平，项目质量具体目标可以分为横向目标与纵向目标。其中，横向目标包括项目的性能性指标、可靠性指标、安全性指标、经济性指标、时间性指标和环境性指标；纵向目标是指项目各级管理者根据总目标在各职能与各层次上建立的相应质量目标，即总目标的组织任务分解。

因此，质量目标的合理、科学确立需要运用一些质量策划的方法，具体如下。

1．质量成本分析

质量成本是全面质量管理活动的经济表现，是达到项目所规定的目标所需要的全部费用。质量成本是将质量投入与质量损失联系起来的一种考虑质量问题的方法，是传递质量信息的一种载体，也是实施质量管理的一种有效工具。质量成本一般可以分为5项：预防成本、鉴别成本、内部损失成本、外部损失成本和外部质量保证成本。

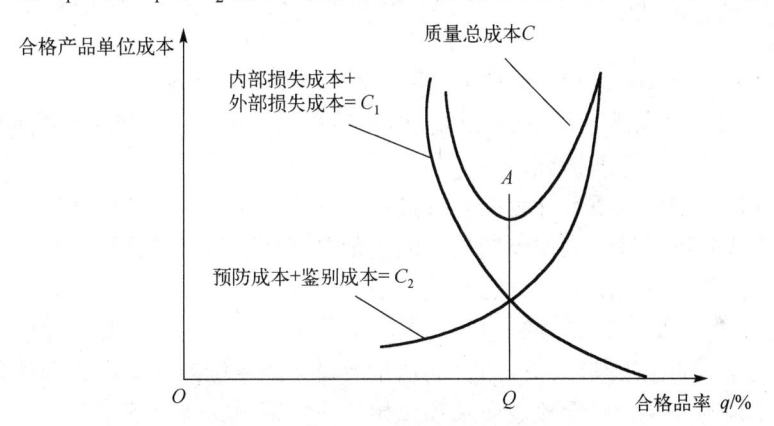

项目的质量与项目质量成本之间存在着密切的关系。一般来说，项目的预防、鉴别、外部质量保证等成本越高，项目的质量水平就越高，假设预防成本和鉴别成本之和为 C_2；而项目的内部损失成本、外部损失成本则随着项目质量水平的降低而增加，假设内、外部损失成本之和为 C_1，则 C_1 与 C_2 的和 C 构成了产品的质量总成本，如图5-9所示。

注：A 代表质量总成本最低量；Q 代表质量水平。

图5-9 质量水平和质量成本的关系

根据上述分析可知 $C(q) = C_1(q) + C_2(q)$，其中 $\dfrac{d}{dq}C_1(q) < 0$，$\dfrac{d}{dq}C_2(q) > 0$。我们的目的是求出 $\min\limits_{q} C(q)$。由数学分析原理可知，$C(q)$ 的一阶导数等于零的点，就是 $C(q)$ 的极值点。令：$\dfrac{d}{dq}C(q) = \dfrac{d}{dq}C_1(q) + \dfrac{d}{dq}C_2(q) = 0$，可求出 A，即在点 A 有：$-\dfrac{d}{dq}C_1(A) = \dfrac{d}{dq}C_2(A)$，又由定性分析可知，预防与鉴别（检验）成本将随质量水平的提高而上升得越来越快；内、外部损失成本将随质量水平的提高而下降得越来越慢。也就是说，二者相对质量水平的二阶导数都大于零，即 $\dfrac{d^2}{dq^2}C_1(q) > 0$，$\dfrac{d^2}{dq^2}C_2(q) > 0$。于是，质量总成本的二阶导数也大于零，即 $\dfrac{d^2}{dq^2}C(q) = \dfrac{d^2}{dq^2}C_1(q) + \dfrac{d^2}{dq^2}C_2(q) > 0$。因此，根据数学分析原理可知，质量总成本在极值点 A 处得到最小值。进一步还可以证明，质量总成本 C 的最低点一定是 C_1 与 C_2 的相交点。

2. 质量标杆法

质量标杆法是利用其他项目实际实施的或计划的质量结果或项目质量计划作为新项目的质量参照体系和比照目标，通过比较进行项目质量策划或制订出新项目质量计划的方法。质量标杆法具体描述为根据实际的或计划中的项目实施情况与那些在项目执行组织内部或外部的其他项目或产品的相应特性进行比较，从而产生质量改进的思想，并提供检测项目绩效的标准。它就是对产生最佳绩效的最优的经营管理实践的探索，也就是以领先组织为标准或参照，通过搜集资料、分析、比较、跟踪学习等一系列的规范化的程序，改进绩效，赶上并超过竞争对手，以成为市场中的领先者。

质量标杆法用于项目质量计划，就是以同类优秀项目为标准或参照，对其进行分析、比较、跟踪学习，不断改进本项目质量，力求超过同类优秀项目，使本项目质量成为同类最优。实施质量标杆法的过程主要包括以下4个环节。

(1) 收集信息。为了树立学习的标杆，首先需要选择标杆项目，并收集反映标杆项目的过去、现在的状态信息和未来的发展趋势信息。

(2) 分析信息、资料。对了解的信息、收集的资料要进行对比分析、研究，以确定问题的关键点。

(3) 找出差距。将本项目与标杆项目进行比较，以确定存在的差距。

(4) 制定对策。根据所存在的差距制定相应的对策。对策包括提高项目质量水平、改善项目特征、完善质量管理措施。

质量标杆法用于项目质量计划的制订过程，其基本思想就是利用其他项目实际的或计划的质量结果或项目质量计划作为新项目的质量参照体系和比照目标，通过对照比较最终制订出新项目质量计划。质量标杆法是项目质量计划中一种常用的且十分有效的方法。这里所说的其他项目，既可以是项目组织之前完成的项目，也可以是其他组织完成的或正在进行的项目。通常的做法是以标杆项目的质量政策、质量标准、质量管理计划、质量核检单、质量工作说明文件、质量改进记录和原始质量凭证等文件为蓝本，结合新项目的特点制订新项目的质量计划。使用这种方法时应充分注意"标杆项目"质量管理中实际发生的各种质量问题及教训，在制订新项目的质量计划时要考虑采取相应的防范和应急措施，尽可能避免类似项目质量事故的发生。

3. 流程图法

流程图法是使用描述项目工作流程和项目流程各个环节之间相互联系的图表制订项目质量计划的方法，通常由若干因素和箭线相连的一系列关系组成，如图 5-10 所示。项目流程图有助于预测项目发生质量问题的环节、分配项目质量管理的责任、找出解决项目质量问题的措施等，因此项目流程图非常有助于制订项目质量计划。一般情况下，人们利用此方法分析和确定项目实施过程和项目质量形成的过程，继而制订项目质量计划。

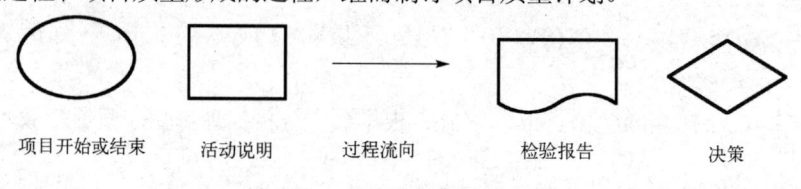

图 5-10 项目流程图符号表示

流程图既可以用于分析项目质量因素也可以用于制订项目质量计划。制订项目质量计划常使用到的流程图主要包括项目的系统流程图、实施过程流程图、作业过程流程图等。这里主要介绍系统流程图、关联图和鱼刺图3种类型。

(1) 系统流程图

系统流程图主要用于说明项目系统各要素之间存在的相关关系。利用系统流程图可以明确质量管理过程中各项活动、各环节之间的关系。图5-11为内部审核流程图。

(2) 关联图

关联图主要用于分析和说明各种因素和原因如何导致或产生各种潜在的问题和后果，如图5-12所示。

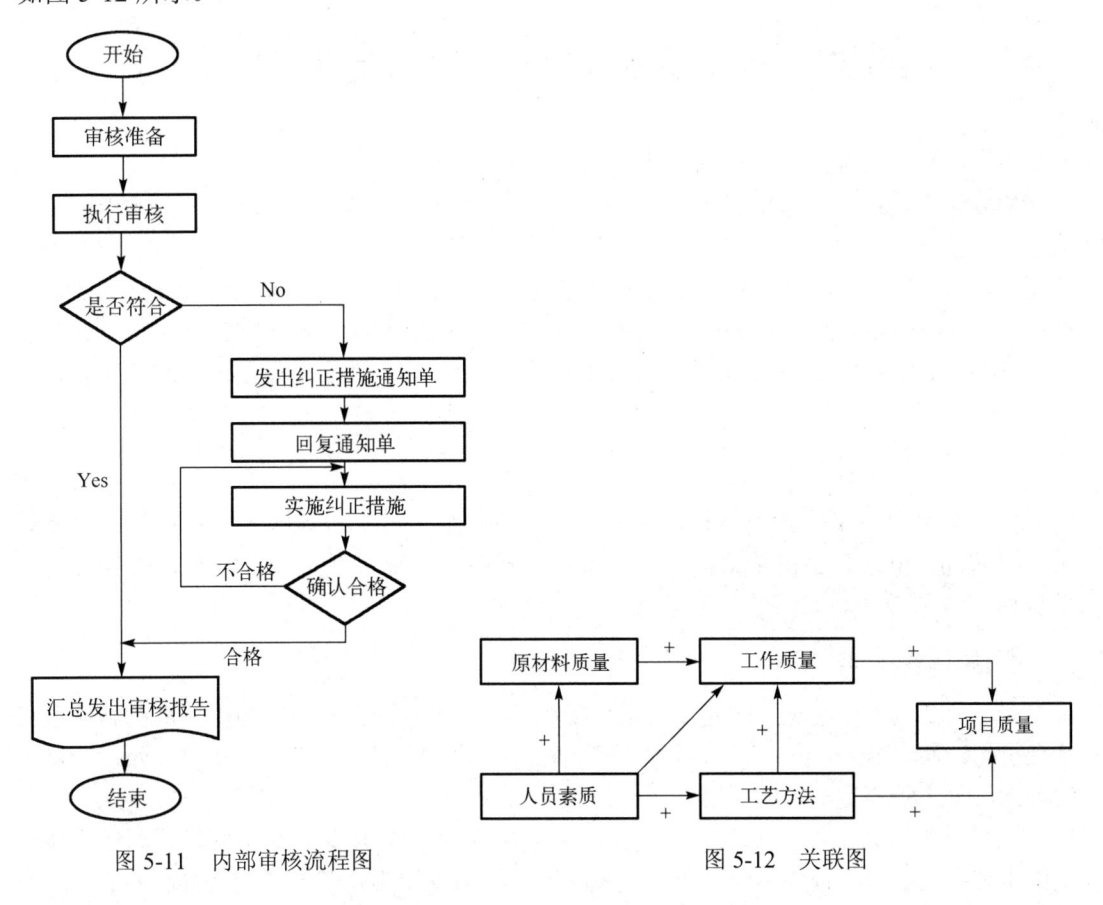

图 5-11　内部审核流程图　　　　　图 5-12　关联图

(3) 鱼刺图

鱼刺图又称石川图或因果图，1953年由日本东京大学石川馨教授第一次提出。石川馨教授和他的助理在研究活动中用这种方法分析影响质量问题的因素。由于因果图较为实用有效，因此其在日本企业中得到了广泛应用，很快又被世界上许多国家应用。

因果图是以结果为特征，以原因为因素，用线将它们联系起来，表示因果关系的图形。因果图主要用于分析质量特征与影响质量特征的可能原因之间的因果关系，通过把握现状、分析原因、寻找措施来促进问题的解决。因果图的基本形式如图5-13所示。

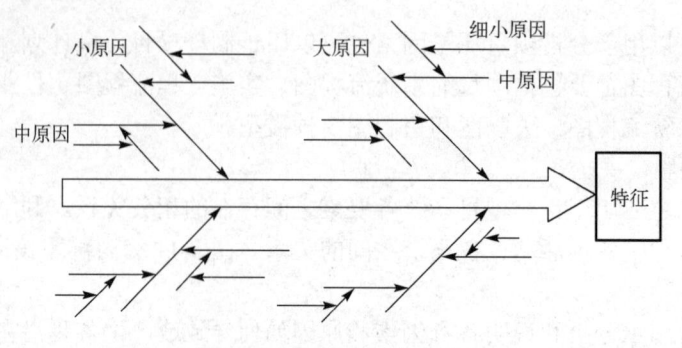

图 5-13　因果图的基本形式

5.4　工程案例分析——构皮滩水电站工程质量管理

1．项目简介

构皮滩水电站位于乌江干流中游，贵州省中部的余庆县境内，是乌江干流水电开发的第 5 个梯级电站，水库总库容 64.54 亿立方米，多年平均径流量 222 亿立方米，调节库容及死库容量分别为 29.02 亿立方米、26.62 亿立方米。枢纽由大坝、通航及导流建筑物、泄洪消能建筑物、电站厂房等组成，大坝高 232.5 米，坝顶上游面弧长 552.55 米。电站装机容量 3000 兆瓦，多年平均发电量 96.82 亿千瓦/小时。构皮滩水电站是国家重点工程、贵州省"西电东送"的标志性工程。

2．工程质量目标

构皮滩水电站工程建设规模巨大，属于喀斯特强岩溶灰岩地区巨型电站，工程建设质量要求高，电站开工伊始就提出了"实现达标投产，建优质工程，争创鲁班奖"的质量目标。

3．质量管理组织体系

贵州乌江构皮滩水电站的建设公司为二级单位，是乌江公司派驻构皮滩水电站的项目管理机构，以"服务、督促、协调、管理"的方针及设计、施工、监理、业主"四位一体"的理念，对工程质量、进度、投资、安全实行全面管理。

构皮滩水电站工程施工监理的主要单位包括四川二滩国际工程咨询有限责任公司及中国水利水电建设工程咨询中南公司，长江勘测规划设计研究有限责任公司作为此次工程的设计院，参建单位均是质量保证体系健全且通过 ISO 9002 认证的国家甲级资质的水电专业施工队伍。各参建单位现场项目部也结合质量管理工作的需要设立了以本单位主要领导为首的质量管理组织机构，全工地基本形成了 3 个层次的质量管理组织体系，具体包括：

①以建设公司为主导、参建单位责任人为成员的全工地质量委员会；

②以工程监理、设计和业主职能部门为主体的工程质量日常巡查、监督、考核、评定组织体系；

③以项目单位三级质量管理网络为主体的质量管理、控制和保证体系。

4．质量管理措施

(1) 创优策划

工程开工前，构皮滩水电站的建设公司积极开展创优策划工作，通过"业主和监理提出质量标准，由施工单位组织设计"的形式，重大施工组织设计的方案及工程各施工阶段的质量控制重点由乌江公司开展专家审查后策划及实施。

(2) 严格执行《工程建设标准强制性条文》

建设公司严格根据强制性条文批准的设计文件和《工程建设标准强制性条文》《建设工程质量管理条例》等强制性标准执行，组织设计、设备制造、施工、监理及生产等。构皮滩水电站通过强制性条文反馈情况，实行施工单位月度自查、监理单位季度复查及建设公司半年期检查，并针对存在的问题及时组织整改。

(3) 强化质量意识

建设公司认真贯彻国家基本建设工程质量监督的方针政策，强化质量意识，加强业务知识及质量管理知识学习，切实提高各级人员的质量意识和责任心，明确各级人员质量职责，积极组织开展全国"质量提高年"及"质量月"活动，确保工程建设始终处于受控状态。例如，建设公司组织各参建单位质量管理人员进行了灌浆质量管控、工程地质、混凝土施工等多项专业技术培训，较大程度提升了各级参建质量管理人员的质量管控水平和意识，为工程创优奠定了基础。

(4) 严格审查施工方案，及时组织设计交底

建设公司始终参与各部位施工方案实施中的监督和审查工作，针对重要部位的施工，组织设计和监理一起进行讨论，在施工方案上与设计、监理形成互补，尽量完善施工措施，并要求施工单位在施工前制定详细的作业指导书。加强和设计的联系，对重大的设计变更和优化工作进行充分探讨，对方案进行横向比较。在工程项目开工前，为使各参建单位进一步理解设计意图，设计单位向建设公司、施工单位和监理单位进行技术交底；在组织施工前，要求施工单位对现场作业人员进行详细技术交底及安全培训。

(5) 创建"四个中心"，开展第三方实物质检

全面推行第三方实物质检，创立独立的检测机构，使施工过程的各质量环节得到有效监管。

①"四个中心"，全方位强化工程质量管控，包括试验中心，物探检测中心，观测中心及水情中心。各中心全面负责原材料和工程的施工质量、各部位锚杆孔注浆密度长度、各工程部位原型、水情情报的检测和监测，保证原材料在试验中心的合格率、锚杆在物探检测中心的施工质量、施工过程的安全及指导防洪抗洪的度汛抢险工作。

②提高实物质检的检测力度和可靠性是质控的关键。开展第三方实物质检，及时反馈结果。针对岩锚梁锚杆、引水洞及尾水洞等有压洞室回填，以及固结灌浆、帷幕灌浆、压力钢管及蜗壳等部位的缺陷部位进行及时的处理。

5．质量管理成效

(1) 主体单位工程验收情况

构皮滩水电站工程共划分为混凝土双曲拱坝工程、水垫塘工程、泄洪洞工程、引水工程、地下发电厂房工程、升压变电工程 6 个主体单位工程。在构皮滩水电站竣工阶段，单位工程验收专家组对构皮滩水电站 6 个主体单位工程进行验收，依据《水电站基本建设验收规程》的相

关规定，验收专家组同意构皮滩水电站通过竣工阶段单位工程验收。同时，经验收专家组对各单位工程分部工程质量、检测成果和监测资料的综合分析评价，认为上述各单位的工程质量等级均为优良。

(2) 工程竣工安全鉴定意见

中国水电工程顾问集团公司安全鉴定专家组编制完成乌江构皮滩水电站工程竣工安全鉴定报告，专家组认为：构皮滩水电站经过3个汛期的运行考验，监测成果表明工程建筑物运行情况正常。构皮滩水电站工程建设形象面貌满足《水电工程验收管理办法》(国能新能〔2011〕263号)规定的专项验收条件。构皮滩水电站工程运行安全正常，设计和施工质量符合国家的有关技术、法规标准，满足土建部门的合同规定和设计要求。同时，各电力保护设备、全厂辅助机械、公用系统及通信系统等的制造和安装质量总体满足合同规定和设计要求，具备工程专项验收条件。

(3) 竣工阶段质量监督意见

在构皮滩水电站工程竣工阶段，电力建设工程质量监督总站进行质量监督现场检查后，专家组认为：构皮滩水电工程质量管理体系健全，各项质量管理规章制度得到较好的贯彻落实，工程建设过程中重视设计优化，重视工程管理创新和技术创新，新技术、新材料和新工艺得到广泛应用，工程质量管理体系运行有效，工程质量良好，工程质量满足设计和合同规定要求。工程自5台机组全部投运以来，水库及水工建筑物已经经受624.61m蓄水位和4个汛期的检验，各项安全监测资料表明，枢纽各水工建筑物运行正常，各类金属结构和机电设备运行正常，全厂设备安全稳定运行，已连续安全生产1250天。综上所述，乌江构皮滩水电站工程具备枢纽工程专项竣工验收条件。

(4) 经历大坝泄洪和正常蓄水位的检验

在工程建成后，乌江流域遭遇极端持续强降雨天气时，出现了自电站库蓄水以来最高水位629.93m。水位625m以上，累计历时27天，期间大坝经历多次泄洪工况。各项安全监测资料表明，枢纽各水工建筑物运行正常，各类金属结构和机电设备运行正常，全厂设备安全稳定运行，构皮滩水电站工程的施工质量得到有力验证。

6. 结束语

在构皮滩水电站工程建设过程中，构皮滩水电站建设公司始终发挥质量管理的主导作用，不断创新改进质量管理理念，制定并完善一系列的工程质量管理方法、举措及规章制度，使工程质量管理程序化和规范化。通过全面落实各项质量管理规章制度和严格施工质量管控，构皮滩水电站工程以96.06%的高得分率通过了中国华电集团公司的竣工达标投产考核，高质量通过了竣工安全鉴定、主体单位工程验收和竣工质量监督等各专项验收工作。构皮滩水电站工程施工质量优良，被贵州省住房和城乡建设厅评为"黄果树杯"优质施工工程，顺利达到了"实现达标投产，建设优质工程"的建设目标。

本章小结

本章通过成本估算与预算介绍项目成本计划，从质量政策、质量标准和质量保证等方面介绍项目质量计划。本章首先概括了项目成本的类型，对常用的成本估算方法提出了值得考虑的问题；其次总结了成本预算的主要特征和结果，介绍了项目质量的核心概念，讨论了项目质量管理计划的组成与过程改进计划；最后对常用的质量策划方法做出了总结。

能力测试题

1. 是非判断题

(1) 人工成本就是员工的工资。（　）
(2) 缩短项目的工作时间，往往以减少项目的成本为代价。（　）
(3) 一般情况下，成本估算和成本预算可以采用同样的方法。（　）
(4) 项目质量计划的实际执行情况是项目质量控制的最基本依据。（　）
(5) 质量成本是全面质量管理活动的经济表现，是实现项目所规定的质量目标所需要的全部费用。（　）

2. 单项选择题

(1) 将项目任务分解，通过估算最小任务的成本，并由此确定整个项目的估算成本的估算方法是（　）。
　　A．经验估算法　　　　　　　　B．类比估算法
　　C．参数估算法　　　　　　　　D．基于WBS的全面成本估算

(2) 大部分项目成本累计曲线呈（　）形。
　　A．S　　　　B．L　　　　C．T　　　　D．Y

(3) 项目质量控制和项目质量保证的关系是（　）。
　　A．截然分开的　　　　　　　　B．有不同的目标
　　C．相互交叉，相互重叠的　　　D．采用相同的方法

(4) 在成本/收益分析中，项目质量收益是指（　）。
　　A．开展项目质量活动能够带来的全部好处
　　B．满足了质量要求而减少返工所获得的好处
　　C．项目质量要求的降低所减少的成本
　　D．项目质量的提高所增加的收益与增加的成本之差

(5) 项目质量审计发生在项目质量管理中的（　）阶段。
　　A．质量管理计划　　B．质量保证　　C．质量控制　　D．质量改进

3. 多项选择题

(1) 项目成本估算的方法包括（　）。
　　A．经验估算法　　　B．类比估算法　　　C．参数估算法
　　D．基于WBS的全面成本估算　　　　　　E．固定成本法

(2) 在影响项目成本的因素中，下列表述正确的是（　）。
　　A．延长项目的工期会减少项目的成本
　　B．项目质量的要求越高，则项目的成本就会越高
　　C．项目完成的活动越复杂，则项目成本就会越高

D. 在项目所消耗资源的数量和单价两个要素中,资源的数量对项目成本的影响相对较大

E. 经验丰富的项目团队,项目成本发生的变化相对较少

(3)质量策划的常用方法是(   )。

    A. 成本/收益法   B. 质量政策   C. 质量标杆法

    D. 质量成本分析   E. 流程图法

(4)下列有关流程图的表述正确的是(   )。

    A. 流程图描述项目各项活动之间的相互关系

    B. 流程图有助于发现可能产生质量问题的工作环节

    C. 流程图难以明确项目质量管理的责任

    D. 流程图有助于找出解决质量问题的方法

(5)质量管理计划描述了(   )。

    A. 实施质量政策的方法

    B. 项目质量系统

    C. 项目质量控制、质量保证、质量改进计划

    D. 用来进行成本、进度和质量之间权衡分析的程序

    E. 流程图既可以用于分析项目质量因素也可以用于编制项目质量计划

(6)PDCA循环中,质量管理的计划职能,主要包括(   )。

    A. 明确需要进行质量改进的地方及改进目标

    B. 制订实现质量目标的行动方案

    C. 将质量的目标值转换为质量的实际值

    D. 对计划实施过程进行各种检查

    E. 对质量问题或质量不合格进行原因分析,采取措施予以纠正

4. 简答题

(1)项目成本的类型有哪些?

(2)项目成本估算的常用方法有哪些?

(3)生命周期成本是什么?

(4)项目成本预算的主要特征是什么?

(5)项目质量目标的权衡分析过程是什么?

5. 计算题

    某公司拟在其分公司甲地建一座办公楼。该公司3年前曾在公司总部乙地建成了一座相似的办公楼。乙地办公楼实际造价为4800万元。两座办公楼除室内地面装饰地砖不同外,建筑结构、面积和建筑材料均相同。甲地拟建办公楼的建筑面积为$8000m^2$,地面地砖每平方米260元。乙地办公楼室内地面铺的地砖每平方米380元。另外,3年来人工平均工资上涨10%,其他资源的价格和费率均未改变。在乙地办公楼的全部实际造价中,人工费占20%。根据上述资料,用类比估算法估算甲地拟建办公楼的成本。

案例分析

A 公司属于创业型公司,随着公司业务规模的扩大,公司领导决定成立专门的质量管理部门,全面负责公司所有项目的质量管理工作,以降低产品的缺陷率。公司还聘任了具有多年质量管理经验的张工担任公司质量管理部门的经理。

张经理上任后,从每个项目组中抽调了一名质量保证工程师,质量保证工程师隶属于公司质量管理部,工作地点在各个项目所在地,与项目组一起工作,负责所在项目的质量管理。小王是 X 项目的质量保证工程师,当前 X 项目正在研发阶段。张经理要求小王按照项目进度提交一份项目质量管理计划,并提供了常规质量管理计划的模板,主要包括质量检查点、检查人、检查内容、检查时间、检查方式等。于是,小王按照张经理的要求制订并提交了《项目质量管理计划——X 项目》。

2 个月以后,张经理根据《项目质量管理计划——X 项目》的某个时间点,询问小王一个设计评审会议的情况时,小王没有找到有关的会议记录。张经理又电话询问 X 项目的项目经理有关质量管理的情况,该项目经理认为质量管理是由小王根据质量管理部门的要求进行的,自己会大力配合。

问题:请指出该质量管理计划的制订和实施过程中存在的问题。

第 6 章　项目实施与控制管理

> **本章提要**
>
> 项目计划的实施是将项目计划转变成行动，以已经制订的计划为基础，所进行的一系列活动或努力的过程。项目实施最终产生项目产品，是项目管理应用领域的一个关键环节。项目控制监督和测量项目的实际进展，在发现实施过程偏离了计划后找出原因，采取行动，使项目回到计划轨道。因此在本章中，您将学习到以下内容：项目计划的实施与控制、项目进度计划的实施过程、项目进度监控类型、项目进度更新的基本方法和内容、项目成本控制的方法和技术、项目质量控制的特点、项目变更的概念和基本要求。

6.1　项目实施与控制概述

6.1.1　项目实施过程

1．项目计划实施

1）项目计划实施的定义

项目计划的主要职能是指导项目实施工作。一个好的项目计划应该有助于产生好的产品和工作成果。项目计划的实施是将项目计划转变成行动，以已经制订的计划为基础，所进行的一系列活动或努力的过程。项目实施最终产生项目产品，是项目管理应用领域的一个关键环节。

2）项目计划实施的内容

项目计划实施的内容主要有：执行项目计划，按照项目计划开展各项工作，并根据项目实施中所发生的实际情况，进一步明确项目计划所规定的任务范围；采取各种项目质量保证和监控措施，确保项目能够符合预定的质量标准；提高项目团队的工作效率和对项目进行高效管理的综合能力；采购、招标及合同管理等。

2．项目跟踪与报告

1）项目跟踪与报告的定义

项目跟踪与报告是指项目各级管理人员根据项目的规划和目标等，在项目实施的整个过程中对项目状态及影响项目进展的内外部因素进行及时的、连续的、系统的记录和报告的系列活动过程。

项目跟踪与报告以收集信息为基础，它可以提高项目的透明度并降低项目风险。项目跟踪与报告的工作内容主要有两方面：一是对项目计划的执行情况进行监督，二是对影响项目目标实现的内外部因素的变化情况和发展趋势进行分析和预测。

2)项目跟踪与报告系统的建立

项目建立跟踪与报告系统时,要考虑的问题有很多,主要有以下几个方面。

(1)项目跟踪与报告的对象,主要包括范围、变更、资源供给、关键假设、进度、项目团队工作时间及任务完成情况等。

(2)收集信息的范围。项目跟踪与报告所要收集的信息主要有投入活动的信息、采购活动的信息、实施活动的信息和项目产出信息等。

(3)项目跟踪与报告的过程。项目跟踪与报告包括4个基本过程:观察、测量、分析和报告。

6.1.2 项目控制

1. 项目控制原理

项目控制就是监督和测量项目的实际进度,在发现实施过程偏离了计划后找出原因,采取行动,使项目回到计划的轨道。项目控制包括进度控制、成本控制、质量控制、变更控制、安全控制等方面。

项目控制的原理可以归纳为以下几点。

1)动态控制原理

项目控制是一个动态过程,也是一个循环进行的过程。从项目开始,计划就进入了执行的轨迹。当实际进度按计划进行时,实际符合计划,计划的实现获得保证;若实际进度与计划不一致,则产生了偏差,若不采取措施加以处理,工期目标将无法实现。所以,当产生偏差时,就应分析偏差的原因,采取措施,调整计划,使实际与计划在新的起点上重合,并尽量使项目按调整后的计划继续进行。但在新的因素干扰下,又有可能产生新的偏差,这时就需要继续按上述方法进行控制。

2)系统原理

项目是一个系统,项目管理是一项系统工程。项目控制实际是用系统的理论和方法解决系统问题。无论是控制对象,还是控制主体,无论是进度计划,还是控制活动,都是一个完整的系统。进行项目控制,首先应制订项目的各种计划,包括进度计划、资源计划等,计划的对象由大到小,计划的内容从粗到细,形成了项目的计划系统;项目涉及各个相关主体、各类不同人员,这就需要建立组织体系,形成一个完整的项目实施组织系统;为了保证项目执行,自上而下都应设有专门的职能部门或人员负责项目的检查、统计、分析、调整等工作,不同的人员负有不同的进度控制责任,分工协作,这样形成了一个纵横相连的项目控制系统。

3)信息原理

项目控制的过程也是一个信息传递和反馈的过程。信息是项目控制的依据。项目计划执行的信息从上到下传递到项目实施相关人员,以使计划得以贯彻落实;而项目实际执行信息则自下而上反馈到各有关部门和人员,以供分析并做出决策、调整。

4)弹性原理

一般情况下,影响项目的因素很多。这就要求在确定项目目标时应进行目标的风险分析，使计划具有一定的弹性。在进行项目控制时，可以利用这些弹性，缩短工作时间，或改变工作之间的搭接关系，以使项目最终能实现预期的项目目标。

2．项目控制要素的权衡分析

在项目控制过程中，进度、成本和质量这3项控制要素通常是相互矛盾和冲突的。例如，加快进度往往会导致成本上升和质量下降；降低成本会影响进度和质量；过于强调质量会影响进度和成本。因此，在项目的进度、成本和质量的控制过程中，要权衡分析。

1) 权衡分析的步骤

对控制要素权衡分析的步骤通常包括以下几点。首先，理解和认识项目中存在的冲突，寻找和分析引起冲突的原因。引起冲突的原因可能来自人的差错、不准确的预算、关键信息有误等，或者来自不确定问题或未想到问题，如项目领导关系的变化、资源分配的变化、市场变化等。其次，展望项目的各个方面、各个层次的目标，分析项目的环境和形势。再次，确定多个替代方案，分析和优选最佳方案。最后，审批及修改项目计划。更新计划要报送业主和上级领导批准后方能实施。选择新的行动路线后，项目组要致力于实现新的项目目标，这需要更新项目详细计划，包括新进度、PERT图、工作分解结构，以及其他一些关键基准等。

2) 图解分析法

图解分析法是一种常用的权衡分析法。应用图解分析法，首先要决定质量、进度和成本三要素中哪个要素必须保持不变，再对可变要素进行权衡分析。当三要素中有一个固定不变时，那么另两个要素之间可建立二维函数关系。

(1) 质量不变前提下的权衡。图6-1给出的是当质量保持不变时，成本对进度的函数关系曲线。点CT代表目标成本和进度，但遗憾的是该任务已不可能在目标成本和进度内完成。如果只满足目标进度，那么完成任务将大大增加成本（N点），若要降低成本的增加幅度，则可延长任务完成时间，这就是对成本和进度的权衡。M点为增加成本的最低点。

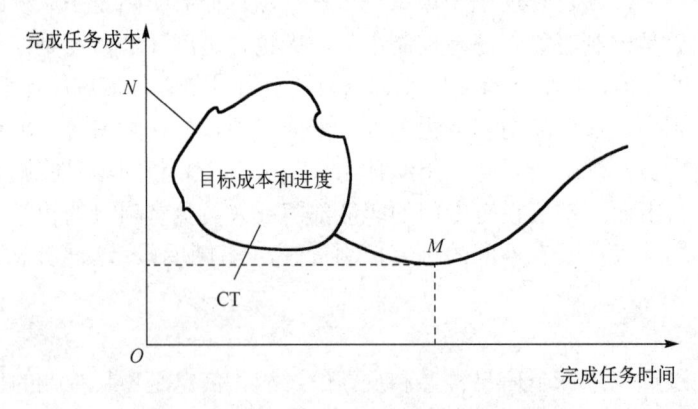

图6-1 质量不变前提下的成本-进度权衡

当质量标准不变时，可以用下面4种方法建立进度-成本曲线。

①获得额外资源，追加项目预算，以解决成本突破预算的问题。

②重新定义项目工作范围，删减一部分工作量。

③改变资源分配、支持正在跟踪的关键路线和关键工作。

④改变工作流程,这很可能导致对资源的重新计划和分配。

保持质量不变意味着公司决不能提供不符合合同或业主质量要求的产品或服务而牺牲公司的声誉这一最宝贵的资源。因此,在进行质量不变情形下的权衡时,要考虑公司对业主的依赖程度,本项目在公司项目群中的优先程度及对公司未来业务的影响。

(2)成本不变前提下的权衡。图 6-2 给出的即成本不变时,质量对进度的函数关系曲线。A、B、C 3 条曲线代表 3 种不同的技术路线。

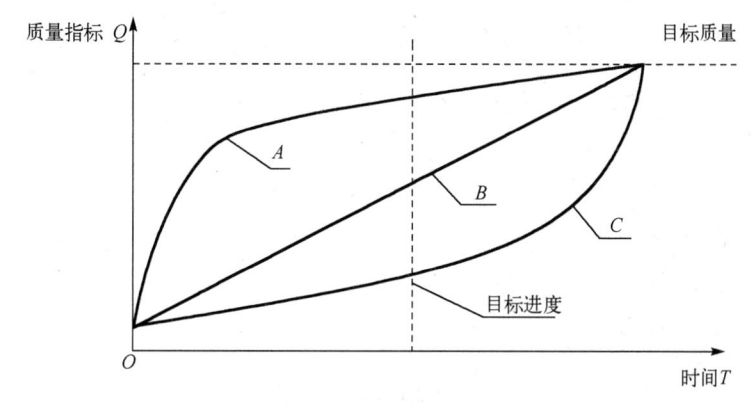

图 6-2 成本不变前提下的质量-进度权衡

3 条曲线的斜率不一样,对于曲线 A,$\Delta Q/\Delta A$ 开始最大,随着时间 T 的增大,$\Delta Q/\Delta T$ 逐渐减少,因此在开始时增加时间可获得较大的质量提高。而随着时间的增加,质量提高的幅度越来越小。目标进度是否坚持,取决于达到的质量水平,对于曲线 A,在目标进度点时质量水平已达到 90%左右,可以坚持目标进度而牺牲 10%的质量要求。对于曲线 C,质量随时间的增加而提高的趋势正好相反,必须延长时间,因为业主不可能接受不到 50%的原质量要求的项目产出。对于曲线 B,则取决于业主能接受的最低质量要求。

(3)时间不变情况下的权衡。图 6-3 是时间固定时,成本对质量的函数关系曲线,同样给出 A、B、C 3 种情况。图 6-3 和图 6-2 相似,权衡方法也基本相同。

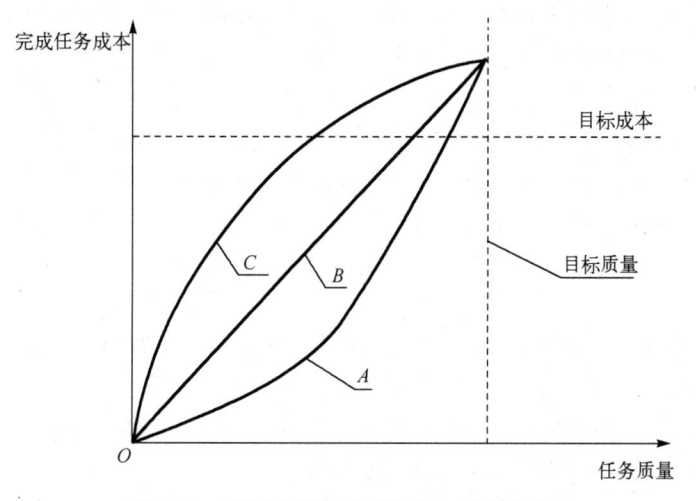

图 6-3 时间不变情况下的成本-质量权衡

3) 三维图解分析法

三维图解分析法用于不存在某一要素固定不变的情况。这也是一种常见的情况。由于在三维立体空间坐标上建立曲线,复杂而又难以表示清楚,我们可将某一要素坐标等级化,或者固定几个特殊点。以图 6-4 为例,可能有几种不同的路线实现进度和质量要求。成本 C 路线取决于合同责任者对风险的承受力。

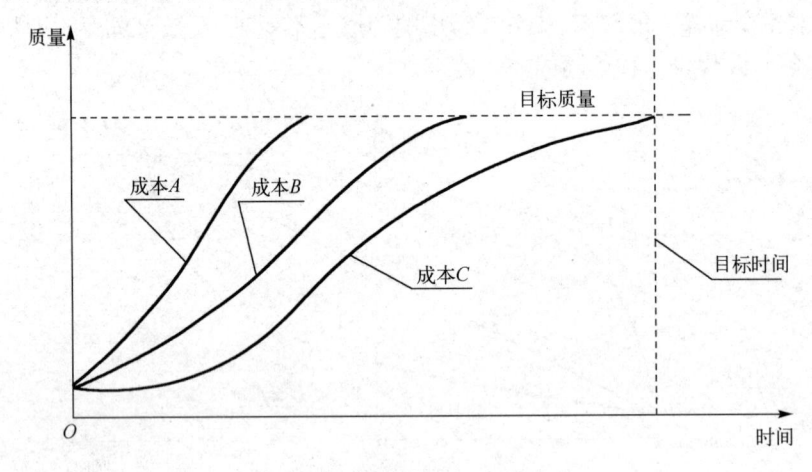

图 6-4 三维图解分析法的权衡

3. 控制循环:一个通用模型

项目控制的通用模型包括 4 个组成部分,这 4 个部分以持续循环的方式运作。

(1) 设立目标。在确定项目范围前就要进行目标的设定,包括制订项目基准计划。项目基准计划是以准确的工作分解结构(WBS)过程为依据的。WBS 确定了项目所有可交付的成果和工作包,以及负责每项任务的人员,并形成一个从最高层到基本任务层、子任务层的层级分明的图表。在网络图中,项目基准计划的确立表现为每项任务都被安排下去并且分配了资源和时间。

(2) 衡量进展。高效的控制系统需要准确的衡量机制。项目经理们必须拥有适当的机制使他们能够对进行中的各种项目活动的进展进行实时衡量。因此,他们需要一套衡量系统,它能够尽可能快地提供信息,还要对衡量的对象进行清晰定义。许多机制能够对项目的一个或多个方面进行衡量,但最大的问题在于得到的信息是否真正有用。

(3) 比较实际绩效与计划绩效。当了解了最初的基准计划和准确衡量进展的方法后,下一步是对两类信息进行比较。缺口分析(Gap Analysis)可被用作衡量项目进展的基础。缺口分析代表了衡量过程,首先确立目标,然后衡量实际完成目标的程度。计划绩效与实际绩效的差距越小越好。如果发现二者存在明显的差异,该分析方法就会发出明确的警告信号。

(4) 采取行动并再次进行循环控制。一旦发现实际情况与项目计划存在巨大偏差,就有必要采取某种形式的纠正措施去减少或消除偏差。采取纠正措施的过程一般很直接。纠正措施可能较简单,也可能会涉及重要的补救措施,甚至可能包含撤销一个没有执行的项目。采取了纠正措施后,监控系统再次开始循环。

如图 6-5 所示,控制循环(Control Loop)是一个不断循环的过程。在制订基准计划后,开始衡量进展，并且将实际绩效与计划绩效进行比较。对任何一个重大的偏差都应给予及时的回应，如重新制订计划、重新衡量进展等。

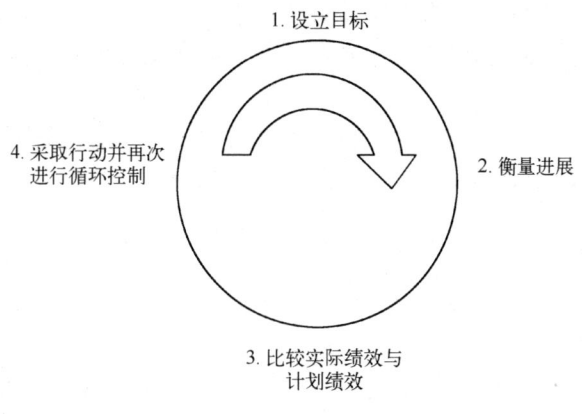

图 6-5　项目控制循环

6.2　项目进度控制

6.2.1　项目进度计划的实施

1．项目实施环境

项目实施环境是指项目运行系统赖以生存和发展所处的内部和外部条件的总称。具体地说，项目实施环境就是包括项目实施的一切有关事物，如项目所需要的技术、资源，产品性质，购买者与竞争对手，以及项目的自然因素等。项目实施环境因素的存在，特别是它们的变化情况，将对项目实施计划的制订、组织机构的设置、施工技术的选择、人员的配备、经营方向的确定等产生重要的影响。因此，要想使项目实施卓有成效，必须做到项目与周围环境中的各种因素相互适应，密切配合。在制订项目实施计划时，既要考虑项目实施对外界环境所提供的物力、财力、人力和技术等方面的要求，还要考虑项目外部社会成员对项目实施的需求与欲望。

2．进度计划实施保障

项目进度受到了众多因素的制约，因此必须采取一系列措施，以保证项目满足进度要求。

1）进度计划的贯彻

计划实施的第一步是进度计划的贯彻，这也是极为关键的一步。其工作内容包括以下几方面。

(1) 各类计划，形成严密的计划保证系统。为保证工期的实现，应制订各类计划。高层次计划是低层次计划的制订依据；低层次计划是高层次计划的具体化；在贯彻执行这些计划时，应首先检查计划本身是否协调一致，计划目标是否层层分解，互相衔接。在此基础上，形成一个计划实施的保证系统，以任务书的形式下达给项目实施者，以保证贯彻实施。

(2) 明确责任。项目经理、项目管理人员、项目作业人员，应按计划目标明确各自的工作职责、相互承担的经济责任、权限和利益。

(3) 计划全面交底。进度计划的实施是项目团队全体成员的共同行动，要确保相关人员全部明确各项计划的目标、任务、实施方案和措施，使管理层和作业层协调一致，使实施计划成为项目人员的自觉行动。要做到这一点，则应在计划实施前进行计划交底工作。

2) 调度工作

调度工作通过监督、协调、调度会议等方式实现。其主要任务是掌握项目计划实施情况，协调各方面关系，采取措施解决各种矛盾，加强薄弱环节，实现动态平衡，保证完成计划和实现进度目标。

3) 紧抓关键工作

关键工作是项目实施的主要矛盾，应紧抓不懈，可采取以下措施。

(1) 集中优势资源，按时完成关键工作。

(2) 专项承包。对关键工作可以采用专项承包的方式，即定任务、定人员、定目标。

(3) 采用新技术、新工艺，技术工艺选择不当会严重影响工作进度。

(4) 保证资源的及时供应。

(5) 加强组织管理工作。根据项目特点，建立项目组织和各种责任制度，将进度计划指标的完成情况与部门、单位和个人的利益分配结合起来，做到责、权、利一体化。

(6) 加强进度控制工作。进度控制贯穿于项目实施的全过程，是保证项目工期必不可少的环节。

6.2.2 项目进度监控

1. 进度监控

项目进度监控是指在项目实施过程中，收集反映项目进度实际状况的信息，以对项目进展情况进行分析，掌握项目进展动态，并对项目进展状态进行观测。

通常采用日常监控和定期监控的方法对项目进度进行监控，并用项目进展报告的形式描述观测的结果。

1) 日常监控

随着项目的进展，要不断地监控进度计划中所包含的每一项工作的实际开始时间、实际完成时间、实际持续时间、目前状况等内容，并加以记录，以此作为进度控制的依据。

2) 定期监控

定期监控是指每隔一定时间对项目进度计划的执行情况进行一次较为全面、系统的观测与检查。间隔的时间因项目的类型、规模、特点和对进度计划执行要求程度的不同而异。

2. 项目进展报告

项目进度监控的结果通过项目进展报告的形式向有关部门和人员报告。项目进展报告是记录观测检查的结果、项目进度现状和发展趋势等有关内容的书面报告。

1) 项目进展报告分类

项目进展报告根据报告的对象不同，一般分为项目概要级进度控制报告、项目管理级进度控制报告和业务管理级进度控制报告。

项目概要级进度控制报告是以整个项目为对象说明进度计划执行情况的报告；项目管理级进度控制报告是以分项目为对象说明进度计划执行情况的报告；业务管理级进度控制报告是以某重点部位或重点问题为对象所编写的报告。

2）项目进展报告的内容

项目进展报告的内容主要包括项目实施概况、管理概况、进度概要；项目实际进度及其说明；资源供应进度；项目近期趋势，包括从现在到下次报告期间可能发生的事件等内容；项目费用发生情况；项目存在的困难与危机等。

3）项目进展报告的形式

项目进展报告的形式可分为日常报告、例外报告和特别分析报告。

4）项目进展报告的报告期

项目进展报告的报告期应根据项目的复杂程度、时间期限及项目的监控方式等因素确定，一般可考虑与定期监控的间隔周期相一致。一般来说，报告期越短，及早发现问题并采取纠正措施的机会就越多。如果一个项目远远偏离了计划，就很难在不影响项目范围、成本、进度或质量的情况下实现项目目标。

6.2.3 项目进度更新

由于各种因素的影响，项目进度计划的变化是绝对的，不变是相对的。进度控制的核心问题是根据项目的实际进展情况，不断地进行进度计划的更新。可以说，项目进度计划的更新既是进度控制的起点，也是进度控制的终点。

1．比较分析

将项目的实际进度与计划进度进行比较分析，以评判其对项目工期的影响，确定实际进度与计划进度不相符的原因，进而找出对策，这是进度控制的重要环节之一。进行比较分析的方法主要有以下几种。

1）甘特图比较法

甘特图比较法是将在项目进展中通过观测、检查、搜集到的信息，整理后直接用横道线与原计划的横道线并列标出，进行直观比较的方法。例如，将某钢筋混凝土基础工程的施工实际进度与计划进度进行比较，如表 6-1 所示。

在表 6-1 中，细实线表示计划进度，粗实线表示实际进度。在第 5 天末检查时，挖土已按计划完成；立模比计划进度拖后 1 天；绑扎钢筋的实际进度与计划进度一致；浇筑混凝土工作尚未开始，比计划进度拖后 1 天。

表 6-1 某钢筋混凝土基础工程的施工实际进度与计划进度比较表

工作编号	工作名称	工作时间/天	项目进度 1	2	3	4	5	6	7	8	9	10
1	挖土	3										
2	立模	3										
3	绑扎钢筋	4										
4	浇筑混凝土	5										
5	回填土	3										

↑ 检查日期

通过上述比较，项目管理者明确了实际进度与计划进度之间的偏差，也为采取调整措施提出了明确方向。但是，这种方法仅适用于项目中各项工作都是按均匀的速度进行的情况，即每项工作在单位时间内所完成的任务量是相等的。

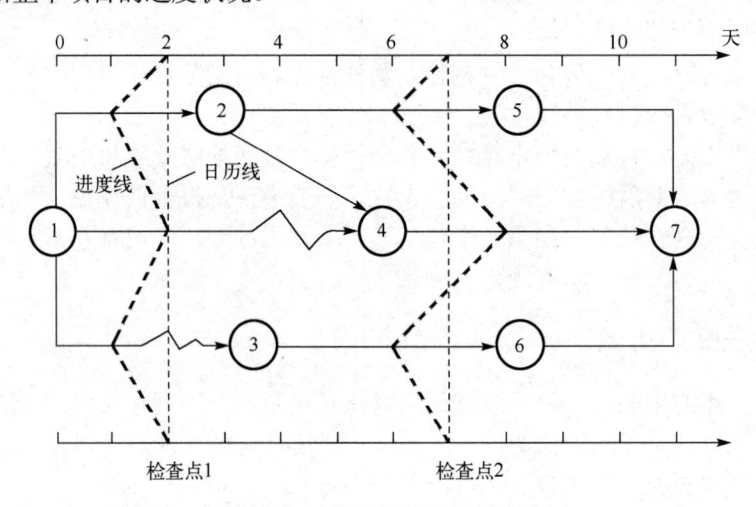

2) 实际进度前锋线比较法

实际进度前锋线比较法根据前锋线与工作箭线交点的位置判断项目实际进度与计划进度的偏差，如图 6-6 所示。实际进度前锋线比较法可用于判断相关工作的进度状况，同时也可用于判断整个项目的进度状况。

图 6-6　实际进度前锋线比较法

(1) 判断相关工作的进度状况。通过实际进度前锋线图可以直接观察工作的进展情况并做出判断。如图 6-6 所示，在第 7 天进行检查时，工作 2-5 和工作 3-6 比原计划拖后 1 天，工作 4-7 比原计划提前 1 天。

(2) 判断整个项目的进度状况。某工作的提前或拖后对项目工期会产生什么影响，这是项目管理人员最为关心的。通过实际进度前锋线比较法可以判断该工作的状况对项目的影响。如果该工作是关键工作，那么其提前或拖后将会对项目工期产生影响。如图 6-6 所示，若工作 2-5 是关键工作，则该工作拖后 1 天，将会使项目工期拖后 1 天；如果该工作是非关键工作，就应根据其总时差的大小，判断其提前或拖后对项目工期的影响。

3) S 形曲线比较法

S 形曲线比较法是以横坐标表示进度时间 T，纵坐标表示累计完成的任务量 Q，绘制出一条按计划时间累计完成任务量的 S 形曲线，将项目的各检查时间实际完成的任务量与 S 形曲线进行实际进度与计划进度相比较的一种方法。

(1) S 形曲线绘制。S 形曲线反映了随时间进展累计完成任务量的变化情况，如图 6-7 所示。

S 形曲线的绘制步骤如下：

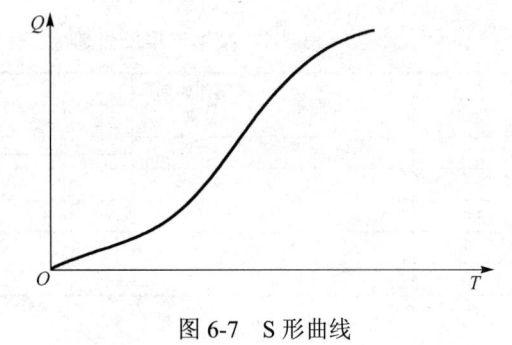

图 6-7　S 形曲线

第一步：计算每单位时间内计划完成的任务量 q_i；

第二步：计算时刻 j 的计划累计完成的任务，即 $Q_j = \sum_{i=1}^{j} q_i$，式中 Q_j 表示某时刻 j 计划累计完成的任务量；q_i 表示单位时间的计划完成任务量；

第三步：按各规定时间的 Q_j 值，绘制 S 形曲线。

(2) S 形曲线比较。S 形曲线比较法在图上直观地进行项目实际进度与计划进度的比较。通常，在计划实施前绘制出计划 S 形曲线，在项目进行过程中，按规定时间将检查的实际完成情况，与计划 S 形曲线绘制在同一张图中，即可得出实际进度的 S 形曲线，如图 6-8 所示。比较两条 S 形曲线，即可得到相关信息。

项目实际进度与计划进度比较。当实际进度点落在计划 S 形曲线左侧时，表明实际进度超前；若在右侧，则表示拖后；若正好落在计划 S 形曲线上，则表明实际进度与计划进度一致。

项目实际进度与计划进度之间的偏差。如图 6-8 所示，ΔT_a 表示 T_a 时刻实际进度超前的时间；ΔT_b 表示 T_b 时刻实际进度拖后的时间。

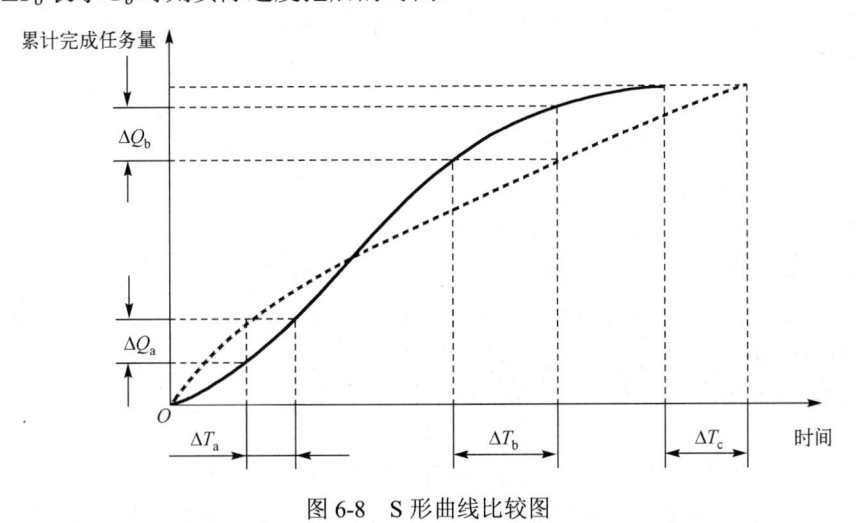

图 6-8　S 形曲线比较图

项目实际完成任务量与计划任务量之间的偏差。如图 6-8 所示，ΔQ_a 表示 T_a 时刻超额完成的任务量；ΔQ_b 表示在 T_b 时刻少完成的任务量。

项目进度预测。如图 6-8 所示，项目后期若按原计划进行，则工期拖延预测值为 ΔT_c。

4)"香蕉"形曲线比较法

"香蕉"形曲线是两条 S 形曲线组合而成的闭合曲线。对于一个项目的网络计划，在理论上可以分为最早和最迟两种开始和完成时间。因此，任何一个项目的网络计划，都可以绘制出两条 S 形曲线，即以最早时间和最迟时间分别绘制出相应的 S 形曲线，前者称为 ES 曲线，后者称为 LS 曲线。如图 6-9 所示，"香蕉"形曲线的绘制方法与 S 形曲线相同。

在项目实施过程中，根据每次检查的各项工作实际完成的任务量，计算出不同时间实际完成任务量的百分比，并在"香蕉"形曲线的平面内绘出实际进度曲线，即可进行实际进度与计划进度的比较。

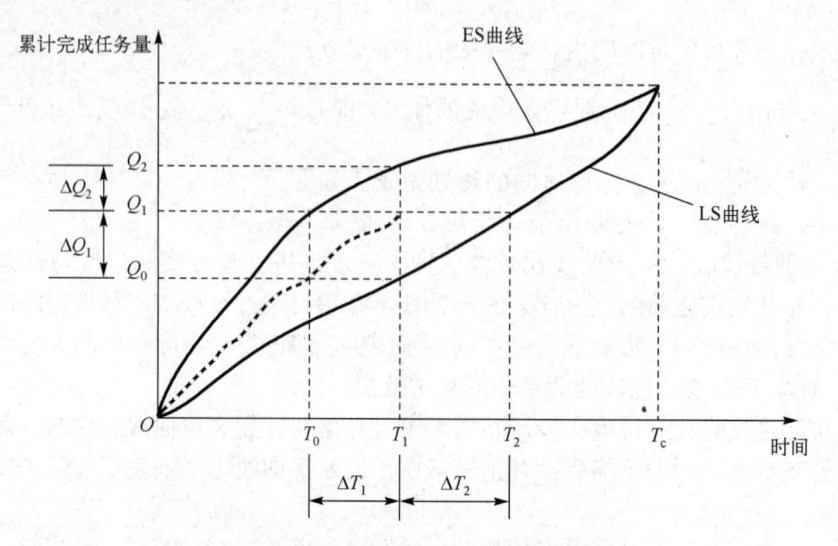

图 6-9 "香蕉"形曲线比较图

"香蕉"形曲线比较法主要进行以下两个方面的比较。

(1) 时间一定，比较累计完成任务量。当项目进展到 T_1 时，实际的累计完成任务量为 Q_1，若按最早时间计划，则应完成 Q_2。可见，实际比计划少完成：$\Delta Q_2 = Q_1 - Q_2 < 0$；若按最迟时间计划，则应完成 Q_0，实际比计划多完成：$\Delta Q_1 = Q_1 - Q_0 > 0$。

由此可以判断，实际进度在计划范围之内，不会影响项目工期。

(2) 累计完成任务量一定，比较所需时间。当项目进展到 T_1 时，实际的累计完成任务量为 Q_1，若按最早时间计划，则应在 T_0 时完成同样的任务量，所以实际比计划拖后，其拖后量是：$\Delta T_1 = T_1 - T_0 > 0$；若按最迟时间计划，则应在 T_2 时完成同样的任务量，所以实际比计划提前，其提前量是：$\Delta T_2 = T_1 - T_2 < 0$。

可以判断：实际进度未超出计划范围，进展正常。

5) 图上记录法

当采用非时标网络计划时，可直接在图上用文字或符号进行记录。例如，用点划线代表其实际进度并在网络图中标出，如图 6-10 所示；在箭线下方标出相应工作的实际工作时间，或在箭尾节点下方和箭头节点下方分别标出工作的实际开始时间和实际完成时间，如图 6-11 所示；在网络图的节点内涂上不同的颜色或用斜线表示相应工作已经完成，如图 6-12 所示。

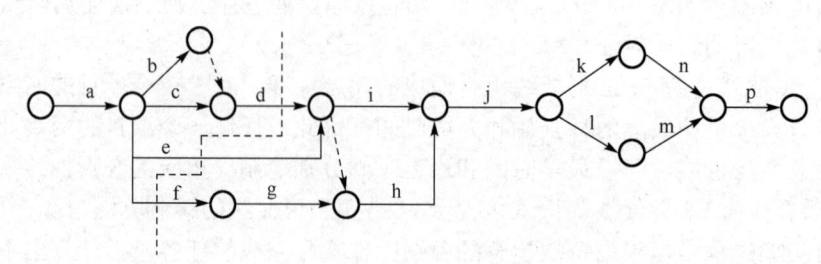

图 6-10 双代号网络实际进度的记录

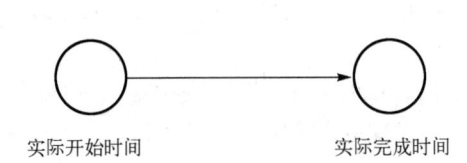

图 6-11　实际工时记录

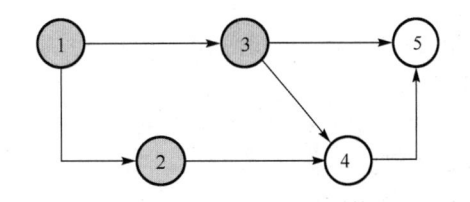

图 6-12　已完成工作的记录

注：该图表示 1-3 工作和 1-2 工作已完成

若进度计划是横道图，则可在图中用不同的线条分别表示计划进度和实际进度。随着项目的完成，可绘制实际进度网络图，该图表达了各工作的实际开始、完成时间，并将项目进度中出现的问题、影响因素等反映在图中。绘制实际进度网络图，可明显表达实际与计划不相符合的情况，有助于计划工作的总结和资料的积累。

2．进度计划调整

项目进度计划的调整，一般有以下几种方法。

1）关键工作的调整

关键工作无机动时间，其中任一工作时间的缩短或延长都会对整个项目工期产生影响。因此，关键工作的调整是项目进度更新的重点。

(1) 关键工作的实际进度较计划进度提前时的调整方法。若仅要求按计划进度执行，则可利用该机会降低资源强度及成本。实现的方法是，选择后续关键工作中资源消耗量大或直接成本高的予以适当延长，延长的时间不应超过已完成的关键工作提前的时间；若要求缩短工期，则应将计划的未完成部分作为一个新的计划，重新计算与调整，按新的计划执行，并保证新的关键工作按新计算的时间完成。

(2) 关键工作的实际进度较计划进度延后时的调整方法。为保证项目按期完成，就要缩短后续关键工作的工作时间。要在原计划的基础上，采取组织措施或技术措施缩短后续关键工作的工作时间以弥补时间损失，通常采用网络计划法进行调整。

2）改变某些工作的逻辑关系

若实际进度产生的偏差影响了总工期，则在工作之间的逻辑关系允许改变的条件下，改变关键路线和超过计划进度的非关键路线上有关工作之间的逻辑关系，达到缩短工期的目的。但这种调整应以不影响原定计划进度和其他工作之间的顺序为前提，调整的结果不能形成对原计划的否定。例如，可以将依次进行的工作变为平行或互相搭接的关系，以缩短工期。

3）重新制订计划

当采用其他方法仍无法奏效时，则应根据进度要求，针对剩余工作重新制订网络计划，使其满足进度要求。例如，某项目在实施过程中，由于地质条件的变化，造成已完成工程的大面积塌方，耽误工期 6 个月。为保证该项目在计划工期内完成，在认真分析研究的基础上，重新制订网络计划，并按新的网络计划组织实施。

4）非关键工作的调整

当非关键路线上某些工作的工作时间延长，但不超过其时差范围时，则不会影响项目工期，进度计划不必调整。为了更充分地利用资源，降低成本，必要时可对非关键工作的时差做适当调整，但不得超出总时差，且每次调整均需进行时间参数计算，以观察每次调整对计划的影响。

当非关键路线上某些工作的工作时间延长而超出总时差范围时，则必然影响整个项目工期，关键路线就会转移。这时，其调整方法与关键路线的调整方法相同。

5）增减工作项目

由于制订计划时考虑不周，或因某些原因需要增加或取消某些工作，因此需重新调整网络计划，计算网络参数。增减工作项目只能改变局部的逻辑关系，而不应影响原计划总的逻辑关系。

6）资源优化

当供应满足不了需要时，应进行资源优化。资源优化的前提是保证工期不变或使工期更加合理。

6.3 项目成本控制

6.3.1 项目成本控制内容和依据

项目的成本控制是在整个项目的实施过程中，定期地、经常性地收集项目的实际成本数据，进行成本的目标值和实际值的动态比较分析，并进行成本预测。如果发现偏差，则及时采取纠偏措施，包括经济、技术、合同、组织管理等综合措施，以使项目的成本目标尽可能好地实现。

1．项目成本控制内容

(1)对造成成本基准变化的因素施加影响，以保证这种变化向有利的方向发展。

(2)确定实际发生的成本是否已经出现偏差。

(3)在出现成本偏差时，分析偏差对项目未来进度的影响，并采用适当的管理措施。

成本控制还应包括寻找成本向正反两方面变化的原因，同时还必须考虑与其他控制过程相协调。例如，不合适的成本变更可能导致质量、进度方面的问题或导致不可接受的项目风险。

2．项目成本控制的依据

(1)成本基准计划。项目成本基准计划将项目的成本预算与进度预算联系起来，可以用来测量和监督成本的实际情况，也是进行项目成本控制最基础的依据。

(2)实施执行报告。实施执行报告通常包括项目各工作的所有成本支出，同时也是发现问题的最基本的依据。

3．项目成本控制的作用

(1)变更申请。变更申请可以是请求增加预算或减少预算。

(2)有助于提高项目的成本管理水平。

(3)有助于项目团队发现更为有效的项目建设方法，从而降低项目的成本。

(4)有助于项目管理人员加强经济核算，提高经济效益。

6.3.2 挣得值分析法

挣得值分析法，简称挣得值法或挣值法，是对项目进度和成本进行综合控制的一种有效方法。挣值法通过测量和计算已完成工作量的预算成本、已完成工作量的实际成本和计划工作量的预算成本得到有关计划实施的进度和成本偏差，达到判断项目预算和进度计划执行情况的目的。因而它的独特之处在于以预算和成本来衡量项目的进度。挣值法取名源于这种分析方法中用到的一个关键数值——挣值（即已完成工作量的预算成本）。

1. 3 个基本参数

1）计划工作量的预算成本 BCWS（Budgeted Cost for Work Scheduled）

BCWS 是指项目实施过程中某阶段计划要求完成的工作量所需的预算成本。计算公式为 BCWS = 计划工作量 × 预算定额。BCWS 主要是反映进度计划应当完成的工作量，而不是反映应消耗的成本。

2）已完成工作量的实际成本 ACWP（Actual Cost for Work Performed）

ACWP 是指项目实施过程中某阶段实际完成的工作量所消耗的成本。ACWP 主要反映项目执行的实际消耗指标。

3）已完成工作量的预算成本 BCWP（Budgeted Cost for Work Performed）

BCWP 是指项目实施过程中某阶段实际完成的工作量按预算定额计算出来的成本，即挣值。BCWP 的计算公式为 BCWP = 已完成工作量 × 预算定额。

2. 4 个评价指标

1）成本偏差 CV（Cost Variance）

CV 是指检查期间 BCWP 与 ACWP 之间的差异，计算公式为 CV = BCWP−ACWP。

当 CV < 0 时，执行效果不佳，实际消耗人工（或成本）超过预算值，即超支，如图 6-13（a）所示。当 CV > 0 时，实际消耗人工（或成本）低于预算值，即有节余或效率高，如图 6-13（b）所示。当 CV = 0 时，实际消耗人工（或成本）等于预算值。

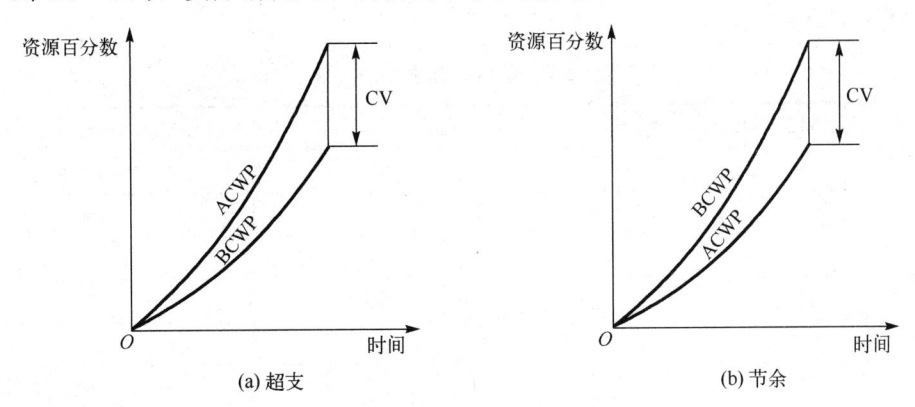

图 6-13 成本偏差示意图

2）进度偏差 SV（Schedule Variance）

SV 是指检查日期 BCWP 与 BCWS 之间的差异。其计算公式为 SV = BCWP−BCWS。

当 SV > 0 时，进度提前，如图 6-14(a)所示。当 SV < 0 时，进度延误，如图 6-14(b)所示。当 SV = 0 时，实际进度与计划进度一致。

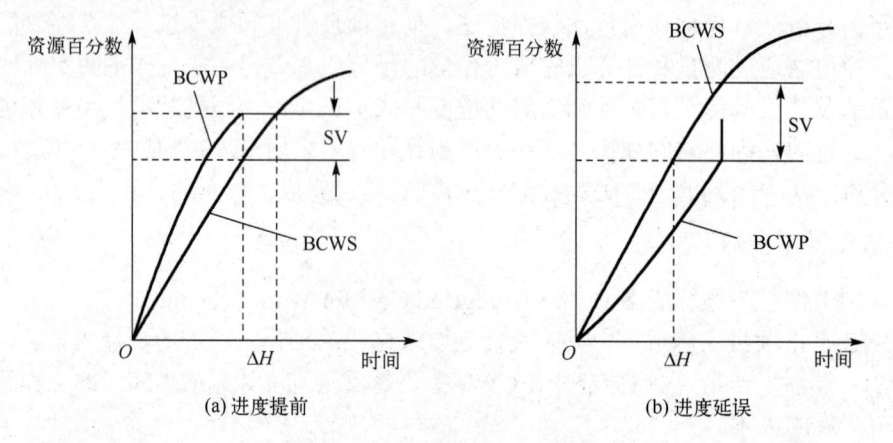

图 6-14 进度偏差示意图

(a) 进度提前　　(b) 进度延误

3) 成本执行指数 CPI(Cost Performed Index)

CPI 是指预算成本与实际成本之比(或工时值之比)。计算公式为 CPI = BCWP/ACWP。

当 CPI>1 时，低于预算，即实际成本低于预算成本。

当 CPI<1 时，超出预算，即实际成本高于预算成本。

当 CPI = 1 时，实际成本与预算成本吻合。

4) 进度执行指数 SPI(Schedul Performed Index)

SPI 是指项目挣值与预算值之比，即 SPI = BCWP/BCWS。

当 SPI > 1 时，进度提前，即实际进度比计划进度快。

当 SPI < 1 时，进度延误，即实际进度比计划进度慢。

当 SPI = 1 时，实际进度与计划进度一致。

例 6-1：某项目经理在对施工项目进行成本管理的过程中，对各月的成本进行了统计，有关情况如表 6-2 所示。

表 6-2 项目成本发生情况表

月份	计划工作量的预算成本(万元)	已完工作量(%)	已完成工作量的实际成本(万元)
1	200	100	190
2	280	105	290
3	310	90	290
4	470	100	470
5	620	50	300
6	430	110	440
7	600	40	240
8	290	50	130
9	300	80	220

续表

月份	计划工作量的预算成本(万元)	已完工作量(%)	已完成工作量的实际成本(万元)
10	260	120	300
11	210	90	180
12	180	100	170

问题：

(1)求出 12 个月的挣值；

(2)求出 12 个月的 CV 和 SV；

(3)求出 12 个月的 CPI、SPI，并分析成本和进度情况。

解：(1)挣值计算表如表 6-3 所示。

表 6-3　挣值计算表

月份	计划工作量的预算成本 BCWS(万元)	已完工作量(%)	已完成工作量的实际成本 ACWP(万元)	挣值 BCWP(万元)
1	200	100	190	200
2	280	105	290	294
3	310	90	290	279
4	470	100	470	470
5	620	50	300	310
6	430	110	440	473
7	600	40	240	240
8	290	50	130	145
9	300	80	220	240
10	260	120	300	312
11	210	90	180	189
12	180	100	170	180
合计	4150		2750	3332

(2) 12 个月的 ACWP 为 2750 万元，BCWS 为 4150 万元。

成本偏差：CV = BCWP−ACWP = 3332−2750 = 582 万元，CV 为正，说明成本节余。

进度偏差：SV = BCWP−BCWS = 3332−4150 = −818 万元，SV 为负，说明进度延误。

(3) 成本执行指数：CPI = BCWP/ACWP = 1.212，由于 CPI > 1，故成本节余。

进度执行指数：SPI = BCWP/BCWS = 0.803，由于 SPI < 1，故进度延误。

3．评价曲线

挣值法评价曲线如图 6-15 所示。图的横坐标表示时间，纵坐标则表示成本(以实物工程量、工时或金额表示)。图中 BCWS 按 S 形曲线路线不断增加，直至项目竣工达到它的最大值，可见 BCWS 是一种 S 曲线。ACWP 同样是进度的时间参数，随项目推进而不断增加，也是 S 形曲线。利用挣值法评价曲线可进行成本进度评价，如图 6-15 所示。CV<0，SV<0，表示项目执行效果不佳，即成本超支，进度延误，应采取相应的补救措施。

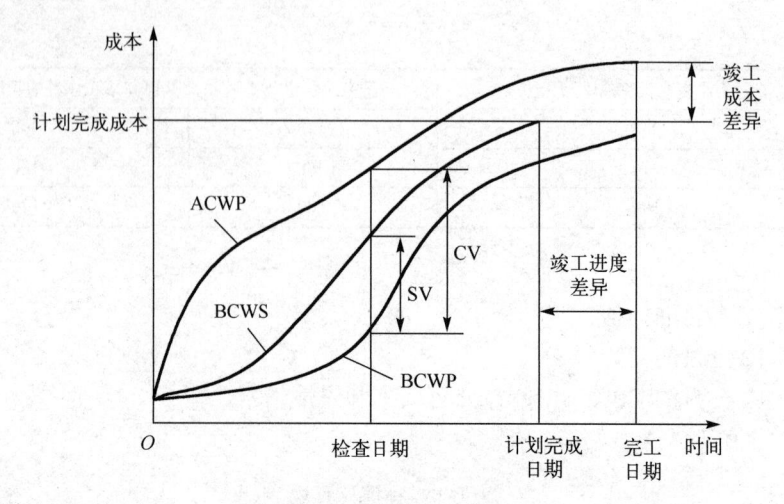

图 6-15 挣值法评价曲线

图 6-15 给出了工程项目预算成本、实际成本、挣值 3 条曲线的比较。在实际执行过程中，最理想的状态是 ACWP、BCWS、BCWP 3 条曲线靠得很近、平稳上升，表示项目按预定计划目标前进。如果 3 条曲线离散度不断增加，则预示可能发生关系到项目成败的重大问题。

经过对比分析，发现某一方面已经出现成本超支，或预计最终将会出现成本超支，则应对其做进一步的原因分析。原因分析是成本责任分析和提出成本控制措施的基础，成本超支的原因是多方面的，如宏观因素、微观因素、内部原因、外部原因，以及其他技术、经济、管理、合同等方面的原因。

通常要压缩已经超支的成本，而不损害其他目标是十分困难的。一般只有当给出的措施比原计划已选定的措施更为有利，或使工程范围减少，或生产效率提高时，成本才能降低。

4．预测项目完成时的成本

项目完工成本估算（Estimate at Completion，EAC）就是在项目目前的完成和实施情况下，估算的最终完成项目所需的总成本，有以下 3 种情况。

（1）当目前的变化可以反映未来的变化时，EAC = 实际成本 + 按照实施情况对剩余预算所做的修改。即：

$$EAC = 实际成本 + (总预算成本 - BCWP) \times (ACWP/BCWP) 或$$

$$EAC = 总预算成本 \times (ACWP/BCWP)$$

（2）当过去的执行情况显示了所有的估计假设条件基本失效，或者由于条件的改变原有的假设不再适用时，EAC = 实际成本 + 对未来所有剩余工作的新的估计。

（3）当现在的变化仅是一种特殊情况，项目经理认为未来的实施不会发生类似的变化时，EAC = 实际成本 + 剩余的预算。

5．进行挣值管理的 5 个步骤

（1）清楚地定义项目将要执行的每项活动或任务，包括所需的资源及一份详细的预算。

如前所述，工作分解结构使得项目团队能够定义所有项目任务，更能为每项任务分配相应的项目资源，包括设备、材料、成本及人员。最后，伴随着任务的分解和资源的分配，就可以为每项任务制定预算数据或成本估算。

(2) 制订活动和资源使用的进度计划。这将确定在整个项目日历中整体预算分配给每项任务的百分比。在项目计划开发周期内，确定每月(或其他合适的时间周期)每项活动的预算。项目预算一旦制定就应与项目进度联系起来。确定分配多少预算资金给项目任务是非常重要的。而在项目开发周期内，厘清什么时候使用这些资源也同样重要。

(3) 建立一个阶段性预算以显示整个项目生命周期内的支出。总的(累计的)预算是项目的基准，也被称为计划值(BCWS)。按时间节点对应的实际值计算，BCWS 仅仅意味着能够在项目的任一阶段确定累计的计划预算支出。BCWS，作为一个累计值，是将前面每一个时期内的计划预算成本相加。

(4) 执行每项任务的实际成本总和等于已完成工作量的实际成本(ACWP)。同时也可以计算已完成工作量占总工作量的百分比。这两个值是计算挣值(BCWP)的必要条件，也是控制过程的初始步骤。

(5) 计算项目成本偏差和进度偏差。一旦收集到 3 个数据(BCWS、BCWP 和 ACWP)，就可以计算偏差了。进度偏差(Schedule Variance)由公式 SV = BCWP–BCWS 计算得出，即当时的挣值减去计划工作量的预算成本。成本偏差的计算公式为 CV = BCWP–ACWP，即挣值减去已完成工作量的实际成本。

图 6-16 所示的简单模型表示了挣值的 3 个主要部分(BCWS、BCWP 和 ACWP)。起初的基准数据，包括所有项目任务的进度和预算，图底部的左下角表示计划工作量的预算成本(BCWS)。从最初计划值开始，任何进度偏离都可以通过挣值(BCWP)表现出来。最后，挣值计算是基于对项目任务完成程度的评估，可以得出项目的已完成工作量的实际成本(ACWP)。那么，项目活动的预算成本和实际成本之间的差异则产生直接的联系。

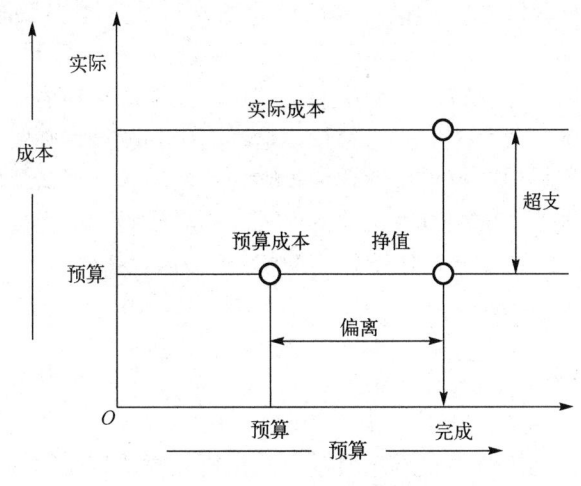

图 6-16 挣值里程碑

6. 有效使用挣值管理的注意事项

挣值管理还有其他一些指标，可以帮助了解正在进行中项目的"真实"状况，有效利用挣值法的关键是要提供准确实时的项目信息，特别是工作包完成的百分比。这些信息在任何时候都是及时确定挣值的关键。通过建立一个可靠的报告系统，挣值的计算就能达到项目团队和经理想要的准确度。实际上，组织经常采用更简单的方法来确定完成百分比。例如，下面的一些方法是确定完成百分比的普遍方法。

（1）0/100法则——最简单也是最无效的原则。该法则规定，如果某项项目活动没有完成，那么它的完成百分比为0，完成了则为100%。这种法则在工作包历时很短的情况下效果最好，如工作包历时一到两天。在工作包历时长的情况下，它几乎不能提供实时的信息。对工作包来说，在要求供应商供货或依靠外部干系人执行要求的步骤的情况下，这种法则也不具备意义。例如，当供应商交付所需物品时，就可以认为一个工作包"完成"了。

（2）50/50法则——在这种法则下，一项活动开始以后，即认为工作已经完成了50%，直到整个工作完成以后，则认为完成了100%。与上面提到的0/100法则一样，它经常用于工作包历时非常短的情况下。

（3）完成百分比法则——在完成百分比法则下，无论它们是基于四分法(25%、50%、75%、100%)、三分法(33%、67%、100%)还是其他方法，项目经理和团队成员已对一系列工作完成里程碑达成一致。这样，项目中每个进行的工作包的状况定期得到更新。新完成工作的百分比可能变化，也可能不变化。项目挣值管理根据这些新的信息进行更新。如上所述，使用这种方法的关键在于客观地评价进行中活动的状况，它不是依据所花时间或预算，而是活动完成的实际百分比。

关于完成百分比法则，一个重要的问题主要体现在对计算百分比细节的争论上。挣值管理的批评者认为，除非有一个合理的完成梯度，并能被所有参与方接受和使用，否则通过挣值分析极有可能产生容易误解的信息。关于挣值管理，主要的批评是它的计算过细，这种计算非常危险而且不容易被解释。例如，一个项目用10%递增的方法计算完成百分比（如10%、20%、30%等）。一个实际的问题是，在大多数项目中，基本很难描绘出如30%和40%的区别，所以过多的细化更有可能产生误导而不是使项目真实状况清晰可见。

但是，当项目团队对项目有一定程度的了解后，知道怎样描述进展过程，知道在哪里容易准确测量项目任务中已完成工作的总量，这样的担心就没有必要了。例如，在一个简单的建筑项目中，如果提前了解项目中各个步骤并严格遵守，那么就可以进行高程度的细化。同样，在一个软件开发的项目中，项目任务包括写代码，高级程序员一般对完成任务需要的总代码行数有大致的了解。比如，总的代码约为5000行，当程序员完成500行时，把完成的量定为10%是合适的。

6.4 项目质量控制

项目的质量管理是指围绕项目质量所进行的指挥、协调和控制等活动。进行项目质量管理的目的是确保项目按规定的要求圆满实现，它包括使项目所有的功能活动能够按照计划的质量及目标要求得以实施。项目的质量管理是一个系统过程，在实施过程中，应创造必要的资源条件，使之与项目质量要求相适应。项目各参与方都必须保证其工作质量，做到工作流程程序化、标准化和规范化，围绕一个共同的目标，开展质量管理工作。

提高项目质量的一个重要途径是有效进行项目的质量控制。项目质量控制，是指通过认真规划，不断进行观测检查，以及采取必要的纠正措施，来鉴定或维持预期的项目质量或工序质量水平。质量控制不局限在质量本身这种狭窄的范围内，还包括为保证和提高项目质量的理想水平而进行的一切工作。

6.4.1 项目质量控制的特点

项目不同于一般产品，项目的质量控制也不同于一般产品的质量控制，其主要特点包括以下几方面。

1．影响质量的因素多

项目在不同阶段、不同环节、不同过程中，影响它的因素不尽相同。这些因素有些是可知的，有些是不可预见的；有些因素对项目质量的影响程度较小，有些则对项目质量的影响程度较大，而有些对项目质量的影响可能是致命性的。所有这些影响都给项目的质量控制带来了难度。项目的进行是动态的，影响项目质量的因素也是动态的，所以，项目质量控制的一项重要内容就是加强对影响质量的因素的管理和控制。

2．质量控制的阶段性

项目需经历不同的阶段，各阶段的工作内容、工作结果都不相同，所以每阶段的质量控制内容和控制重点亦不相同。

3．易产生质量变异

质量变异就是项目质量参数的不一致性，偶然因素和系统因素是产生这种变异的原因。偶然因素是随机发生的、客观存在的，是正常的；系统因素是人为的、异常的。偶然变异是偶然因素造成的，这种变异对项目质量的影响较小，是经常发生的，是难以避免、难以识别、难以消除的；系统变异是系统因素造成的，这种变异对项目质量的影响较大，易识别，通过采取措施可以避免，也可以消除。由于项目的特殊性，在项目进行过程中，易产生这两种变异。所以在项目的质量控制中，应采取相应的方法和手段对质量变异加以识别和控制。

4．易产生判断错误

项目的复杂性、不确定性造成质量数据的采集、处理和判断的复杂性，这往往会导致对项目的质量状况做出错误判断。例如，将合格判为不合格，或将不合格判为合格；将稳定判为不稳定，或将不稳定判为稳定；将正常判为不正常，或将不正常判为正常。在项目质量控制中，经常需要根据质量数据对项目实施的过程或结果进行判断。这就需要在项目的质量控制中，采用更加科学、更加可靠的方法，尽量减少判断错误。

5．项目一般不能解体或拆卸

项目的质量控制应更加注重项目进展过程，注重对阶段结果的检验和记录。已加工完成的产品可以解体、拆卸，对某些零部件进行检查，但项目一般做不到这一点。例如，对于已建成的楼房，就难以检查其地基的质量；对于已浇筑完成的混凝土构筑物，就难以检查其中的钢筋质量。

6. 项目质量受成本和工期的制约

项目的质量不是独立存在的，它受成本和工期的制约。在对项目进行质量控制的同时，必须考虑其对成本和工期的影响，同样应考虑成本和工期对质量的制约，使项目的质量、成本、工期都能实现预期目标。

6.4.2 项目质量控制的工具和技术

1. 检查

检查包括为确定结果是否符合要求所采取的诸如测量、检验和测试等活动。检查的目的是确定项目成果是否与计划要求一致。

2. 控制图

控制图是反映项目质量随时间推移而变化的一种曲线图形。控制图上首先要根据项目的质量管理计划标出控制对象的质量计划基准和计划允许误差的控制上限和控制下限，然后记录各个时间点或样本的项目质量测量结果的实际值，如图6-17所示。

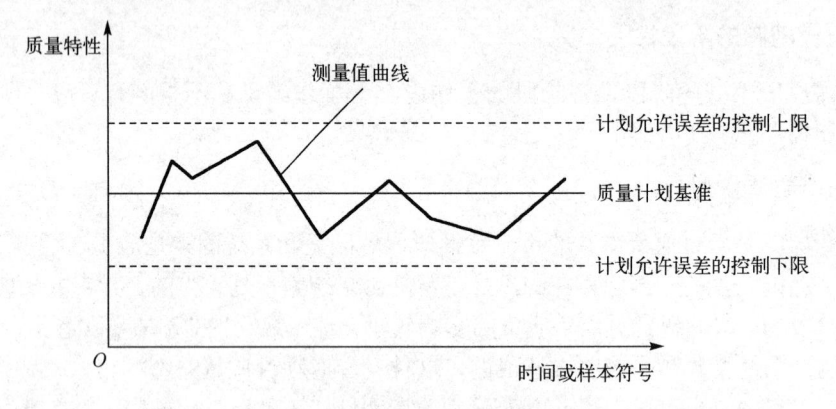

图6-17 质量控制图(测量统计均值)

当采用分组样本的检测统计量对质量控制对象总体加以分析控制时，可先分析样本组的质量检测参数的均值、标准差或极差。采样可按班组、时间等特征分组，然后依据各组的质量检测参数的均值、标准差或极差绘制控制图，如图6-18所示。

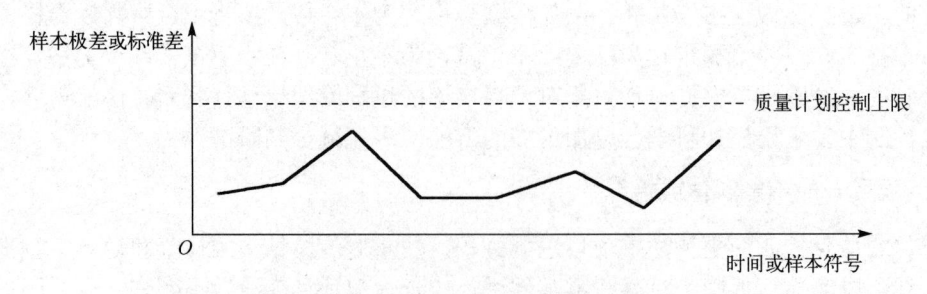

图6-18 质量控制图(测量统计极差或标准差)

3．帕累托图

帕累托图也称排列图，是一种按事件发生频率从大到小排列，然后再按累计频率绘制而成的曲线图，该曲线称为帕累托曲线。帕累托图的横轴表示引发质量问题的原因，纵轴表示相应原因引发的质量缺陷的次数或百分比（频率），如图6-19所示。

绘制帕累托图的步骤包括以下几方面。

（1）找出所有检测出的质量缺陷并将质量缺陷分类。

（2）针对某一类质量缺陷找出所有原因，可采用因果分析图。

（3）统计各种原因所引发的质量缺陷的次数和频率。

（4）将各类原因按引发质量缺陷的次数和频率从大到小排序，绘制相应的直方图。

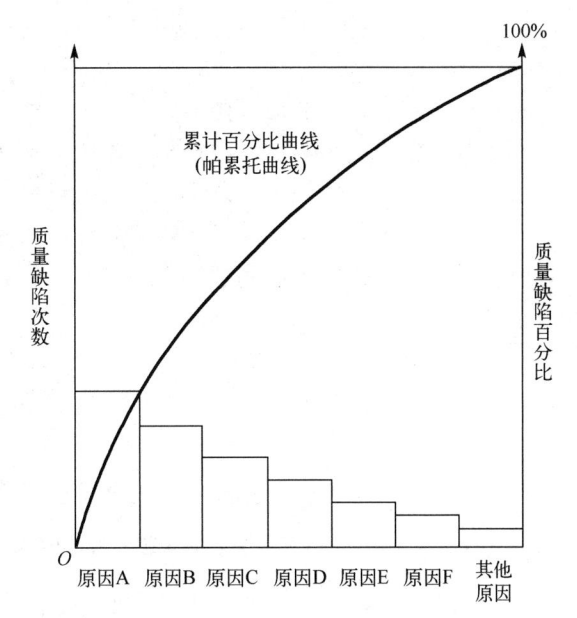

图6-19 某类质量缺陷的帕累托图

（5）在（4）的基础上绘制累计次数或频率曲线，即帕累托曲线。

4．统计抽样

统计抽样是指在一个质量控制对象总体中，随机抽取若干个体进行质量检测的方法。

5．流程图

质量控制中的流程图用于规定项目质量控制的程序和步骤。

6．趋势分析

在项目质量控制中，常用项目已完成成果的质量检测结果来预测未来成果的质量。

6.4.3 项目质量控制的层次

1．不同阶段的质量控制

1）项目决策阶段的质量控制

项目决策阶段包括项目的可行性研究和项目决策。项目的可行性研究直接影响项目的决策质量和设计质量。所以，在项目的可行性研究中，应进行方案比较，提出对项目质量的总体要求，使项目的质量要求和标准符合项目所有者的意图，并与项目的其他目标及项目环境相协调。

项目决策阶段是影响项目质量的关键阶段，项目决策的结果应能充分反映项目所有者对质量的要求和意愿；在项目的决策过程中，应充分考虑项目成本、进度、质量等目标之间的对立统一关系，确定项目应达到的质量目标和水平。

2）项目设计阶段的质量控制

项目设计阶段是影响项目质量的决定性环节，没有高质量的设计就没有高质量的项目；在项目设计过程中，应针对项目特点，根据决策阶段已确定的质量目标和水平，使其具体化。

3）项目实施阶段的质量控制

项目实施阶段是项目形成的重要阶段，是项目质量控制的重点。项目实施阶段所实现的质量是一种符合性质量，即实施阶段所形成的项目质量应符合设计要求。

项目实施阶段是一个从输入转化到输出的系统过程。项目实施阶段的质量控制，也是一个从对投入品的质量控制开始，到对产出品的质量控制为止的系统控制过程，如图6-20所示。

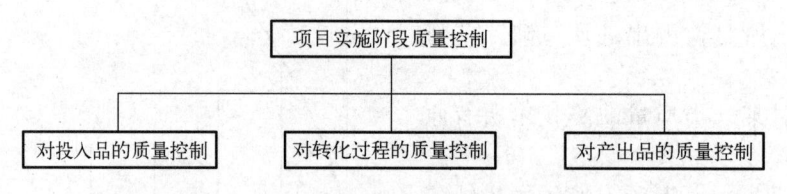

图 6-20 项目实施阶段的质量控制

例 6-2：在某厂区建设项目中，要对某厂区钢架施工中的焊接质量进行管理，在管理人员对厂区钢结构检查的 15 个项目中不合格点有 250 个，为改进并保证质量，对不合格点进行分析，以分析钢结构施工过程中的薄弱环节。收集整理数据，不合格点项目频数频率统计表如表 6-4 所示。在表 6-4 基础上再进行帕累托图分析。

表 6-4 不合格点项目频数频率统计表

序号	检查项目	不合格点数	不合格点统计	频率(%)	累计频率(%)
1	焊缝的气孔	84	84	33.6	33.6
2	焊缝的弧坑	69	153	27.6	61.2
3	焊缝表面的波纹	36	189	14.4	75.6
4	焊接的变形度	31	220	12.4	88
5	焊缝的裂纹	18	238	7.2	95.2
6	焊缝的咬边	12	250	4.8	100

解：（1）排列图的绘制

①画横坐标。将横坐标按检查项目数等分，并按项目频数由大到小的顺序从左至右排列，该例中横坐标分为六等份。

②画纵坐标。左侧的纵坐标表示检查项目不合格点数即频数，右侧纵坐标表示累计频率。

③画频数直方形。以频数为高画出各项目的直方形。

④画累计频率曲线。从横坐标左端点开始，依次连接各检查项目直方形右边线及所对应的累计频率值的交点，所得的曲线为累计频率曲线，如图 6-21 所示。

（2）排列图的观察与分析

①观察直方形，大致可看出各检查项目的影响程度。排列图中的每个直方形都表示一个质量问题或影响因素。影响程度与各直方形的高度成正比。

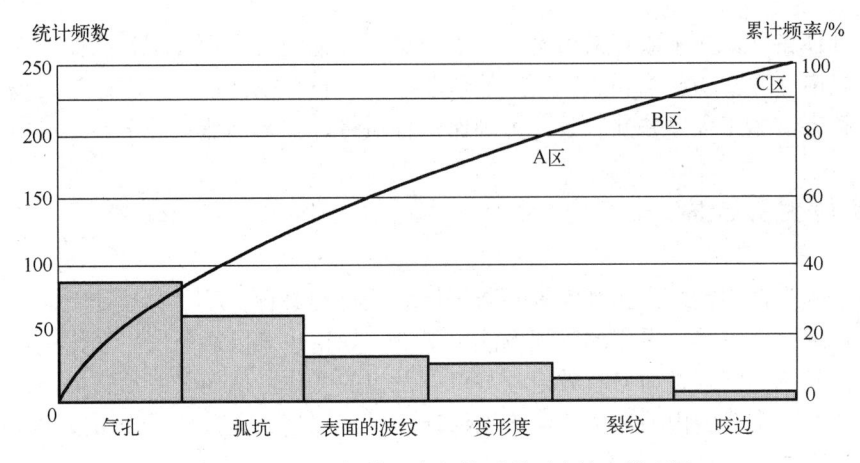

图 6-21 厂区钢架施工中焊接质量不合格点排列图

②利用 ABC 分类法，确定主次因素。将累计频率曲线按 0%～80%、80%～90%、90%～100%分为 3 部分，各曲线下面所对应的影响因素分别为 A、B、C3 类因素。在该例中，A 类因素即主要因素，包括焊缝的气孔、焊缝的弧坑、焊缝表面的波纹、焊接的变形度等；B 类因素即次要因素，是指焊缝的裂纹；C 类因素即一般因素，为焊缝的咬边及其他。综上分析结果，应重点解决 A 类等质量问题。

2．质量因素的控制

影响项目质量的因素主要有 4 方面：人、材料与设备、方法、环境。对这 4 方面因素的控制，是保证项目质量的关键。

1) 人的控制

人，是指直接参与项目的组织者、指挥者和操作者。人，作为控制的对象，要避免产生失误；作为控制的动力，要充分调动人的积极性，发挥人的主导作用。因此，应提高人的素质，健全岗位责任制，改善劳动条件，公平合理地激励劳动热情；应根据项目特点，从确保质量出发，在人的技术水平、生理要求和心理行为等方面控制人的使用；更为重要的是提高人的质量意识，形成人人重视质量的项目环境。

2) 材料与设备的控制

对材料的控制主要通过严格检查验收、正确合理使用、杜绝使用不合格材料等方式来进行控制。设备包括项目使用的机械设备、工具等。对设备的控制，应根据项目的不同特点，合理选择、正确使用、动态管理和及时保养。

3) 方法的控制

项目的实施方案、工艺、组织设计、技术措施等都是方法。对方法的控制，主要通过合理选择、动态管理等方式加以实现。根据项目特点合理选择技术可行、经济合理、有利于保证项目质量、加快项目进度、降低项目成本的实施方法。同时，在项目进行过程中正确应用各种方法，并随着条件的变化不断对其进行调整。

4) 环境的控制

影响项目质量的环境因素较多，有项目技术环境，如地质、水文、气象等；项目管理环境，如质量管理体系、质量管理制度等；劳动环境，如劳动组合、作业场所等。根据项目特点和具体条件，应采取有效措施对影响质量的环境因素进行控制。例如，在建筑工程项目中，就应建立文明施工和文明生产的环境，保持材料工件堆放有序，道路畅通，工作场所清洁整齐，施工程序井井有条，为确保工程质量、安全创造良好条件。

6.5 项目变更控制

在项目的生命周期中，各种因素不断干扰着项目的进行，项目总是处于变化的环境之中。项目管理得再完善，采用的管理方法再科学，项目也难以避免发生变化。对于项目管理者来说，关键的问题是如何有效地预测可能发生的变化，从而采取预防措施，以实现项目的目标。若当项目的内外环境变化无法保证项目按计划实施，项目需求发生变化时，就要进行项目变更。

6.5.1 项目变更概述

项目的变化要求项目变更，这种变更可能发生在项目实施过程中的任一阶段。但根据项目的生命周期理论，通常项目的变更越早，损失就会越小；变更越迟，变更的难度就越大，损失也可能越大。项目在失控的状态下，任何微小变化的积累，最终都可能会导致项目质量、成本和进度的变更，这是一个从量变到质变的过程。

1. 项目变更的定义

项目变更是指项目组织为适应项目运行过程中与项目相关的各种因素的变化，保证项目目标的实现而对项目计划进行相应的部分变更或全部变更。在项目进行过程中，项目的变更可能是由客户引起的，也可能是由项目团队引起的，或是由不可预见事件的发生引起的。

1) 项目利益相关者引起的变更

项目利益相关者引起的变更是指主要的项目利益相关者，如政府、投资者、客户、项目团队、项目经理等由于新的需求或决策，对项目进行变更。

(1) 客户引起的变更。例如，购房者向建筑商建议，房间应该更大些，窗户的位置应重新设置；客户要求信息系统开发项目团队应提高信息系统的能力，以生成以前未提到过的报告和图表等。这些都是由客户引起的变更。这些变更类型代表着对最初项目范围的变更，将会对项目的进度、成本产生影响。不过，影响程度却取决于做出变更的时间。如果在房子的设计图纸尚未完成时，改变房子的大小和窗户的位置就比较容易；但是如果房子的主体已完成，窗户也已安装好，要做上述变更，则对项目的进度和成本将会产生很大的影响。

(2) 项目团队引起的变更。例如，在项目实施过程中，项目团队发现项目设计方案不合理，则提出设计变更建议。

(3) 项目经理引发的变更。例如，某位负责为客户开发自动发票系统的项目经理提出，为了降低项目成本并加快进度，自动发票系统应该采用现成的标准化软件，而不是为客户专门设计软件。

2) 计划不完善引起的变更

计划不完善引起的变更是指在项目计划过程中，因忽略了某些环节而引起的变更。例如，在建造房屋时，客户或承约方未将安装下水道列入工作范围，则应进行范围变更。

3) 不可预见事件引发的变更

例如,地质条件的变化使得原先的设计方案不能满足要求,则需要进行设计变更;暴风雨延缓了项目实施过程,则需要进行进度变更。

2. 项目变更对项目的影响

项目变更对项目的进程或成果将产生影响,这些影响一般会影响到项目的以下方面。
(1) 项目变更主要对项目进度、成本和质量带来影响。
(2) 项目变更会带来项目资源消耗量或消耗结构的变化。
(3) 项目变更会引起项目团队成员、结构及任务的变化。

6.5.2 项目变更控制

1. 项目变更控制的含义

项目变更控制是指为使项目向着有益的方向发展而采取的各种监控和管理措施。项目经理和项目团队必须对变更进行控制。项目变更可以分为影响项目整体的变更和影响项目局部的变更两大类,对于影响项目整体的变更要特别重视。项目控制的很大部分就是变更控制。

2. 项目变更控制的前提

要对项目变更进行有效的管理和控制,必须掌握项目工作分解,提供项目实施进展报告,提交变更要求,参考项目计划。

为了对项目变更进行控制,应由项目组织、项目团队或两者共同建立变更控制系统。变更控制系统由变更控制委员会、人员职责和权限、变更审批程序和制度、变更文件等组成。变更控制系统还应当包括处理自动变更的机制。自动变更,又称现场变更,是不经审查即可批准的变更,多数自动变更是由意外的紧急情况造成的。

变更控制系统可细分为整体、范围、进度、成本和合同变更控制子系统。变更控制系统应当同项目管理信息系统一起通盘考虑,形成整体。

3. 项目变更控制的基本要求

项目变更控制的任务是查明项目内外造成变更的因素,必要时设法消除;查明项目是否已经发生变更,以便在变更实际发生时对其进行管理。各方面的变更控制必须紧密结合起来。

项目变更控制的基本要求有以下几个方面。

(1) 在项目早期,项目承约方和客户之间,项目经理和项目团队之间应就有关变更方式、程序等问题进行协商,并形成文件或协议。

(2) 谨慎对待变更请求,严密判断与计划。

对任何一方提出的变更请求,其他各方都应谨慎对待。例如,承约方对客户提出的变更请求,在未对这种变更可能会对项目的进度、成本产生何种影响做出判断前,就不能随意同意变更,而应估计变更对项目进度和成本的影响程度,并在变更实施前得到客户的同意。客户同意了对项目进度和成本的修改建议后,所有额外的任务、修改后的工期估计、原材料和人力资源成本等均应列入计划。

对于变更的申请，一般有以下 6 种可能的结果。

①在现有的资源和时间范围允许的情况下采纳。在考虑了变更对于进度的影响之后，项目经理决定，可以采纳变更申请，而且变更也不会影响项目的进度和资源。

②可以采纳，但需要延长交付进度。变更的唯一影响是延长交付进度，而不需要额外的资源来满足变更申请。

③在现有的可交付进度内可以采纳，但需要额外的资源。采纳这种变更申请，项目经理需要获得额外的资源，但项目能按照现有的进度或变更后进度交付。

④可以采纳，但需要额外的资源和延长交付进度。

⑤可以采纳，但需要采取多次发布策略，并排定不同发布时期交付成果的优先次序。在这种情况下，为了采纳变更申请，项目计划将不得不进行重大修改。例如，最初的要求包含 10 个特征，从而形成现有的计划，变更申请要求增加 2 个特征，这时项目经理就会请客户重新排定这 12 个特征的优先级。他会使前 8 个特征早于原计划的交付日期完成，而使后 4 个特征晚于原计划的交付日期完成。换句话说，就是项目经理将部分重要的工作提前完成，而部分不重要的工作延迟完成。在很多情况下，这种权衡是行之有效的。

⑥不能采纳，变更将严重影响项目的进度。这种变更申请的影响非常严重，甚至会导致彻底放弃现有的项目计划。此时有两种解决方案：一种是拒绝变更申请，项目照常进行，并且把申请看作另外一个项目；另一种是停止现有的项目，根据申请更新计划，启动一个全新的项目。

(3) 制订变更计划并实施变更

变更申请确定后，应根据申请更新项目计划，并采取有效措施加以实施，以确保项目变更达到既定的效果。

①明确界定项目变更的目标。项目变更的目的是适应项目变化的要求，实现项目预期的目标。这就要求明确项目变更的目标，并围绕该目标制订变更计划，做到有的放矢。

②优选变更方案。变更方案的不同影响着项目目标的实现，好的变更方案将有利于项目目标的实现，而不好的变更方案则会对项目产生不良影响。这就存在着变更方案的优选问题。

③做好变更记录。项目变更控制是一个动态过程，它始于项目的变更，而终于项目变更的完成。在这一过程中，拥有充分的信息、掌握第一手资料是做出合理变更的前提条件。这就需要记录整个变更过程，而记录本身就是项目变更控制的主要内容。

④及时发布变更信息。项目变更最终要通过项目团队成员实现，所以项目变更方案一旦确定后，应及时将变更的信息和方案公布于众，使项目团队成员能够掌握和领会变更方案，以调整自己的工作方案，朝着新的方向去努力。同样，变更方案实施以后，也应通报实施效果。

6.6 工程案例分析——挣值管理在工程项目中的应用

某建筑公司在激烈竞标中获得了一个总价为 1000 万元的工程项目，项目任务包括设计、施工、设备安装与调试等 3 项主要内容。项目成本估算为 800 万元，项目工期为 1 年。项目从当年 1 月开始进行。项目成本预算的简表和一览表分别如表 6-5 和图 6-22 所示。

表 6-5　项目的成本预算（简表）　　　　　　　　　　　　单位：万元

项目任务	总预算	\multicolumn{12}{c}{工期进度/月}
		1	2	3	4	5	6	7	8	9	10	11	12
设计	182	64	88	20	10								
施工	492			98	120	67	63	66	28	32	18		
设备安装与调试	126										40	50	36
合计	800	64	88	118	130	67	63	66	28	32	58	50	36
累计		64	152	270	400	467	530	596	624	656	714	764	800

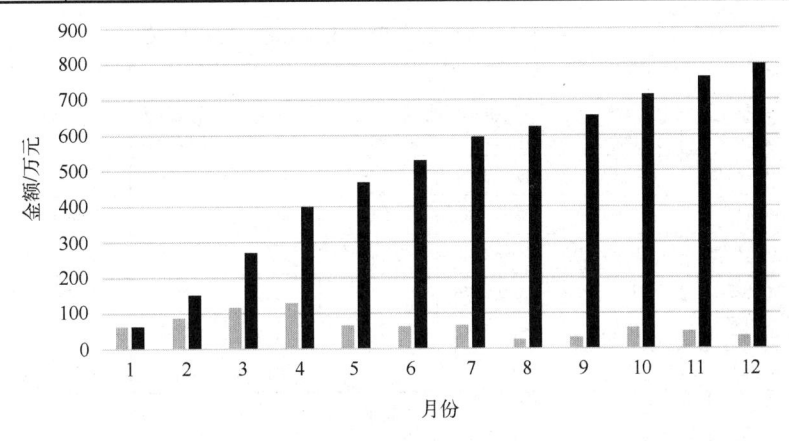

图 6-22　项目成本预算一览表

如果这个项目顺利完成，它可能使公司在未来几年内能够接到几个更大的项目，也会在未来几年内给公司带来更多的收益，所以公司很重视这个项目。公司通过内部选拔的形式从团队精神、专业技术、领导经验、组织协调能力、项目管理经验、客户沟通能力、法律财务知识等几个方面选择这个项目的项目经理。Juan 从 4 名候选人中脱颖而出，成为这个项目的项目经理，他需要直接向副总裁汇报工作。Juan 在公司从事项目管理工作已有 9 年，并以高分数通过了 PMP 考试，是公司的优秀项目经理，在公司的项目管理方面有很高的声誉，是一个积极、乐观、善于交际的人。

项目开始的前两个月主要开展项目的设计工作。由于利用了其他项目的部分成果，项目的成本大大低于预算，项目进度也有一定程度的提前。但随着项目的推进，诸多预想不到的施工困难接踵而至。首先是先期工程留下大量未完工程，后来水管破裂造成塌方。对这些施工困难，虽然项目组织积极采取措施，但项目成本和项目进度仍然受到较大影响。一波未平一波又起，因为新冠病毒感染疫情不期而至，许多工人纷纷返乡，从而造成劳动力严重不足且调剂困难，使得项目成本和项目进度受到更大影响。在项目执行过程中，Juan 一直分析项目绩效，应用挣值管理的方法对项目绩效情况进行了统计和计算，如表 6-6、表 6-7、图 6-23 所示。

表 6-6 项目前 6 个月的绩效情况记录　　　　　　　　　单位：元

日期	BCWS 当期值	BCWS 累计值	BCWP 当期值	BCWP 累计值	ACWP 当期值	ACWP 累计值
1月31日	644022.00	644022.00	631141.56	631141.56	328719.56	328719.56
2月28日	876294.00	1520316.00	1269253.44	1900395.00	905303.16	1234022.72
3月31日	1182740.00	2703056.00	937813.80	2838208.80	932548.88	2166571.60
4月30日	1297488.00	4000544.00	1002313.44	3840522.24	1356843.30	3523414.90
5月31日	673403.00	4673947.00	552987.94	4393510.18	1101332.66	4624747.56
6月30日	629054.96	5303001.96	538281.64	4931791.82	916591.57	5541339.13

注：BCWS 为计划值；BCWP 为挣值；ACWP 为实际值。

表 6-7 项目前 6 个月的项目绩效情况分析　　　　　　　　　单位：元

日期	CV BCWP−ACWP	CV/BCWP (%)	SV BCWP−BCWS	SV/BCWS (%)	CPI BCWP/ACWP	SPI BCWP/BCWS	BAC	EAC
1月31日	302422.00	47.92	−12880.44	−2.00	1.92	0.98	8000000.00	4166666.67
2月28日	666372.28	35.06	380079.00	25.00	1.54	1.25	8000000.00	5194805.19
3月31日	671637.20	23.66	135152.80	5.00	1.31	1.05	8000000.00	6106870.23
4月30日	317107.34	8.26	−160021.76	−4.00	1.09	0.96	8000000.00	7339449.54
5月31日	−231237.38	−5.26	−280436.82	−6.00	0.95	0.94	8000000.00	8421052.63
6月30日	−609547.31	−12.36	−371210.14	−7.00	0.89	0.93	8000000.00	8988764.04

注：CV 为成本偏差；SV 为进度偏差；CPI 为成本执行指数；SPI 为进度执行指数；BAC 为项目预算成本；EAC 为完工成本估算；BCWP 为挣值；ACWP 为实际值；BCWS 为计划值。

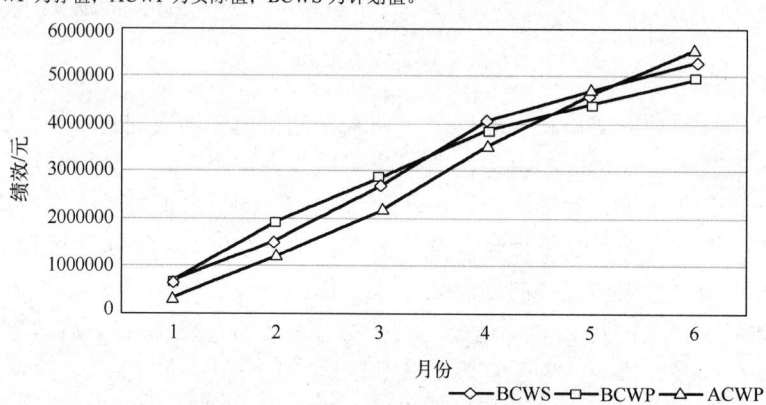

图 6-23 项目前 6 个月的绩效情况

Juan 从这些图表中发现，虽然前两个月的成本预算有一定的结余，但从 3 月到 6 月，结余的部分很快被消耗殆尽，而且项目施工成本有较大程度增加，并在 6 月底成本偏差达到了 12.36%，同时项目进度也存在一定程度的滞后，进度偏差达到了 7%。根据事先确定的偏差容忍度，这时必须采取积极有效的纠偏措施。

根据项目的进展情况，项目经理与客户进行积极沟通。客户明确表示项目进度不能拖延，客户也不会为此项目增加投入。客户的这些要求显然没有考虑新冠病毒感染疫情给工程施工带来的一系列不利因素。这意味着项目必须按照原来合同规定的进度要求完工，必须在后面的几个月内采取更加积极有效的措施。

根据客户的这些要求，Juan 和项目团队对项目的实际进展情况和项目绩效进行了认真研究和分析，对偏差(成本偏差和进度偏差)进行了计算，对项目的完工成本估算(EAC)进行了预测。计算和预测的结果如表 6-7 和图 6-24 所示。

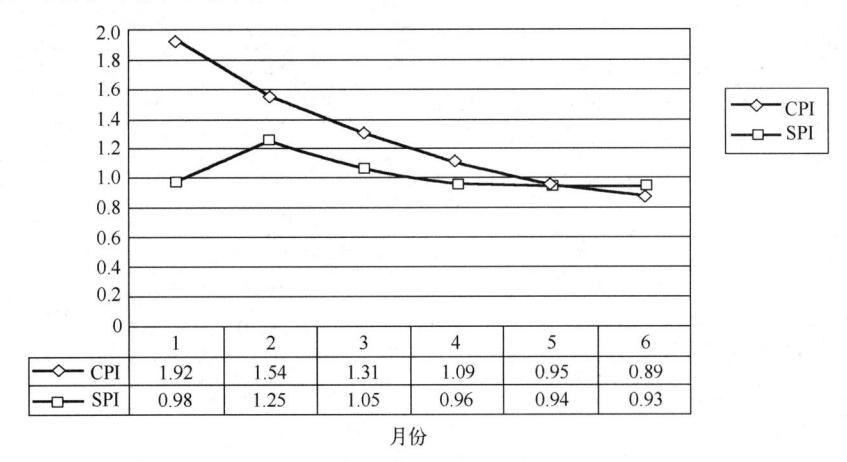

月份	1	2	3	4	5	6
CPI	1.92	1.54	1.31	1.09	0.95	0.89
SPI	0.98	1.25	1.05	0.96	0.94	0.93

图 6-24　项目前 6 个月的成本执行指数和进度执行指数

根据这些绩效分析的结果，项目团队认为，由于外界条件的变化，项目已不可能在原本的预算内完成，必须更改预算。因此，项目团队向公司提出根据 6 月的完工成本估算更改项目总预算的申请。公司对此进行了认真研究和分析，同意更改项目总预算的申请，最终决定项目总预算由原来的 800 万元调整为 880 万元。Juan 和项目团队随即于 7 月更改了相应的项目任务的预算成本，如表 6-8 所示。

表 6-8　一个工程项目的成本预算简表(调整后)　　　　　　　　　　单位：万元

项目任务	总预算	工期进度/月份												
		1	2	3	4	5	6	7	8	9	10	11	12
设计	182	64	88	20	10								
施工	572			98	120	67	63	96	58	42	28		
设备安装与调试	126										40	50	36
合计	880	64	88	118	130	67	63	96	58	42	68	50	36
累计		64	152	270	400	467	530	626	684	726	794	844	880

通过采取各种纠偏措施，包括增加资源、加班加点、提高效率等，同时通过项目经理与客户的认真沟通，也删减了一些不必要的工作，项目得以在 12 月 28 日顺利完成，比原计划提前了几天。从项目的结果来看，项目在成本和进度的控制上都达到了公司的要求。整个项目阶段的项目绩效情况和分析如表 6-9、表 6-10、图 6-25 所示。从图 6-26 所示的整个项目阶段的成本执行指数和进度执行指数可以看出，项目在后半段的成本和进度都基本趋于合理(成本执行指数 CPI 和进度执行指数 SPI 都在 1.0 左右浮动)。

表 6-9　项目成本绩效情况　　　　　　　　　　　　　　　　单位：元

日期	BCWS 当期值	BCWS 累计值	BCWP 当期值	BCWP 累计值	ACWP 当期值	ACWP 累计值
1月30日	644022.00	644022.00	631141.56	631141.56	328719.56	328719.56
2月28日	876294.00	1520316.00	1269253.44	1900395.00	905303.16	1234022.72
3月31日	1182740.00	2703056.00	937813.80	2838208.80	932548.88	2166571.60
4月30日	1297488.00	4000544.00	1002313.44	3840522.24	1356843.30	3523414.90
5月31日	673403.00	4673947.00	552987.94	4393510.18	1101332.66	4624747.56
6月30日	629054.96	5303001.96	538281.64	4931791.82	916591.57	5541339.13
7月31日	959729.75	6262731.71	1080430.62	6012222.44	923416.19	6464755.32
8月31日	580736.49	6843468.20	694376.39	6706598.83	521285.14	6986040.46
9月30日	421113.91	7264582.11	557983.27	7264582.10	503219.45	7489259.91
10月31日	679823.18	7944405.29	759267.23	8023849.33	615638.42	8104898.33
11月30日	494180.65	8438585.94	245964.88	8269814.21	2762.68	8107661.01
12月28日	361414.06	8800000.00	442185.78	8711999.99	433515.47	8541176.48

注：BCWS 为计划值；BCWP 为挣值；ACWP 为实际值。

表 6-10　项目成本绩效情况分析　　　　　　　　　　　　　单位：元

日期	CV BCWP-ACWP	CV/BCWP (%)	SV BCWP-BCWS	SV/BCWS (%)	CPI BCWP/ACWP	SPI BCWP/BCWS	BAC	EAC
1月31日	302422.00	47.92	−12880.44	−2.00	1.92	0.98	8000000.00	4166666.67
2月28日	666372.28	35.06	380079.00	25.00	1.54	1.25	8000000.00	5194805.19
3月31日	671637.20	23.66	135152.80	5.00	1.31	1.05	8000000.00	6106870.23
4月30日	317107.34	8.26	−160021.76	−4.00	1.09	0.96	8000000.00	7339449.54
5月31日	−231237.38	−5.26	−280436.82	−6.00	0.95	0.94	8000000.00	8421052.63
6月30日	−609547.31	−12.36	−371210.14	−7.00	0.89	0.93	8000000.00	8988764.04
7月31日	−452532.88	−7.53	−250509.27	−4.00	0.93	0.96	8000000.00	9462365.59
8月31日	−279441.63	−4.17	−136869.37	−2.00	0.96	0.98	8000000.00	9166666.67
9月30日	−224677.81	−3.09	−0.01	0.00	0.97	1.00	8000000.00	9072164.95
10月31日	−81049.00	−1.01	79444.04	1.00	0.99	1.01	8000000.00	8888888.89
11月30日	162153.20	1.96	−168771.73	−2.00	1.02	0.98	8000000.00	8627450.98
12月28日	170823.51	1.96	−88000.01	−1.00	1.02	0.99	8000000.00	8627450.98

注：CV 为成本偏差；SV 为进度偏差；CPI 为成本执行指数；SPI 为进度执行指数；BAC 为项目预算；EAC 为完工成本估算；BCWP 为挣值；ACWP 为实际值；BCWS 为计划值。

Juan 及项目团队在该项目上合理地运用挣值管理的方法，监视实际成本与预算成本的差异，计算偏差，找出偏差产生的原因，并积极采取纠偏措施，从而有效地控制了项目的成本和进度，取得了良好的成绩。Juan 领导的项目团队也因为该项目被评为先进团队。

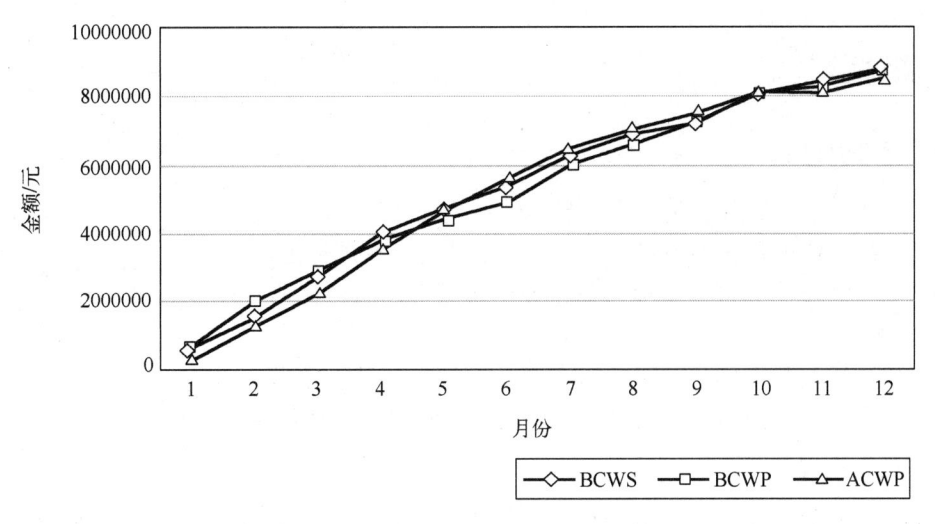

图 6-25　项目绩效情况一览表

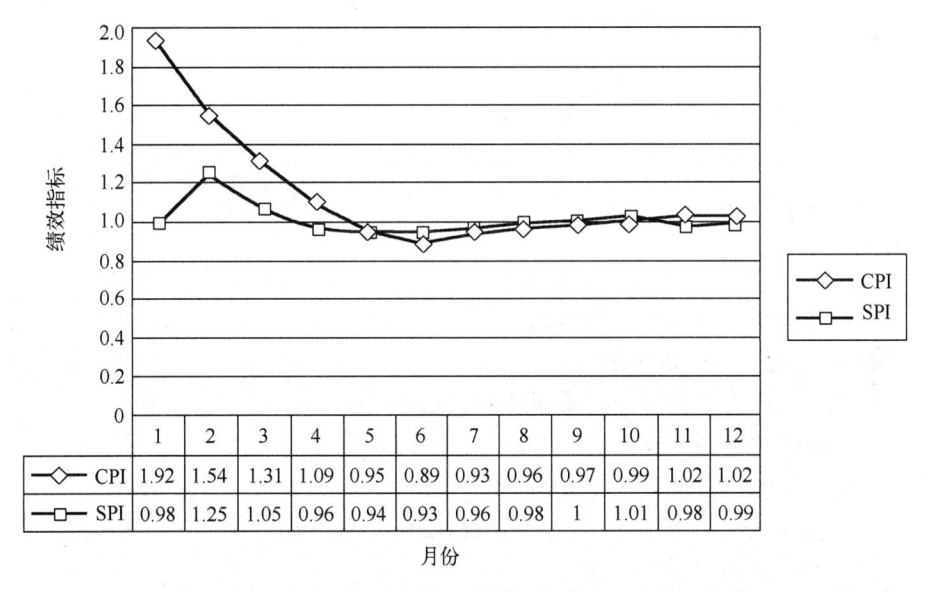

月份	1	2	3	4	5	6	7	8	9	10	11	12
CPI	1.92	1.54	1.31	1.09	0.95	0.89	0.93	0.96	0.97	0.99	1.02	1.02
SPI	0.98	1.25	1.05	0.96	0.94	0.93	0.96	0.98	1	1.01	0.98	0.99

图 6-26　整个项目阶段的成本执行指数和进度执行指数

本章小结

本章首先介绍了项目实施过程与项目控制原理等基本概念，进而引入项目进度计划的实施过程及项目进度监控相关内容，并总结了 5 种项目进度比较分析的方法。针对相关成本控制介绍了挣得值分析法，梳理了挣值管理的步骤及相关注意事项。由项目质量控制的特点切入，介绍了项目质量控制的工具和技术，最后总结了项目变更控制管理的相关内容，并结合工程案例分析了挣值管理在工程项目中的作用。

能力测试题

1. 是非判断题

(1) 项目控制的过程也是一个信息传递和反馈的过程。（　）
(2) 进度控制就是压缩项目工期，尽量少花时间在项目上。（　）
(3) 项目变更申请可以由项目业主提出，也可以由项目团队提出，但不能由其他项目干系人提出。（　）
(4) 成本控制就是尽可能地少花钱。（　）
(5) 项目进度监控的结果通过项目进展报告的形式向有关部门和人员报告。（　）

2. 单项选择题

(1) 运用动态控制原理实施工程项目的进度控制，下列各项工作中首先进行的工作是（　）。
　　A. 对工程进度的总目标进行逐层分解
　　B. 定期对工程进度的计划值与实际值进行对比
　　C. 分析进度偏差的原因及其影响
　　D. 按照进度控制的要求，收集工程进度实际值

(2) 若已知 BCWS = 220 元，BCWP = 200 元，ACWP = 250 元，则此项目的 CV 为（　）。
　　A. 30　　B. 50　　C. −30　　D. −50

(3) 下列方法中，能够找出发生次数少，但对项目质量影响程度大的方法是（　）。
　　A. 趋势分析　　B. 质量检查表　　C. 控制图　　D. 帕累托图

(4) 进度控制的一个重要作用是（　）。
　　A. 判断为产生项目可交付成果所需的活动时间
　　B. 判断是否需要对发生的进度偏差采取纠偏措施
　　C. 评价范围定义是否足以支持进度计划
　　D. 保持团队的高昂士气，使团队成员能充分发挥潜力

(5) 关于变更的描述不正确的是（　）。
　　A. 项目经理做出变更决策　　B. 在变更发生时，跟踪并记录变更
　　C. 就变更事项，通知管理层　　D. 避免回避变更

3. 多项选择题

(1) 与网络计划相比较，甘特图进度计划法的特点有（　）。
　　A. 适用于手工制订计划
　　B. 工作之间的逻辑关系表达清楚
　　C. 能够确定计划的关键工作和关键路线
　　D. 调整只能用手工方式进行，其工作量较大
　　E. 直观地比较实际进度与计划进度的偏差

(2) 如果进度偏差与成本偏差两者都大于0，那么下列表述错误的是（　）。

A．项目实际成本比计划低　　　　　　B．项目成本超值
C．项目进度滞后　　　　　　　　　　D．项目进度比计划提前
E．预期项目完成时间早于计划完成时间

(3) S形曲线比较法以横坐标表示进度时间，纵坐标表示累计完成任务量，通过实际进度与计划进度的比较，可以获得的信息有（　　）。

A．实际工作进展　　　　　　　　　　B．进度超前或拖延的时间
C．工程量的完成情况　　　　　　　　D．进度计划是否合理
E．成本是否超支

(4) 质量控制中常用的工具有（　　）。

A．控制图　　　　　　　　　　　　　B．流程图
C．帕累托图　　　　　　　　　　　　D．质量检查表
E．趋势分析

(5) 采用挣值法分析某工程得到已完成工作量的预算成本(BCWP)>计划工作量的预算成本(BCWS)>已完成工作量的实际成本(ACWP)，则该工程（　　）。

A．成本节余　　　　　　　　　　　　B．进度提前
C．成本超支　　　　　　　　　　　　D．进度延误
E．成本执行指数大于1

4．简答题

(1) 时间、成本、质量是项目管理的三大约束，请说明这三大约束与项目目标实现的关系。在项目实施过程中应如何协调三者之间的关系？

(2) 简述项目进度监控类型与进度更新的方法。

(3) 在项目成本控制过程中，如何利用控制方法和技术？

(4) 质量控制的特点是什么？

(5) 简述变更控制的基本要求。

5．计算题

某房地产项目的总工作量为30000平方米，预算造价为800元每平方米，工期计划为300天(注：每天应完成100平方米)。开工后的第30天，业主的项目管理人员到现场核查，发现已完工2500平方米，而此时已支付给建筑商的工程款为300万元。试用挣得值分析法对项目进度及成本支出情况进行分析。

案例分析

某企业集团(甲方)的大型信息系统工程项目(A项目)由信息技术有限公司(B公司，乙方)承建，双方签订的合同规定工期为8个月。合同签订后B公司严格按照软件工程方法进行项目的需求调研(细化)、设计、编码、测试，并于工程正式开工前制订了详细的工程实施计划。但甲方由于欲在本年度评先进单位，想以信息系统工程项目建设的成果作为评选先进的筹码，于是在合同签订后20天内，甲方向乙方提出赶

工期的要求，要求将总工期由 8 个月压缩到 6 个月，同时砍掉合同中确定的部分功能点，增加部分功能点。

甲企业集团在过去三年中与 B 公司签订过两个大合同，B 公司一向视甲企业集团为公司的大客户，是公司主要的业务来源，因此 B 公司总经理认为不能轻易得罪甲企业集团。B 公司同意了甲方压缩工期、变更部分需求范围的要求。由于工期的压缩，乙方感到工期很紧张，因此在没有全面完成高层设计工作的情况下，就匆忙开展详细的设计工作，在详细设计工作没有成型的前提下，编码人员开始了编码，即 B 公司实施工程项目的方案为：概要设计、详细设计、编码、单元测试并行。而且，由于工期的压缩，乙方软件工程师吃紧，不得不临时从社会招聘 4 位软件工程师。

可即使乙方的人员加班加点地工作，问题还是出现了。由于临时变更部分需求的范围，导致原先制订的系统建设方案被迫改变，而临时的变更又未进行深入的分析，因此在项目实施的过程中，频繁地出现需求变更，导致设计变更、编码变更，重复性工作和返工工程量陡然增大。由于工期紧张，系统开发完成后，未经过充分的测试就匆忙投入运行，在系统投入运行的过程中，系统中隐藏的缺陷暴露出来，使甲方遭受了较大的经济损失。甲方认为损失都是由乙方项目管理不善造成的，遂将乙方告上了法庭，要求乙方赔偿经济损失。

问题：
(1) 在项目实施过程中出现了什么问题？
(2) 针对该项目如何进行有效的项目控制管理？

第 7 章 项目组织与项目团队

> **本章提要**

项目一旦确定,应首先考虑两个问题:一是确定项目和公司的关系,即项目组织结构;二是项目组织内部的管理问题,尤其是项目经理的挑选和项目团队的组建。项目组织作为一种新型的组织形式,其组织结构和传统的组织结构有相同之处,因而其管理同企业管理也有一些共同点。但项目本身的特性,决定了项目实施过程中其组织与管理又有特殊之处。在本章中,您将学习到以下内容:项目组织的概念及项目组织设计的依据和原则;项目组织的 4 种类型及各自适用范围和优缺点;项目经理的责任和权利,以及项目经理的培养和挑战;项目团队的概述及如何有效领导项目团队。

7.1 项目组织对项目绩效的影响

7.1.1 项目组织的概念与特征

组织这个词我们经常使用,管理学家提出过众多的关于组织的理论,这些理论对组织的概念各有解释。由于各种理论的角度不同,如有的从组织结构方面,有的从组织形态方面,有的从组织行为方面,有的从组织控制方面去理解组织,因而对组织概念的理解相差较大。

对于组织的一般含义,不同的学者从不同的角度形成了不同的观点。巴纳德认为,正式组织是有意识地协调两个以上的人的活动与力量体系。从系统论的观点看来,组织具有系统性、结构性和整体性的特点。综合起来,组织就是:①有目标的,即具有某种目标的群体;②心理系统,即群体中相互作用的人们;③技术系统,即运用知识和技能的群体;④有结构的活动的整体,即在特定关系模式中一起工作的群体。

由此,组织的定义为:组织是特定的群体,为了共同的目标,按照特定原则,通过组织设计使得相关资源有机组合,并以特定结构运行的结合体。从组织的定义我们可以得出它的特点:目标的一致性,原则的统一性,资源的有机结合性,活动的协作性,结构的系统性。

组织可以被划分为各种不同的类型。组织根据不同的领域分为经济组织、政治组织等;根据活动的性质分为公共组织和非公共组织;根据结构的正式程度分为正式组织和非正式组织;根据其结构形式分为职能式组织、项目式组织、矩阵式组织(弱矩阵式、平衡矩阵式、强矩阵式)。

因为组织结构总是要适应组织活动的需要,所以相应的组织结构也应随之变化。这不但贯穿于管理活动的全过程和所有方面,也随着组织中各种因素的变化而变化。因此,组织具有特殊性和多变性,必须根据具体情况进行组织设计和管理活动。

1. 项目组织的概念

项目组织是指为了完成某个特定的项目任务而由不同部门、不同专业的人员组成的一个特别工作组织，通过计划、组织、领导、控制等过程，对项目的各种资源进行合理配置，以保证项目目标的成功实现。

有些项目，其具体技术性工作和管理职能均由项目组织成员承担，如软件开发项目等。因为其管理工作量不大，所以没有必要单独设立履行管理职责的班子。此时，项目组织负责人除管理工作外，也要承担具体的系统设计、程序编制或研究工作，这时候可称项目组织为项目管理班子。另外一些项目，由于管理工作量很大，项目组织仅履行管理职能，具体的技术工作由他人或其他组织承担。例如，某市的环境保护项目，环境保护科学技术研究、设备和设施的设计、土建施工、设备制造和材料供应均交给项目组织之外的单位。而项目组织本身不承担具体技术工作，仅履行管理职能。这时候可称其为项目管理班子，突出其管理职能。

2. 项目组织的特征

项目组织作为组织的一种类型，具有一般组织所具有的特征。但由于项目与项目管理的特殊性，使得项目组织又具有以下特征。

1) 临时性

项目组织是为完成项目而组建、为项目建设服务的组织。由于项目是一次性的，因此一旦项目结束，项目组织的使命也随之完成，随着项目的结束项目组织也就解散。作为一个临时性的组织，项目组织是由上层机构(企业所有者)建立起来为了完成某一具体目标的机构。在项目存在的时间范围内，上层机构被视为稳定的，且其结构是固定的。因此，一个项目与一个政府机构有许多共同点。它有支持者，支持者们创建项目机构来保障项目的成功；同时也有反对者，反对者们会努力去破坏项目的成功。企业所有者要任命一名管理者来站在他们的立场对项目进行管理，同时企业所有者还需要创建组织机构，包括信息渠道在内，来监督项目管理者的决策以确保实现企业所有者利润最大化的目标。

2) 任务导向性

项目组织的成立绝大部分是任务驱动的。一方面因为要解决一些重要且复杂的问题，另一方面甚至是为了执行大量的任务。项目组织的具体职责、组织结构、人员构成和人数配备等因项目性质、复杂程度、规模大小和持续时间长短而异。

7.1.2 项目组织结构的形式

在实际工作中存在多种项目组织结构形式，项目组织结构形式对项目的成败有很大的影响，但并没有证据证明有最佳的组织结构形式，每一种组织结构形式有各自的优点和缺点，因此在设计项目组织结构形式时要具体分析、具体设计。一般来说，典型的项目组织结构形式有 4 种，即职能式、项目式、矩阵式和组合式。

1. 职能式项目组织结构形式

职能式项目组织结构形式指企业按职能及其相似性来划分部门，如一般生产市场需要的产品，涉及计划、采购、生产、营销、财务、人事等职能，那么企业在设置组织部门时，按照职能及其相似性将所有计划工作及相应人员归为计划部门、从事营销的人员划归营销部门等，企业便有了计划、采购、生产、营销、财务、人事等部门。

采用职能式项目组织结构形式的企业在进行项目工作时，各职能部门根据项目的需要承担本职能范围内的工作。也就是说，企业主管根据项目任务需要从各职能部门抽调人员及其他资源组成项目实施组织，如开发新产品项目就可以从营销、设计及生产部门各抽调一定数量的人员形成开发小组。然而这样的项目实施组织的界限并不十分明确，小组成员完成项目中需本职能部门完成的任务，同时他们并没有脱离原来的职能部门，而项目实施的工作多属于兼职工作性质。这样的项目实施组织的另一特点是没有明确的项目主管或项目经理，项目中各种职能的协调只能由处于职能部门顶层的部门主管或经理来协调，如图 7-1 所示。

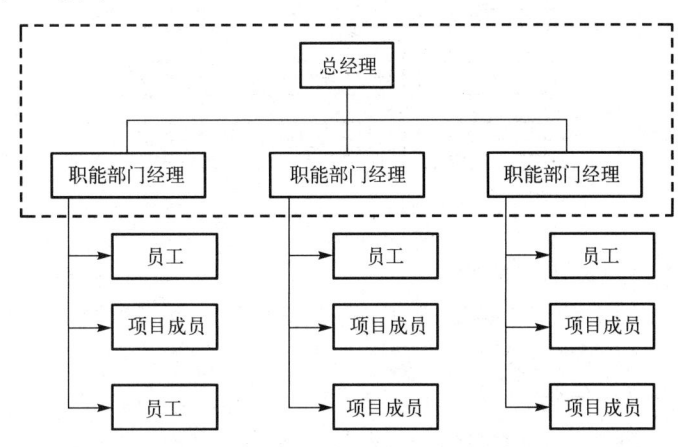

图 7-1 职能式项目组织结构形式

职能式项目组织结构形式的优点如下。

(1) 有利于同一部门的专业人员一起交流知识和经验，可使项目获得部门内所有的知识和技术支持，对创造性的项目技术问题的解决很有帮助。

(2) 技术专家可同时参加不同的项目，提高资源的利用效率。

(3) 当有人员离开项目组甚至离开企业时，职能部门可作为保持项目技术持续性的基础。

(4) 将项目作为部门的一部分，还有利于在过程、管理和政策等方面保持连续性。

(5) 职能部门可以为本部门的专业人员提供一条正常的晋升途径，使得项目成员可以考虑自己的职业生涯。

职能式项目组织结构形式的缺点如下。

(1) 项目中与职能部门利益直接有关的问题可能得到较好的处理，而那些超出其利益范围的问题则很有可能被忽视。

(2) 调配给项目的人员往往把项目看作他们的额外工作甚至负担，从而影响其工作的积极性。

(3) 技术复杂的项目通常需要多个职能部门的共同合作，但各部门往往更注重本领域，而忽略整个项目的目标，并且跨部门之间的交流沟通也是比较困难的。

(4) 项目及客户的利益往往得不到优先考虑，因为客户不是活动和关注的焦点。

(5)有时会发现没有人承担项目的全部责任。项目经理只负责项目的一部分，另外一些人则负责项目的其他部分。由于责任不明确，往往导致协调的困难和混乱的局面。

2．项目式项目组织结构形式

项目式项目组织结构形式是按项目来划归所有资源的，即每个项目有完成项目任务所必需的所有资源，每个项目实施组织有明确的项目经理，对上直接接受企业主管、大项目经理或总经理领导，对下负责本项目资源的运用以完成项目任务。每个项目组之间具有相对独立性，如图 7-2 所示。

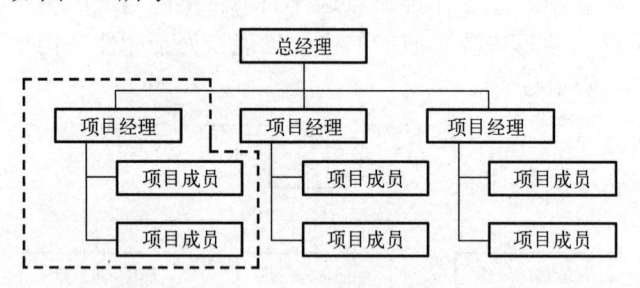

图 7-2　项目式项目组织结构形式

项目式项目组织结构形式的优点如下。

(1)项目经理有充分的权力调动项目内外部的资源，并对项目全权负责。

(2)项目经理可以直接与企业的高层管理人员进行沟通，使项目内沟通更加顺畅、沟通速度更快、途径更加便捷。

(3)当存在一系列的类似项目时，项目式组织可以保留一部分在某些技术领域具有很好才能的专家作为固定的成员。

(4)项目目标单一，项目成员能够集中精力，团队精神得以充分发挥。

(5)权力的集中使决策的速度得以加快，整个项目组织能够对客户的需求和高层管理人员的意图做出更快的响应。

(6)有利于使命令协调一致，每个成员只有一个上司，排除了多重领导的可能。

(7)从结构上来说简单灵活、易于操作，对进度、成本和质量等方面的控制也较为灵活。

3．矩阵式项目组织结构形式

矩阵式项目组织结构形式发展的推动力主要来自高科技领域的企业，这些企业中的项目通常需要多个部门的专家进行合作，而又希望各个项目能够共享这些专家。此外，项目的技术要求也需要有一种新的组织结构形式能够克服先前的项目管理中的不足。

矩阵式项目组织结构形式的特点是将按照职能划分的纵向部门与按照项目划分的横向部门结合起来，以构成类似矩阵的管理系统。当很多项目对有限资源的需求需要对职能部门的资源进行共享时，矩阵式项目组织结构形式就是一种有效的组织形式。传统的职能组织在这种情况下无法适应的主要原因：职能组织无力对包含大量职能之间相互影响的工作任务提供集中、持续和综合的关注与协调。因为在职能组织中，组织结构的基本设计方向是职能专业化和按职能分工，不可能期望一个职能部门的经理会不顾自己职能部门中的利益和责任，或者完全打消职能中心主义的念头，把项目作为一个整体，关注职能之间的项目各个方面。

在矩阵式项目组织结构中，项目经理在项目活动的"什么"和"何时"两方面，即内容和时间方面对职能部门行使权利，而各职能部门经理决定"如何"支持。每个项目经理直接向最高管理层负责，并由最高管理层授权。而职能部门对各种资源做出合理的分配和有效的控制调度来管理项目。职能部门经理既要对他们的直属上司负责，也要对项目经理负责，如图7-3所示。

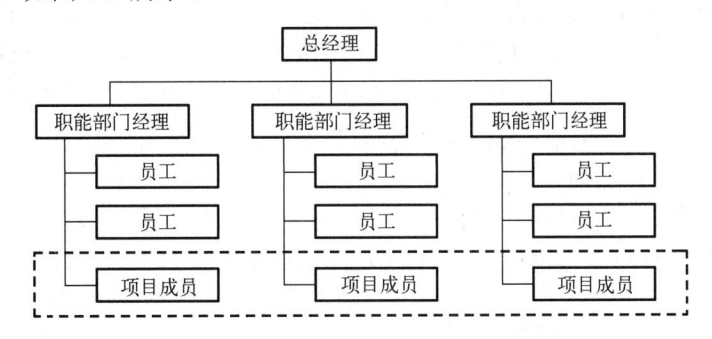

图7-3 矩阵式项目组织结构形式

矩阵式项目组织结构形式的优点如下。

(1) 项目是工作的焦点。由专人即项目经理负责管理整个项目，在规定的时间和成本范围内完成项目的要求。

(2) 项目中有来自职能部门的人员，他们会在企业规章制度的执行过程中保持与企业的一致性，从而增加企业领导对项目的控制力。

(3) 当多个项目同时进行时，企业可以平衡资源以保证各个项目都能实现其各自的进度、成本及质量目标。

(4) 具有项目式项目组织结构的长处。由于项目组织是覆盖在职能部门上的，它可以临时从职能部门抽调所需的人才，所以可以分享各个部门的技术人才资源；当有多个项目时，这些人才对所有项目都是可用的，从而可以大大减少项目式项目组织结构中出现的人员冗余问题。

(5) 项目组成员对项目结束后的忧虑减少了。虽然他们与项目具有很强的联系，但他们对职能部门也有一种"家"的亲密感觉。

(6) 对客户要求的响应与项目式项目组织结构一样快捷灵活，而且对企业组织内部的要求也能做出较快的响应。

(7) 企业可以在人员及进度上统筹安排，优化整个系统的效率，而不会牺牲其他项目去满足个别项目的要求。

总之，矩阵式项目组织结构汇集了职能式项目组织结构和项目式项目组织结构的一般特点。并且具有较宽的选择范围。职能部门可以为项目提供人员，也可以只为项目提供服务，从而使项目组织具有很大的灵活性。

矩阵式项目组织结构形式的缺点如下。

(1) 为实现职能部门和项目组织间的平衡，需要持续地进行监督，以防双方互相削弱。

(2) 在开始制定政策和方法时，需要花费较多的时间和劳动量。

(3)每个项目都是独立进行的,容易产生重复性劳动。

(4)对时间、成本及运行参数的平衡必须加以监控,以保证不因时间和成本而忽视技术运行。

4. 组合式项目组织结构形式

组合式项目组织结构形式有两种含义:一是指在企业的项目组织结构形式中存在职能式、项目式或矩阵式两种以上的项目组织结构形式;二是指在一个项目组织结构形式中包含两种结构以上的模式,如职能式项目组织结构的子项目采取项目式项目组织结构等。

组合式项目组织结构形式的最大特点是方式灵活,企业可根据具体项目与企业的具体情况确定项目的组织形式,而不受现有模式的限制,因而在发挥项目优势与人力资源优势等方面具有方便灵活的特点。

与此同时,组合式项目组织结构形式也可能产生一些不足,即在企业的项目管理方面容易造成混乱,项目的信息流、项目的沟通等方面容易产生障碍,企业的项目管理制度不易较好地贯彻执行。

7.1.3 项目组织结构的选择

项目组织结构的选择就是要决定项目实施与企业日常业务的关系问题。在前面介绍的几种可供选择的项目组织结构形式中,究竟哪一种最好呢?或者说对于某一项目来说有没有唯一的最优选择呢?要回答这些问题是非常困难的。项目组织结构的选择可以说是项目管理者知识、经验及直觉等作用的综合结果。影响项目成功的因素很多,不同项目即使采用同一种组织结构也可能有截然不同的结果。正如人们常说的,管理是科学也是艺术,而艺术性正体现在权变性地将管理理论应用于管理实践中。项目的内外环境的复杂性及如上所述每种组织结构的优劣使得几乎没有普遍接受、步骤明确的方法来告诉人们采取什么形式的组织结构。

1. 影响项目组织结构选择的因素

在具体的项目实践中,如何选择项目的组织结构没有一个可遵循的公式,一般应充分考虑各种组织结构的特点、企业特点、项目特点和项目所处的环境等因素后才能做出较为适当的选择。因此,在选择项目组织结构时,需要了解哪些因素制约着项目组织结构的实际选择。表 7-1 列出了一些可能的影响因素与组织结构形式之间的关系。

表 7-1 影响组织结构选择的关键因素

影响因素	组织结构形式		
	职能式	矩阵式	项目式
不确定性	低	高	高
所用技术	标准	复杂	新
复杂程度	低	中等	高
持续时间	短	中等	长
规模	小	中等	大
重要性	低	中等	高
客户类型	各种各样	中等	单一
对内部依赖性	弱	中等	强

续表

影响因素	组织结构形式		
	职能式	矩阵式	项目式
对外部依赖性	强	中等	强
时间限制性	弱	中等	强

一般来说，职能式组织结构适用于规模较小、偏重于技术的项目，而不适用于环境变化较大的项目。因为，应对环境的变化需要各职能部门间的紧密合作，而职能部门本身的存在及权责的界定成为部门间密切配合不可逾越的障碍。

当一个企业项目种类繁多或项目的规模较大、技术复杂时，则应选择项目式组织结构。同职能式组织结构相比，在应对不稳定的环境时，项目式组织结构显示出了自身潜在的优势，这来自项目团队的整体性和各类人才的紧密合作。

同前两种组织结构相比，矩阵式组织结构无疑在充分利用企业资源上显示出了巨大的优越性。由于其融合了两种结构的优点，这种组织结构在进行技术复杂、规模巨大的项目管理时呈现出了明显的优势。

2．项目组织结构的调整优化原则

为保证项目的顺利进行，对项目的组织结构进行调整应该非常慎重。除非在一些特殊情况下，如项目内外环境的变化较大，有必要对项目组织结构进行适当调整，以免影响后续项目工作的完成。在项目组织再造时，除了要遵循一般的组织设计原则，还要把握以下几点。

(1)尽可能保持项目工作的连续性。项目组织再造是为了保证项目工作更好地开展，而绝不是重新构建组织结构。因此，要防止因项目组织结构调整而对项目进展产生不利的影响。

(2)维护客户利益。当项目组织结构调整出现矛盾时，应以客户利益为标准，以完成委任任务为第一原则。不能因项目组织结构的调整影响了项目合同的正常完成。

(3)把握调整的时机问题。当必须对项目组织结构进行调整时，要注意研究与把握调整的最佳时机，不能操之过急。同时，利用调整前的时间做好各项准备工作，防止各种意外情况的出现。

(4)新组织一定要克服原组织需解决的问题。调整是为了项目的发展，不是为了解决原组织中的所有问题，而只是解决不适应项目开展的关键问题。因此，在构造新组织时一定要认真分析研究新组织能否达到这一目标。

3．项目管理办公室

自20世纪90年代以来，项目管理办公室(Project Management Office，PMO)的概念越来越流行，这是因为组织认识到预算结果对项目管理成功的贡献很大。项目管理办公室有很多名字，如程序办公室或出色的项目管理中心。

并不存在单一的、最好的实践方式去组织和运行一个项目管理办公室。其中一个形式是"聚集出色的中心"，在那里项目管理办公室以培训的形式、软件、相关图书馆和其他运作援助的形式运行，就像内部顾问一样提供项目管理支持功能。另一个形式是，项目经理对完成组织目标负有实际的、直接的管理责任。这种情况下，高层管理者授权特定的项目管理办公室作为整体的利益相关者和主要的决策者。也就是说，项目管理办公室完成了集中和协调项目管理的组织单元的任务。在这两个极端结果之间，项目管理办公室可以挑选、管理和分享项目员工，以及重新调配项目员工。

7.1.4 项目组织结构与项目绩效的关系

一般认为，项目在某些组织结构中比在其他类型的组织结构中运行得更平稳。越来越多的研究结果表明，一些组织结构能为项目的成功完成带来更多优势，但主要取决于项目的类型。学者高贝利(Gobeli)和拉森(Larson)就企业的组织结构对项目绩效的影响做了一项研究，结果表明：企业的组织结构会对项目的生存能力产生正面或负面的影响。根据企业更多地倾向职能式或更多地倾向项目式，又或处于二者之间，高贝利和拉森将矩阵式组织结构进一步细分为 3 类：职能矩阵、平衡矩阵和项目矩阵，并以 1600 名积极参与本项目管理的专业人员与经理人为研究样本，要求他们对其项目组织结构给项目管理带来的正面或负面影响进行评价。研究结果强调了这样的一个事实：一般来说，项目式组织结构确实为项目管理的成功提供了更好的环境。

可见，职能式组织结构和矩阵式组织结构被认为是最缺乏效果的组织形式，但 IT 企业中用得最多的却是这两种组织结构。对于 IT 企业采用何种组织结构，本身没有准确的答案，因为在组织和项目层面上都有不同的因素加以考虑。霍布斯和梅纳德(Hobbs & Menard)指出了项目组织结构选择需要考虑的 7 个因素：项目规模大小、战略重要性、新颖性和创新需要、整合的需要(涉及多个部门)、环境复杂程度(涉及多种外部因素)、预算和时间限制、需求资源的稳定性。这些因素层次越高，项目经理和项目团队需要的自主性和权力就越多。因而不存在绝对好的项目组织结构，而是需要我们根据项目的要求灵活选择项目的组织结构。

7.2 项目经理的领导力

项目经理是项目的负责人，有时也称为项目管理者或项目领导者，负责项目的组织、计划及实施全过程，以保证项目目标的成功实现。成功的项目无一不反映了项目经理的卓越管理才能，而失败的项目同样也说明了项目经理的重要性。项目经理在项目及项目管理过程中起着关键作用。有人称项目经理是项目团队的"灵魂"，可见对于一个项目而言，选择一位优秀的项目经理就显得尤为重要。

项目管理的组织特征在严格意义上是个人责任制。项目经理是项目实施的最高领导者、组织者和责任者，在项目管理中起到了决定性的作用。成功的项目应该保证项目的顺利完成，并使本企业组织成员、分包单位主要成员、项目班子中的主要成员、项目业主或委托人高度满意，最终给企业创造效益。

项目经理是项目有关各方协调的桥梁和纽带，处在项目各方的核心地位。项目管理说到底是人的管制与协调。负责沟通，协商，解决各种矛盾、冲突、纠纷的关键人物是项目经理，其对项目行使管理权，也对项目目标的实现承担全部责任。项目经理所扮演的角色是任何其他人不可替代的。项目经理作为企业法人委派在项目管理上的代表,按合同履约是其一切行动的最高准则,拒绝承担合同以外的其他各方强加的干预、指令、责任是项目经理的基本权利。项目经理是项目信息沟通的发源地和控制者,在项目实施过程中,来自项目外的重要信息、指令要通过项目经理来汇总、传递、交流。在项目内部,项目经理是各种重要指标、决策、计划、方案、措施、制度的决策者和制定者。

7.2.1 项目经理与职能部门经理

项目经理(或项目主管、项目负责人)是决定项目成败的关键角色。充分认识和理解项目经理这一角色的作用和地位、职责范围及需具备的素质和能力,对项目经理本身而言,是加强自身修养、正确履行职责,做一名合格项目经理的基础;对项目的上级组织而言,是培养和选拔适当的项目经理、确保项目成功的前提。

企业的发展离不开项目经理带领项目团队创收,同时也离不开职能部门经理带领职能团队保证企业正常运转。高效的项目执行力离不开项目经理的领导,同样也离不开职能部门经理的鼎力支持。对管理职能而言,项目经理的决策职能有所增强而控制职能有所淡化,且行使控制职能的方式也有所不同。职能部门经理与项目经理是研发企业矩阵式管理的主体,其关系为共生共存、相互依赖、相互竞争。相互依赖是指职能部门经理需要通过项目经理的工作来实现自身价值,同时也通过项目给员工提供更多的实践机会,掌控有限资源;而项目经理需要职能部门经理的鼎力支持,获得更多的资源来实施项目。相互竞争是指对资源的竞争。项目经理与职能部门经理角色的对比,如表 7-2 所示。

表 7-2 项目经理与职能部门经理角色的对比

比较项目	项目经理	职能部门经理
扮演角色	"帅",为工作找到适当的人去完成	"将",直接指导他人完成工作
知识结构	是通才,具有丰富经验和广博知识	是专才,是某一技术专业领域的专家
管理方式	目标管理	过程管理
工作方法	系统综合集成的方法	系统分析方法
工作手段	个人实力,责大权小	职位实力,权责对等
主要任务	规定项目任务,何时开始、何时达到最终目标	规定谁负责任务,技术工作如何完成

7.2.2 项目经理的职责和权利

项目经理作为项目的负责人,其职责就是通过一系列的领导及管理活动使项目的目标成功实现,并使利益相关者满意。在项目的实施过程中,项目经理的主要任务就是要对项目进行全面的管理,具体体现在对项目目标要有一个全局的观念,并组建团队,制订计划,报告项目进展,控制反馈,在不确定环境下对不确定性问题进行决策,在必要的时候进行谈判及解决冲突,保证项目的成功实施。

1. 项目经理的职责

(1)以项目章程为基础,精心计划,合理分工,保证项目进度及各项目标的达成。项目往往从属于更大的组织,项目与组织的其他工作相互配合、协调完成组织的目标,因此项目目标的确定、目标的分解及计划制订、实施的全过程都要有利于总目标的实现。项目经理要关注项目进展过程中的各种问题，联络上下，目标一致，精诚合作，也要关注项目组成员的思想情绪，达成项目组织的团结。

(2)在技术、成本和时间给定的情况下，利用组织中的现有资源生产出最终产品并实现项目的目标。项目经理负责在项目开始之前准备好所需资源，包括人、财、物几个方面，并协调项目目标中的进度、质量和成本，控制项目平稳向前的良性发展。

(3)控制和指导项目，负责项目团队建设，包括人员士气和能力的提高方面。项目经理有责任为项目组成员提供良好的工作环境和氛围，并对项目组成员进行绩效考核。由于项目是一个临时的组织，项目经理在激励项目组成员的同时还应为他们的未来考虑，使他们无后顾之忧，安心为项目工作。

2. 项目经理的权利

其一，生产指挥权。根据项目随时出现的人、财、物等资源变化情况进行指挥调度，对施工组织设计和网络计划，在保证总目标不变的前提下进行优化和调整，保证对施工现场临时出现的各种变化应对自如。其二，奖惩、调配、指挥、辞退等权利。其三，财权。拥有承包范围内的财务决策权，在财务制度允许的范围内安排承包费用的开支，在工资奖金范围内决定项目班子内部的计酬方式、分配原则和方案，推行计件工资、定额工资、岗位工资以及确定奖金分配。对风险应变费用、赶工措施费用等都有使用支配权。其四，技术决策权。审查和批准重大技术措施和技术方案，必要时召集技术方案论证会或外聘咨询专家，防止决策失误而造成重大损失。其五，采购与控制权。由于资源的配置可能与项目计划书有出入，有时项目实施的外部环境会发生一定的变化，这使项目实施的进度无法与预期同步，这就要求项目经理根据项目总目标，将项目的进度和阶段性目标与资源和外部环境结合起来，做出相应的决策，以便对整个项目进行有效的控制。

7.2.3 项目经理的挑选与能力要求

1. 项目经理的挑选原则

选择什么样的人担任项目经理，除考虑候选人本身的素质特征外，还取决于两个方面：一是项目的特点、性质、技术复杂程度等；二是项目在该企业规划中所占的地位。挑选项目经理一般应考虑以下4个方面。

1)候选人的基本技能

候选人最基本的能力要求主要有两方面，即技术能力和管理能力。对项目经理来说，对其技术能力的要求视项目类型不同而不同。对于一般项目来说，并不要求项目经理是技术专家或比项目其他成员掌握的专业知识多，但他应具有相关技术的沟通能力，能向高层管理人员解释项目中的技术，能向项目组织解释客户的技术要求。无论何种类型的项目，对项目经理的管理能力的要求都很高，项目经理应该有能力保证项目按时在预算内完成，保证准时、及时的汇报，保证资源能够及时获得，保证项目组织的凝聚力，并能在项目管理过程中充分运用谈判及沟通技巧。

2) 候选人的敏感性

敏感性具体指 3 个方面，即对企业内部权利的敏感性、对项目组织及成员与外界之间冲突的敏感性，以及对危险的敏感性。对权利的敏感性，使得项目经理能够充分理解项目与企业之间的关系，保证其获得高层领导必要的支持。对冲突的敏感性能够使得项目经理及时发现问题并解决问题。对危险的敏感性，使得项目经理能够及时控制不必要的风险，及时规避风险。

3) 候选人的领导才能

项目经理应具备领导才能，能知人善任，吸引他人投身于项目，保证项目组织内部成员积极努力地投入项目工作。

近年来，相关人员对项目经理所应具备的特质与能力进行了深入研究，并逐渐形成了一个研究领导力的有趣视角。技术技巧、分析能力、智力等特征均被认为是项目经理的重要特质，此外还有一个概念值得注意，即情商。情商被认为是衡量领导力效力的一个更重要的标准。情商包括 5 个要素：自我了解、自我规范、动机、移情、社交技能。情商高的项目经理能与团队成员发展一种直接的、支持性的关系，这种关系对于建立与指导一个有效的团队来说是关键的。

自我了解意味着对个人的优点与不足、自我需求、动因和动机等有着深刻的认识。要做到自我了解，需要有着清晰的自我视角，但这并不意味过于以自我为中心。当对自我有清晰认识的时候，项目经理才能更好地同其他人进行交流。

成功项目经理的一个关键能力是具有自我控制的意愿。实施自我控制的方法表现为行动之前进行思考，即推迟做出判断的时机。成功的项目经理是那些建立自我规范的人。

卓越的项目经理是那些一直保持高昂斗志的人。为了成功，他们能发掘最大的潜能；而且他们认识到，必须与项目团队成员一起工作，使每个人产生最大的绩效，只有这样才能保证项目的成功。在动机方面，一个卓越的项目经理有两个重要的特质：第一，他们总在寻找让项目持续发展的方法，即他们希望以具体的或清晰的里程碑来表明所取得的进步；第二，卓越的项目经理一直在面对越来越大的挑战。

成功的项目经理的一个重要的特质是他们能够发现每个项目团队成员的独特之处。他们会考虑这些独特之处，以特定的方式对待每个成员，以鼓励他们发挥最大的潜能。

情商的最后一个特质就是社交技能，即个人处理与他人关系的能力。社交技能能够将人们引向他们所期望的方向。高超的社交技能体现为劝导、友善及建立人际关系网。

项目的管理重心是管理人。一旦了解了领导力在有效的项目管理中发挥的作用，就能更好地利用领导力来促进项目的发展。

4) 候选人应对压力的能力

压力产生的原因有很多，如管理人员缺乏有效的管理方式与技巧；其所在的企业面临变革；经历连续的挫折而迫切希望成功。由于项目经理在项目实施过程中必然面临各种压力，项目经理应能妥善应对压力，争取在压力中获得成功。

2. 项目经理的能力要求

项目经理的能力要求既包括"软"性方面——个性因素，也包括"硬"性方面——管理技能和技术技能。

1) 个性因素

项目经理个性方面的素质通常体现在他与组织中其他人的交往过程中所表现出来的理解力和行为方式上。素质优秀的项目经理能够有效理解项目中其他人的需求和动机并具有良好的沟通能力。具体内容包括：号召力——调动下属的工作积极性的能力，交流能力——有效倾听、劝告和理解他人行为的能力，应变能力——灵活、耐心和耐力，对政策高度敏感，自尊，热情等。

2) 管理技能

管理技能首先要求项目经理把项目作为一个整体来看待，认识到项目各部分之间的相互联系和制约，以及单个项目与母体组织之间的关系。只有对总体环境和整个项目有清楚的认识，项目经理才能制订出明确的目标和合理的计划。管理技能具体包括计划、组织、目标定位、对项目的整体认识、处理项目与外界之间关系的能力、以问题为导向的意识，以及授权能力——使项目团队成员共同参与决策等。

3) 技术技能

技术技能是指理解并能熟练从事某项具体活动，特别是包含了方法、过程、程序或技术的活动。优秀的项目经理应具有该项目所要求的相关技术经验或知识。技术技能包括在具体情况下运用管理工具和技巧的专门知识和分析能力。技术技能具体包括：使用项目管理工具和技巧的特殊知识，项目知识，理解项目的方法、过程和程序，相关的专业技术，计算机应用能力等。根据对来自各个领域的85位项目经理的问卷调查，美国学者对这3大类能力的相对重要性做了比较。调查方法为：要求85位项目经理给3大类共18项技能分别打分，每项分数为1～7分。7分代表最重要的技能，1分为最不重要的技能。然后，再将各类得分换算为百分比。个性因素所占百分比为39.6%，它是项目经理最重要的能力；管理技能的百分比为36.9%，处于次重要的地位；技术技能的百分比为23.5%，是相对不重要的技能。这说明项目经理的技术技能强调的是通才，而不是单一学科的专家。这种技术技能是使项目经理有能力了解项目主要专业的技术问题。实际上，项目经理为了协调各专业间的工作，必须有足够广泛的专业知识结构，才能了解项目中各专业工作的内容，才能与专业人员进行技术问题的交流。

7.2.4 项目经理如何领导项目团队

项目团队建立之后一般不能马上形成有效的管理能力，中间要有一个熟悉、适应和磨合的过程。项目经理的领导方法对团队建设将产生巨大的影响，其管理风格将影响项目团队成员对项目经理和项目的态度。对项目团队的有效领导需要两种互相关联的风格：一方面，项目经理必须管理好个性化团队成员；另一方面，项目经理还必须把团队管理成为一个统一的整体。因此，项目经理还必须找到某种方式来协调这两个方面。

1. 选择合适的项目团队成员

对于项目团队成员来说虽然精通技术是很重要的，但是它不是唯一需要考虑的因素。

项目经理在组建团队的时候必须考虑到其他3个方面的问题，即教育背景、工作经历和性格特点。

2．选择合适的激励手段

通过培训提供富有挑战性的工作任务及允许个体参与决策都是积极的激励手段。给出补偿性的时间能够鞭策项目团队成员，使其改进工作方式、方法，它通常作为在超负荷强度下工作了很长时间的回报。而赞誉则提供了另一种积极激励。对于消极激励，项目经理应有节制地使用，因为积极激励比消极激励更趋向产生持续的影响，但也不能过于频繁地使用积极激励，以免冲淡了它们的效果。

3．有效对付问题成员

第一，识别问题的来源；第二，私下找人员沟通并且使用有效倾听的技巧；第三，诚实并且正直；第四，不要犹豫，使用积极的激励；第五，尽量少用消极激励；第六，应用舆论的压力。

4．鼓励团队成员进行创新

委派一项有足够自主权的工作是一个有效的方法；采取措施隔离来自外部环境的压力，形成一种鼓励创新的氛围；项目经理还必须解决鼓励成员创新与满足项目及客户商务需求之间的矛盾。

5．有效利用授权

授权应明确范围；将任务委派给有能力、有经验的人，并且还要考虑他的个性；对授权进行必要的跟踪和控制。

6．从参与培训中受益

成功的项目经理把培训看作团队成员发展和提高生产率的手段，应该派项目团队成员参加能直接影响他们工作的培训，灵活采用脱产、半脱产和在岗培训的培训方法。

7.3 高效项目团队的建设

7.3.1 高效项目团队的特征

项目团队不仅仅是指被分配到一起的工作人员，也是指一组相互支撑的人员齐心协力地工作，以最有效的方式实现项目目标。有效的项目团队应具备下列特征。

(1) 明确清晰的目标。团队成员清楚地了解所要达到的目标，以及目标所包含的重大现实意义。

(2) 职责和角色期望明确。团队成员参与计划制订，明确自身责任及与其他成员的相互关系，共同完成他们在项目中的任务。

(3) 统一的共同目标。团队目标是所有团队成员都承诺完成的目标，团队成员都认同团队目标，而且个人目标与团队目标相关联。

(4) 良好的沟通和高度的合作互助。团队成员之间开放、坦诚、及时沟通,乐于互相帮助,互相尊重,甚至互相接受建议性的批评。

(5) 高度的相互信任。团队成员之间相互信任,每个成员对团队内其他成员的品行和能力都确信不疑,承认团队中每个成员都是项目成功的重要因素。

(6) 相关的技能。团队成员具备实现项目目标所需要的基本技能。

(7) 优秀的团队领导。高效团队的领导往往扮演的是教练或后盾的角色,他对团队提供指导和支持,而不是试图去控制下属。优秀的团队领导必须保证团队是有目标的,他能够帮助自己的团队澄清目标、确保团队成员不偏离目标,并能激励每个成员具有责任感和自制力且对团队忠诚。他能促使团队内部的信息畅通,能高效地处理团队与外部人员的关系,从而保证团队工作的效率。

(8) 内部与外部的支持。内部与外部的支持既包括内部合理的基础结构,也包括外部给予必要的资源条件。高效的团队鼓励其成员与其他组织部门的员工进行充分交流,这样就可以使其他部门的员工了解本团队,并对团队提出改进意见。高效的团队可以有效减少猜忌并保证成员相互间的合作,减少可能存在的不友好态度。

7.3.2 团队发展的阶段

1. 形成阶段

形成阶段是团队发展过程中的起始阶段,即项目团队的筹建阶段。它促使个体成员转变为团队成员。项目经理此时一般要做如下工作。

(1) 根据项目的需要选择有关的成员组成团队。
(2) 对团队进行指导,明确方向。

2. 磨合阶段

磨合阶段是团队成员熟悉各自职责、彼此相互磨合的阶段。此阶段中的团队的效率不高,项目经理的主要工作如下。

(1) 允许成员表达不满或他们所关注的问题,接受及容忍成员的任何不满。
(2) 做好导向工作,努力解决问题、矛盾。
(3) 依靠团队成员共同解决问题,共同决策。

3. 规范阶段

在这一阶段,团队将逐渐趋于规范。一方面,团队成员经过磨合阶段逐渐冷静下来,开始表现出相互之间的理解、关心和友爱,亲密的团队关系开始形成,同时团队开始表现出凝聚力。另一方面,团队成员通过一段时间的工作,开始熟悉工作程序和标准操作方法,对新制度也开始逐步熟悉和适应,新的行为规范得到确立并为团队成员所遵守。在这一阶段,项目经理应该开展以下工作。

(1) 尽量减少指导性工作,给予团队成员更多的支持和帮助。
(2) 在确立团队规范的同时,鼓励成员的个性发挥。
(3) 建立团队文化,注重培养成员对团队的认同感、归属感,努力营造出相互协作、互相帮助、互相关爱、努力奉献的精神氛围。

4．执行阶段

在这一阶段，团队的结构完全功能化并得到认可，内部致力于从相互了解和理解到共同完成当前工作。一方面，团队成员积极工作，为实现项目目标而努力；另一方面，成员之间能够开放、坦诚、及时地进行沟通，互相帮助，共同解决工作中遇到的困难和问题，创造出很高的工作效率和满意度。在这一阶段，项目经理的工作重点应包括以下方面。

(1) 授予团队成员更大的权力，尽量发挥成员的潜力。

(2) 帮助团队执行项目计划，集中精力了解掌握有关成本、进度、工作范围的具体完成情况，以保证项目目标得以实现。

(3) 做好对团队成员的培训工作，帮助他们获得职业上的成长和发展。

(4) 对团队成员的工作绩效做出客观的评价，并采取适当的方式给予激励。

5．解散阶段

对于完成某项任务、实现了项目目标的团队而言，随着项目的竣工，该项目团队准备解散。在解散阶段，项目经理最好采取措施稳住队伍，明确责任，让大家"站好最后一班岗"；同时，也要考虑成员以后如何安排的问题，把项目的结束工作做好。

7.3.3 团队沟通

1．项目沟通管理

在项目中，沟通是不可忽视的。项目经理最重要的工作之一就是沟通，通常花在这方面的时间要占到全部工作时间的 75%～90%。通过良好的沟通能获取足够的信息、发现潜在的问题、控制好项目的各个方面。

对于项目来说，要科学地组织、指挥、协调和控制项目的实施过程，就必须进行沟通。没有良好的沟通，对项目的发展和人际关系的改善，都会产生制约作用。具体来说，项目沟通管理主要有以下几方面的作用。

(1) 决策和计划的基础。项目团队要想做出正确的决策，必须以准确、完整、及时的信息作为基础。

(2) 组织和控制管理过程的依据和手段。只有通过沟通，掌握项目团队内的各方面情况，才能为科学管理提供依据，才能有效地提高项目团队的组织效能。

(3) 建立和改善人际关系必不可少的条件。通过沟通和意见交流，将许多独立的个人、团体和组织贯通起来，成为一个整体。畅通的沟通，可以减少人与人的冲突，改善人与人、人与团队之间的关系。

(4) 项目经理成功领导的重要手段。项目经理通过各种途径将意图传递给下属并使下属理解和执行。若沟通不畅，则下属不能正确理解和执行项目经理的意图，项目也不能按项目经理的意图进行，最终导致项目混乱甚至失败。

2．项目团队生命周期内成员的行为特征、行为目标及沟通障碍分析

1) 项目团队形成阶段

(1) 行为特征：兴奋紧张，期望值高。团队成员从原来不同的组织调集在一起，既兴奋，又焦虑，有许多纷乱的困惑和不安全感，大家开始互相认识、相互了解，同时还有一种主人翁感，通常对项目团队抱有很高的期望值。

(2) 行为目标：收集信息，自我定位。团队成员收集有关项目的信息，试图弄清这个项目的目标和自己的任务，进行自我定位。团队成员小心地试探周围环境和核心人物，谨慎地研究和学习适宜的举止行为，以期找到属于自己的角色。

(3) 沟通障碍：愿景不明。刚进入一个新团队，接受一项新项目，成员会因团队目标、团队愿景及各自承担的责任不明确而苦恼。

2) 项目团队磨合阶段

(1) 行为特征：问题暴露，冲突增多。团队成员从彬彬有礼、互相尊重，逐渐发现成员的缺点，再加之一些不尽如人意的地方，现实与期望发生较大偏离，隐藏的问题逐渐暴露，团队成员有挫折和焦虑感，内部冲突增多，团队成员之间相互猜疑、对峙和不满。由于不知道能否完成项目，可能会消极对待项目，有的团队成员开始将问题归结于领导，从而对领导权产生怀疑。

(2) 行为目标：明确职责，磨合关系。团队成员明确了项目团队的工作及各自的职责，开始执行分配到的任务。由于工作规范没有建立或团队成员之间存在观念上的差异等原因，团队成员将注意力和焦点更多地放在人际关系上，无暇顾及工作目标，生产力在此时遭到持续性的破坏。

(3) 沟通障碍：规范不明确。新的工作规范还没有建立，团队成员之间存在观念上的差异，团队成员之间对工作目标、分工理解不同，或使用了一项新技术等原因，都会导致团队冲突增加。

3) 项目团队规范阶段

(1) 行为特征：提升技能，形成特色。随着工作技能的慢慢提升，新技术的逐渐掌握，工作规范和流程正式建立，人们发展出融洽的关系，团队特色逐渐形成，群体开始表现出凝聚力，团队成员归属感越来越强，团队成员之间建立了忠诚和友谊，有可能会建立超出工作范围的友谊。

(2) 行为目标：发展关系，交流合作。经过了磨合阶段的种种磨合，人际关系开始解冻，团队成员由敌对情绪转向相互信任、相互合作，团队成员积极交流信息、观点和感情，自由地、建设性地交换看法。团队合作意识增强，逐渐形成了独特的合作方式，注意力也转向任务和目标。

(3) 沟通障碍：畏惧冲突。大家因为害怕冲突，不敢再提出正面的建议，生怕得罪他人，团队气氛显得过于沉默。

4) 项目团队执行阶段

(1) 行为特征：沟通流程化，分享领导权。团队成员分享领导权，能感觉到高度授权，如果出现问题，就由临时小组解决问题，决定具体实施方案。随着工作的进展并受到肯定，团队成员逐渐获得满足感，每个团队成员都拥有完成任务的使命感和荣誉感，意识到项目工作的结果是他们获得职业发展的需要。

(2) 行为目标：分享信息，协力合作。团队成员相互依赖度高，他们经常合作，并在自己的工作任务之外尽力相互帮助，协力解决各种问题，他们通过标准流程和方式进行沟通、化解冲突和分配资源。

（3）沟通障碍：工作监控。监控项目进展及完成项目任务是这个阶段的重点，围绕工作进展而引起的种种问题是此阶段沟通的最大障碍。

5）项目团队解散阶段

（1）行为特征：两极分化，重心转移。对于完成某项任务、实现了项目目标的团队而言，项目团队已经准备解散了。团队成员的高水平表现不再是关注的优先点，注意力反而放在如何结束项目上。团队成员开始骚动不安，情绪两极分化现象严重，有人很悲观，他们协作完成任务，分享成功，分担失败，却不得不面临解散；也有人很乐观，他们认为完成了既定的目标，还有新的目标去实现。

（2）行为目标：任务完成，寻求发展。团队成员开始考虑自身今后的发展，思考"我以后可怎么办"，并为项目团队解散和各自离开做最后的准备。

（3）沟通障碍：调整心态。任务完成，团队解散，调整好团队成员心态是此阶段的沟通重点。

3．形成有效的沟通制度

1）制订沟通管理计划

沟通管理计划是确定项目利益相关者对信息和沟通的需求，是对项目全过程中信息沟通的内容、沟通的方式和沟通的渠道等各方面的计划与管理。简单地说，沟通管理计划就是明确谁需要何种信息、何时需要及由谁通过何种方式将相关信息传递给信息需求者。制订沟通管理计划的主要目的是构造一个规范的流程，使团队成员得以明确相互间的接口，能够及时获得并传送必要的、充分的信息，相互支持，保证项目工作的顺利开展。

2）职能式项目组织中不可忽视的职能部门经理

在制订沟通管理计划时，首先要明确项目利益相关者。项目利益相关者包括项目经理、项目团队成员、客户、项目发起人，以及其他内部和外部利益受该项目影响的个人和组织。我们往往会很重视组织外部人员或机构，如客户、政府机关等，并与他们进行及时的沟通。而在组织内部，也往往更重视组织内部的纵向沟通，却忽视了与内部职能部门之间的沟通。尤其对于实行职能式组织结构的组织，项目团队的成员往往是来自于不同职能部门的技术骨干。项目团队的临时性和成员工作的专业性，使团队成员经常要同时接受双重领导。在这种情况下，不可避免地会出现双重领导同时发出指令，而在完成时间上又相互冲突的问题，使团队成员无所适从，对其工作产生干扰。这就需要项目经理不仅要在团队成立之初，而且应当在项目进行直至项目完成，将项目时间计划、工作要求、完成进度等情况与团队成员所在的职能部门的经理进行沟通，以保证团队成员能够全身心地投入到项目工作中。

3）沟通有效性的确认

所有沟通细节的设计，都是为了保证沟通的有效性。在项目管理过程中，有效的沟通是指沟通双方都能准确地了解沟通的内容，这是保证沟通目标实现的前提。在项目实践中，采用了适当的沟通方式，运用了有效的沟通技巧，并不一定就能得到准确的回应。

因此，除了要在建立起的沟通渠道中尽量使用双向沟通的方式，项目经理还应当特别重视信息反馈。对于重大问题的沟通或多人间的沟通，要求信息接收者对信息的沟通结果进行确认或复述是必要的。沟通管理是加强团队建设的一条重要渠道，通过对沟通管理过程进行精细化设计，可以使团队建设取得更好的结果。进一步研究沟通管理对团队建设的促进作用和方式，将有利于提升我们的管理水平。

4．沟通是项目成功的关键因素

良好的沟通实际上是项目成功的关键因素，原因如下。

(1)项目需要相关人员进行合作及共享知识，而这些人员相互之间可能并不太熟悉，或者来自不同的文化环境。

(2)项目需要各个利益相关方参与制订详细计划，而这些利益相关方应能互相信任和理解。

(3)项目需要由多个管理层级做出复杂的决策。

(4)项目因其独特性而存在风险，所以需要进行有效的风险管理，而有效的风险管理离不开有效的沟通(尤其是在危机期间)。

(5)进行正确而及时的沟通可以确保对项目状态做出正确的评估，从而为决策提供支持。

在项目的运作过程中，沟通占用大量时间，沟通效率严重影响项目的效率。项目想取得成功，就要把握住与投资人顺畅的沟通、对团队能力的认知及对技术风险的把控。项目经理需要有较好的沟通技巧和宽广的胸怀，感知投资人与团队成员的状态，并具有较高、较全面的知识、经验、智慧和精神，以识别技术风险。

1) 加强主动沟通

项目经理肩负着项目成败的责任，管理和控制着项目的方方面面。项目经理的目标是保证项目的成功，他要排除来自各方面的不利干扰，并且尽可能保证自己绝大部分的精力能投入项目管理中。而投资人，因为各种各样的原因，有时会做出一些对项目团队工作极为不利的决定。项目经理要树立其在项目团队中的权威，而获得投资人的信任支持。投资人通常没有对项目经理的汇报做严格要求，甚至对项目定期汇报感到麻烦。项目经理应该采取主动的方式进行了解，必须具有足够的耐心，反复地利用各种适当的机会去帮助投资人了解项目的情况。项目经理应具有坦荡胸襟。通过主动沟通，能更好地引导和管理项目相关人员的期望值，减少项目中的摩擦，提高工作效率。

2) 认清团队的能力

项目团队是执行项目各项任务的人力资源。明确了目标并确定了人员后，项目经理大都知道如何按照项目的特点、规律去制订工作计划。然而，制订一套科学合理的计划是不容易的，其中一个原因是项目团队成员的能力并不能被轻易地发现。认清项目团队中每个成员的水平、能力，是项目经理在确定组织方式之前要尽量做好的工作。一般项目要求的能力与团队成员的实际能力之间会存在差异，这些差异如果不是很大，可以通过合适的组织方式来解决。如果差异超出了组织方式可调整的极限，项目经理就要另想办法了，可能不得不申请延长项目时间、增派人员等。

7.3.4 虚拟项目团队

1. 虚拟项目团队的内涵与特点

1) 虚拟项目团队的内涵

虚拟项目团队是一群跨时间、空间和组织边界的人通过网络沟通技术一起工作的项目团队，他们技能互补，为共同的目标努力。虚拟项目团队与传统项目团队相似但又有很多不同，主要的差异在于其团队成员位置的特殊性。虚拟项目团队的成员，包括项目管理者、发起人、操作员都是地理上分散的，通常位于不同国家、拥有不同文化，并在不同的时区工作。这些成员可能从未谋面，也没有机会聚集在走廊上交流思想。缺乏亲近约束了团队成员的有效交流，延迟了团队凝聚力的自然发展。

2) 虚拟项目团队的特点

基于一种全新的项目实施方式，虚拟项目团队的运行方式具有其他项目运营所不具备的特点。

(1) 利用现代科学技术消除团队成员之间的时空制约。虚拟项目团队的崛起深深地植根于飞速发展的互联网及信息技术，其核心优势就在于利用现代化的交流手段减少组织结构上时空变量的制约程度，促进来自不同职能部门和不同地域范围的知识"工人"进行有效的协调和沟通。

(2) 以解决问题或开发新产品为共同目标。组建虚拟项目团队的首要原则是识别问题或成果。团队成员根据成果或过程的需要进行跨职能编组，组织目的达到后，合作关系随即解散。

(3) 目标的创新性和时效性并重。虚拟项目团队是拥有不同竞争优势的独立单位所组成的动态式联盟，它能够减少不必要的中间环节，节省成本与时间，以对瞬息万变的环境做出回应并增强结果的创新性。

(4) 团队成员多为知识型专家。虚拟项目团队的员工属性通常偏向知识工作者，他们共同为团队的使命及目标努力，以他们在知识、技能、视野、个性、文化等方面的共识与差异实现资源共享和优势互补。

(5) 团队工作流程难以预先设计，工作方式需要不断重组。虚拟项目团队的工作方式打破了原有的严格等级模式，根据市场的变化调整内部人员构成、具体措施和协调机制。

(6) 需要灵活、畅通的信息交流和共享系统。项目团队成员之间可以灵活交流、共享信息，共同为绩效的达成贡献才华。他们通过不同形式的交流或功能强大的组织内外数据信息集成网络，获取知识，分享创意，捕捉解决问题的灵感或挖掘产品的闪光点。

2. 虚拟项目团队面临的特有挑战

虚拟项目团队是基于先进的信息通信技术的。它其实起源于"前网络时代"，如以互联网为媒介的虚拟经营、远程教育等领域，而以3个"I"，即Information（信息）、Idea（思想）和Intelligence（智慧）为代表的网络经济则使虚拟项目团队的规模化发展成为可能。虚拟项目团队不一定依赖于一个看得见摸得着的办公场所，它的成员来自分散的地区和组织，这使得团队成员的核心优势互补成为可能，同时决定了它的薄弱之处，这表现在以下几个方面。

1) 缺乏清晰的团队结构

虚拟项目团队是松散的临时性的结合体，其成员有着不同的文化背景、利益诉求和价值观，这使得团队不得不以柔性的结构形式来整合团队成员。缺乏清晰的团队结构使得团队成员可能会逐渐脱离团队的规范和程序约束，使团队缺乏黏合力并日益空洞化。

2) 缺乏信任和面对面的沟通

管理虚拟项目团队所面临的两个最大挑战是建立信任和有效的沟通模式。虚拟项目团队的效率建立在相互的信任和沟通基础上，广泛的信任和有效的沟通是项目成功的关键。但是，团队成员地理上的分散阻碍了正式的交往，团队成员之间相互了解的困难较大。同时，由于团队成员之间的沟通主要依赖电话、传真、计算机等技术手段，缺乏面对面的交流和非正式的沟通，只能就事实而不是事实背后的感受进行沟通。这使得团队的信任气氛和沟通效果大打折扣，使团队成员之间关系疏远，并导致他们缺乏对团队目标的认同，提高了合作的交易成本。

3) 缺乏有效的监督和控制

虚拟项目团队是临时性的，团队成员在合作前很少在一起工作，项目结束后也许再也不会碰到一起，这使团队成员逃避和推诿责任的行为可以摆脱"道义上的惩罚"。而且，由于团队成员的分散性，很难对他们所完成的工作结果进行测量和比较，建立完善的工作绩效评估机制面临着高成本的困扰。在这种情况下，项目进程中的监督和控制机制可能被虚化，而缺乏有效的监督和控制会使团队的工作流程偏离基准线，使项目预算增多或进度延迟。

4) 缺乏有效的冲突解决机制

在项目的生命周期中，分歧和冲突的出现是很自然的。参与者会在优先级、资源的分配、具体的工作质量、所发现问题的解决方案等方面产生分歧。在实体性的项目团队中，冲突可以通过较为明确的程序和方式加以解决，由冲突所形成的紧张气氛也可以通过不同的渠道(如谈话、协商、会议)化解。但是，在虚拟项目团队中，由于地域的分割影响了充分的讨论和交流，使形成冲突的问题难以达成共识。同时，由于团队成员角色的模糊性及缺乏严格的层级结构和规章程序，有效的冲突解决机制难以被建立起来，而冲突的长期搁置不仅会影响项目团队的士气，还可能降低项目工作的效率。

5) 缺乏组织认可和资源支持

普通的项目团队一般是在单一的组织架构内建立的，团队成员来自相同的或不同的职能部门。成功的项目经理可以通过个人的声望、权威和能力，同各个主要的项目干系人保持积极的关系，与其他利益相关部门结成联盟等保证所需资源的供应。但是，在虚拟项目团队中，团队成员来自有不同利益考虑的组织，如果这些组织在分享项目成果上没有达成一致，可能导致他们排斥参加项目的该组织成员，缩减提供资源甚至拒绝。

3. 虚拟项目团队挑战应对机制

虚拟项目团队拓宽了成员的工作空间，适应了激烈变化的项目外部环境的要求，这种基于网络进行工作和沟通的项目团队日渐流行，并且使得传统的组织形式和管理方式面临新的挑战和变革需求。因此，如何通过科学、合理的机制来维护和管理这种虚拟项目团队，保持团队的聚合力，提高团队效率，日益受到人们的关注。这种机制必须能够约束团队成员的社会性懒散行为，激励团队成员的内驱力和进取精神，使团队成员在新的团队里能够迅速调整心态和准确定位，并在团队中营造良好的信任氛围，使项目团队做到"形散而神聚"。具体来说，应该建立起以下几种机制。

1) 集体认同机制

首先，在建立团队之初，应通过各种传输手段让团队成员清晰地了解项目团队的目标、宗旨和愿景，使个体成员尽快融入团队并适应团队配置的工作任务。其次，应通过相应的标准化手段为集体认同建立技术平台，通过与工作有关的程序、方法的标准化，可以获得一定范围的统一性，减少互不兼容的工作方式在团队成员之间造成的排斥，为集体认同创造有利条件。例如，尽量使用标准化的公函格式，定时反馈信息等。再次，应尽量促进成员的社会化，尽力使团队成员有面对面交流的机会，这种面对面的交流或是安排在团队成立之初，或是出现在协调困难之时。最后，还要增加非正式的沟通，如促进团队成员之间的协调与团结，在工作之余适当增加幽默、放松的活动。

2) 团队规范机制

虚拟项目团队应该制定清晰的规范机制，不仅使团队成员能有效地了解其工作职责，而且使其工作不能超出特定的基准线(如时间进度和预算成本)。因为，与普通的虚拟团队(如网络型虚拟团队、并行式虚拟团队、工作或生产团队、服务团队等)不同，虚拟项目团队的预算、时间、交付物均是清晰明确的，它要求项目在预设的范围内有效地完成。因此，应该建立能够有效运行的团队规范机制，使项目按质按量地完成。同时，在团队发生冲突时，它能够充当调节器的作用，减轻冲突所造成的震荡。

3) 绩效评估机制

由于虚拟项目团队的成员分散于不同的地域，而且相对地超脱于组织，这使得传统的绩效评估方法难以适用。"对虚拟团队的绩效评估既要考虑对团队整体层面的评估，也要考虑对团队成员和团队领导者个体层面的评估；既要考虑对工作过程的评估，也要考虑对工作结果的评估；既要有管理层的评估，也要有同事、相关利益者的评估，还要有自我评估"，这些评估的不同维度都是不可偏废的。因此，虚拟项目团队的绩效评估机制应该综合运用各种新型的绩效评估方法，如可以对虚拟项目团队整体层面的评估采用平衡记分卡法，对其团队成员和团队领导者个体层面的评估采用360度绩效考核法，两者有机结合，并通过可视化的方式将整体层面的结果有效地传达给团队成员。

4) 资源共享机制

资源是项目的生命线，虚拟项目团队的核心优势在于使不同的组织或个体的资源，包括人力资源、物质资源得到有效的传递、分享、整合和增值，在此过程中形成动态的资源传播链条，以实现优势互补。从个体的层面看，现代的虚拟项目团队多为知识型。知识是项目最重要的资本，其管理的核心就是将一连串的知识积累、沉淀的过程。而有效的资源共享机制可以把分散化的知识资本规范、系统地表述出来供项目团队共享，进而拓宽、延伸和重构项目团队成员自身的知识结构。从组织层面看，由于虚拟项目团队的成员多"嵌"在不同的组织当中，这些组织也掌握着不同的资源，因此只有通过建立资源共享机制，才能使这些组织将资源配备给项目团队的成员，并进而成为团队共享的资源。

5) 社会资本增值机制

信任是虚拟项目团队组建的文化基础，也是项目成功运行的润滑剂。这种信任建立在对目标的信任、对成员的信任及对运行系统信任的基础上。它既包括对团队成员文化背景差异、技能、知识的接受、认可和尊重，也包括对团队成员知识产权的尊重和保护。互利互惠是虚拟项目团队组建的利益基础，也是项目资源供应的动力源泉，只有通过互利互惠的机制使项目与组织环境相互嵌接，才能使项目保持现实的生命力。

虚拟项目团队是一种全新的组织方式，它超越了以往任何一种项目组织方式。无论是从时间、空间，还是从人员、技术方面，虚拟项目团队的组织方式都给管理带来了前所未有的挑战。它不同于以往，但是我们仍然可以借鉴以前的管理经验，然后再结合实际虚拟项目团队的特点，实践于虚拟项目团队的管理。挑战和机遇通常是同体的，只要实时对虚拟项目团队的管理、运行机制进行改进，就能借助挑战而获得不可想象的机遇。

7.3.5 项目团队的激励与绩效管理

项目团队成员的素质和能力对项目团队的成效很重要，同时项目团队的气氛和团队成员的积极性能否调动起来，潜力能否得到最大的发挥，也是需要考虑的重要因素。所以，项目团队的有效激励也至关重要。

对项目团队进行激励的同时，进行绩效管理，也是实现项目目标的基础。它是项目团队成员和项目负责人之间通过双向互动的沟通过程而达成的协议，该协议明确提出团队成员的工作职责、工作绩效衡量方法。团队绩效管理是一种提高团队绩效，开发个体潜能，使团队不断获得成功的具有战略意义的、整合的管理方法。

1．项目团队的激励管理

项目团队激励是指通过外在和内在激励因素的作用，最大限度地激发项目团队成员的内在动力，发挥其潜能，加强团队合作，从而实现项目目标。

1) 正确理解项目团队激励的概念

（1）激励的出发点是满足项目团队成员的各种需求，即通过系统地设计适当的外部奖酬形式和工作环境，来满足其外在需求和内在需求。团队成员的需求因人而异、因时而异，并且只有满足最迫切需求的措施，其效能才能最高，激励强度才最大。

（2）奖励和惩罚都是激励的手段，既要对团队成员表现出来的符合组织的行为进行奖励，又要对不符合组织期望的行为进行惩罚。正、负激励都是必要且有效的，但正、负激励的度一定要把握好。

（3）整个激励过程离不开信息沟通与合作。从对激励制度的宣传、团队成员个人的了解，到对团队成员行为过程的控制、对团队成员行为结果的评价及团队成员的协作和配合等，都依赖于一定的信息沟通。

（4）激励的最终目的是在实现项目团队预期目标的同时，也能让团队成员实现其个人目标，即达到两种目标的统一。

2) 项目团队激励的具体措施

根据之前所述，项目团队的发展要经历 5 个阶段，项目团队各个发展阶段有着不同的发展特征。因此，我们需要针对项目团队在生命周期的阶段特点，采取不同的激励措施。

(1) 项目团队形成阶段的激励方式主要包括：远景激励，设想项目的美好前景及实现项目所带来的益处；信息激励，项目经理要充分公布有关项目的各方面的内容，使团队成员对项目有大致的了解，为后期顺利工作打下良好的基础；参与激励，要发扬民主精神，让团队成员充分参与，以增强计划的科学性和可操作性。

(2) 项目团队磨合阶段的激励方式主要包括：鼓励参与，指项目经理要与团队成员共同参与解决问题，充分听取他们的意见和建议，共同做出决策，以增强团队成员的归属感和认可度；明确责任，指项目经理要进一步明确每个团队成员的工作职责，使他们准确无误地识别各自的角色，并制定相应的奖励和约束机制，以增强团队成员的责任意识；有效沟通，指项目经理要加强与团队成员之间的沟通，共同分析问题产生的原因及应采取的对策，增加相关信息的透明度。

(3) 项目团队规范阶段的激励方式主要包括：授权激励，指项目经理应为项目团队营造一种创造性的工作模式，给予团队成员更多的支持和指导，充分授权，从而引导团队成员进行自我激励，促进"自我管理、自我控制"氛围的形成，以提高团队的工作绩效；知识激励，指项目经理要尽力创造团队成员之间相互沟通、学习的良好环境，给团队成员以充分的知识激励，促进他们自身的快速成长。

(4) 项目团队执行阶段的激励方式主要包括：培养危机意识，指项目经理应积极引导团队成员增强危机意识，对工作中出现的问题进行深刻反思，有效地识别项目的风险因素，并采取有效的防范措施；实施目标管理，指项目经理要为项目团队设立较高价值的目标，并将其与团队成员的需求有机结合，为他们的目标实现创造条件。

(5) 项目团队解散阶段的激励方式主要包括：成就激励，对每一个团队成员进行客观、公正的总结，肯定成绩，总结教训，积累项目管理的经验；物质激励，指按照事先所确定的薪酬政策和奖励政策，根据项目目标实现和考核结果进行兑现，以满足员工的物质需求；"保健激励"，即项目完成后面临解散的现实，组织要充分考虑团队成员的去处，解决他们的后顾之忧。

2．项目团队的绩效管理

项目团队绩效管理是一个综合的管理体系，涉及项目人力资源管理的各个环节和领域，是项目人力资源管理的核心。项目团队绩效管理就是通过设计一个完整的考核和评价体系，对团队成员在项目实施过程中的绩效和业绩进行综合的考核，并通过反馈和沟通改进工作，通过薪酬对团队成员进行激励，从而提高团队成员的工作积极性和工作效率；同时，通过绩效考核得到的信息和资料，综合分析团队成员的现有能力和潜力，对其进行有针对性的培训，提高工作能力。

1) 项目团队绩效管理的主要方法

(1) 目标管理法(Management by Objectives，MBO)。目标管理法是 20 世纪中期由彼得·德鲁克(Peter F. Druker)创建的管理方法。它通过让项目团队成员亲自参加工作目标的制定，实现"自我控制"，并激励团队成员努力完成工作目标。而对于团队成员的工作成果，由于有明确的目标作为考核标准，从而使对团队成员的评价和奖励做到更客观、更合理，因而可以大大激发团队成员为完成项目目标而努力。由于这种管理制度在美国应用得非常广泛,而且特别适用于对主管人员的管理,因此被称为"管理中的管理"。

(2) 关键绩效指标(Key Performance Indicator,KPI)法。关键绩效指标是指通过对项目团队内部某一流程的输入端、输出端的关键参数进行设置、取样、计算、分析,衡量流程绩效的一种目标式量化管理指标。它是把项目团队的战略目标分解为可运作的远景目标的工具,是企业绩效管理系统的基础。建立切实可行与行之有效的关键绩效指标体系对于项目团队的内部流程再造及未来的可持续发展起到关键作用,同时 KPI 是测量和评估项目团队成员绩效的量化性指标,是绩效设计的重要组成部分。KPI 最显著的特点就是通过精细化选取对项目团队产生关键影响力的部分指标,在精炼出最具代表性的若干绩效指标的基础上建立考核模式。注重关键绩效指标的 KPI 法无论是设计理念还是应用模式都强调标准化、规范化、系统化,KPI 明确的绩效定位和关键指标的有效选取对于绩效管理的科学化运行具有重要推动作用。

(3) 平衡计分卡(Balanced Score Card,BSC)法。平衡计分卡是由哈佛商学院教授罗伯特·卡普兰(Robert S. Kaplan)和复兴方案公司的总裁大卫·诺顿(David Norton)二者对美国 12 家来自制造、服务、重工业和高科技产业的优秀公司为期一年研究后创建的一套企业业绩评价体系,后来在实践中扩展为战略管理工具。平衡计分卡的核心思想是通过财务、客户、内部经营、学习与成长 4 个方面指标之间相互促进的因果关系展现项目团队的战略轨迹,实现业绩评价及促进战略实施的目标。平衡计分卡保留了传统的财务指标,财务指标描述已经完成的事情,而利用平衡计分卡可以衡量如何为现在和未来的客户创造价值,如何建立和提高内部生产能力,以及如何为提高未来的经营业绩而对团队成员进行投资。

(4) 360 度绩效考核法。360 度绩效考核法又称全方位绩效考核法或多源绩效考核法,是指从与被考核者发生工作关系的多方主体那里获得被考核者的信息,以此对被考核者进行全方位、多维度的绩效评估的过程。360 度绩效考核法能够保证反馈体系的客观性和全面性,作为绩效管理的一种新工具,已经被管理者越来越广泛地使用。

(5) 关键事件法(Critical Incidents Technique,CIT)。关键事件法又称关键事件技术,由美国学者福莱·诺格(Flanagan)和伯恩斯(Baras)在 1954 年共同创立,是通过搜索关键事件,即导致团队成员或项目团队在特定职务或处境中成功或失败的行为事件,为管理者提供可观察、可测量的事实依据,用于测评和提高团队成员在履行职务中的表现。

(6) 评级量表法。评级量表法把团队成员的绩效分成若干项目,每个项目后设一个量表,由考核者做出考核。评级量表法之所以使用最为广泛是因为考核者发现它极易完成,而且既费时少又好学,并且有效性也很高。评级量表法之所以能实现考核的目标是因为它创造了一种数量化考核,它把团队成员绩效的每一因素都反映了出来,总考核成绩可以被看作绩效增长或被用作进行提升的依据。除表形式的评级量表外,还有非表形式的评级量表。非表形式的评级量表通常有效性更强,因为它对评级量表上的每一点的特征都做了简短的说明,而不是简单的评级量表上的高或低。由于评级量表上的每一水平的特征都做了精确的描述,因此考核者可以给团队成员(被考核者)的绩效进行更精确的评价。在表形式的评级量表上,考核者只能主观地确定每个要素在每一等级的水平。

(7) AFP 法。此法是 3 种方法的综合,其中 A 表示 Analytic Hierarchy Process,即层次分析法,它主要解决考核的指标体系结构的设计问题;F 表示 Fuzzy Evaluation Method,

即模糊测评法，它主要解决对考核项目的打分；P 表示 Pattern Recognition，即模式识别，它主要解决对评分结果的统计分析和结果认定问题。

2) 项目团队绩效管理的主要内容

(1) 绩效计划。绩效计划是绩效管理过程的起点。对项目团队而言，绩效计划是团队成员与项目经理共同研究以确定成员在一段时间内该做什么工作、定义绩效评定方法、分析并计划克服工作障碍，并就工作达成共识的过程。

(2) 绩效考核。项目团队的绩效考核是按照事先确定的工作目标和发展目标及其衡量标准，考核项目团队成员实际完成的绩效情况的过程。在项目实施过程中，可以根据具体情况和实际需要进行月考核、季考核、半年考核和年度考核。

(3) 数据分析。项目团队进行数据收集和观察的目的是解决问题，跟踪和记录信息以防丢失，而且随时满足管理的需要。通过收集的数据和记录的文档，可以为决策提供有关团队成员绩效的记录，发现潜在的问题，对出色的团队成员进行表扬，以提高团队成员的积极性。

(4) 绩效沟通。项目经理和团队成员共同制订了绩效计划，但不等于这项计划会一直沿着双方期望的方向和进度进行，计划赶不上变化。在绩效管理中进行持续不断的绩效沟通，其目的就是适应环境变化的需要，适时变更目标和工作任务，从而保证工作过程的动态性和有效性。持续有效的沟通才能实现有效的绩效管理，才能将绩效管理纳入日常工作中，这便是绩效沟通的效力。

(5) 薪酬管理。项目团队的薪酬管理应该与团队成员的工作绩效密切挂钩。项目经理可以通过手中掌握的项目团队的"财权"，通过薪酬对业绩优秀的团队成员进行奖励，且要做到公平、公正、透明度高。公平的薪酬奖励是项目团队成员取得更高绩效的潜在动力。

7.4　创建项目文化

7.4.1　项目文化在工程项目管理中的作用

以工程项目管理为核心的新型企业管理体制为企业走向市场和建立社会主义现代企业制度奠定了良好的基础。它是企业生产方式和经营机制的变革和转换，是管理体制上的更新。这些变革、转换和更新必然要与长期形成的计划经济观念、旧的习惯做法和尚未完全改变的宏观环境相碰撞。因此，进一步深化改革、强化管理制度、规范管理行为，大力开展项目文化建设势在必行。项目文化是企业文化建设在项目上的展示，是以品牌形象为外在表现，以企业理念为内在要求，以项目团队建设为重点对象的阵地文化。项目文化建设是企业文化建设全面推进过程中的重要一环，它随着项目施工的全面推行而逐步深化，并且在工程项目建设中发挥着越来越重要的作用。

用项目文化统一人们的认识，让人们认识和赞同项目管理是以有效地实现项目目标为目的，以项目经理负责制为基础，以项目成本核算制为主要内容，对工程项目进行全过程、全方位的计划、组织、协调、控制的一种管理制度。这是施工企业由经验管理到制度管理、科学管理直至达到最高境界——文化管理的必由之路。

7.4.2 项目文化的结构及实践

1．项目文化的精神层面

项目文化的精神层面又叫精神文化。精神文化相对物质文化、行为文化来讲是更深层次的文化现象，在整个项目文化系统中处于核心地位，是物质文化、行为文化的升华，属于上层建筑范畴。项目精神文化鲜明地反映出项目领导集体的事业追求、主攻方向，以及调动员工积极性的基本指导思想。为了项目的成功，需要全体员工透射出强烈的向心力和凝聚力，将全部的力量和智慧投入到项目的工作中。

2．项目文化的制度层面

项目文化的制度层面也叫制度文化，包括项目组织机构和项目规章制度。《诸葛亮·兵要》上说："有制之兵，无能之将，不可以败；无制之兵，有能之将，不可能胜。"可见制度文化的重要性。项目制度文化是为实现项目自身的目标对员工的行为给予一定限制的文化。它具有共性和强制的行为规范要求。制度的建立会影响人们选择新的价值观念，制度文化也成为新的精神文化的载体和基础。项目文化沿着"精神文化—制度文化—创新文化"的轨迹不断发展、丰富和提高。

3．项目文化的创新层面

创新，也叫创造。创造是个体根据一定目的和任务，运用一切已知的条件，产生新颖、有价值的成果(精神的、社会的、物质的)的认知和行为活动。对于企业文化工作，坚持是关键，创新是灵魂。特别是项目文化，它是企业文化工作的升级阶段，也是企业文化的前沿阵地。它既有宏观的框架要求，又必须特色鲜明。因此，项目文化的核心工作必须以"创新"为基本思路。

4．项目文化的人文层面

美国加利福尼亚大学的管理学教授威廉·大内认为，企业的生产效率不能单纯依赖奖金或管理制度，而应注重调动人的内在积极性，即追求成功的信念与不断成长的业绩。项目文化通过科学文化和人文文化手段的综合运用，提升员工的价值观，进而增强企业的凝聚力，发挥员工生产的积极性，为重点项目多做贡献。

7.5 工程案例分析——知识型团队成员的管理

案例场景：刚刚做完安徽的项目回到长沙，希赛信息技术有限公司(CSAI)的项目经理王啸杰并没有休息，而是抓紧时间阅读管理方面的书籍。下面的这段话引起了他的强烈兴趣："即使是全时工作的员工，完全听命行事的部属也越来越少，甚至基层工作也是如此。他们越来越属于知识工作者，而知识工作者不是部属，他们是伙伴。通过试用期阶段后，知识工作者比他们的老板更了解他们的工作，否则他们就不能发挥什么作用。事实上，他们比组织里任何人更懂得他们的工作，这也是称之为知识工作者的部分原因。

知识工作者与主管之间的关系，用交响乐指挥和演奏家的关系来形容，远比传统的主管和部属关系来得贴切。一般来说，知识工作者的主管不会做部属的工作，正如乐团指挥不会吹喇叭一样。反过来，知识工作者需要依靠主管指引方向，确定整个组织的表现，也就是标准、价值观和绩效应该是什么。总的来说，越来越多的知识工作者需要被视为义工来管理。没错，他们支取薪水，但是知识工作者具有流动性，他们随时可以离开。他们拥有自己的生产工具，那就是他们的知识。"

王啸杰结合自己的公司和自己的项目团队，认为很多问题的根源其实都在于此，即是否按照知识型员工的方式去管理项目团队成员。

案例分析：

(1) 如何理解彼得·德鲁克的话。

"知识工作者"是由刚刚逝世的被誉为"现代管理学之父"的彼得·德鲁克首先提出的。彼得·德鲁克认为，知识型员工是指"那些掌握和运用符号和概念，利用知识或信息工作的人"。21世纪属于知识经济的时代，人不再是一种成本或一种工具，而是一种资源，必须以资产来对待。现在企业高层领导普遍面临着如何管理"知识型员工"的难题，如何驯服和带领这群"战马"。而企业领导的现状往往是"束手无策"。

与传统企业的一般员工相比，知识型员工在个人特质、心理需求及价值观念等方面有一些特殊性。一是具有很强的独立性和自主性，注重自我引导和自我管理，不愿像流水线上的操作工人一样受到人或物化条件的约束。二是忠诚度低，流动欲强。他们有足够的能力接受新工作、新任务的挑战，因而拥有远远高于传统普通员工的职业选择权。一旦现有工作没有足够的吸引力或缺乏个人发展空间，他们就容易另谋高就。三是工作过程难以监控。知识型员工主要从事创造性的工作，其工作过程没有固定的流程和步骤，呈现很大的随意性和主观支配性，他们的灵感和创意可能发生在任意的工作外时间和场合。因此，传统的管理规章、操作规程对知识型员工没有很强的约束力，甚至可能成为一种束缚。四是具有实现自我价值的强烈渴望。他们注重自身价值的实现，渴望看到工作的成果，注重他人、组织及社会的评价，强烈希望得到认可和尊重。五是个性突出，蔑视权势。他们大多个性突出，不愿随波逐流、趋炎附势，传统组织层级中的职位权威对他们往往不具有绝对的控制力和约束力。因此，沟通、重视、信任、承诺、支持、创新、学习、合作等成为知识型员工的管理法则中的重要内容。

(2) 请从项目团队建设和人力资源管理的角度，结合你本人的实际项目经验，分析如何管理知识型员工。

在知识经济时代，能否掌握和应用管理知识型员工的技巧以充分发挥他们的潜能是企业软管理的关键。但是我们看到知识型员工与非知识型员工有着截然不同的特点，因而传统的管理模式、管理方法显然不完全适用于他们。因此，在企业管理中充分考虑知识型员工的个人需求，设法激活他们的个人原动力，才能充分发挥知识型员工的能动作用。在21世纪，"管理"所能做的重要的贡献是提高知识型工作和知识型员工的生产率。对于知识型员工来说，每天工作中更多的时间是坐在办公室里面，究竟是在发呆、在思考，还是在"想入非非"，我们不得而知，但是不可否认，知识型员工更多的工作在于思考（脑力劳动）。那么，在现实生活中，人们如何对知识型员工进行管理，如何衡量他们的工作，提高他们的工作效率，究竟是采用著名的X理论、Y理论、Z理论还是存在其他更好的管理窍门，这些问题需要我们深入思考。

其实，管理没有统一的标准，对知识型员工的管理，更多依靠建立一套完善的激励机制，如彼得·德鲁克的管理寓言《怎样给猎狗分骨头》中的"那块骨头"。寓言故事中的猎狗代表了正在工作中的知识型员工，而那块骨头又代表了什么呢？有人说是金钱，有人说是股权，也有人说是权力，还有人说是伟大的愿景。那么，管理大师彼得·德鲁克寓言中的骨头到底是什么？也许，我们只能从员工的实际表现中寻找到答案。对知识型员工的管理，更多应该依赖于知识型员工的自觉性、主动性和创造性。对知识型员工的管理更多的是自我管理。因为知识型员工都受过高等教育，具有良好的素质、专业知识，以及良好的职业道德，都希望知识得到有效的运用，实现自我的价值。知识型员工的劳动是一种脑力劳动，由于知识作为人们认识或感知的结果，其具有特殊的属性，以及其作为知识载体——人的复杂性，因此长期以来对知识的价值、掌握知识的人的价值进行准确的度量是十分困难的。因为他们不是体力劳动者，所以不能用管理体力劳动者的方法来管理知识型员工，否则"大材小用"，效果往往适得其反。

(3) 请说明如果你是王啸杰，你打算采用什么样的方式来管理项目团队成员。

① "管人"要向"管事"转变，充分体现个人意愿和价值。我们要在管理中更多地体现"人性化"的原则，要从"管人"向"管事"转变，通过"管事"来达到"管人"的目的，要侧重监管工作进度、质量和结果，而不宜过于刻板、僵硬地苛求人、约束人。组织中的工作设计应注意考虑体现员工的个人意愿及价值，尽可能为员工创造一个既安全又舒畅的工作环境，可以尝试弹性工作制，加大工作时间的可伸缩性和工作地点的灵活多变，并建立以团队友谊为重的企业风格和企业文化，使员工觉得工作本身是一种享受。只有能在工作中大显身手，充分实现自我价值，才能最大限度地发挥员工的工作积极性和创造性。有人担心，过分强调自主会带来"放任自流"的负面效应，这要依靠对工作进度、质量和结果的有力监管来实现收放自如的控制，否则就会走入"一管就死，一放就乱"的局面。

② 建立"赛马"机制，激活个体的主观能动性。首先要建立公平、公正、公开的"赛马"机制。海尔倡导的"人人是人才，赛马不相马"的管理理念，在现代企业管理中具有很高的适用性，尤其适用于对知识型员工的管理。其核心思想是建立和营造公平、公正、公开的内部竞争环境，把所有员工置于同一起跑线上，让所有员工在既定的、大家认同的规则面前公平、公正、公开地竞争，在充分的发展空间内优胜劣汰。当然这需要大胆打破学历、职称、资历等种种条条框框的限制。其次要建立健全有利于人际沟通的制度，提倡管理者与员工之间的双向沟通。依靠理解和尊重、高尚的人格和互动的心灵建立管理者和员工之间的关系，并通过这种心灵沟通和感情认可的方式，使知识型员工在自觉自愿的情况下主动发挥其潜在的积极性与创造性。

③ 完善的薪酬激励机制，全面推行绩效考核管理。在人才竞争日趋激烈的新形势下，管理知识型员工的一项重要任务就是要丰富现有的激励手段，实现激励体系的多维化发展，以满足员工素质不断提高而出现的多层次的个人需求，从而激发知识型员工的工作热情和创造力。

我们要结合知识型员工的特点，突破刻板的管理思维，全面贯彻人本管理，营造公平、公正、公开的内部竞争机制，以"监管工作进度、质量和结果＋绩效管理"为手段，激活知识型员工的个人潜能和创造性，以促进工作绩效的提高和自我价值的实现，从而达到推动企业健康、持续、快速发展的目的。

本章小结

本章首先从项目组织的概念与特征切入，介绍了4种项目组织结构形式，进而提出项目组织结构的选择所考虑的因素；然后介绍了项目组织结构与绩效的关系，说明了项目经理与职能部门经理的职责、权利与作用；对于项目团队的建设方面，梳理了团队发展的阶段，说明了团队沟通的重要性；并且介绍了虚拟项目团队，阐述了项目团队的激励与绩效管理的关系，最后提出了项目文化在项目管理中的作用。

能力测试题

1. 是非判断题

(1) 在矩阵式组织结构的公司中，其部门是按项目进行设置的。　　　　（　）
(2) 项目经理是项目的关键人物。　　　　（　）
(3) 职能式与项目式的组织结构类似，其资源可实现共享。　　　　（　）
(4) 选择项目经理的时候，必须考虑候选人的素质和能力。　　　　（　）
(5) 项目团队建设是一个持续的过程。　　　　（　）

2. 单项选择题

(1) 在以下组织结构形式中，最为机动灵活的是（　　）。
　　A．项目式　　　　B．职能式　　　　C．矩阵式　　　　D．组合式
(2) 对于跨专业的、风险较大、技术较为复杂的大型项目应采用（　　）组织结构来管理。
　　A．项目式　　　　B．职能式　　　　C．矩阵式　　　　D．组合式
(3) 以下各项是项目经理的职责，除了（　　）。
　　A．公司的战略决策　　　　B．计划
　　C．控制　　　　D．指导项目的实施
(4) 团队的发展基于（　　）。
　　A．项目的组织结构　　　　B．项目团队提供的培训
　　C．团队成员的发展　　　　D．项目团队精神
(5) 有效的团队带来的主要结果是（　　）。
　　A．项目绩效的改进
　　B．有效的、运行平稳的团队
　　C．项目队员理解项目经理对项目的绩效负最终责任
　　D．项目干系人作为个人和成员做贡献的能力提高

3. 多项选择题

(1) 职能式组织结构的优点有（   ）。
  A. 沟通简单
  B. 有利于提高部门的专业化水平
  C. 最大限度地利用资源
  D. 每个团队成员都有明确的责任和权力
  E. 客户的利益得到优先考虑

(2) 项目团队的特点主要表现在（   ）。
  A. 具有明确清晰的目标   B. 是临时组织
  C. 单独解决问题   D. 人员增减具有灵活性
  E. 良好的沟通和高度的合作互助

(3) 项目经理的权利包括（   ）。
  A. 挑选项目团队成员   B. 项目生产指标权
  C. 对项目团队的资源进行分配 D. 决定项目的预算
  E. 技术决策权

(4) 下列属于矩阵式组织结构特点的是（   ）。
  A. 命令单一   B. 双重结构、双重领导
  C. 管理专业化   D. 适宜于简单生产的小企业
  E. 使用任务较多，需要跨部门协调的项目

(5) 在项目团队组建过程中，项目经理通常要向入选成员说明（   ）。
  A. 项目目标与意义   B. 项目各工作范围
  C. 项目团队费用来源   D. 团队成员的具体工作计划
  E. 选择团队成员的标准

4. 简答题

(1) 项目组织结构有哪些形式？简述如何选择项目组织结构及其对项目绩效的影响。
(2) 谈谈你对项目管理办公室的理解。
(3) 对于项目多的企业，项目经理的重要性不言自明，你认为项目经理的能力应该从哪些方面提升？
(4) 怎样对项目团队的绩效和激励进行有效管理？
(5) 解释虚拟项目团队的含义，实施虚拟项目团队的制约因素有哪些？

案例分析

重庆市某行业关键应用IT系统（A系统）的建设工程由融通信息技术有限公司中标，融通信息技术有限公司为A系统建设组建的项目团队由两部分组成：一是总部项目团队，负责进行软件开发工作（长沙软件中心）；二是现场项目团队，负责进行信息系统的本地化实施。

总部项目团队对A系统应用软件开发的控制非常严格。A系统在实施的过程中，用

户不断地向现场项目团队提出新的需求。现场项目团队经理李工试图通过与用户进行沟通，以求解决需求的频繁变更问题。因公司对现场项目团队经理设定了关于维护良好用户关系的绩效考核指标，李工不敢怠慢用户所提出的要求，但为了满足用户所提出的需求变更，总部项目团队的软件开发工作量就大大增加，而且常常赶不上用户对项目进度的要求。

在寄托于总部无望的情况下，李工为了在工程进度方面满足用户的要求，于是决定将部分应用软件系统代码在现场进行开发。但是，当应用软件系统投入运行后，系统故障的发生频率却非常高，经过对故障的分析，李工发现在这些故障当中，由现场项目团队所开发的软件与总部项目团队所开发的软件在协同工作中所暴露的问题尤为普遍。另外，由于现场项目团队抽调人员参与应用软件开发，现场项目团队本应做的配置管理工作也被耽搁了，如网络系统的配置、主机访问权限规划、应用系统访问权限规划等。这些现场运行环境参数，按照融通信息技术有限公司的管理制度，是应当编制文件存档的，但李工却没有安排人员来做这些工作。由于网络系统庞大，中心机房设备繁多，参与工程建设的人员按照各自的习惯进行系统的配置，因此在工程投入运行后，各部分配置的不规范常常引起局部配置的变更，给系统运行带来了严重事故。

问题：

(1)李工对所遇到的问题的处理方法是否恰当？李工所做出的决定的主要缺陷是什么？造成问题的原因主要是什么？

(2)在团队协同工作时，应当采取什么措施以避免问题的出现？

(3)怎样实现现场项目团队与总部项目团队的有效配合？

第 8 章 项目冲突管理

> **本章提要**

通过本章的学习,您将了解项目冲突的含义;了解项目冲突的主要来源;掌握项目冲突的主要应对策略;通过案例,清楚项目冲突的应对方法。

8.1 项目冲突的来源

8.1.1 项目冲突概述

在人类社会的各种组织中,人与人、人与群体、群体与群体之间必然会发生这样或那样的交往和互动关系,在这些错综复杂的交往与互动过程中,人们会因为各种各样的原因而产生意见、分歧、争论、竞争和对抗,从而使彼此之间的关系出现不同程度、不同表现形式的紧张状态。这种紧张状态为交往和互动的双方所意识到时就会发生组织行为学称为冲突的现象。

冲突是一种对立状态,它产生于系统中各方所追求目标的对立性。冲突各方同处于一个系统中,各方是互相联系的,但由于所追求的目标是对立的,所以各方又是互相制约的;冲突各方既制约又联系,既对立又统一的特点,形成了各种各样的冲突表现形式。项目冲突,是指项目参与者在项目实施的过程中,因为主观或客观的原因,与其他项目参与者产生的矛盾和分歧。项目冲突主要可以分为项目负责人和项目其他参与者的冲突,项目其他参与者之间的冲突。冲突迫使项目团队寻求新的方法,激发成员的积极性和创造性。

项目冲突管理是指对项目实施过程中产生的冲突进行分析和解决,确保项目的顺利完成。

庞迪(Le Pondy)于 1967 年在对冲突问题展开深入研究之后,首次对冲突的内涵进行了明确的阐释,在其冲突问题研究的经典文献中指出,冲突发生于当事一方感觉或发现另一方对自己关心的事件或利益已经产生或即将产生不利影响,进而对此做出反应的动态过程。同时,在对冲突的定义进行了系统梳理的基础上,总结出前人对冲突的定义大体上围绕 4 个方面展开论述:①诱因,如资源短缺、观点不一致、目标不统一等潜在因素;②情感,如焦虑、压抑、敌意等;③认知状态,如个人对冲突的感知等;④冲突行为,如个体在面对冲突时产生的回避、消极对抗、挑衅等行为。在此基础上,庞迪将冲突按照发展过程分为诱因、情感、感知、行为和结束 5 个阶段。

8.1.2　项目冲突的来源

1．组织形式冲突

项目组织架构形成后，团队成员的角色关系和职责界面也被确定下来，不同角色和职责会产生不同的目标，也对项目任务执行次序和重要程度的优先权有不同的认识。例如，安全人员希望提高安全措施等级，配备价格较高的安全防护用品，而不考虑成本，但财务人员则希望以较小的成本保证项目的较大利润。当处在不同岗位、追求不同目标的人在一起工作时，冲突也就随之而来。

2．管理流程冲突

许多冲突来源于管理项目的做法和流程，也就是项目经理报告关系的定义、运行要求、实施的计划、与其他组织协商的工作协议及管理支持程序等。管理程序烦琐、层级较多、项目指令不畅，造成信息不对称，部属不了解项目管理层的管理意图和良苦用心，项目管理层也很难了解部属的真实想法和动机，管理流程的不合理造成了交流障碍与工作上的冲突。目前，较为流行的扁平化管理就是针对管理层级较多的问题而提出的，对于复杂程度低和规模不大的项目，通过增强项目部的各项职能，使管理重心下移，增大管理幅度，可有效减少管理流程上的冲突。

3．不良沟通冲突

项目管理者均清楚沟通是促进项目团队成员合作的主要手段，但"沟而不通"的事情却层出不穷，究其原因是沟通不良所致。例如，在沟通过程中过于情绪化或过多使用对方不感兴趣的专业术语，拒绝倾听或过于强调自己而未顾及对方的感受，不正确地选择了时机和缺乏必要的信任等。

4．个性差异冲突

每个人都有自己的价值观、认知度和人格特征，进而形成了与众不同的个性风格。每个人都认为自己的工作是最重要的，项目其他人员应该以其为中心。例如，经营人员认为，项目效益最大化、索赔非常重要，其他人员要无条件配合；技术人员认为，只有按设计要求和业主目标完成施工任务才是最基本的；而对外协调人员则认为，没有对外协调，根本谈不上施工，更无从谈效益。有些个性偏执的人处理问题过于讲原则，把简单的问题复杂化，而性格谦和的人则更善于灵活处理一些事情，使复杂的问题简单化。在日常交往中，不同风格的人逐渐分离组合成各自无形的小团体，这些人对待问题的态度也决定了冲突的不可避免。

5．人力资源冲突

对有来自组织内其他职能部门的人员的项目团队而言，由于这些团队成员受职能部门与项目经理的双重领导，围绕人力资源配置的时间、数量、质量等方面，项目经理与职能部门经理会在如何使用这些成员上存在冲突。项目的临时性决定了其组织约束力不明显，团队成员为临时聘用，期望与现实之间的差距会使其产生挫折和低落感，这时成员就会心有旁骛，甚至开始寻找其他团队。

6. 利益平衡冲突

虽然总体和最终目标是一致的，但项目团队内部也存在部门利益至上和个人利益分配是否均衡的问题。在项目执行过程中，一方的行为可能会导致另一方付出较多的劳动，甚至损害另一方的利益，也可能会出现项目利益与个人利益相对抗的情况。例如，在酬劳分配中员工所获利益的相对感造成的员工之间、员工和管理层之间的冲突，为抢进度项目经理要求员工加班加点，甚至要求其牺牲重要节假日、探亲机会等引发的冲突。有些时候，利益冲突是隐性的，很难辨别，但却十分顽固，如员工消极怠工、私下议论发泄不满等。项目经理要及时捕捉相关信息并采取必要措施，否则造成的后果可能会极为严重。

8.2 项目冲突的解决策略

8.2.1 定性的项目冲突解决策略

冲突对项目影响的好坏取决于项目经理处理冲突的策略，解决冲突可以采取更新管理理念、明确共同目标、团队建设、缓和与妥协、回避与侧重，以及强制与命令等策略。

1. 更新管理理念

正视冲突的客观存在，以积极、理性、宽容的心态看待和接纳冲突，鼓励为了项目整体利益敢于发表自己建设性观点的个体和积极的非正式的沟通行为，在项目团队内部营造一个和谐、开放、奖罚分明的氛围，通过不同思想的碰撞交流，辅以有效的激励机制，激发团队成员对新方法和新目标的追求，提高项目决策的科学性与全面性。在项目组织架构方面，缩减不必要的管理链条，及时准确地进行思想、信息的传递和交换。推行人员的动态管理理念，用人而不"拴"人，关键在使用而不是拥有，有效处理组织与项目间资源配置上的矛盾。在业务界面的接口方面，明确双方或多方共管任务的主要责任方与次要责任方，杜绝谁都管或谁都不管的真空现象。

2. 明确共同目标

将项目目标与个人目标有效结合，提出关乎集体和个人的利益、荣誉的整个团队共同期望的目标，强调该目标不经大家协作努力是无法达到的，将思想和行动协调到一个轨道上，用追求共同的目标来减少冲突。项目团队也尽可能形成自己独特的项目文化，赢得团队成员的认同和遵守，通过与项目、项目文化的融合实现其预期目标，延长项目和员工职业生涯的生命周期。

例如，山西煤气长输管道施工的项目，项目团队在组建初期遇到了资金短缺、地方协调困难、团队成员缺乏经验等众多难题。为使团队成员尽快进入角色，站稳并进一步开拓煤气管道施工市场，项目部因地制宜，确定了"团结，共赢，务实，开拓"的管理理念，鼓励大家把山西煤气管理施工市场作为企业的长远战略和个人职业发展的立足点来谋划，把维护和开拓企业品牌作为团队成员共同遵守的项目目标，鼓励大家为这个目标拼搏，敢想敢干，让每个团队成员工作起来富有激情，充满自豪感、成就感。为此，在项目执行过程中出现了征地协调人员从家里拿钱来进行土地赔付等很多感人的事。在团队共同目标的激励下，项目的各项工作进展得很顺利，并且争取到了更多更高水平的项目，实现了项目效益与个人效益、项目目标与个人目标的共赢。

3．团队建设

有效的团队建设通过提高项目团队凝聚力与执行力的一系列活动来减少冲突，包括通过建立团队成员共同遵守的组织文化和开展旨在改善人际关系的活动(如例会、拓展集训、生日酒会)等提高团队凝聚力的做法。通过强化团队成员的业务技能和建立有效的绩效考核机制来提高项目管理层的执行力。而作为项目管理层，也要通过培养亲和力、组织力、协调力、业务力和说服力来提高自身的领导力，进而促进管理层执行力的提升，达到减少冲突的目的。

良好的、经常性的沟通将有助于提高项目团队的凝聚力，项目经理应根据团队成员的特点采取相应的沟通策略。例如，对于项目团队中资历较深、年龄较长的团队成员，可采取商量、讨教等柔和的沟通方法，发挥其主观能动性；而对于业务能力强的团队成员，其个性较强，不喜欢他人过多干涉自己的工作，这时项目经理可采取压担子、少过问的策略，看似甩手实则是抓住了关键人物、关键环节。对于新的团队成员，通过关心其工作和家庭提高其工作热情与忠诚度，但必要时也要采取指导甚至较为严厉的行为。

4．缓和与妥协

缓和是指维持冲突双方的关系非常重要，或者在当前时段不急于处理双方冲突时采取的退让策略，它有意淡化或搁置双方的分歧，强调争议各方的利益共同点，将激烈的事件平静下来，待日后选择合适的时机再行解决。而妥协则是指当冲突双方势均力敌、争执不下需要采取权宜之计时，双方都做出一些让步，实现双方的妥协。

5．回避与侧重

回避冲突并非逃避矛盾，而是有策略地、理性地抑制冲突，当冲突各方争执不下，而又难以裁定孰对孰错或互有对错时，项目经理或调解者应采取将冲突方暂时劝离的方法，让他们逐渐趋于冷静，日后再进行调解。回避虽然没有从根本上解决冲突，但缓解了态势，为解决问题赢得了时间。回避的另一层含义还指项目经理要重视项目的主要矛盾，不要事无巨细，花费过多精力处理那些微不足道的冲突。在实际项目当中，有些项目经理热衷于副职，既使自己筋疲力尽，又影响了其他团队成员的积极性。项目经理应选择那些团队成员关心、涉及面广、对推进项目工作和实现项目目标有益的事件来抓，必要时在某些方面要适当授权相关部属来处理一些琐事和冲突，从不同的侧面采取不同的方式，各有侧重地解决矛盾。

6．强制与命令

在重大和紧急状态下，各方意见难以统一且要求迅速做出决策时，需要项目管理者运用正式权力或行政命令解决冲突，以避免贻误最佳时机。其特征是以潜在地损害一方利益为目的，竭尽全力发挥自己的观点，它产生的是一种"输-赢"的结果，项目管理协会(PMI)建议应将其作为最后一种策略来使用。

冲突好比一把双刃剑，管理得当会促进项目绩效，管理不当会阻碍项目目标的实现，因此冲突管理也是一门艺术。项目管理者要设法消除冲突产生的消极效应，激发和利用冲突对项目的积极效应，分析冲突产生的根源，对症下药，减少内耗，增进沟通，为项目团队创造一个合作共赢的管理环境。

8.2.2 定量的项目冲突解决策略

1. 博弈论在项目冲突管理中的应用

项目的建设，需要多方面的个人或组织积极参与，项目的参与者构成利益相关方。一个项目涉及的利益相关方主要有投资者、设计方、承包商、监理及用户等；在施工过程中又有分包商、材料供应商、劳务提供者等，工程项目能否顺利实施同上述各方有很大关系。在项目实施的过程中，相关方的利益并不完全一致，不同的利益相关方对项目有不同的期望和需求。各自利益的不一致会产生各种各样的分歧和冲突，再加上工程项目具有单件性、一次性、复杂性、多目标性等特点，导致项目实施过程中必然存在冲突。

在项目的实施中，建设单位和施工单位是利益关系最紧密的两个相关方。没有建设单位或没有施工单位，项目的建设都无法进行。在项目的实施过程中，建设单位和施工单位需要就很多冲突问题进行博弈，有些是静态博弈，有些是动态博弈；有些是信息完全下的博弈，有些是信息不完全下的博弈。其中，项目工程款的支付博弈可以用完全信息静态博弈模型来分析。

1）完全信息静态博弈应具备的条件

参加博弈的建设单位和施工单位都是理性的。理性假设包括以下几个方面：①始终追求自身最大利益的经济理性；②具有理性能力，包括很强的计算和推理能力，很强的预见能力；③拥有各种必要的信息和知识；④博弈方之间必须有足够的信任。

参加博弈的建设单位和施工单位有自己和对方足够的信息，即完全信息，包括施工单位的施工定额和人员及技术实力、建设单位其他可能的投资机会、资金的运作情况等。

在博弈分析中，不考虑其他约束，不考虑各种法律法规的影响。因此，博弈双方均采取对自己最优的策略。

2）工程款支付的静态博弈模型

进入施工阶段后，建设单位依据合同对资金投入进行规划，包括付款时间和方式；施工单位按计划投入人力和物力。在项目实施过程中，双方不断讨价还价，使自己的利益得到保证，这个过程符合静态博弈过程。

博弈的参与者：$i = (1, 2)$，其中 1 为建设单位，2 为施工单位。双方的策略集：S_i，$i = (1, 2)$。

建设单位有两种选择：第一种是按照国家规定，保证施工单位具有一定的利润空间，及时拨付工程款；另一种是降低施工单位的利润空间，将工程价格尽可能地压到最低，并延期付款。策略集 $S_1 =$（及时付款，延期付款）。

概括起来，施工单位的策略有两种：一种是积极施工，保证质量和工期；另一种是不积极施工。对于施工单位而言，积极施工，保证质量，加快施工进度，必将提高成本；而不积极施工，减少劳动力和资金的投入，会降低相应成本。策略集 S_2 = (积极施工，不积极施工)。双方的支付用下面的支付矩阵表示，如表 8-1 所示。

表 8-1 完全信息静态博弈中双方支付矩阵

建设单位	施工单位	
	积极施工	不积极施工
及时付款	$T, C+I_2$	$UT, C+I_2+SC$
延期付款	$T+I_1, C-I_2$	$UT+I_1, C-I_2+SC$

其中：T——符合合同要求的项目；
　　　UT——不符合合同要求的项目；
　　　C——工程款；
　　　I_1——建设单位利用应支付的工程款进行其他投资的收益；
　　　I_2——施工单位被推迟支付的工程款在银行中的利息；
　　　SC——施工单位节约的成本。

注：表中每个元素的第一部分表示建设单位的支付，第二部分表示施工单位的支付。

一个工程是否达到预期的目标，质量、进度和成本 3 个方面都是决定因素，只有 3 个方面都达到预期的目标才能成为符合合同要求的项目 T；不符合合同要求的项目 UT 表示有一个或几个方面没有达到建设单位预期目标。

I_1 是建设单位利用应支付的工程款进行其他投资的收益，I_2 表示施工单位被推迟支付的工程款在银行中的利息。如果工程款是银行贷款，建设单位晚一天动用贷款，就会晚一天支付贷款利息；如果工程款是建设单位自筹资金，这些资金会有很多投资途径，投资收益可能会大于在本项目中的投资收益。I_1 可以理解为建设单位推迟支付工程款获得的收益。工程款对于施工单位来说也是可以投资的，如存入银行或直接进行投资，所以 I_2 应理解为工程款可以给施工单位带来的收益。

SC 包括减少劳动投入降低的人工费、减少机械设备而节省的租赁费和设备的使用费等。节省 SC 必然会影响项目的正常施工，如拖延工期等。

上述的假设条件，保证了博弈能够在自由的和无约束的情况下进行。这样更能够揭示博弈双方选择的本质。在实际项目中，如果建设行政主管部门不能对项目进行监督和检查，那么建设单位和施工单位就会采取模型分析的最优策略。即使这种策略在道德上或法律上是不被允许的，但还是会发生。

3) 博弈的纳什均衡

由支付矩阵可以看出无论施工单位选择积极施工，还是不积极施工，在没有其他约束的情况下，建设单位的最优策略为延期付款；无论建设单位选择及时付款还是延期付款，施工单位在没有其他约束情况下的最优策略为不积极施工。博弈的纳什均衡为（延期付款，不积极施工）。

以上从博弈的支付矩阵来分析建设单位和施工单位的博弈均衡，从实际情况看，建设单位延期付款的原因有如下几点。

(1)建设单位可能在没有足够资金的情况下开始项目建设,延期付款是建设单位解决资金问题最好的办法。

(2)当工程款支付以后,建设单位就可能失去了主动权。很多建设单位都以工程款支付作为牵制施工单位的手段。为了顺利拿到工程款,施工单位将不得不按照建设单位的各种要求完成任务。

(3)即使建设单位有足够的资金,但是资金是有机会成本的,如果建设单位不将资金支付给施工单位,还可以将这些资金做其他的投资获取收益。

当建设单位没有及时支付工程款时,施工单位当然不会积极完成工程,并且为了能够拿到工程款,会故意拖延工期,逼迫建设单位支付工程款;如果建设单位及时支付了工程款,施工单位将劳动力和资金的投入控制在一定限度内也是最佳的选择,这样可以降低成本,提高利润。

在建设单位同施工单位支付工程款的博弈中,建设单位的最佳选择是尽量延期付款,施工单位的最佳选择是减少劳动力和资金的投入,尽量地降低施工成本,获取最大的效益。因此,建设单位同施工单位的博弈的纳什均衡就是(延期付款,不积极施工)。

这个纳什均衡对于博弈的某一方来说是理性的选择,但是对于集体来说是最差的结果。建设单位和施工单位走入了"囚徒困境"。

4)囚徒困境模型

囚徒困境模型的具体描述如下。警察抓到了两个共同犯罪的囚徒,为了防止两个囚徒串供或结成攻守同盟,警察把两个囚徒隔离审讯,让两个囚徒在不能互通信息的情况下做出选择。如果他们两人都抵赖,那么他们会被以较轻的妨碍公务罪各判 1 年徒刑;如果两人中只有一个人坦白罪行,那么坦白者从宽处理,立即释放,而另一个抵赖者则将重判 10 年徒刑;如果两个囚徒同时坦白认罪,那么他们将被各判 8 年徒刑。

分别用 –1、–8 和 –10 表示囚徒被判刑 1 年、8 年和 10 年,用 0 表示囚徒被立即释放。囚徒困境模型可以用特殊的支付矩阵表示,如表 8-2 所示。在矩阵中,第一个数值表示囚徒 1 在当时情况下的结果,第二个数值表示囚徒 2 在当时情况下的结果。

表 8-2 囚徒困境的支付矩阵

囚徒 2	囚徒 1	
	坦白	抵赖
坦白	–8, –8	0, –10
抵赖	–10, 0	–1, –1

博弈论认为,参加博弈的双方都是理性的,即自身利益最大化。囚徒 1 的博弈过程:如果囚徒 2 选择坦白,那么囚徒 1 选择抵赖的支付为 –10,选择坦白的支付为 –8,所以最好的策略为坦白;如果囚徒 2 选择抵赖,那么囚徒 1 选择抵赖的支付为 –1,选择坦白的支付为 0,所以最好的策略也是坦白。总之,囚徒 1 最好的策略是坦白。同理可以得到囚徒 2 的最好的策略也是坦白。因此,最后的博弈结果应该为:(坦白,坦白),两博弈方的支付为 (–8, –8)。从"囚徒困境"矩阵看,博弈双方最好的策略应为(抵赖,抵赖),两博弈方的支付为 (–1, –1)。

"囚徒困境"反映了一个很深刻的问题,这就是个人理性与集体理性的矛盾。如果每个人都选择抵赖，各判刑1年，显然比都判刑8年好。但这不满足个人理性要求，(抵赖，抵赖)不是一个均衡。换个角度看，即使两个囚徒在作案之前建立了攻守同盟，这个攻守同盟也没有用，因为没人有积极性遵守协定。"囚徒困境"解释了以利益为目标的短期行为将导致对大家都不利的局面。双方都会选择对自己收益最大、风险最小的策略，从而导致对策均衡出现。但这却不是全局的最优解。由此可见，双方都采取最优策略时，整个对策系统却处于较差的状态。

5）走出工程款支付中的"囚徒困境"

进入"囚徒困境"对建设单位和施工单位都没有好处。从博弈论的角度看，出现"囚徒困境"的主要原因是双方不合作。理论上，"囚徒困境"中的博弈参与方是没有兴趣合作的，因此走不出困境。在实际项目中，为了改变这种状况，就需要对博弈过程和规则进行一定的改变，使博弈的最后结果能够达到最优或次优。具体解决措施如下。

(1) 在两个囚徒决策前达成约束性的协议，规定两人必须同时选择对两人最优的策略，即同时选择抵赖，如果两人不遵守协议，背叛一方会受到更严厉的惩罚。这种方法是通过外部的力量强制性地将两人带出"困境"。

在项目实施中，如果想走出"困境"，也需要有这样的强制性力量。建设行政主管部门代表政府对建设项目进行管理，因此应努力建立和完善相关法律制度，并做到执法必严，规范建设单位和施工单位的行为。如果建设单位和施工单位有一方不履行合同，就会受到严厉处罚，使其损失远远大于收益，强制建设单位和施工单位建立信用机制，最后达到相互合作的目的。

(2) 在"囚徒困境"中，单个看每一个囚徒的策略都是最优的，但是每一个囚徒的单方最优策略最终导致集体较差的结果。如果要让囚徒走出困境，就可以改变囚徒的支付矩阵，使囚徒个人的最优策略同集体的最优策略一致，按照个人最优的策略就可以达到集体的最优。

就项目而言，为了实现这一目标，需要改变建设单位和施工单位的支付矩阵。改变支付矩阵的方式可以有多种，如建立完备的项目保证担保和保险制度。在项目实施前，建设单位和施工单位都要有足够的资金保证其履行合同，及时付款。建设单位需要有支付保证担保，确保工程款及时到位。为了保证施工单位更好地履行合同，施工单位需要有履约保证担保，从而降低建设单位的风险，提高施工单位的违约成本，促使其按照合同的规定施工。建设单位的支付保证担保是作为支付工程款的保证，施工单位的履约保证担保是作为工程风险的保证。在项目开工前，建设单位和施工单位必须有一定的资金保证，或者出具金融机构的担保。没有保证金或担保的项目不能开工。如果项目实施中出现违约，将降低建设单位和施工单位的信用水平，在以后的贷款、投资和承揽项目等方面受到严厉制裁。

由于项目担保制度比较复杂，下面以项目保证金的形式进行分析。在加入了项目保证金后，建设单位和施工单位的支付矩阵将改变，如表8-3所示。

表8-3 增加项目保证金以后的支付矩阵

建设单位	施工单位	
	积极施工	不积极施工
及时付款	$T, C+I_2$	$UT, C+I_2+S-d_2$
延期付款	$T+I_1-d_1, C-I_2$	$UT+I_1-d_1, C-I_2+S-d_2$

从支付矩阵中可以看出,当建设单位的保证金在一个合理的水平时,工程款收益 I_1 同保证金 d_1 的差值将是负值,建设单位延期付款将会得不偿失。同理,施工单位的保证金 d_2 也调节了施工单位的收益,使施工单位积极施工的收益大于不积极施工的收益。在这种收益状况下,博弈的纳什均衡就会是(及时付款,积极施工)。

以上讨论的是建设单位同施工单位的一次博弈,双方考虑的只是一次博弈过程中的最优策略。如果博弈模型为多次博弈,那么博弈参与方考虑的将不仅仅是短期的利益,长期利益将成为考虑的重点。在一次博弈完成以后,其行为将被对方所了解,并作为下次博弈的参考。当长期收益更为重要的时候,长期的收益将会成为博弈决策的决定因素。在以后的博弈中,一方在上一次博弈中的行为将成为本次博弈的参考。如果一方在上次博弈中诚实守信,在后续的博弈中将会被信任,从而得到一定的优惠;但是如果以前的博弈中有违规行为,在以后的博弈中将会受到一定的惩罚。在这样的博弈规则中,无论是建设单位还是施工单位都将会严守信用,在决策的过程中,不会只看重眼前的利益,而会为了以后的发展选择更为理智的决策。

2. DMAIC 模型在项目冲突管理中的应用

六西格玛管理的 DMAIC 模型通过定义(Define)、测量(Measure)、分析(Analyze)、改进(Improve)和控制(Control) 5 个阶段来认识问题、确定问题、分析原因、寻找解决方案和进行控制监督,整个过程对冲突管理具有很好的应用性和可操作性。本文将 DMAIC 模型应用到项目的冲突管理中,建立冲突管理模型,旨在帮助项目经理更高效地处理项目中出现的不协调现象,并对可能出现的不协调现象进行预防。

1) 定义阶段

定义是 DMAIC 模型的第一步,六西格玛管理以客户为中心,强调关注客户的需求,也就是研究客户最需要的是什么,最关心的是什么。

在项目的冲突管理中,这一阶段的主要任务是充分了解冲突事件的过程,对问题进行研究,并收集所有可以获取的信息,如发生了什么、什么时候发生、相关人是谁,为什么冲突等。由于冲突发生的原因有很多,处理不同冲突有不同的方式,因此事先对冲突的发生过程了解得越细致,越能对冲突的各要素做出公正与全面的判断,这是最后制订项目冲突解决方案的基础。该阶段是解决冲突的出发点,其准确与否直接决定了项目冲突管理过程的有效性。

因此在定义阶段,要求迅速成立冲突事件处理小组,指派相关人员约谈冲突双方及第三方人员,全面了解事件的发生过程。

2) 测量阶段

测量阶段是连接定义阶段与分析阶段的重要桥梁,它主要围绕定义阶段所识别的对象与事件,测出该过程关键因素的实际值,为找出问题的原因提供事实依据与线索。

在项目冲突管理中,这一阶段的主要任务是判断冲突类型,了解当事双方在冲突事件中处理问题的方式及衡量冲突强度。在项目生命周期的各个阶段中,常见的冲突类型包括项目进度冲突、优先权冲突、人力资源冲突、技术冲突、管理程序冲突、成员个性冲突、成本费用冲突等。清晰界定冲突类型有助于对症下药地制订对应的解决方案。而了解冲突双方当前处理问题的方式将为分析阶段找出问题的原因提供事实依据与线索，也是后续制定改进措施的基础。冲突强度的衡量主要为确定冲突解决顺序提供依据。

3) 分析阶段

分析阶段作为 DMAIC 模型的重要一环，其主要任务是找到问题的症结和产生问题的根本原因，准确分析以便对症下药。

在项目冲突管理中，这一阶段的工作是对前面两个阶段所收集到的信息进行分析，判断冲突产生的原因，分析当前处理冲突方式的不合理之处，并且评估冲突所造成的影响。对于冲突原因，判断冲突的产生是否由项目组织的结构、个人利益或个性等问题所引起，找出问题的潜在根源，总结出原因，这是下一步制定避免冲突发生的具体改进措施的依据。此外，还要分析当前处理冲突方式的不合理之处，这有助于制定缓解或消除冲突的方法。

4) 改进阶段

改进阶段是整个 DMAIC 模型的核心，在此阶段之前的定义、测量、分析阶段都是其基础和依据。在这一阶段中，主要工作是尽可能多地制订解决方案，评估出最优方案，制订具体实施计划并全面贯彻落实，实现改善和提高。

在项目冲突中，可能多种冲突类型并存，其影响程度也不相同，因此需要根据影响程度的大小排列冲突解决的优先次序。项目经理或调查小组应根据分析阶段的分析结果找出潜在根源或问题，与冲突解决模式对比，针对问题的实际情况提出一套具体的解决方案。比如通过采取项目组织结构重组、相关人员的沟通，以及其他能够改变冲突关系的管理措施，取得冲突各方的合作与支持，创造出有利于解决冲突的条件，从而消除冲突根源，将人们由冲突状态引向团队协作，最终达到项目目标的最佳实现。解决项目冲突的 5 种模式有正视(Confrontation)、妥协(Compromise)、缓和(Smoothing)、强制(Forcing)和退出(Withdrawal)。在这 5 种模式中，正视、妥协与缓和平衡了冲突各方的关系，对于建立合作关系十分有效。最终，需要根据实际情况选择适当的模式制订最优解决方案。

5) 控制阶段

控制阶段是 DMAIC 模型中的最后一个阶段，主要是对前面的解决方案进行监督、反馈和巩固，它是实现 DMAIC 模型整个闭环控制的关键，其作用不可忽视。

在项目冲突的管理中，该阶段的主要工作有 4 项：跟踪冲突解决方案的实际效果，定期监督解决方案的实施效果，收集相关人员反馈，根据实施效果调整解决方案；总结经验，分析相关冲突环节，记录在案，归档总结事件处理经验教训；加强防范措施；经验分享，组织培训以分享经验教训，提高项目管理人员的冲突管理能力，定期组织相关人员讨论经验。

6) 案例分析

W 公司是一家汽车制造合资公司。该公司的一个汽车侧面增加转向灯技改项目启动，该项目团队共有 1 位项目经理 Y，3 位工程师 A、B、C 及相关技术人员。Y 总体负责项目技术生产、市场采购、沟通与协调；A 为产品工程师，负责机械电气设计，有 5 年工作经验，能力很强；B 为工艺工程师，负责模具工装设计，为公司资深工艺工程师；C 为质量工程师，负责产品质量检测，拥有国际质量工程师的资格证书，有多家外企公司工作经验。

在一次项目周例会上，项目经理 Y 第三次下达了市场部的新要求，项目团队成员发生了争执(并非第一次)，A 称无法忍受 Y 的工作方式和对待部属的方式，B 和 C 也对项目团队的管理混乱表示强烈不满。此后的两周内，3 名工程师陆续向各自行政经理提出要求调离该项目团队的申请。

(1) 定义阶段。公司十分重视这次集体辞职事件并迅速成立以项目总监 X 和人力资源专员 Z 为核心的调查小组。X 总体负责处理此事，Z 协助调查。调查小组在了解事件背景后决定单独与 3 位工程师会谈，以期全面了解冲突事件的整个过程。Z 安排了会议室，创造了一个畅所欲言的环境，分别会谈 3 位工程师，希望他们详细说明要求退出项目团队的原因。其中，Z 始终以关切的态度倾听他们的感受，营造了"以你为中心"的人际沟通气氛，使工程师们可以毫无顾忌地说出他们的感受和意见，不仅使压抑在心里的不满情绪得以宣泄，也使 Z 对冲突发生全过程及引起这起集体辞职事件背后的根本原因有了细致了解，为以后解决方案的制订打下良好基础。冲突现场报告及对冲突的总结如表 8-4 所示。

表 8-4 冲突现场报告及对冲突的总结

相关人员	冲突叙述	冲突类型	冲突强度
产品工程师 A	1. 市场部的新要求导致频繁更改设计 2. 对员工的要求不予理会，无法沟通 3. 加班过于频繁，身心疲惫	1. 进度冲突 2. 个性冲突	1. 进度冲突 2. 优先级冲突 3. 管理程序冲突
工艺工程师 B	1. 设计与工艺矛盾无法协调 2. 设计更改频繁，导致过度加班	1. 优先级冲突 2. 人力资源冲突	
质量工程师 C	1. 项目进度与质量矛盾无法协调 2. 工艺文件被随意更改	1. 成本冲突 2. 项目管理冲突	

(2) 测量阶段。事后 Z 整理谈话记录，将谈话记录和分析报告提交给 X。在报告中，Z 根据每位工程师的叙述，总结了引起冲突的原因和当事双方处理的方式，并划分了冲突类型。此后，调查小组又分别向参加此项目的其他有关人员了解情况。最后，调查小组经充分沟通后约见项目经理 Y，验证他们对于此次事件的认识，最后 Z 根据会谈的结果形成冲突现场报告。

(3) 分析和改进阶段。调查小组根据报告详细分析了冲突背后的原因，并评估了冲突发生时双方处理问题的不当之处，以及对项目产生的不利影响。最后 X 凭借多年的项目管理经验与项目团队一起讨论协商，针对问题的实际情况采取了一系列措施，包括分别与冲突双方谈话、加强项目监督、收回 Y 的一部分管理权并加强对其的指导等。冲突原因分析与解决措施如表 8-5 所示。

表 8-5 冲突原因分析与解决措施

冲突叙述	冲突	解决措施	相关人	完成日期
市场部的新要求导致频繁更改设计	项目范围定义不清晰	组织与市场部的会议以明确项目范围，如有更改，先与小组集体讨论，同意后报项目总监审阅	项目团队 市场部 项目总监	1 周后
加班过于频繁， 身心疲惫 设计更改频繁， 导致过度加班	忽视个人需求 忽视团队建设	项目经理评估工作负荷交由项目总监裁定； 定期汇报项目负荷与人力资源情况； 为项目团队创造轻松的沟通环境	项目经理 项目总监	2 周后

续表

冲突叙述	冲突	解决措施	相关人	完成日期
员工要求不予理会，无法沟通	缺乏良好的沟通氛围	项目总监对项目经理进行指导，如强化沟通、加强团队建设等	项目经理 项目总监	3个月后
设计与工艺矛盾无法协调	主管决策不力	设计定型前要求工艺、质量工程师共同参与设计评估，要求项目总监每月参加一次项目周会	项目团队 项目总监	3周后
项目进度与质量矛盾无法协调				
工艺文件随意更改	工作流程不明确 责任不清	制定并完善相应工作流程文件，如有更改发生，必须由相关主管评估、签字后发布		

(4) 控制阶段。在 X 采取措施的同时，Z 也多次跟踪并与 3 位工程师进行非正式谈话，以了解事态的进展和他们的感受，并及时将信息反馈给 X，同时对实施过程中出现的一些问题在必要时进行推进或干预。X 不仅密切关注事件解决的过程与效果，同时认真地总结了本次事件的经验与教训，并制定了相应的预防措施以防止类似事件的再次发生，尤其针对项目启动与实施过程中比较容易出现的项目优先级、进度与管理程序上的冲突。同时，X 也认识到公司项目管理人员在解决日常冲突、沟通方面的能力需要相应的培训加以提高，因此决定将本事件列入案例库，并和人力资源部门一起组织相应的培训，分享交流管理经验。

本次冲突事件比较圆满地解决了，由于调查小组连续监督跟踪，因此整体解决措施实施相对到位，原先出现的比较尖锐的矛盾得到极大的缓解。Y 也认识到自己在工作方法及工作职责履行上的缺陷并加以改进，最终 3 位工程师愉快地继续留在该项目团队工作。在处理该事件时，调查小组基于 DMAIC 模型进行分析，依次组织非正式谈话了解冲突事件过程、分析冲突要素、完成冲突报告、制订冲突解决方案及追踪冲突解决情况，清晰地掌握了整个冲突事件的起因、过程、影响并对症下药，有效地化解了一场公司内部项目危机。

8.3 项目生命周期的冲突管理

项目的生命周期可分为 4 个阶段：项目概念阶段，项目规划阶段，项目实施阶段和项目结束阶段。在项目生命周期的不同阶段，各种冲突发生的频率和强度不同。项目经理只有从项目的整个生命周期角度考察冲突，分辨各个阶段可能发生的主要冲突，才能抓住主要矛盾，并有效管理及解决冲突。

1. 项目概念阶段

1) 项目冲突的主要来源

在这个阶段，项目组织尚未真正形成。项目经理与职能部门经理经常在项目活动的优先权上发生冲突。另外，在项目管理程序上也会涉及一些冲突，如何设计项目组织？项目经理的权力是什么？项目经理向谁汇报？由谁来建立项目的进度、成本和质量计划？此外，人力资源冲突在项目的概念阶段也很常见。项目团队的成员来自不同的职能部门，项目经理希望吸纳的团队成员往往是来自职能部门的业务骨干，从而有可能发生职能部门经理不愿意放人的情况，冲突由此产生。

2) 项目冲突的管理

一般来说，可以针对主要冲突源采取下列措施来减轻冲突。

(1) 与参与项目的各职能部门协商，联合决策，制定明确的项目计划书，将项目列入公司的总体目标，在公司总体目标的框架内明确本项目的地位。

(2) 尽早明确项目的组织结构形式并建立正式的项目组织，建立详细的管理操作程序，形成明确的项目任务责任矩阵。

(3) 尽早预测项目对人力资源的需求，详细了解各相关职能部门或顾问部门的人员情况和他们已经承担的任务情况，与职能部门经理协调项目对其人员的需求，争取他们对为项目提供所需的人力资源做出承诺。

2．项目规划阶段

1) 项目冲突的主要来源

在项目的优先权、项目的进度安排和管理程序上的冲突是本阶段的重要冲突，其中一些是上一阶段的延伸。项目进度安排上的冲突开始显现，这是由于在前一阶段参与项目的各方对进度的设想尚未具体，而且在项目的概念阶段的进度安排一般是粗略的、非强制性的，而在项目的规划阶段的进度安排确实有强制性，此时会因为这一强制性而发生冲突。在这一阶段，管理程序的冲突开始减少。这是因为随着项目的进展，正式的项目组织已经建立，各种规章制度也随之确立，各方的行为有了一个可遵守的规则，因此可能出现的管理程序问题比前一阶段减少。

2) 项目冲突的管理

一般来说，可以针对主要冲突源采取下列措施来减轻冲突。

(1) 定期召开与职能部门或协作部门的会议，向他们提供及时的信息反馈，使他们及时了解既定的项目计划的执行情况和出现的问题，当需要对项目的优先权做出调整时，就容易取得他们的谅解。

(2) 与职能部门或其他有关部门协调合作，共同对项目任务进行工作包分解，一起制订切合实际的进度计划。这样可以取得各参与部门对其所制订的进度计划的承诺。

(3) 制订处理突发问题的应急计划及制定相应的汇报批准程序，明确项目经理的权限。

3．项目实施阶段

1) 项目冲突的主要来源

在项目的实施阶段，主要冲突源与前两个阶段相比有了很大的变化。在项目的实施过程当中，项目的进度安排是最主要的冲突。因为项目的实施往往需要很多参与方的协调配合才能按计划进行，而各方由于各自利益目标的不一致，导致这种协调配合难以顺利进行，进度安排的冲突频频发生。由于项目各个子任务之间存在逻辑关系，因此某一方的工作延期就会引起整个项目的延期，项目经理为了防止整个项目的延期就会对某些任务的进度进行调整，这时冲突就会更加激烈。

技术问题的冲突在这一阶段排在第二位，有几个主要的原因：第一，项目是由各个子任务集合而成的，在各个子任务的技术连接界面经常由于匹配问题而产生冲突；第二，各种技术问题都在实施时体现出来并引起冲突；第三，在质量控制和检测上检查人员经常与实施人员发生冲突。

人力资源分配的冲突在这一阶段也开始激烈，因为这一阶段对人力资源的需求达到了最高水平。项目经理在人力资源的问题上与职能部门或其他协作部门经常发生冲突。

2）项目冲突的管理

一般来说，可以针对主要冲突源采取下列措施来减轻冲突。

(1) 紧密地与项目各个参与部门和支持部门进行沟通，及时准确地了解各项任务的实际进展情况，以便预见可能出现的会影响进度的异常情况，并且做好应对计划。

(2) 在各项任务进入实施之前，项目团队会同各参与部门和支持部门一起回顾项目目标所涉及的所有技术质量标准，尽可能明确所有的技术细节，尤其是明确各个子任务连接界面的技术匹配细节；就进度和成本问题及时与技术人员沟通，使其了解技术变更对进度和成本可能产生的影响。

(3) 及时与各职能部门或协作部门沟通对人力资源的需求预测，如果需要增加人员，就要提前通知相关部门，使其有时间做相应的安排，避免突然抽调人员对部门工作造成冲击。

4．项目结束阶段

在这个阶段，项目的进度安排仍然是最主要的冲突。这是因为许多在实施阶段积累的进度错位传递到了项目的结束阶段。另外一个冲突是项目团队成员的个性冲突。这里有两个主要原因：其一是临近项目结束，项目团队成员对未来的去向问题产生担忧；其二是项目团队成员在这一阶段为满足项目的进度、成本和质量目标的要求而承受着很大的压力。这两个方面的原因都会导致在这个阶段的人际关系的紧张。

人力资源分配的冲突在这个阶段也很明显。临近项目结束，各个职能部门或协作部门会要求一些项目团队成员回到原来的组织或部门，管理层也有可能想抽调人员去新的项目团队，这都会导致冲突。

8.4 工程案例分析

WX 市联通 Gll 工程项目，预计新增 GSM900 基站 54 个，扩容 GSM900 基站 5 个，新增 GSM1800 基站 8 个，新增小基站 2 个，共计增加话务量 2228.24Erl。工程概算总额为 942 万元。

该项目涉及的利益相关方如下。

① 市场部：关心市场重点地区的网络建设情况和进度，建设完成后能使客户满意度提高。

② 网络建设部：按进度、高质量、不超预算地完成网络建设。

③ 运行维护部：网络建设结束后的网络优化。

④ 财务部：参与审计。

⑤设计单位、工程单位、监理单位及审计单位：负责相应的工作。

一个成功的项目，必然要有一个成功的项目管理团队、一套规范的工作模式和业务流程。该项目的项目经理由分管网络建设的副总担任，项目领导小组由市场部、财务部、网络建设部、运行维护部的部门经理及厂家的项目经理组成，工程建设组具体负责和厂家一起进行网络建设，网络优化组在建设完成后进行网络优化，测试组在子项目完成交付后对网络状况进行实地测试。因此，该项目的人员结构涉及所有相关单位，包括市场部、财务部、网络建设部、运行维护部、设计单位、工程单位和监理单位等。

1. 冲突来源

为了确保项目的顺利实施，整个项目团队召开了一个项目启动沟通会，会上各方互相协商，共同明确项目目标、总体项目方案及时间规划。结果，在项目启动沟通会上，网络建设部和市场部双方在项目目标方面出现分歧，尤其是对哪里是网络建设的重点存在不一致的看法。网络建设部有自己的一套评判标准，根据基站话务量的忙闲决定该地区是否应扩容；而市场部则从市场容量角度出发，认为有些地区因为信号不好导致用户少，而用户少又导致话务量不足，单从网络建设部的基站忙闲角度出发不能完全反映真实情况。

2. 冲突解决

项目团队针对项目启动沟通会上的情况做了会议纪要，并抄送公司高层。公司高层对此情况非常重视，认为这个问题如果不能达成共识，说明在本项目的目标确定这样的关键问题上认识不清，项目的成功就无法得到保障，指示项目团队必须在该问题上取得共识。

接受这个任务以后，项目团队迅速展开了调查分析工作。就这个问题，首先将其定义为冲突，且是上文中所描述的"工作内容的冲突"。解决冲突问题的5个步骤是：①定义问题；②分析问题；③研究出各种解决办法（备选方案）；④制定良好解决办法（备选方案）的标准；⑤使用该标准评估各种备选方案。按照这5个步骤，项目组实际做法如下。

1）定义问题

网络建设重点的标准不一致：网络建设部依过去的惯例认为，要以基站忙闲为标准，忙的地区优先建设；市场部则认为，要以市场容量为标准，市场容量大的区域要优先扩容。

2）分析问题

通过沟通，冲突各方完全有可能认识到事实上各方的目标并不是互斥的，而是存在一个能满足各方目标的上级目标。于是，由市场部派出代表与网络建设部再次进行沟通，最后双方认为上级目标应该是一致的，即为最多的用户提供优质的服务，只是在判定哪个区域用户更多及当前网络容量不足的标准上，双方产生了分歧。所以，实际问题是如何用客观的数据，反映哪个区域用户最多而网络支撑不足的情况。网络建设部拿出的数据，只反映了公司网上用户的分布，不能代表WX市所有移动通信用户的分布。而市场部虽然提出了某些地区市场容量大的观点，但只是凭市场经验，缺乏精确的数据来证明。

3）研究出各种解决办法（备选方案）

为了通过数据来证明市场部的观点，市场部组织了部门内部人员进行头脑风暴，得出各种备选方案。

方案一：到公安局获得各乡镇的GDP、人口等数据；显然，人口最多、GDP最高的地区就是重点区域。

方案二：收集市场上所有移动通信运营商的基站分布资料。通过对比可知，本公司基站最少的地区就是需要重点建设的区域。

方案三：通过与本公司网上用户通话的异网用户数据，推算出异网用户数量，使本网用户数量加异网用户数量，得出该区域的移动通信用户总量。那么用户总量越高，而本公司网上用户所占比例越低的区域，就是需要重点建设的区域。

方案四：通过对用户投诉数量进行分析，认为用户投诉较多的区域就是重点区域。

4）制定良好解决办法（备选方案）的标准

各种备选方案的得分情况如表8-6所示。

表8-6 备选方案得分表

评估标准	权重 Q	方案一 记分 M_1	方案一 得分 $Q \times M_1$	方案二 记分 M_2	方案二 得分 $Q \times M_2$	方案三 记分 M_3	方案三 得分 $Q \times M_3$	方案四 记分 M_4	方案四 得分 $Q \times M_4$
数据来源的可靠性	30	3	90	4	120	5	150	5	150
数据来源的精确性	30	2	60	5	150	4	120	4	120
数据反映真实情况的全面性	40	3	80	3	120	4	160	2	80

5）使用该标准评估各种备选方案

对于方案一，由于数据是从外部获取的，因此可靠性一般，得分为3分。又由于WX市有大量的外来人口，但公安局只有常住人口的登记数据比较全面，因此精确性和全面性较差。方案一总得分为230分。

对于方案二，由于基站就是铁塔，一般各通信运营商的基站数据都可以通过各自工程人员的摸底获得，因而比较精确。但基站的多少和用户数量的多少并不一定存在很精确的线性关系，因此全面性一般。方案二总得分为390分。

对于方案三，数据分析是通过自有数据进行的，因此可靠性和精确性都较高，而得出的数据也是最全面的。方案三总得分为430分。

对于方案四，投诉数据也是通过自有数据分析出来的，因此可靠性和精确性都较高。但用户投诉少并不代表这个地方网络质量好，而可能这个区域网络太差，用户都被竞争对手抢过去了，因此全面性比较差。方案四总得分为350分。

从得分看出，方案三是最佳方案，方案二次之。确定方案后，市场部马上着手进行了方案实施。对全区65个区域进行了数据分析，结果如表8-7所示。从表8-7中的数据可以看出，区域A、B、C的总用户数远高于区域D、E，但联通所占比例却更小，因此区域A、B、C是重点建设区域。

表 8-7 各区域得分表

区域	G网用户数	移动	小灵通	C网用户数	总用户数	G网占比	C网占比	联通占比	移动占比	小灵通占比
A	3834	24907	4181	1156	34078	11.25	3.39	14.64	73.08	12.26
B	3815	23293	3772	1247	32127	11.87	3.88	15.75	72.5	11.74
C	3075	17228	3303	514	24120	12.74	2.13	14.87	71.42	13.69
D	3148	12455	2291	969	18863	16.68	5.13	21.82	66.02	12.14
E	2378	10606	2842	1044	16870	14.09	6.18	20.28	62.86	16.84
……	……	……	……	……	……	……	……	……	……	……

为了更进一步说明数据的合理性，市场部还采用了方案二作为辅证，如对区域C的移动、联通基站数做了对比。通过对比发现，区域C的移动基站远多于联通基站，从另一个角度说明区域C是需要重点建设的区域。

通过这种方式，当市场部再次和网络建设部沟通时，网络建设部完全接受了市场部的方案，并承诺以市场部的数据为基准，进行资源的投入。而项目团队在向公司高层汇报时，特意提到该方案得到了网络建设部的大力支持（各通信运营商基站分布图即由网络建设部提供），高层表示满意。网络建设部在其体系内汇报时，也特意将本项目目标的确定方式作为亮点，向上级主管部门做了详细阐述，上级部门相当感兴趣，将该项目作为"技术支持市场"的典型，在体系内进行了通报表扬。

应该说，该冲突的解决最终完全体现了双赢的理念。在解决冲突时充分考虑分配、进度计划、成本、优先级别、组织问题、个体差异等方面；解决冲突的最佳模式为合作、正视解决问题；解决冲突问题有5个步骤：定义问题，分析问题，研究出各种解决办法（备选方案），制定良好解决办法（备选方案）的标准，使用该标准评估各种备选方案。

本章小结

本章首先说明了项目冲突的来源，进而从定性和定量两种解决策略的角度分析项目冲突的解决方法，然后介绍了项目生命周期的冲突管理。针对项目生命周期内各个阶段说明了冲突的主要来源及相关对策，最后通过工程案例分析体现了冲突管理在实际工程项目中的作用。

能力测试题

1. 是非判断题

(1) 冲突是项目组织的必然产物，它通常在组织的任何层次都会发生。 （　）
(2) 冲突的强度越高，就说明它越重要，应该尽快解决。 （　）
(3) 处理项目冲突的最佳办法就是回避。 （　）
(4) 在冲突双方势均力敌、难分胜负时，妥协也许是较为恰当的解决方式。 （　）
(5) 项目进度冲突往往是由于项目经理的权力受限而发生的。 （　）

2．单项选择题

(1) 维持冲突双方的关系，有意淡化或搁置双方的分歧，强调各方的利益共同点，将激烈的事件平静下来，待日后选择合适的时机再行解决，是（　　）策略。
　　A．妥协　　　　B．缓和　　　　C．竞争　　　　D．回避

(2) 在项目实施的整个过程中，（　　）的强度最大。
　　A．技术冲突　　B．个性冲突　　C．进度冲突　　D．人力资源冲突

(3) 当你正忙于项目收尾工作，在最后数天内，大多数冲突来自（　　）。
　　A．进度问题　　B．成本透支　　C．技术问题　　D．缺乏客户的感受

(4) 解决冲突的关键人物是（　　）。
　　A．项目管理专家　　　　　　B．客户
　　C．团队成员　　　　　　　　D．项目经理

(5) DMAIC 模型在项目冲突管理中应用的最后一个阶段是（　　）。
　　A．定义　　　　B．分析　　　　C．改进　　　　D．控制

3．多项选择题

(1) 关于冲突管理的描述，正确的是（　　）。
　　A．冲突可增加创造力，支持做出更好的决策
　　B．项目管理中应尽量避免公开处理冲突
　　C．冲突的根源有可能是新技术的使用
　　D．在项目管理中冲突是不可避免的
　　E．冲突一定可激发组织成员的积极性和创造性

(2) 项目工作中的冲突是不可避免的，冲突的发生有利于制定更好的（　　）。
　　A．问题解决方案　　　　　　B．项目计划
　　C．绩效评价与考核制度　　　D．人员分配方案
　　E．冲突解决预案

(3) 下列有关冲突解决方式的表述，正确的是（　　）。
　　A．缓和是一种折中的方法
　　B．缓和是从冲突中找出一致的方面，忽视两者之间的矛盾
　　C．回避就是忽视部分冲突
　　D．妥协可用于解决利益、平衡冲突
　　E．有效的团队建设可减少冲突发生

(4) 项目冲突的来源有（　　）。
　　A．组织形式冲突　　　　　　B．管理流程冲突
　　C．不良沟通冲突　　　　　　D．人力资源冲突
　　E．利益平衡冲突

(5) 组织中容易发生冲突的潜在原因包括（　　）。
　　A．权责不清　　　　　　　　B．价值观差异
　　C．资源或信息混乱　　　　　D．有确切的规范规定
　　E．突发事件

4．简答题

(1) 如何理解项目管理中的冲突？
(2) 造成项目中冲突的主要原因有哪些？
(3) 说说你所了解的项目中冲突的解决策略。
(4) 对比各种冲突在项目生命周期各阶段的变化情况，思考为什么会有这样的变化。
(5) 举例说明在实际过程中如何解决项目中的冲突。

案例分析

甲公司中标了一个城市轨道交通监控系统的开发项目，公司领导决定起用新的技术骨干作为项目经理，任命研发部软件开发骨干小王为该项目的项目经理。小王技术能力强，自己承担了该项目核心模块的开发任务。自从项目计划发布以后，小王一直投身于自己的研发任务当中，除项目的阶段验收会外，没有召开过任何项目例会，只是在项目出现问题时才召开项目临时会议。经过项目团队的共同努力，该项目进展到系统测试阶段。

在系统测试前，发现该项目有一个指示灯显示模块的开发进度严重滞后，小王立刻会同该模块负责人小李一起熬夜加班赶工，完成了该模块。

小王在项目绩效考核时，认为小李的工作态度不认真，给予较差评价并在项目团队内公布考核结果。小李认为自己连续熬夜加班，任务也已完成，觉得考核结果不公平，两人就此问题发生了严重冲突，小李因此消极怠工，甚至影响到了项目验收。

问题：请简要描述该项目冲突管理的策略。

第 9 章　战略性项目管理

> **本章提要**
>
> 项目是企业及国民经济发展的基本单元，是企业乃至国家竞争力的重要支撑力量，正确地选择项目往往比正确地规划、实施项目更重要。项目选择关系到组织的生死存亡，因而企业要特别重视项目的选择，建立能将项目与企业战略有机联系的项目管理程序和方法，对项目的整体绩效和价值进行优化。学习本章后，能够了解战略管理、战略性项目管理、项目组合管理，识别企业在保持最优项目群过程中的困难及成功项目群管理的关键，以及企业战略项目管理模式。

9.1　战略管理

9.1.1　战略管理的定义及特点

1．战略的概念

《辞海》对"战略"一词的定义是对战争全方位的筹划和指导。《中国大百科全书——军事卷》对于"战略"一词的解释是战略是指导战争全局的方略，即为达到一定的军事、政治目的，依据战争规律所采取的准备和赢取战争的方针、政策。在英文中，"战略"一词为"Strategy"，来自希腊词汇"Strategos"，意思是将军。《韦氏新国际英语大辞典》(第三版)定义"战略"一词为"军事指挥官克敌制胜的科学与艺术"。《简明不列颠百科全书》则定义"战略"是在战争中利用军事手段达到战争目的的科学和艺术。

随着社会不断向前发展，战略渐渐地被广泛应用于军事以外的领域，如政治、经济、科技等领域。"战略"逐步被演绎为重大的、决定全局性的谋划。美国学者安索夫(L. Ansoff)在 1965 年出版的《企业战略》是迄今为止最早的一部系统阐述战略管理的理论著作。

2．战略管理的定义

战略管理是企业制定长期战略，并实施和评价这种战略，使其达到企业目标的决策艺术与科学。战略管理是依据企业自身和外在环境变化来制定、实施战略，并根据战略实施结果的评价和反馈来调整、制定新战略的过程。战略管理以一种战略思想引导企业的长期发展，是一种系统的具有创造性的面向未来发展的企业领导方法。

从以上关于战略管理的定义可以看出，战略管理侧重于依据对未来发展方向的正确战略设想，制定策略来适应复杂变化的企业内外部环境的同时，创造和改变环境，使得企业的经济效益稳定增长并保持一定的发展潜力。

3. 战略管理的特点

(1) 全局性。战略以企业整体为对象，根据企业整体发展需要制定，追求企业的总体效果。虽然这个过程也包含企业的局部管理活动，但是这些局部管理活动是作为全局活动的有机组成部分在战略管理中出现的。战略管理不单独强调某职能部门的目标活动，而是制定企业的总体使命、目标，来引导企业各部门的协调发展。这就使得战略管理具有系统性和全局性。

(2) 长远性。战略管理是对企业长远发展的统筹规划，谋求企业在未来较长时间的优势地位。战略管理依据企业现在的内外部环境及企业拥有的资源现状，并对目前的生产经营活动具有指导和限制作用，满足企业未来长远的发展。

(3) 对抗性。战略管理是关于企业在激烈的市场竞争中，如何与对手竞争的行动纲领。

9.1.2 战略管理理论的发展

战略管理自 20 世纪 60 年代诞生以后，从发展时序上大体经历了 3 个阶段：以环境为基础的经典战略管理理论、以产业(市场)结构分析为基础的竞争战略理论和以资源为基础的核心竞争力理论。20 世纪 60 年代初，美国学者钱德勒最先提出了企业战略管理问题研究。他在书中分析了企业环境、战略和组织结构之间的相互关系。经典战略管理理论缺乏对企业竞争环境的分析和选择，波特(Poster)将产业组织理论中结构(S)-行为(C)-绩效(P)的分析模式引入战略管理之中，提出了以产业(市场)结构分析为基础的竞争战略理论。随着信息技术的迅猛发展，企业竞争环境更加激烈。20 世纪 80 年代中后期又形成了以资源为基础的核心竞争力理论。在新的发展环境之下，战略管理不仅逐步趋向动态化、各理论学派之间有效整合，还呈现出学习型组织思想，并运用博弈论等新方法。

9.2 战略性项目管理概述

9.2.1 战略性项目管理——多项目管理的新阶段

多项目管理是伴随项目管理方法在长期性组织中的应用而形成的管理模式，是在组织层面对所有项目进行筛选、评估、计划、执行和控制的管理方式，涵盖了多个项目的全生命周期的管理。

多项目管理的发展经过了项目群管理、项目组合管理、项目化管理等阶段。自 2000 年起，项目管理在理论层面开始将项目、项目组合、大型计划管理与组织战略相结合，并开始应用组织项目管理成熟度评估等新技术。2003 年，美国项目管理学会(PMI)推出针对组织的第一套标准《组织级项目管理成熟度模型(OPM3)》；2005 年 10 月，发布《项目组合管理标准》(The Standard for Portfolio Management)，代表着多项目管理的理论逐步走向体系化。

1. 项目群管理(Project Portfolio Management)

项目群管理，也称大型计划管理。PMI 基于项目的联系，对项目群的定义为：一组相互关联并需要进行协调管理的项目,用于获取单个项目无法获得的效益。项目群管理具备3个特征:多个项目、统一战略目标、统一配置资源。

多个项目是指项目群由若干相关联的项目构成,这些项目相互间有一定逻辑关系,或者有类似特征。统一战略目标是指项目群有一个明确的战略目标,组成项目群的若干项目虽然各自拥有具体目标,但总体上都为项目群的统一目标服务。统一配置资源是指为实现项目群统一战略目标,多个项目间会存在频繁的资源冲突,需要在项目群范围内科学、合理地安排资源。

项目群管理的重点是集成管理。这种集成不是要素之间的简单叠加,而是将多个要素有机组合成一个系统,从而提高系统的整体功能。项目群管理的集成包括3个维度的整体集成:多项目之间决策、计划、实施、控制、评价等全生命周期的集成;多项目之间质量、成本、进度等管理要素的集成;业主、供应商、承包商等项目参与方的管理组织集成。

2. 项目组合管理(Portfolio Management)

20世纪50年代,美国经济学家哈里·马科维茨(Harry Markowz)提出了投资组合的概念,从风险和回报的角度评估所投资资产的价值和收益,形成了现代投资组合理论(Modern Portfolio Theory);1981年,沃伦·麦克法兰(F. Warren McFarlan)将现代投资组合理论运用到项目的选择和管理中,建立了项目组合的运作方式。美国项目管理学会将项目组合管理定义为:在组织战略的指导下,根据组织可利用的资源,进行多个项目或项目群的选择和支持。

项目组合管理采取自上而下的管理方式,重视项目的选择,强调"做什么项目"。它先确定组织的战略目标,优先选择符合组织战略目标的项目;通过项目承担的成本、存在的风险及潜在的收益3个关键评估标准来衡量项目,帮助组织将精力集中于产生最大价值的项目,从而将项目组合与组织目标结合在一起,获得项目之间的恰当平衡和组合;通过为最有价值的项目设定优先级,来优化项目组合的价值,确保项目实际实施和运作与组织的目标保持一致。

项目组合管理理论包括项目战略定位、项目分析选择、项目组合优化、项目组合决策、项目实施与跟踪管理等内容。通过明确战略目标来选择纳入项目组合进行管理的项目,通过项目分析选择、组合优化与组合决策最终确定组合的具体内容和项目的优先级,最后建立对应的管理机制动态管理项目的实施过程,确保实现组织的战略目标。

3. 项目化管理 (Management by Projects)

项目化管理是从项目管理的逐步推广和深入中发展起来的,它萌芽于项目型组织,最初是对项目型组织中如何更好地管理项目的理论进行探讨与实践总结,之后作为一种有效的管理手段扩展到所有长期性组织,也常称为"组织项目化管理"。与之类似的概念还有企业级项目管理(Enterprise Project Management)。

C-PMBOK 2006中对项目化管理的定义为:一种以"项目"为中心的长期性组织管理方式,以项目为导向,面向环境、市场、客户驱动构建柔性组织结构,强调部门间的沟通与协调,通过减少管理层级实现组织结构的柔性和扁平化。

项目化管理与一般组织管理的区别在于项目化管理从具体项目出发，把组织的战略转化为具体的产品或服务，而一般的组织管理往往着重从战略角度为组织的产品、市场等进行定位。项目化管理不仅管理组织中典型的项目，如新厂房建设等，更重要的是将组织运作中的创新活动当作项目对待，进而对其进行项目管理，如组织的投融资、新产品研发、薪酬体制改革等。它是一种复合管理，其目的是在确保时间、技术、经费等资源和要求一定的条件下，以尽可能高的效率完成组织的预定目标，让所有相关方满意。

9.2.2 战略性项目管理的产生

多项目理论从最早的强调共同目标，到项目化管理强调将整个组织活动视同项目进行管理，这些理论共同的出发点是立足项目管理思想，探讨如何保证项目目标的实现。但是，关于组织中两个基本活动——"项目"与"作业"之间相互作用的论述与研究不多。从实践的角度，如何将"作业"中的问题浓缩为项目，以及如何将项目成果固化到"作业"中，都是关系项目成败及成效的重要方面。战略性项目管理概念就是以此为出发点的。

1. 职能管理与项目管理融合

科学技术的发展，使得多变与创新日趋成为社会的主节奏。项目作为实现既定变化的载体，在组织活动中的地位越来越高。越来越多的企业或团体在几乎每一项工作中，都试图将项目管理作为首选的工具与方法。现代项目管理理论探讨较多的是立足项目管理的成功，如何改变管理模式适应项目管理的需要；但与立足于职能管理的高效化，如何借鉴项目管理理论改变管理模式适应职能管理的需要，其实是一个问题的两个方面。

从理论的角度，职能管理是组织得以存在与发展的基础，项目管理本身从其组织形式、构成元素上也体现了职能管理的基础因素。在长期性组织中可能没有项目管理，但必然会有职能管理。从这个角度上，如何将职能管理与项目管理有机集成在一起，既是关系项目管理成效的重要因素，也是组织得以长期存在和持续进步的重要因素。

2. 战略管理理论与项目管理理论集成

战略管理理论发展到现在，已经从最初的战略分析与战略制定，发展到覆盖战略分析、战略选择、战略实施、战略评价与调整的完整过程，涵盖企业宏观发展、具体业务战略与职能战略的完整的管理理论体系。组织战略中需要变革和改进的部分往往可以作为目标，借助项目管理的方式来实现；组织战略中需要稳定的部分往往通过职能管理予以落实。因此，可以说战略管理是组织进行管理活动的中枢，有效引导了职能管理与项目管理的开展。

同时，项目管理作为一种科学的、有效的理论与工具，不仅能支持组织战略目标的实现，甚至组织的战略管理本身都可以作为一个项目，采用项目管理的工具与方法予以有效管理。战略管理最初是作为组织的方向性因素提出的，项目管理最初是作为组织的工具性因素提出的，方向与工具的集成可以说是最顺理成章的集成，因此战略管理理论与项目管理理论从本质上是最容易集成的理论。

战略管理理论通过思考组织的使命与价值观，展望组织发展前景，提出组织目标，并最终将其分解成组织内部具体的职能策略、流程策略；项目管理则将战略管理明确的各种策略作为目标，其实施过程与最终结果作为战略评价与调整的依据。因此，现代化的战略管理理论与项目管理理论的集成不能简单地视为方向与工具的集成，而是职能管理与项目管理的深层次集成。

3．从完善企业战略管理角度分析项目管理

战略性项目管理有利于形成企业竞争能力。能力学派认为企业通过控制和运用资源形成的能力是促进企业发展的根本动力，即企业对其所掌握的资源进行合理的配置而形成一定的企业能力。随着现代化知识经济时代的到来，在新环境下企业的发展也面临着更多的新挑战。因此，为了培养并保持自身的核心能力，企业的核心能力载体必须不断地发生变化，同时，企业的内部框架及管理模式也出现了一些新的特征，但是无论如何变化，必须在既定的战略的框架内选择新的项目。项目是企业经营活动中的一部分，不是独立于企业之外的，企业必须通过项目的实施积累经验，以促进企业形成强大的竞争能力。因此，通过企业产品或服务来组织项目管理，对形成核心竞争力及开发主导产品占领市场具有很大的作用。

4．从战略层面看项目管理

(1) 战略是项目选择的基础。对于股份制企业而言，增加股东的价值是其最主要的目标，为了实现这个目标，必须通过战略实施来完成。一个企业是否能够成功，关键看它的项目能不能顺利地达到企业的目标。只有符合企业战略的项目才能被选择和实施，只有符合企业战略的项目才是有价值的。项目的出发点即企业的战略，而战略的实施则要通过项目。

(2) 战略是项目组合资源分配的基础。目前的项目管理处于一个多项目管理的环境下，因此资源的合理分配成了关键的问题。为了保证资源能够进行有效分配，必须以企业的战略目标为基础，将所有的项目有机地结合起来并看作一个整体。如果将各个项目分散进行资源分配，势必会出现顾此失彼，或者对每个项目看似很合理，但是整体出现冲突的现象，这样就会造成企业资源的不合理分配甚至浪费，从而导致企业的发展战略无法顺利实施。

(3) 战略是项目管理过程中做出正确决策的基础。随着现代化经济的发展，企业所处的环境每天都在发生着不可预见的变化，这就要求企业必须能够在短时间内应对这些变化，以求控制风险。随着高层管理者对具体项目提出的要求越来越明确，企业必须通过有效的项目管理来增强自身的实力。在项目的实施过程中，由于环境的变化常会出现项目偏离企业战略目标的情况，这就需要项目经理及时发现并及时做出调整，以免造成不必要的损失，甚至向管理层提出终止项目的建议。

(4) 促进战略意图的实现是衡量项目成功的基础。传统上，"按时、不超预算和准确"是衡量一个项目成功实施的标准。根据 PMBOK 2000 版项目管理的定义，衡量一个项目是否成功需要考虑两方面：满足各个项目干系人对项目的明确要求；在规定的进度、成本、质量等范围条件下完成项目。通过国内外学者的研究，现代项目管理理论突破了传统的评价标准，项目面临的进度、成本、质量等被作为项目开发的限制条件。即使项目经理按照规定的进度、成本、质量等要求完成了一个项目，但是这个项目没有支持企业

战略的实施,那么这个项目也不能称为一个成功的项目。因此,项目对于企业成功与否主要看该项目对企业战略的贡献。

9.3 项目组合管理及项目群管理

9.3.1 项目组合管理

1981年,沃伦·麦克法兰首次将现代投资组合理论运用到项目的选择和管理中,通过项目组合的运作方式实现了风险一定情况下的收益最大化。

项目组合管理利用了现代投资组合理论的概念并且应用了3个关键评估标准来衡量项目:项目承担的成本、存在的风险及潜在的收益。这时,项目成为企业的一项投资行为,项目决策建立在项目组合基础上,而不是单个项目基础上。

近几年来,项目组合管理在国际项目管理领域得到了飞速发展和广泛应用。2003年,美国学者阿奇博尔德(Russell D. Archibald)在谈到项目管理发展现状时,提到项目组合管理是项目管理最新理论的重要发展方向之一。目前,国外一些项目管理专家提出了项目组合管理的体系架构和管理过程,国内针对项目组合管理方面的研究也已起步。

越来越多的企业面临着在同一时间内进行多个项目和项目群的情况,每个企业都希望对项目的投资取得最大的收益回报。作为项目管理领域未来的发展趋势之一的项目组合管理,已经得到了越来越多的企业的重视,其重要性也日益显现出来。

企业通过进行项目组合管理,能够合理运用企业各种资源,快速适应市场环境的变化,提高企业项目包括IT信息化项目实施的成功率,从而提升企业的竞争优势。

1. 项目组合管理的含义

美国项目管理协会对项目组合的定义为项目和/或项目群,以及其他工作聚合在一起。美国项目管理协会对项目组合管理的定义为在可利用的资源和企业战略计划的指导下,进行多个项目或项目群投资的选择和支持。项目组合管理通过项目评价选择、多项目组合优化,确保项目符合企业的战略目标,从而实现企业收益最大化。

项目组合管理不是简单地对多个项目进行管理,它超越了传统项目管理的边界,作为企业战略和项目实施之间的纽带,使企业战略和项目实施结合起来,如图9-1所示。

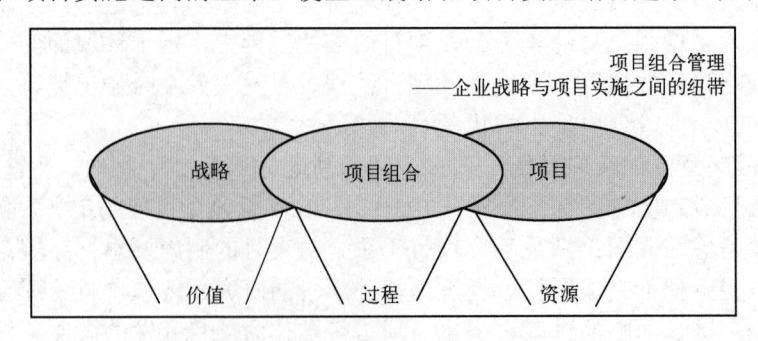

图 9-1 项目组合管理的作用

2. 项目组合管理与传统项目管理的区别

项目组合管理强调"做什么项目",通过帮助企业将精力集中于产生最大价值的项目,将项目组合与企业目标结合起来,获得项目之间的平衡,通过为最有价值的项目设定优先级和筹集资金,来最优化项目组合的价值,确保实际实施和运作与企业目标保持一致。

项目组合管理是组织及战略层面的管理活动,是进行组织决策的过程,是面向多个项目的管理。项目组合管理采取的是自上而下的管理方式,即先确定企业的战略目标,优先选择符合企业战略目标的项目,在企业的资源能力范围内有效执行项目。具体的区别如表 9-1 所示。

表 9-1 项目组合管理与传统项目管理的区别

内容	项目组合管理	传统项目管理
管理目标	项目选择和优化	项目交付和完成
管理方式	自上而下,战略性的	自下而上,战术性的
管理范围	整个企业的所有项目	单个项目或项目群
管理周期	长期,企业只要有项目存在就会一直存在	短期,从项目启动到项目结束
管理决策层次	高层管理者/组织级管理者	项目经理/资源经理
重要干系人	企业高层管理者 财务经理 企业最终股东	项目发起人 项目经理 项目客户
管理内容	根据战略目标进行项目组合范围定义、项目分析选择、多项目组合分析、动态组合管理	项目管理十大领域(美国项目管理学会):项目整体管理、范围管理、时间管理、成本管理、质量管理、人力资源管理、沟通管理、风险管理、采购管理、干系人管理

3. 项目组合管理过程

从目标的角度看,纳入项目组合的项目和项目群具有以下特征。

(1)相互关联,并且与企业战略保持一致。

(2)带来业务优势(有形的和无形的),并确保获得预期的投资回报。

(3)从企业资源(人力、财务、技术等)的可用性方面来看是必须切实可行的,同时要保证资源的利用效率。

(4)所组成的项目组合应是平衡的,并与各种投入或投资计划在结构上相同(至少应该非常相似)。

(5)风险应处于企业可以接受的水平。

(6)应与企业文化和价值保持一致。

根据上述目标,项目组合管理过程应分为以下 5 个阶段。

1)项目战略定位

本阶段的主要目的是进行企业项目的战略定位,判断企业的项目是否与企业的战略方向一致。这个阶段的主要内容是宏观上对企业战略目标进行分解,按照战略目标将企业项目进行组合分类,使企业战略目标与项目组合的目标相结合。同时,在项目与企战略目标相匹配的前提下，进行企业项目的整体资源配置。要了解企业整体项目资源的情况，就需要建立企业所有项目的信息和资源库，了解与项目相关的所有信息，以帮助企业后续进行选择决策。

2）项目分析选择

本阶段的主要目的是对具体的项目进行分析选择，衡量项目为企业带来的收益。这个阶段是整个项目组合管理过程的重要阶段。它的核心内容是建立企业项目统一的评价标准，并将每个项目根据该标准进行衡量，同时对项目的资源、进度、成本、风险等影响评价标准的各种因素进行分析。最后，进行项目选择，暂停或中止不符合评价标准的项目。

3）项目组合优化

本阶段的主要目的是在项目分析选择的基础上，结合企业目前的资源约束条件，进行项目优化组合，使企业项目投资收益最大化。这个阶段也是整个项目组合管理过程的关键阶段。一方面，通过优化模型进行多个项目的选择优化；另一方面，在资源、成本等约束条件下，进行组合内项目平衡，确定最优项目组合。

4）项目组合决策

本阶段的主要目的是在上阶段项目组合优化的基础上，进一步调整项目组合，最终进行企业项目组合决策。企业项目决策者结合实际经验、企业现有项目的情况，以及具体项目客户需求，进行项目组合的最后调整，使企业项目组合之间进一步得到平衡。

5）项目实施与跟踪管理

本阶段的主要目的是通过对企业项目的实施与跟踪，及时了解项目组合的状态信息和变化情况。一方面，建立企业项目组合视图，及时监控并了解影响项目组合分析的各种因素变化情况；另一方面，及时对项目环境、战略目标、影响因素等变化情况进行审查，进行变更控制。发生变更情况或一定时间和周期内企业都需要重新开始项目组合管理流程。

可见，项目组合管理过程是一个动态的持续执行、循环反复的过程，随着环境的不断变化，项目组合的分析优化也随之变化。企业通过实施上述过程，能够建立所有项目的全景图，动态地跟踪项目的执行情况，进行项目和资源优化组合，最终实现企业的战略目标。

4．战略导向下的项目组合管理组织

从企业战略和项目组合的角度，相关学者建立适应企业项目组合管理职能需要的项目管理办公室(即项目组合管理办公室)。为实现企业的战略目标与具体项目的有效结合，项目组合管理办公室关注的不是单个项目的效益，而是项目组合产生的整体效益；需要在企业战略导向下选择和配置项目组合，合理调配企业资源，保障各个项目组合的实现；同时，在项目组合实施过程中，需要保证企业的战略导向，监控项目组合及项目的执行过程，确保项目与企业战略导向的一致性。项目组合管理办公室的主要职能有：①为企业项目组合的开发提供支持；②为企业项目组合的实施提供专业咨询与指导；③开发企业项目组合管理与项目管理的工具、方法、技术与标准；④组织企业项目组合管理的相关培训；⑤负责企业项目组合管理人员与项目团队骨干的培养与选择。

如图 9-2 所示，在战略导向下的项目组合管理组织中，由企业领导组成企业决策层，作为企业战略的制定者，负责制定企业的长远战略规划目标，从组织战略目标出发对项目组合的选择和配置做出最终决策，负责调配企业的全部资源，监控企业既定战略的实施情况，并做出相应的变更决策。由企业领导授权的企业整体项目管理负责人和原有职能部门的领导组建项目组合管理办公室，行使企业战略落实和监控人的职责，负责将企业制定的战略落实到具体的项目组合和项目中，选择和配置初步的项目组合提供给决策层，并且协调各职能部门的支持；同时，在企业层面上设计项目组合，以价值最大化为目标分配项目组合资源，对企业项目组合的进度、成本、质量、风险等进行总体的监控；由项目经理和项目群经理组成的项目和项目群管理层，是企业战略的实施者和项目组合、项目、项目群的具体完成者，服从于企业战略导向和项目组合的资源调配和管控，通过项目和项目群目标的实现，完成项目组合的相关任务，从而实现企业的战略目标。

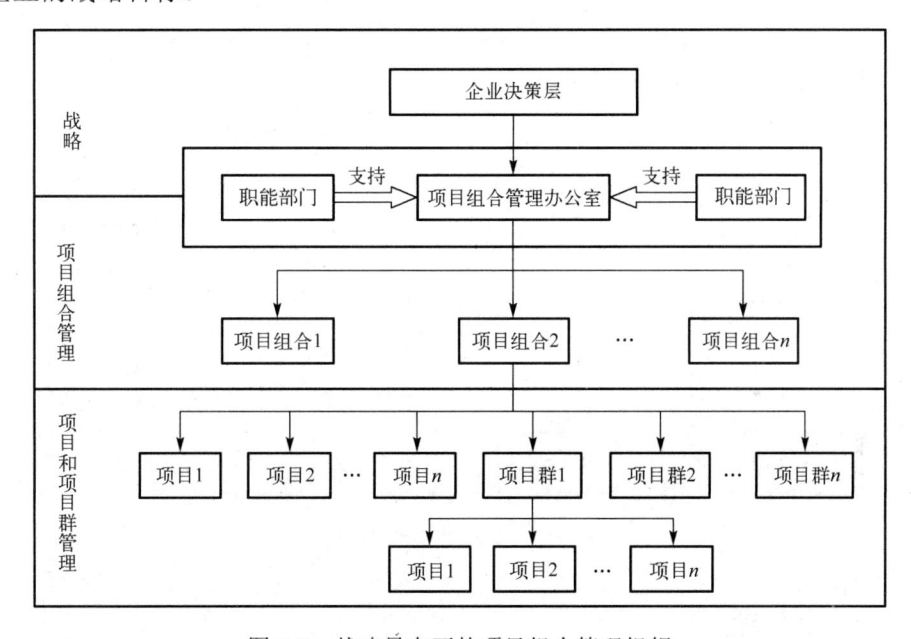

图 9-2 战略导向下的项目组合管理组织

5. 战略导向下的项目组合配置

项目组合配置的最基本功能是使项目组合的目标能够符合企业战略目标的要求，提高项目实施效果对战略的贡献率，这样既加强了项目目标和企业战略目标的对应度，又有利于项目更好地为企业服务。企业战略管理的首要工作是企业战略的制定，战略制定是通过对企业内外部环境及利益相关者的分析，选择战略方案。战略的执行过程是企业战略管理的关键。项目管理是企业战略执行的有效手段，哪些项目最终能够被选择是由高层管理者、利益相关者及专家共同确定的。

如图 9-3 所示，通过构建科学的项目组合配置模型，设计合理的项目综合评价指标体系，运用科学的、高效的、客观的评价方法对项目进行选择和配置，让一组项目服务于某一个或某几个企业战略目标。企业战略与项目组合管理是循环促进的关系，已经制定的企业战略能够指导企业项目配置和战略的项目化实施，加强项目收益与企业目标之间的联系，项目组合管理的过程相当于企业战略实施的过程，直接关系着企业发展的前景及发展的潜力。同时，对于战略导向下的企业，其项目组合配置与管理是随环境变化而动态演变的过程，某个时间段(项目组合生命周期)有旧项目的退出和新项目的加入。

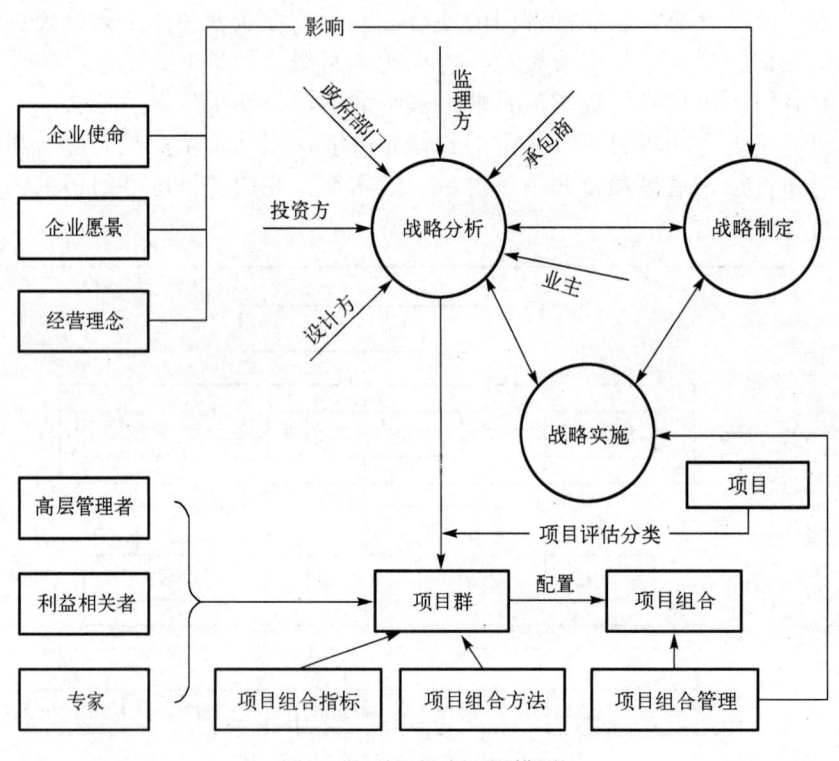

图 9-3 项目组合配置模型

9.3.2 项目群管理

1. 项目群的含义

对项目群管理的研究始于 20 世纪 80 年代中期，项目群管理理论从出现到现在只有短短的 20 年时间，目前对于项目群的定义及管理还没有统一的模式。日本工程促进会开发的《企业创新项目管理手册》(A Guidebook of Project & Program Management for Enterprise Innovation，简称 P2M)认为：项目群是企业为实现整体战略目标而发起的一组项目，彼此独立或联系不大的项目组合不是项目群。有关学者还有以下观点。

(1)项目群是指具有内在联系的若干项目，为了实现利益的增加而采取的统一协调管理。

(2)从项目群的目的出发，项目群是仅仅以协调管理或集成战略层面的报告为目的而进行的项目聚合。

(3) 项目群对项目以协调的方式进行管理，通过对相关项目的结构和过程进行组织，以获得比单个项目管理更大的整体利益。

(4) 为了实现一定的利益，对一组相关的项目进行集成和管理，而对单独的项目进行独立的项目管理时，这一利益将无法实现。

同项目管理相比，项目群管理是为了实现项目群的战略目标与利益，而对一组项目进行的统一协调管理。项目群管理是对多个项目进行的总体控制和协调。项目群管理不直接参与对每个项目的日常管理，所做的工作侧重在整体上进行规划、控制和协调，指导各个项目的具体管理工作。

2. 项目群的分类

关于项目群的类型，不同的学者从不同的角度进行了不同的划分。1999年，Gray 和 Bamford 以项目活动的结果为标准将项目群划分为两类：一是移交型项目群 (Delivery Programme)，直接导致利益和资金流入组织的项目群；二是平台型项目群 (Platform Programme)，致力于组织结构改善的项目群。1997年，Gray 根据项目结合程度的紧密性，将项目群划分为松散型 (Lose)、紧密型 (Strong) 和开放型 (Open) 3 种类型。其中，松散型项目群是指为了支持企业战略目标，集合一群相关的项目以取得共同的目的；紧密型项目群是指对一群项目以协调的方式进行管理，以获取某种特定的利益，当这些项目被单独地进行管理时，这些利益不可能实现；开放型项目群是在松散型项目群的基础上引入了学习型组织和授权，给予项目管理者更多的机会获取其他项目目标、过程和交付物的信息，通过这种方式使得项目管理者被充分授权，从而对自己的项目做出正确的决策。Sergio 以项目群协调利益的目的为标准，把项目群分为组合型 (Portfolio) 项目群、面向目标型 (Goal-oriented) 项目群和心跳型 (Heartbeat) 项目群。其中，组合型项目群由一些相互独立的项目组成，但是这些相互独立的项目有一个共同的前提，这个前提可以是一般的资源也可以是技术；面向目标型项目群主要是使企业发展和管理的主动权脱离原有的组织结构和路线，把经常的、不明确的、不完善的、正在发展之中的企业战略转换为真实的行动和新发展方向的方法；心跳型项目群主要是通过功能的增加、偶尔的系统彻底大检查等手段对现有系统、组织结构甚至是商业流程进行有规律的改进。

项目群管理是对企业的项目集合进行选择、支持和管理的系统过程。项目群在同一时刻被管理，它们之间可能彼此独立也可能彼此关联。项目群分析的关键就是要认识到企业的项目群有着共同的战略目的、分享同样的稀缺资源。项目群管理的概念使企业不是将项目看作独立的个体，而是将其看作一个统一的整体来进行管理。虽然每个项目都有各自的目标，但是它们同样也有一些共同的目标。

3. 项目群管理和项目管理的关系

项目群管理起源于项目管理，它们之间相互联系，但又各具特征。项目管理是对单个项目进行的日常性管理，项目群管理则是对多个项目进行总体的控制和协调。项目群管理的特点是从单项目管理的被动应变进化到了主动运作。项目群管理和项目管理的区别如表 9-2 所示。

表 9-2　项目群管理和项目管理的区别

序号	项目群管理	项目管理
1	是一个组织框架	是一个交付特定产品的过程
2	基于企业的战略层次，与企业战略目标一致	更体现战术性，与项目目标一致
3	对复合的相互关联的特定产品(交付物)进行管理	对单一的具体的特定产品(移交物)进行管理
4	专注于实现战略或满足企业需求	专注于特定产品的控制和交付
5	风险横跨各个项目，不确定性更加明显	风险包含在单个项目内
6	从战略和技术层面管理变化	从技术层面管理变化
7	时间跨度可能不明确	有比较明确的时间跨度计划
8	需要更广泛的管理和商业技能及经验	需要项目管理和技术方面的技能
9	集中与资源利用	主要强调成本、进度、质量等成果
10	专家资源之间关系密切	熟练专家资源之间关系密切
11	需要资源利用率最大化	需要资源使用最小化
12	应用可视化沟通的集成数据库系统	信息处理主要应用计划安排软件系统

通过对比可以发现，项目群管理更侧重于企业战略和企业需求，以及项目整体目标与战略层管理的衔接，通过对项目的孤立性、模糊性进行改善及对组织发展和最终产品的统筹，获得更大的收益。而项目管理更注重计划和执行，并提交最终产品，往往会忽略项目整体中多项目部的冲突管理与关系协调，使得中高层管理与操作层的管理脱节。项目群从风险、工期、资源上对管理的模式、技术和理念都提出了更高要求，如果单纯地把项目管理理论和技术拿来应用在项目群的管理上，显然不合适。

但应该注意的是，项目群管理只是在更高层面上对多个项目进行协同管理的一种方法，其范畴仍然属于项目管理，项目群管理不能否定项目管理；相反，有效的项目管理是项目群管理成功实施的基础。离开了单个项目的成功实施，项目群的成功管理就成了"空中楼阁"。

4．项目群管理的关键问题

尽管存在很多企业管理项目群的成功实例，但是很少有研究者对它们成功的原因进行调查。有学者对计算机行业的 6 家涉及多项目开发活动的企业进行了研究，他们认为成功的项目群管理通常具有下面 3 个要素。

1) 灵活的结构和自由的沟通

如果被限制在官僚作风、狭窄的沟通渠道和僵化的开发流程中，多项目环境就不可能很好地运作。成功的项目群都来自灵活的、开放的沟通环境中。当项目团队被允许随时对现有的产品进行实验时，创新性的产品概念才更有可能产生。

2) 低成本环境调查

许多企业花费大量的资金和时间，只为了在某一个产品上获得成功。在对各种机会或未来商业趋势缺乏足够分析的情况下，它们将信念(和财力)全部投入一个项目中，期望能一举占领市场。通常，成功的项目群战略要求对未来进行一系列低成本环境调查。在环境调查后，就可以通过与潜在伙伴建立战略联盟的方式对开发的众多试验产品模型进行市场测试。成功的企业很少会孤注一掷，它们通常在全面开发前建立并测试新产品。例如，乐佰美公司经常将许多新产品构想推向市场，从商业反馈中得到抽样信息，而后利用这些信息改进有潜力的产品，同时放弃那些不合格的产品。

3）瞄准时机的转换

成功的项目群管理需要认清适当的时机，尤其是当企业从一个产品向另一个产品转换时。不管是多样化的产品线，还是在原有的产品线上继续更新，成功的企业都使用项目群计划来建立长期的领导地位，同时通过提前计划来缓和可能出现的产品转换过程。吉列（Gillette）公司就通过开发和销售新型剃须刀获得了巨大的商业成功，其产品生命周期计划相当周密，企业能够精确地预测出现有产品的生命周期和开始新产品开发项目的必要时机，从而保持了其产品的平稳发展。

项目群管理虽来源于项目管理，但它无论是战略高度，还是管理范围、管理内涵、复杂性、不确定性都远远超越项目管理。它不仅包括范围管理、时间管理、成本管理、人力资源管理、质量管理、沟通管理、风险管理、采购管理、综合管理，还包括协同管理、知识管理等体现项目群管理特点的管理要素。在建立有效的项目群管理系统的过程中，需要注意以下关键问题：对项目群管理的整体绩效和价值进行优化；机会识别和选择新项目；取消或中止进行中的项目；变更项目组合优先级；资源平衡和优化，平衡和协调企业内部的资源及其在项目群中的分配；项目群中内外部的信息采集、组织和整理；监控项目群的进展并进行评估。

项目群管理是将企业的项目管理实践同整个企业的战略保持一致的过程，通过项目群中各项目的互补，就能够保证企业的项目管理团队齐心协力，而不会产生分歧。项目群管理同时也是战略方向和商业目标的可见标志，企业将所选择的要进行开发和实施的项目放在一起，就是向企业其他员工传达关于优先级、资源分配及未来方向的信息。最后，项目群管理在众多不同类型的项目中、在风险和回报间，以及在有效运作和无效运作的项目间寻求持续的平衡，同时也为风险管理提供了一种方法。为了达到这些目标，企业越来越多地使用项目管理，这也意味着下一步将会有越来越多的企业采用项目群管理来进行项目管理。

5．项目群管理的方法和实施模型

现阶段，项目群管理理论尚不成熟，大部分的项目群管理方法都基于项目管理方法的改进，甚至直接拿来应用，如工作分解结构、价值管理、挣值管理等项目管理方法和工具。现有的项目群管理方法主要是关键链方法，因为资源在项目群多个项目之间的有效配置是项目群管理的核心问题，也是项目群管理协同效应产生的主要因素。关键链方法可以解决项目和项目之间的公共资源的冲突问题，也可以在项目群管理过程中用来制订项目的总进度计划、资源分配计划等，还可以通过对缓冲区进行管理和控制来对项目群中的项目进行进度控制。

项目群管理的目的在于提高项目群系统的整体功能及整体优化性和动态发展性，使系统各要素集合成一个有机整体，并以系统为对象综合性地解决管理系统问题。有学者提出的项目群管理的方法及实施模型为项目群管理人员系统地管理项目群提供了方法和方向，如图9-4所示。

项目计划与控制

图 9-4 基于进度的项目群管理

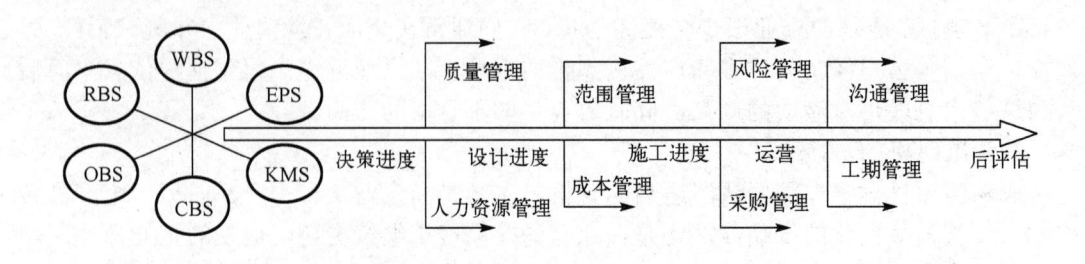

EPS(Enterprise Project Structure)　　企业项目体系
WBS(Work Breakdown Structure)　　工作分解结构
RBS(Resource Breakdown Structure)　　资源分解体系
OBS(Organization Breakdown Structure)　　组织责任分解体系
CBS(Cost Breakdown Structure)　　费用分解体系
KMS(Knowlegde Management Structure)　　知识管理体系

项目群管理的理论以项目管理理论为核心和基础，包括集成管理理论、协同管理理论、各应用领域通用的管理理论等。现有文献对项目群管理实施模型的研究仅限于理论方面的讨论，涉及实施的详细步骤则很少，鉴于这种现状，有学者建立了详细的项目群管理实施模型，如图 9-5 所示。

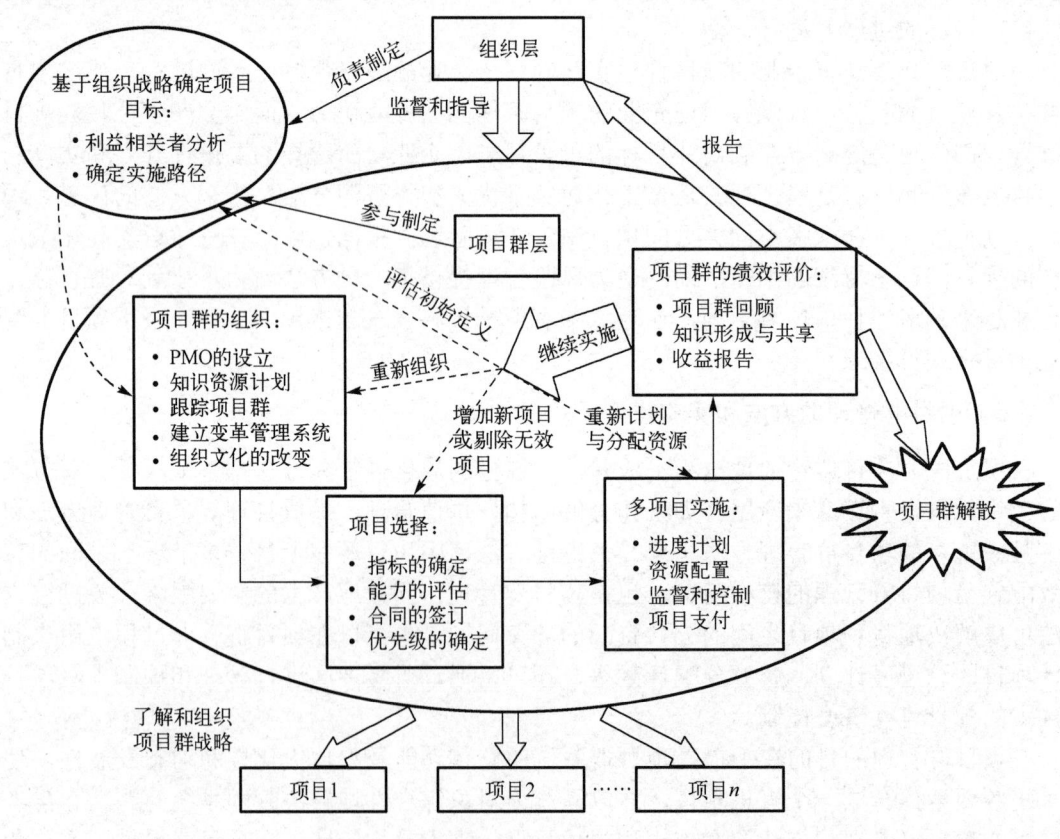

图 9-5 建筑企业项目群管理实施模型

218

9.4 企业战略性项目管理模式

9.4.1 企业项目管理发展面临的困境

目前,项目管理理论取得了丰硕成果,如企业项目管理周期理论、项目组合理论、相似性项目管理理论、全面项目管理理论、多项目管理理论等,不一而足。

项目自身的复杂性正如前文所述,当前项目或项目群面临不断变化的环境,为了与之适应,一方面要进行管理的变革,合理配置资源;另一方面离不开技术的创新。项目自身的复杂性,必然带来涉及领域的广泛性,与企业传统业务相关的专业愈发增多,从而企业内部关系变得愈发复杂,这就要求企业从目标单一、明确的项目管理转变为解决多样化的、不确定矛盾的战略性项目管理。

9.4.2 企业战略与项目管理结合的必要性

企业项目管理的发展已然面临进入瓶颈的困惑,这就为企业寻找解决办法埋下伏笔,而战略无疑成为最佳选择。

1. 企业战略与项目管理解决方案的互补性

除项目及项目管理面临内外部困境外,企业战略管理同样有其局限所在。战略具有的长远性、全局性、风险性等特点决定了战略管理的层次比项目管理高出很多个等级。一方面战略的制定过程往往很复杂,考虑因素较为繁多,不仅要考虑项目部门的情况,还要考虑其他职能部门的因素,因此其资源的分配是否科学合理显得尤为重要。此外,战略制定或重新制定的周期较长,关系到战略实施的细枝末节很难管理到,这些是战略管理的不足。而项目管理更加侧重于战略的执行层,比战略管理层次解决问题更加细致,可以弥补战略管理的不足。另一方面,项目管理往往仅关注本项目的执行与盈利情况,而无法兼顾其他项目群的效应,因此需要战略的统领作用进行协调,实现资源合理配置,这样两者便形成了互补。

2. 企业战略与项目管理实现目标的一致性

国内著名学者廉志端教授在其所著《公司战略管理理论与实务》中曾这样描述:"现代公司的竞争完全转向战略的较量,公司经营上的成功一定是战略的成功。一个公司必须把追求今天的利益和实现明天的生存紧密结合起来,现代公司的竞争是一种核心能力支配下的综合实力的比拼。"可见,战略管理就是为企业长期可持续发展而存在的;而项目管理就是以项目为对象的系统管理方法,通过一个临时性的专门的柔性组织,对项目进行高效率的计划、组织、指导和控制,以实现项目全过程的动态管理和项目目标的综合协调与优化。二者共同的目标为实现企业的长期可持续发展。因此,实现企业战略与项目管理的结合,无疑将赋予企业新的活力,使得企业适应变化的环境,保持竞争优势,赢得广阔的市场,实现可持续发展。

3. 项目管理的战略化

企业面对复杂多变和激烈的市场竞争环境，其目标、使命和愿景至关重要，是企业求得生存，实现可持续发展的灯塔。这就要求企业站在战略的高度，认真分析企业面临的外部宏观环境、行业竞争环境，以发现外部机会和威胁，认真分析企业内部资源以发现内部优势和劣势，从而通过 SWOT（Strength Weakness Opportunity Threat）矩阵形成战略选择，并付诸行动，进行动态管理。随着管理理论的实践与发展，项目管理无疑成为当代企业管理的流行方式，但是仅从项目的角度去衡量企业的经营水平和分配资源的水平，显然不足以最大化、最优化实现企业的经营利润。企业战略是决定企业经营活动成败的关键性因素，它是企业实现自身理性目标的前提条件，是企业及其所有员工的行动纲领。企业如果没有战略管理，其经营将失去方向，必将迅速走向衰败；企业如果忽略战略管理，其发展必然滞后，难以取得竞争优势。因此，项目管理战略化成为必然趋势。

4. 战略管理的项目化

企业仅仅有完美的战略规划是行不通的，战略的成败关键在于战略的执行和控制。现有的战略管理并没有很好地解决这个问题，战略管理还缺乏有效的方法和工具来保证战略的实施。随着能够适应复杂多变环境的项目管理理论的不断发展，项目管理从单一项目管理发展到多项目管理，包括项目群管理、项目组合管理和成组管理，人们越来越认识到项目管理是确保战略目标实现的有效方法和工具。因此，项目管理成为战略执行的重要保障。

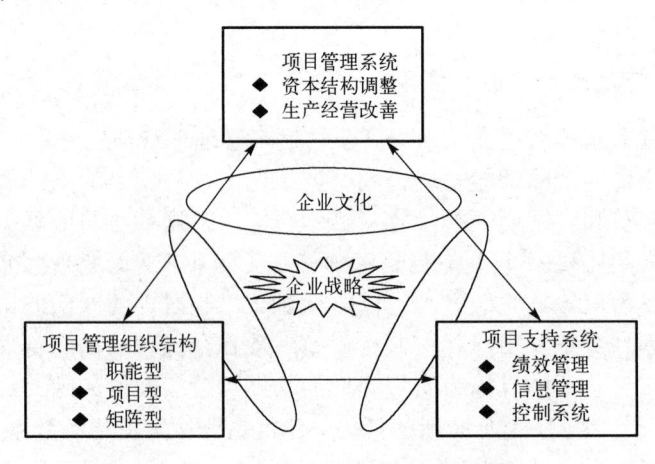

9.4.3 企业战略性项目管理模型

从整体上看，企业战略性项目管理是企业战略管理与项目管理的结合。从流程上看，企业战略性项目管理处于企业战略管理与项目管理的中间地带，扮演着桥梁的角色。基于此，企业战略性项目管理将是一个复杂的系统工程，包括项目管理系统、项目支持系统、项目管理组织结构，以及企业文化和企业战略，共 5 个要素。企业战略性项目管理模型如图 9-6 所示。

图 9-6 企业战略性项目管理模型

1. 战略项目化管理

模型以战略为核心，分析内外部战略环境，进行战略愿景、使命识别，以及战略目标制定，项目管理系统、项目支持系统、项目管理组织结构三者形成三足鼎立。项目管理组织结构是保障，项目管理系统是方法，二者均离不开项目支持系统的支持。此外，在全部过程中，企业文化贯穿始终，进行员工使命感的激发、归属感的凝集、责任感的加强、荣誉感的赋予、成就感的获取，是组织沟通的有效保证。

战略管理过程包括确定企业使命、战略分析、战略选择及评价、战略规划分解、战略实施及控制、战略评价等过程。而企业项目管理过程包括机会研究、项目评定、项目选择及评价、项目计划、项目执行、项目控制、项目收尾等过程。战略项目化管理要求二者相互匹配，如图9-7所示。

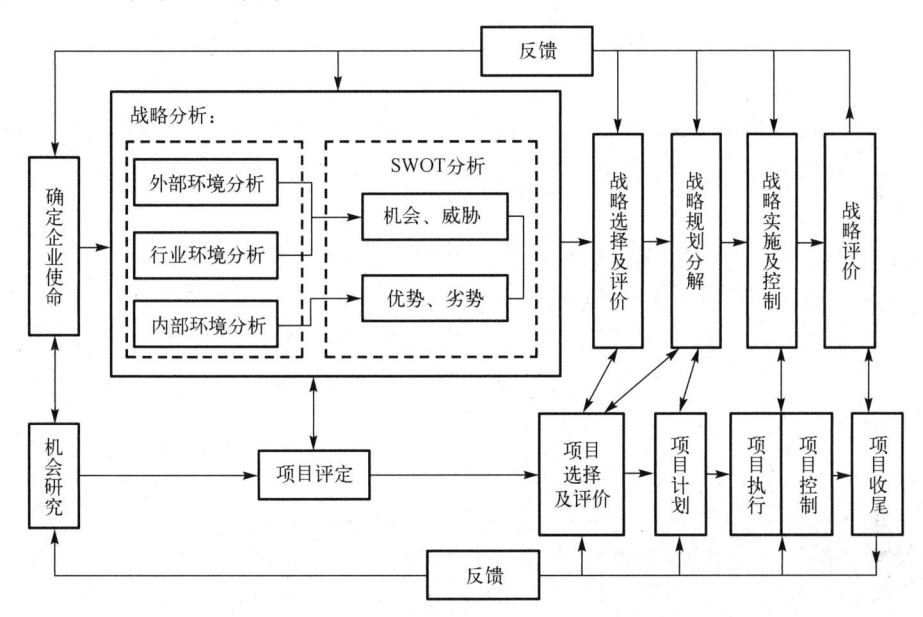

图 9-7　战略管理与项目管理匹配图

2. 项目管理系统

项目按其具有的性质可以分为两类：资本结构调整型项目和经营改善型项目。资本结构调整型项目即在企业总股份不变的情况下，选择性地开拓企业经营范围，主要涉及新产品开发与运行，增加新设备，生产线改革、扩建、开发等项目。而经营改善型项目则主要立足于企业现有的生产设备、产品及生产线，专注于企业产品质量提高、成本降低、新市场开拓及现代化管理机制建立等。对于企业未来的发展，资本结构调整型项目起着重要作用，而企业竞争力的提升则更多依赖经营改善型项目的建设。

资本结构调整型项目的解决方案是项目组合管理。项目组合管理包含5个要素：战略一致性、资源需求、项目经济分析、项目技术分析、项目决策与实施。其中，战略一致性包含企业项目是否符合企业战略使命、愿景、目标，与同期正在进行的其他项目是否存在分歧等内容。资源需求包括人力、物力、财力资源的供给情况。项目经济分析，则是通过分析、估计、计算项目的市场规模、销售利润率、投资利润率、投资回收期、净现值、内部收益率、项目盈亏平衡、敏感性及概率等经济数量指标评价项目水平；项目技术分析则是从技术的角度研究其可行性、可靠性、稳定性、先进性、持续性，以及设施、人员的到位情况。项目决策与实施则包括时间控制、决策方法选择、风险评估，以及项目总结等内容。

经营改善型项目的解决方案是项目群管理。项目群管理也叫多项目管理。项目群由一系列相互关系的项目组成，以相互协调的方式进行管理，追求"1+1>2"的管理绩效水平。项目群管理最终会获得比单一项目管理更多的好处。按其目标主题不同，对应满足共同的约束、实现共同客户满意、服务共同的产品及实践共同的战略，经营改善型项目分为约束限制型、面向客户型、产品服务型及面向战略型4种类型。

3. 项目管理组织结构

企业项目和企业自身所面临的内外部环境往往存在巨大差异，尤其是处于经济快速发展的当下，环境变幻莫测，传统的企业式组织结构很难适应项目化管理。项目组织沟通障碍、晋升机会问题、信息传递失真、"多头领导"，甚至出现的窝工现象，将直接导致组织效益下降。建立在战略基础上的项目管理模式也需要寻找适合其发展的组织结构。

项目组织是项目实施的保证，项目组织建设一般包括4个部分，即组织设计、组织运行、组织更新、组织终结，恰好构成项目的整个生命周期。按照项目组织结构的发展历史，项目组织形式可以分为职能式、项目式、矩阵式3类，其中矩阵式项目组织又可分为弱矩阵、平衡矩阵、强矩阵3种类型。但是在应用于战略性项目管理时，组织结构需要重新调整、科学设计。战略性项目管理组织结构示意图如图9-8所示。

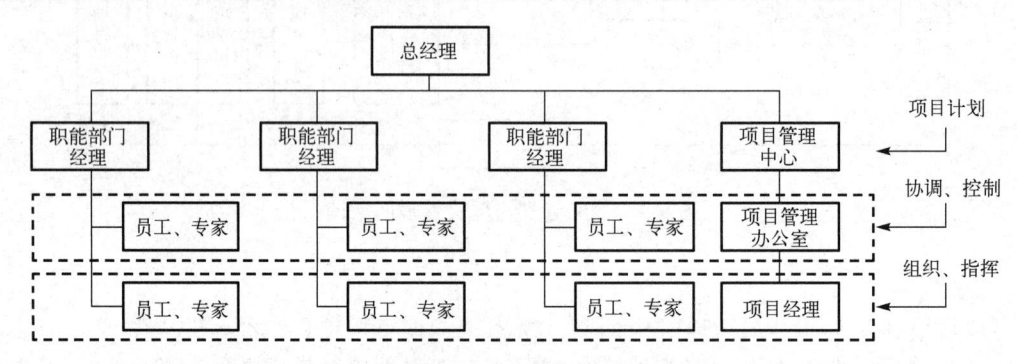

图9-8 战略性项目管理组织结构示意图

实施战略性项目管理本身对员工基本素质的要求较高，甚至要求有某方面的专业水平的佼佼者，即专家。这是战略性项目管理的基础。按照战略要求设计组织结构，依然由总经理负责一切企业日常管理事务，总经理下设项目管理中心(Project Management Centre，PMC)，专门负责战略性项目管理活动。PMC主任由总经理兼任，可以提高战略性项目管理活动执行力，负责整个项目战略计划决策的制定。由PMC牵头组建项目管理办公室，项目管理办公室的成员由各部门专家组成，负责全部企业项目的可行性报告分析、批准上报立项、实施控制、项目收尾评价、项目组合、项目群管理，以及项目经理人选制定等。项目经理及项目成员负责项目执行管理等工作。

4．项目支持系统

绩效管理，为战略性项目管理提供激励支持。绩效管理以实现组织目标为最终目的，以实现个人、部门和组织绩效的提升为手段，是由各级管理者和全体员工共同参与的绩效计划制订、绩效教育沟通、绩效考核评价、绩效结果运用、绩效目标改进提升的持续循环过程。绩效管理除能够促进组织和个人绩效提升，保证组织战略目标实现外，还是促进管理流程和业务流程优化的重要渠道。战略性项目管理离不开对人、对事的管理，对人的管理主要是激励约束问题，对事的管理则是流程问题。

信息管理，为战略性项目管理提供沟通支持。信息管理是以有效开发、利用信息资源为目的，以现代信息技术为手段，对信息资源进行计划、组织、领导、协调和控制的一系列活动。正如前文所述，随着社会经济水平的发展和科学技术的进步，企业管理已经朝着战略化、项目化的趋势演进。多项目管理是战略管理的重要部分，仅凭人的能力去管理一个庞大的系统，已经不能够胜任，借助科技的力量不仅可以解决人做不成的事情，还能够节约大量成本。

控制系统，为战略性项目管理提供有效控制手段。控制，意味着目标主体按照战略目标所期望的方式保持或改变组织、设备等可变因素，朝着预定的理想状态发展。因此，在战略性项目管理中引入控制系统，一方面保证了组织目标的实现；另一方面保证了其实现途径的科学性、合理性，以及低成本。

5．战略性项目管理文化

企业是一个有机的生命体，具体来说企业文化具有五大功能：第一，经营哲学、价值观念及企业目标指引的功能；第二，通过规章制度与道德指引的约束功能；第三，有效的团队文化建设可以加强企业凝聚力和向心力；第四，通过有效的沟通、反馈机制，维护企业内部员工之间、部门之间，以及企业与企业、企业与客户、企业与政府之间关系的调节功能；第五，企业文化具有形成企业公众形象，提升影响力、知名度的辐射功能。

基于战略性项目管理的文化建设，除要重视企业文化基本功能的发挥外，还要注重培养团队协作、信息共享，以及务实高效的文化。战略性项目管理不同于企业战略管理，也不同于项目管理，它是战略管理与项目管理结合的重要环节。首先，项目管理要求具备团队精神，这是组织实施的前提；其次，其面临的将不再是单一项目管理，而是多项目管理，只有信息共享才能获得最大效益；最后，战略性项目管理具有价值链的重要特征，任何一个环节出了差错将会导致整个链条出现问题甚至失败，因此务实高效成为战略性项目管理的基本要求。

本章小结

战略性项目管理是项目管理的新理念，它是服务于企业战略的项目管理方法，并要求企业从高层到基层每位员工进行参与，在全方位的项目管理信息系统的支持下，利用系统思维方法去解决企业范围内的项目管理问题，使企业战略性项目管理的理念、方法等融入企业文化之中。

项目组合管理是指在可利用的资源和企业战略计划的指导下,进行多个项目或项目群投资的选择和支持。项目组合管理通过项目评价选择、多项目组合优化,确保项目符合企业的战略目标,从而实现企业收益最大化。项目群是一组相互关联并需要进行协调管理的项目。项目群管理的重点是集成管理,这种集成不是要素之间的简单叠加,而是将多个要素有机组合成一个系统,从而提高系统的整体功能。

企业处于动荡多变且激烈竞争的环境之中,为了在市场中处于优势位置,企业就要寻找适应这种环境的管理模式,企业战略性项目管理就是从传统项目管理发展而来的使企业应对不确定性的、新的研究方向。

能力测试题

1. 单项选择题

(1) 项目组合管理的主要目标是( )。
   A. 正确地完成某个项目
   B. 正确地完成一系列相互关联的项目
   C. 选择一系列正确的且不一定相互关联的项目,并排定资源分配的优先顺序
   D. 选择一系列正确的且相互关联的项目,并排定资源分配的优先顺序

(2) 战略最初被应用于( )领域。
   A. 政治   B. 经济   C. 军事   D. 科技

(3) 战略管理理论包括( )。
   A. 经典战略理论   B. 竞争战略理论
   C. 核心竞争力理论   D. 以上都是

(4) 项目组合管理可以将组织战略进一步细化到选择哪些项目来实现组织的目标,其选择的主要依据在于( )。
   A. 交付能力和收益   B. 追求人尽其才
   C. 追求最低的风险   D. 利用人力资源专长

(5) 项目群是( )。
   A. 一群共享资源的项目
   B. 投资在1亿美元以上的大型项目
   C. 任意10个项目的集合
   D. 一组被协调管理的且相互关联的项目

(6) 为了实现战略目标而组合在一起管理的项目、项目群和运营工作被称为( )。
   A. 过程   B. 项目组合
   C. 子项目集   D. 生命周期

(7) 实施项目是下列战略原因所致,除了( )。
   A. 社会需求   B. 市场需求
   C. 管理层的判断   D. 环境方面的考虑

(8) 项目群管理有助于确定管理相关项目的最优方法以获得收益和控制。项目群管理

活动可能包括下列所有选项,除了( )。

  A．整合组织和战略方向   B．管理共享的客户关系
  C．解决问题和变更管理   D．解决资源约束

2．多项选择题

(1)企业战略性项目管理将是一个复杂的系统工程,都包括( )要素。

  A．项目管理系统   B．项目支持系统
  C．项目管理组织结构   D．企业文化   E．企业战略

(2)战略管理的特点包括( )。

  A．全局性   B．长远性   C．改进效能
  D．对抗性   E．静态性

(3)以下( )是从完善企业战略管理角度分析项目管理的必要性的。

  A．战略性项目管理有利于形成企业竞争能力
  B．战略性项目管理是企业管理发展的必然产物
  C．项目管理具有较强的适应性
  D．项目管理有利于解决信息不对称问题
  E．促进战略意图的实现是衡量项目成功的基础

(4)项目组合管理与传统项目管理的区别表现在( )。

  A．管理目标   B．管理方式   C．管理范围
  D．管理周期   E．管理决策层

(5)一般情况下,评分模型会考虑以下( )因素。

  A．战略一致性   B．项目组合财务价值   C．非可衡量收益
  D．风险   E．其他对于组织较为重要的标准

(6)进行项目组合分析时,要考虑各种参数,经常使用的参数有( )。

  A．业务优势、收入   B．成本、投资   C．风险、成功可能性
  D．创新、可维持性   E．定义的项目类别

(7)在进行项目组合分析时,可能会用到( )分析方法。

  A．约束分析和内外力分析   B．方案分析
  C．项目组合平衡分析   D．有效边界与项目组合优化
  E．影响力分析、敏感性分析等高级分析

(8)项目组合管理办公室的主要职能有( )。

  A．为企业项目组合的开发提供支持
  B．为企业项目组合的实施提供专业咨询与指导
  C．开发企业项目组合管理与项目管理的工具、方法、技术与标准
  D．组织企业项目组合管理的相关培训
  E．负责企业项目组合管理人员与项目团队骨干的培养与选择

3．简答题

(1)什么是战略管理?

(2) 战略管理与项目管理如何匹配？
(3) 为什么需要项目群管理？如何有效地进行项目群管理？
(4) 项目组合管理过程有哪些阶段？

案例分析

向成功的标杆企业学习，向从实践中总结的管理精髓学习，永远是我们最明智的选择。华为一直非常重视项目管理，项目管理在促进公司发展、实现商业价值、推动人才培养等方面发挥了重要作用。

华为的项目管理是一种业务运作模式。华为"以项目为中心"的运作不仅仅是一组实践或工具，更是一套相对完整的管理体系，包括政策、规则、流程、方法和IT工具平台、组织运作和评价等要素。这些要素在项目管理实践中集成应用，并通过一套3层的管控机制，有效开展项目、项目群和项目组合管理，实现商业价值。

华为首先在营销和研发等体系引入项目管理，并经过多年实践推广至目前的变革、基建等领域。截至2018年，华为已拥有各类认证的各级别专职项目经理近5000人。

强底气，建设项目管理体系。

华为的商业实践离不开企业战略的指导，华为的项目管理体系有效地支撑企业战略落地。该体系不仅包括项目本身的业务运作环节，还包括支撑项目的管理系统，涉及授权、考核、评价与激励等多方面，也就是业界所称的组织级项目管理体系。

1. 利用项目组合管理价值

以项目为中心的项目管理体系，牵引华为组织结构从"以功能为主、项目为辅"的弱矩阵，向"以项目为主、功能为辅"的强矩阵转变，它包含项目组合、项目群、项目3个层次，而华为代表处、系统部和项目组分别对项目组合、项目群和项目负责。

代表处是客户组合和产品组合管理的主体，承担华为战略目标实现的责任，是一个经营单元。代表处以年度预算为基础，在代表处层面优化资源配置，促进优质资源逐步向优质客户倾斜。系统部是项目群管理的主体，对经营目标的实现和客户满意度负责。项目组是项目管理的主体，基于契约开展优质、高效的交付，对交付进度、质量和客户满意等项目经营目标负责。

2. 关注商业价值实现

项目概算、预算、核算、决算是项目管理中的关键活动。

其中，概算是基于设备、服务成本和相关成本测算项目损益和现金流的，80%的项目成本需要在概算阶段确定；预算基于概算，根据合同确定的交付承诺，结合交付计划和基线对项目执行周期内的收入、成本的现金流设定财务基准；核算是项目管理的"温度计"，准确地记录历史、描述现在、通过预测来管理未来；作为最后一次项目核算，决算是项目关闭时的"秋后算账"，它通过经验教训总结改善后续运作，刷新基线。

3. 科学度量成熟度

对于项目管理体系的成熟度，华为从组织、项目管理卓越中心(PMCOE)、项目3个维度来度量。

组织级度量标准从低到高分为以下 5 个级别：

①初级：企业不具备或未使用项目管理技能；

②推行：企业有基本的项目管理技能，偶尔使用，但不连贯，还处于开发过程中；

③运行：企业项目管理技能健全并全面运行，具有标准统一的流程；

④集成：企业项目管理技能娴熟实用，高度集成，在企业内持续使用，结果可预测；

⑤领先：企业项目管理技能达到世界领先水平，成为业界最佳实践。

聚人气，培育项目管理文化。

德鲁克认为："管理虽然是一门学问，一种系统化的并到处使用的知识，但它同时也是一种文化。"华为一直强调，资源是会枯竭的，唯有文化才生生不息，永不枯竭。

华为项目管理文化包含如下 3 种：

①理念文化，即企业价值观，项目管理价值观；

②制度文化，即规范的企业项目管理体系，明确的项目管理能力框架，匹配项目管理需要的组织架构；

③行为文化，即职业化的项目管理行为，卓越的领导力、战略和商业管理能力，健康的项目管理生态圈。

华为的项目管理文化与企业文化一脉相承，是华为核心价值观的内涵在项目管理活动中的延伸和丰富，华为项目管理文化的精髓包括如下几方面。

1. 以客户为中心

客户需求是华为发展的原动力，为客户服务是华为存在的唯一理由。为此，华为实行以客户为中心的作战方式，将支点建立在离客户最近的地方，让听得见炮声的人来呼唤炮火。同时，华为通过建设业务、流程、组织保障与信息化系统，建设以客户为中心的科学的管理体系及平台，支撑精兵作战，保障客户价值的成功实现。

2. 契约精神

华为坚持以诚信赢得客户，诚信是华为最重要的无形资产。契约精神的本质是一种双向的联系和规范，以立约方式确定人与人之间的互动关系。项目管理中的契约精神，就是项目成员拥有一种心理契约，养成按规则办事的习惯。

为确保契约精神得以贯彻执行，华为的具体做法包括以下几点：

①与企业立约，明确以项目为中心的政策、方法和流程，制定考核机制；

②与客户立约，客户的信任要靠不断的艰苦奋斗得来。没有客户的支持、信任和压力，就没有华为的今天；

③与员工立约，签订项目关键绩效指标(KPI)承诺书，实现高质量交付。

3. 结果导向

华为没有任何稀缺的资源可以依赖，唯有艰苦奋斗才能赢得客户的尊重和信赖。华为建立以结果为导向的价值评价体系，将项目 KPI 纳入个人绩效承诺书，贯彻结果导向，传递市场压力。同时，华为坚持以奋斗者为本，建立基于给客户、上下游和团队带来的贡献和价值，以结果为导向的任职资格制度，使奋斗者获得合理的回报。

4. 团队协同作战

在"胜则举杯相庆，败则拼死相救"的团队协作方面，华为有著名的狼性文化，即目标一致、动作协同；同进同退、群狼众心；充分沟通、绝对服从；超强耐力、永不放弃。狼性文化的本质是全面贯彻拼搏精神和团队意识，因此每个人的适宜的角色定位是决定团队狼性的根本。

　　为达到上述目的，华为扎实开展项目管理文化建设。华为运用马斯洛模型，分析员工需求，引导员工从低层次的物质需求转向高层次的文化需求，用制度牵引员工的行为，最终形成企业层面浓厚的项目管理文化氛围，促进企业项目管理的成功，从而保证企业的商业成功。

　　问题：
(1) 华为是如何建立项目管理体系的？
(2) 从本案例来看，华为是如何取得商业成功的？
(3) 华为的成功对你有何启发？

第 10 章　项目结束与后评价

> **本章提要**
>
> 　　了解项目结束阶段的主要工作；理解项目正常结束和非正常终止的区别、项目后评价和项目论证的主要区别；熟悉项目后评价的主要内容及一般方法。

10.1　项目结束

　　任何一个项目均是有周期的，要经过概念、规划、实施、结束4个基本的阶段。当某项目的规划目标已经实现，或者能够清晰地判断即使持续该项目，其目标也不可能达到时，则该项目应适时终止，使项目进入结束阶段。项目的结束阶段是一般项目生命周期的第四阶段，即最后一个阶段。在这一阶段，仍然需要对项目进行有效的管理，恰当地做出正确的结束决策，总结分析该项目的经验教训，为今后的项目管理工作提供有益的经验和总结具有普遍意义上的管理规律。

　　当某一项目出现下列情形之时，就应适时终止，使项目进入结束阶段。

　　(1)项目的目标已经成功实现，项目的结果(产品或服务)已经可以交付给项目投资人或转移给其他第三方。

　　(2)项目严重地偏离了其进度、成本或质量目标，而且即使采取措施也无法实现预定的目标。

　　(3)项目投资人的战略发生了改变，该项目必须舍弃。

　　(4)项目无法继续获得足够的资源以保证项目的持续。

　　(5)项目的外部环境发生剧烈变化，使项目失去了继续下去的意义或根本无法持续下去。

　　(6)项目工期因为政策、法律或一些项目组无法控制的因素而被迫无限期地延长。

　　(7)项目的关键成员成为不受欢迎的人，而又无法找到替代者。

　　(8)项目目标已无望实现，项目工作开始放慢或已经停止。

　　项目实施过程中可能会出现以上这些情形中的一种或多种，而有时候各种情形的界限并不总是那么清晰。这些情形只是为找到不可避免的项目结束问题提供了一个框架。

　　项目的最后执行结果只有两个状态：成功与失败。相应地，项目进入结束阶段后，能够采用两种方式来结束项目：正常结束和非正常终止。在项目进入正常结束阶段时，应对项目进行项目竣工验收和后评价，实现项目的移交和清算。当采用非正常终止方式对项目进行收尾时，要综合考虑影响终止项目的决定因素，制定并执行项目终止决策，处理好终止后的事务。

10.1.1　正常结束(竣工)

　　当项目的预定目标已经实现时，该项目就取得了成功。项目成功是指项目已经达到了其成本、进度和质量目标并融入投资人、业主或项目所有人的组织中，促进其组织的发展。一个成功的项目意味着组织成功地定位了自己的未来，设计和实施了一个具体的战略。

项目为什么会成功？遵循以下原则，项目将更有可能获得成功。

(1)在同项目投资人、业主或项目所有人充分交流的基础上规划出了一份真实、可行的项目计划，它符合项目投资人、业主或项目所有人的需求。

(2)项目实施过程中的冲突得到了有效地控制和解决。

(3)项目目标简明易懂，项目协作各方都能充分地理解。

(4)项目目标从启动到结束都处于有效地控制和跟踪状态。

(5)在规定的时间内，有足够的成员来完成既定的工作任务。

(6)在项目实施之前，98%的工作任务已得到界定，资源已配置齐全。

(7)项目经理经常与项目团队成员交流，倾听他们的建议，帮助他们解决问题，掌握了项目进展的第一手资料。

(8)项目经理注意研究已终止的类似项目，善于从中吸取经验和教训。

项目在工程实施完成后，进入了项目收尾阶段——总结和后评价阶段。项目后评价的实施是以项目建设实施过程中的监测、监督资料和施工管理信息为基础，分自我评价和独立评价两个步骤来完成的。

10.1.2　非正常终止(下马)

不同的项目有不同的经验教训和启示。对那些失败的项目，研究错误出现在哪里、为什么项目的目标不能实现，从中可以得到许多有益的启示。

当项目因为政治原因、经济原因、管理原因没有办法维持，或者项目目标不可能实现时，高层管理人员应考虑终止项目的执行，避免进一步的损失。例如，东南亚金融危机，使得泰国大量在建的建设项目由于资金被抽回而被迫停止。项目失败意味着项目没有达到其成本、进度和质量目标，或者它不适合组织的未来。因此，失败是一个相对的因素。

由于不可预见的因素而导致失败的项目并非是真正的失败项目，由于环境变化、组织变化、目标变化而失败的项目也非真正的失败项目，但这些理由并不能使项目投资人、业主或项目所有人信服而获得项目的款项。因为从某种意义上来说，这些因素是人力不可控制的。只有那些因为管理问题、决策问题而导致预算超支、进度推迟、资源严重浪费的项目才是失败的项目。

这里有一些基本的原因决定着项目的目标难以实现，这些原因恰好与成功项目的原因相反。

(1)项目计划太简单，或者过于复杂，甚至脱离实际，难以操作。

(2)项目实施过程中的主要冲突无法解决，浪费了过多的时间和资源。

(3)项目经理或经理班子的管理水平、领导艺术欠佳。

(4)项目经理和团队成员对最初项目目标的理解有分歧。

(5)在项目进程中，项目监控不充分，从而不能预见即将要发生的问题；当问题出现时，又不能适当地解决。

(6)团队成员不充足且工作效率低下。

(7) 项目中所需的项目经理及主管单位之间缺乏有效、充分的沟通。
(8) 优柔寡断的决策。
(9) 项目中所需的资源供应缓慢,导致项目进度一再拖延。

对项目终止问题的探讨,需要考虑决定项目终止的因素有哪些、如何做出项目终止决策,以及决策制定后如何来执行决策和开展终止后的行动。

10.2 项目后评价

10.2.1 项目后评价概述

1. 项目后评价的概念

项目后评价是指对已经完成的项目或规划的目的、执行过程、效益、作用和影响所进行的系统的、客观的分析。通过对投资项目实践的检查总结,确定投资项目预期的目标是否达到,项目或规划是否合理有效,项目的主要效益指标是否实现,通过分析评价找出成败的原因,总结经验教训,并通过及时有效的信息反馈,为未来项目的决策和投资项目决策管理水平的提高提出建议,同时也为被评项目实施运营中出现的问题提出改进建议,从而达到提高投资项目效益的目的。

项目后评价首先是一个学习过程。后评价是在项目完成以后,通过对项目目的、执行过程、效益、作用和影响进行全面系统的分析,总结正反两方面的经验教训,使项目的决策者、管理者和建设者学习到更加科学合理的方法和策略,提高决策、管理和建设水平。其次,后评价也是增强投资项目工作者责任心的重要手段。由于后评价的透明性和公开性特点,通过对投资项目成绩和失误的主客观原因进行分析,可以比较公正客观地确定投资项目决策者、管理者和建设者工作中实际存在的问题,从而进一步提高他们的责任心和工作水平。最后,后评价主要是为投资项目决策服务的。虽然后评价对完善已建项目、改进在建项目和指导待建项目有重要的意义,但更重要的是为提高投资项目决策服务,即通过评价建议的反馈,完善和调整相关方针、政策和管理程序,提高决策者的能力和水平,进而达到提高和改善投资项目效益的目的。

项目后评价是项目监督管理的重要手段,也是投资项目决策周期性管理的重要组成部分,是为项目决策服务的一项主要的咨询服务工作。项目后评价以项目业主对日常的监测资料和项目绩效管理数据库、项目中间评价、项目稽查报告、项目竣工验收的信息为基础,以调查研究的结果为依据进行分析评价,通常应由独立的咨询机构来完成。广义的项目后评价还包括项目影响评价、规划评价、地区或行业评价、宏观投资政策研究等内容。

2. 项目中间评价与后评价

"中间评价"是指投资或项目管理部门对正在建设尚未完工的项目所进行的评价。中间评价可以是全面、系统的,即对项目的决策、投资、目标、工程及未来效益方面的全面评价,也可以是单独内容的,即对项目建设中某个问题、某项效益的单项评价;可以是针对一个项目的，也可以是针对多个项目的，即一个行业、一种产品、一个地区的同类项目的评价。

中间评价的作用是通过对项目投资建设活动的检查评价，及时发现项目建设中的问题，分析产生的原因，更新评价项目的目标是否可以达到，项目的效益指标是否可以实现，并有针对性地提出解决问题的对策和措施，以便决策者及时做出调整方案，使项目按照立项时的目标继续发展。对于没有继续建设条件的项目可以及时终止，防止造成更大的浪费。

项目中间评价是项目监督管理的重要组成部分，是项目稽查业务的一项主要的咨询服务工作，是项目绩效管理的重要手段。项目中间评价以项目业主日常的监测资料和项目绩效管理数据库的信息为基础，以调查研究的结果为依据进行分析评价，通常应由独立的咨询机构来完成。项目中间评价包括项目实施过程中从立项到项目完成前的各种评价，即项目的开工评价、跟踪评价、阶段评价、完工评价等。国外也把中间评价称为"绩效评价"。

项目中间评价与后评价既有共同点，又有不同点，既相对独立又紧密联系。两者的评价时间不同，一个在项目实施中，一个在项目完成后。它们的评价深度和相应的一些指标也不同，但主要内容则差别不大。同时，它们服务的作用和功能也有所不同。中间评价和后评价也有许多共同点，如项目的目标评价、效益评价等是一致的，可以把后评价看作中间评价的后延伸，中间评价也可以看作后评价的依据和基础。因此，中间评价和后评价都是项目管理和评价不可缺少的重要环节。

3. 项目论证与项目后评价

项目论证是指分析研究拟议中的项目应该采用什么技术、规模多大、项目需要多少资金、市场前景如何，也就是说要明确项目应该达到什么标准或实现什么目的。那么，项目后评价就是要分析研究已经开始运营的项目究竟怎么样，回顾当时采用的技术是否先进、规模是否适宜、投融资措施是否恰当，如表 10-1 所示。

表 10-1 项目论证与项目后评价的比较

	项目论证	项目后评价
评价时间	项目前期的事前评估	项目完成后的再评价
评价主体	投资主体及其主管部门	监督管理机关、后评价权威机构或上一层决策机构
评价性质	经济性评价	综合性评价
包含内容	项目本身的可行性	项目本身实施和运行情况分析
遵循依据	定额标准、国家参数及历史资料	主要是项目评估的预测情况
使用方法	使用预测值	已经发生的使用实际值，后评价时点之后的采用预测值

随着整个社会越来越关注投资效益问题，越来越强调科学决策观，许多项目特别是投资巨大、社会影响面广的投资项目，不仅在投资决策前要进行项目的可行性分析，也需要在项目完成并投入使用后的一定时期内，结合实际运营情况，对项目进行后评价。

一般地，项目后评价是指对已完成并投入运营的项目的投资背景和目的、建设或实施过程、投资执行情况、运营情况、配套及服务设施情况、建成后的作用与效益、社会经济与环境影响,以及项目的可持续性所进行的系统的、客观而全面的分析研究过程。

4. 项目后评价的作用

现代项目管理理论指出,项目竣工验收和交接并不是项目生命周期的结束,项目投入运营后应该根据实际情况进行后评价,通过对项目运营情况的检查总结,确定项目预期的目标是否达到,项目是否合理有效,项目的主要运营指标是否实现。

1) 项目后评价是总结经验教训、提升项目全过程的计划与控制能力的重要途径

如前所述,项目后评价是指对已完成并投入运营的项目进行的系统的、客观而全面的分析研究,通过提炼项目在实施及运营过程中有益的经验,发现规律性的科学方法,反思在实施及运营过程中出现的失误和教训,使项目的投资人、决策者、管理者和建设者学习到更加科学合理的方法和策略,提升项目全过程的计划与控制能力。

2) 项目后评价是增强项目实施全过程中参与各方责任心的重要手段

由于后评价具有现实、客观、公正等特点,通过对项目实施全过程的成绩和失误进行科学客观的分析研究,可以准确地判断投资人、决策者、管理者和建设者在工作中实际存在的主要问题,使项目参与各方清醒地认识任何决策上、执行中和管理层面的失误给项目带来的危害,进而增强其责任心。

3) 项目后评价是投资决策支持的重要步骤

虽然后评价对完善已建项目、改进在建项目有重要作用,但更重要的是为待建项目的投资决策提供决策支持服务。

4) 项目后评价还具有重要的监督功能

后评价是一个向实践学习的过程,同时又是一个对投资项目的监督过程。项目后评价的监督功能与项目的前期评估、实施监督结合在一起,构成了对投资项目的监督机制。

5. 项目后评价与项目评估的区别

项目后评价与项目评估,在评价原则和方法上没有太大的区别,采用的都是定量与定性相结合的方法。但是,由于两者是项目生命周期中不同时点上进行的两种不同的评价活动,因此也存在一些区别。

1) 目的不同

项目评估的目的是审查项目可行性研究的可靠性、真实性和客观性,为企业的融资决策、银行的贷款决策及行政主管部门的审批决策提供科学依据。

后评价则是在项目完成并投入运营以后,总结项目执行情况,并通过运营阶段的数据来预测项目的未来趋势,其目的是总结经验教训,以改进决策和管理服务。所以,后评价要同时进行项目的回顾总结和前景预测。

2) 起点不同

项目评估是指在项目可行性研究完成后,从项目对企业、对社会贡献的各个角度对拟建项目进行全面的经济、技术论证和评价,并给出评价结果的过程。而项目后评价是站在项目已经完成的时点上,对项目实施全过程的成绩和失误进行科学、客观的分析研究。

3）判别标准不同

项目评估的重要判别标准是投资者期望达到的收益水平，如投资利润率和投资回收期望。而后评价的判别标准则重点是对比项目可行性研究和项目评估的结论，采用前后对比的方法，分析项目实际运行中是否已经达到当初的预计目标。

6．项目后评价的特点

由项目后评价的概念、作用可以看出，项目后评价具有以下特点。

1）现实性

项目后评价以实际执行和运行情况为出发点，对项目建设、运营现实存在的情况、产生的数据进行分析研究，所以具有现实性的特点。项目论证与评估是预测性的评价，它所使用的数据是通过对市场进行分析以后预测的数据，而项目后评价以项目投入运营后的短期实际数据为依据。

2）客观性

项目后评价必须确保是客观公正的，这是一条很重要的原则。客观性表现在进行评价时，应该从实际执行情况和运营数据出发，始终保持客观的立场对待评价工作。再者，进行后评价的机构应尽量是独立的第三方，以确保客观公正。

3）全面性

项目后评价是对项目实践的全面评价，它是对项目立项决策、设计施工、生产运营等全过程进行的系统评价。这种评价不仅涉及项目生命周期的各阶段，还涉及项目的方方面面，如经济效益、社会影响、环境影响，以及项目的管理效率、可持续性等许多方面。

4）反馈性

项目后评价的结果需要反馈到决策部门，作为新项目立项和评估的基础及调整投资计划和政策的依据，这是后评价的最终目标。

10.2.2　项目后评价的主要内容

项目后评价是以项目可行性研究、评估与决策过程所确定的目标和各方面指标与项目实际执行和运营情况之间的对比为基础的。因此，项目后评价的主要内容与项目论证及评估的内容是基本相同的。

1．项目目标评价

项目后评价所要完成的一个重要任务是评定项目立项时原定的目标和目标的实现程度。因此，项目后评价要对照原定目标完成的主要指标，检查项目实际实现的情况和变化，分析实际发生改变的原因，以判断目标的实现程度。另外，目标评价要对项目原定目标的正确性、合理性和实践性进行分析评价。有些项目原定的目标不明确，或者不符合实际情况，项目实施过程中可能会发生重大变化，项目后评价要给予重新分析和评价。

2．项目实施过程评价

项目实施过程评价指将立项评价或可行性研究报告中所预计的情况和实际执行的过程进行比较和分析，找出差别，分析原因。

实施过程评价一般要分析以下几个方面：

(1) 前期工作情况和评价；
(2) 项目实施情况和评价；
(3) 投资执行情况和评价；
(4) 运营情况和评价；
(5) 项目的管理和机制。

3．项目效益评价

项目效益评价指财务评价和经济评价，主要分析指标是内部收益率、净现值和贷款偿还期等项目盈利能力和清偿能力的指标。但进行项目后评价时有以下几点需要加以说明。

(1) 项目前评价采用的是预测值，项目后评价则针对已发生的财务现金流量和经济流量采用实际值，并按统计学原理加以处理，对后评价时点以后的流量做出新的预测。

(2) 当财务现金流量来自财务报表时，对应收而未实际收到的债权和非倾向资金都不可计为现金流入，只有当实际收到时才作为现金流入；同理，应付而实际未付的债务资金不能计为现金流出，只有当实际支付时才作为现金流出。必要时，要对实际财务数据做出调整。

(3) 实际发生的财务数据都含有物价通货膨胀的因素，而通常采用的盈利能力指标是不含通货膨胀因素的。因此，项目后评价采用的财务数据要剔除通货膨胀因素，以实现前后的一致性和可比性。

4．项目影响评价

项目影响评价的主要内容包括经济影响、环境影响和社会影响3方面。

(1) 经济影响评价。经济影响评价主要分析评价项目对所在地区、所属行业和国家所产生的经济方面的影响。经济影响评价要注意把项目效益评价中的经济分析区别开来。评价的内容主要包括分配、就业、国内资源成本（或换汇成本）、技术进步等。由于经济影响评价的部分内容难以量化，一般只能做定性分析，一些国家和组织把这部分内容并入社会影响评价的范畴。

(2) 环境影响评价。对照项目前评价时批准的"环境影响评价"，重新审定项目环境影响的实际结果，审核项目环境管理的决策、规定、规范、参数的可靠性和实际效果。由于各国的环保法的规定细则不尽相同，因此评价的内容也有区别。项目的环境影响评价一般包括项目的污染控制、地区环境质量、自然资源利用和保护、区域生态平衡和环境管理等方面。

(3) 社会影响评价。从社会发展的观点来看，项目的社会影响评价是对项目在社会的经济、发展方面的有形和无形的效益和结果进行分析，重点评价项目对所在地区和社区的影响。社会影响评价一般包括贫困、平等、参与和妇女等内容。

5．项目持续性评价

项目的持续性是指在项目的建设资金投入完成之后，项目的既定流程是否还能继续，项目是否可以持续地发展下去，接受投资的项目业主是否愿意并可能依靠自己的力量继续实现既定目标，项目是否具有可重复性，即是否可在未来以同样的方式建设同类项目。持续性评价一般可作为项目影响评价的一部分，但是世界银行和亚洲开发银行等组织把项目的可持续性视为其援助项目成败的关键因素之一，因此要求援助项目在前评价和后评价中进行单独的持续性分析和评价。项目持续性的影响因素一般包括：本国政府的政策，管理、组织和地方参与，财务因素，技术因素，社会文化因素，环境和生态因素，外部因素等。

上述后评价的主要内容是目前在进行项目后评价实践中普遍包含的。不同的项目其侧重点是不一样的，有些项目重点评价项目建成后对就业、居民生活条件的改善，收入和生活水平的提高，文教卫生、体育、商业等公用设施的增加和质量提高等方面带来的影响；而一些项目将评价重点放在项目建成后对本地区经济发展、社会繁荣和城市建设、交通便利等方面产生的实际影响；另外一些项目则着眼于项目对产业结构的调整、生产力布局的改善、资源优化配置等方面产生的作用和影响。

10.2.3 项目后评价的方法

1．前后对比法与有无对比法

对比法广泛运用于项目后评价中，它是一种基本的方法，也是一种非常重要的方法。

1) 对比法的概念

对比法是一种应用较为广泛的方法。而对比法又分为"前后对比"和"有无对比"。在一般情况下，项目的"前后对比"是指将项目实施之前与完成之后的情况加以对比，分析度量项目效益的一种方法。"有无对比"是指将项目实际发生的情况与若无此项目时可能发生的情况进行对比，以度量项目的真实效益、影响和作用。这里说的"有"与"无"是指评价的对象，即计划、规划的项目。评价通过将项目实施所付出的资源代价与项目实施后产生的效果进行对比得出项目的好坏。方法的关键是要求投入的代价与产出的效果相一致，也就是说，所度量的效果要真正归因于项目。

2) 对比法的作用及其局限

对比法包括"前后对比"和"有无对比"。"前后对比"着重指在项目评价中将项目前期的可行性研究和评估的预测结论与项目的实际运行结果相比较，以找出差距并分析发生变化的原因。但是，对于某些大型项目，实施的效果不仅仅是项目的作用，还有其他因素的影响，如环境因素、社会因素等。因此，简单的"前后对比"不能得出真正的项目作用所产生的效益，只有使用"有无对比"才能找到项目在经济和社会发展中单独所起的作用。

"有无对比"的重点是分清项目作用的影响与项目以外因素作用的影响。例如，城镇化水平的提高、居民收入的增加、宏观经济政策的好转等项目以外的因素，这些因素总会对项目具有潜在的效益和影响。而这种效益和影响用"前后对比"就不能得出项目实施后的真实效果，故需采用"有无对比"。所以，有无对比用于项目的效益评价和影响评价，是项目评价的一种重要方法。但无论是"前后对比"还是"有无对比"，始终不能系统全面地对项目实施评价，特别是一些定性的方面，对比法也显得无能为力。所以，对比法必须与其他方法联合起来使用，并且必须使用预测技术。预测技术已广泛应用于投资项目的可行性研究和项目实践中，特别是在项目效益评价方面普遍采用了预测常用的模式。根据项目的特点和预测的原理，投资项目主要采用的预测技术有回归预测法、趋势预测法和专家调查预测法等。由于预测技术在"对比法"的使用中所起作用巨大，所以在项目效益分析中，对比分析和预测分析必须结合起来使用。不管怎样，对比法由于直观、简洁等特点，在项目评价中具有不可替代的作用，它广泛地运用于项目后评价。

2. 成功度评价法

成功度评价法是指依靠评价专家或专家组的经验，根据项目各方面的执行情况并通过系统准则或目标判断表来评价项目总体的成功程度。成功度评价法以逻辑框架法分析得出的项目目标的实现程度和经济效益分析得出的评价结论为基础，以项目的目标和效益为核心，对项目进行全面系统地评价。进行项目成功度分析时，首先确立项目绩效衡量指标，然后根据如下的评价体系对每个绩效衡量指标进行专家打分。

(1) 非常成功(AA)。目标完全实现或超出目标，和成本相比较，总体效益非常重大。
(2) 成功(A)。目标大部分实现，和成本相比较，总体效益很大。
(3) 部分成功(B)。某些目标已实现，和成本相比较，取得了某些效益。
(4) 大部分不成功(C)。实现的目标很有限，和成本相比较，取得的效益并不重要。
(5) 不成功(D)。未实现目标，和成本相比较，没有取得任何重大效益，项目放弃。

在确立了项目绩效衡量指标之后，就开始利用项目成功度评价表来进行项目成功度的评定。项目成功度评价表设置了评价项目的主要指标。在评定具体项目的成功度时，并不一定要测定所有的指标。评价人员首先根据具体项目的类型和特点，确定表中指标与项目相关的程度，把它们分为"重要""次重要""不重要"3类，在表中第二栏里(相关重要性)填注。对"不重要"的指标无须测定。对每项指标的成功度进行评定，分为AA、A、B、C、D 5类。综合单项指标的成功度结论和指标重要性，可以得到整个项目的成功度评定结论。在具体操作时，项目评价小组成员每人填好一张表后，对各项指标的取舍和等级进行内部讨论，形成评价小组的成功度评价表。项目成功度评价表是根据评价任务的目的和性质决定的。

成功度评价法的缺陷在于成功度评价法主要是定性分析，有些指标具有模糊和非定量化的特点，对其只能进行定性的分析与评价。由于个人的文化水平、知识结构、社会经历和能力大小存在差异，人们对各项影响因素的褒贬程度也不相同，以致很难确定这些因素的具体评判值，很难对这些模糊信息资料进行量化处理和综合评价，即使做出了评价，也是片面的、定性的评价。

3. AHP 和 ANP 比较法

在项目后评价指标体系中，同层指标之间是非独立的，且上下层指标之间存在相互反馈关系，这里采用 ANP 比较法来建立项目后评价结构模型。该模型将系统元素划分为两大部分，第一部分为控制层，第二部分为网络层，控制层和网络层组成了典型的网络层次结构。在该模型中，控制层只有一个总目标，即项目总体效益，而没有评价准则，所以项目总体效益既是评价目标又是判断准则，系统元素直接以此为评判准则进行比较。

(1) AHP 比较法，也称为层次分析法(Analytic Hierarchy Process)，其核心问题是排序问题，其计算过程一般包括以下 4 个步骤。

①构造判断矩阵。按照 Satty 提出的 1～9 标度法对各个元素进行两两比较，分别构造出 A-B、B-C、C-D 的判断矩阵。

②求判断矩阵的特征向量 $\boldsymbol{\omega} = (\omega_1, \omega_2, \cdots, \omega_n)^T$。该向量反映了某层指标元素相应于上层指标某一元素的重要度排序，如 ω_{A-B} 表示元素 B 相应于上层要素 A 的重要度排序。

③计算最大特征值，对判断矩阵进行一致性检验。根据 $A\boldsymbol{\omega} = x\boldsymbol{\omega}$，其中 x 为特征值。当判断矩阵完全一致时，$\lambda_{max} = x$，而当判断矩阵在一致性上存在误差时，$\lambda_{max} > x$。为消除阶数对一致性的影响，引进修正系数 RI 进行修正，当计算得到的 CR(一致性比值)<0.1 时，判断矩阵具有一致性。

④计算各层元素的组合权重，并检验结构的一致性(一般可不进行)。

(2) ANP 比较法，也称为网络层次分析法(Analytic Net Process)，其计算步骤如下。

①构造判断矩阵。对网络层中的各个元素集进行比较，列出两两判断矩阵。为了量化各两两比较判断矩阵，ANP 比较法同样采用 Satty 提出的 1～9 标度法来标度。

②建立超矩阵并归一化处理。ANP 模型通过超矩阵考虑决策网络层次下各个决策层次之间所存在的相互影响关系。超矩阵由各个不同的子矩阵组成，关于子矩阵的形成，与 AHP 比较法中由两两比较判断矩阵求得相对权重排序向量并进行一致性检验的方法完全相同。每个子矩阵反映了两个决策层次之间的相互关系。超矩阵中的数据就是由相互作用指标元素的两两比较判断矩阵的特征向量组成的。在该矩阵中，每一个元素都是归一化的，但是该矩阵并不是归一化的。因此，对超矩阵 W 的元素进行加权，得到加权超矩阵 $\overline{W} = (\overline{W}_{ij})$，$\overline{W}_{ij} = a_{ij} W_{ij} (i = 1, \cdots, N; j = 1, \cdots, N)$。其中，$a_{ij}$ 为元素层判断矩阵；W_{ij} 为超矩阵中各子矩阵。

③求极限相对排序向量。对加权超矩阵进行(2k+1)次演化，即计算极限相对排序向量：$\lim_{k \to \infty} (1/N) \sum_{k=1}^{N} \overline{W}^k$，当 $k \to \infty$ 时，结果达到一致，形成一个长期稳定的矩阵。这时得到的超矩阵各行的非零值均相同，则原矩阵对应行的值为各评价指标相对于目标的稳定的权重。

其主要原因包括两点：第一，AHP 比较法需要假设指标层的决策、设计、施工、营运等相互之间独立互无影响，而 ANP 比较法认为系统中的每个元素也都可能影响其他元素；第二，AHP 比较法在评价的过程中，过程评价对指标层中除属于过程评价之外的财务、国民经济等指标都没有影响。在实际后评价中，元素集内的元素也受到各个元素集的作用，过程评价不仅对其内元素(如决策、设计等)有支配作用，还与效益评价、影响评价、持续性评价及这 3 个元素集之内的各个因素都有相互支配关系，而 ANP 比较法则充分考虑评价体系中所存在的复杂网络关系。因此，基于 ANP 比较法的评价结果更具有现实意义。

由于项目后评价指标体系内各个指标元素都不是独立的，各个层次也不是简单的递阶层次，而是相互影响、互相联系的，因此其发展结果是各个元素综合作用的结果，更适合采用网络层次分析法(ANP)进行评价分析。

4．基于地理信息系统（Geographic Information System，GIS）的图形叠置法

1）确定各评价因子的权重

邀请相关专家依据自己的知识和经验对选定的评价因子进行两两比较，从而构造出判断矩阵 A。$A = (a_{ij})\ i,j = 1,2,\cdots,n,\ a_{ij} > 0,\ a_{ii} = 1,\ a_{ij} = 1/a_{ji}$。通过特征向量法或加权最小平方法求解，最后进行一致性检验，将求得的权重存储到 GIS 的属性数据库中。此外，由于评价因子的数量众多（9 个），因此构造的判断矩阵为 9 阶矩阵。若采用人工计算完成网络层次分析法求解权重的过程，计算量大，易出错，并且也不利于数据的管理。因此，可以用 Visual Basic 6.0 开发一个基于 Windows XP 的权重计算软件，用于数据管理和计算。通过此软件，可以分别用和积法和方根法迅速得到计算结果，同时能保证计算结果的准确性。

2）确定投资项目各评价因子的影响区域

确定各评价因子的影响区域，即确定出缓冲区半径，以进行缓冲区分析。由于不同评价因子下投资项目对环境的影响范围并不相同，因此应采用不同的半径分别产生缓冲区，保证缓冲区的范围不致过大，同时也不能遗漏重要的影响区域。

3）制作各评价因子的影响程度等级图

经过现场测量、调查及长期观测评估，同时经过被评价区域政府、机关及相关专家的认可，确定出各评价因子在影响范围内各区域的影响程度等级 p_{ij}，分为低、较低、中、较高、高 5 个等级，分别用 1、2、3、4、5 表示。然后根据评价区域的地形图或实地调查制作每一评价因子的影响程度等级图，将 5 个等级分别用 5 种由浅到深的不同颜色表示，存储在 GIS 的图形数据库中，将影响程度等级值和其他属性存储在属性数据库中。对于大范围的城镇市政设施投资项目环境影响后评价，可在 GIS 平台上使用航测图片或卫星遥感图像制作影响程度等级图以加快评价过程。

4）确定各评价因子的影响程度等级

由下式可求得投资项目各评价因子的影响程度等级值 I_i，$I_i = \sum_{j=1}^{n} A_{ij} p_{ij} / \sum_{j=1}^{n} A_{ij}$。式中，$I_i$ 为评价因子 i 的影响程度等级值；n 为评价因子 i 的影响范围内包含的多边形数目；A_{ij} 为评价因子 i 影响范围内第 j 个多边形的面积；p_{ij} 为评价因子 i 影响范围内第 j 个多边形影响程度等级。评价因子 i 的影响程度等级 L_i 可由 I_i 四舍五入得到，将 I_i 和 L_i 存储到 GIS 的属性数据库中。

5．模糊层次分析法（FUZZY-AHP）

基于 FUZZY-AHP 的水利建设项目的社会影响后评价步骤如下。

1）评价体系的递阶层次结构

水利建设项目的社会影响后评价具有复杂性和多目标性，涉及因素众多。要结合这些因素对其进行评价，首先应进行层次分析，并根据项目具体情况，建立递阶层次结构评价体系。

2）评价指标权重的确定

目前，确定权重的方法主要有主观赋权法（如估价权重、可靠性权重、系统效应权重

等)和客观赋权法(如熵值法、均方差法等)。前者易受人为主观因素的影响,夸大或降低某些指标的作用,不能完全真实地反映客观事物之间的现实关系;后者需要收集大量的基础数据,且对于有大量人为因素存在的复杂系统评价存在缺陷。鉴于水利建设项目具有多目标决策问题的特点,本书采用网络层次分析法来确定评价指标的权重,它可以将决策者的定性分析和定量分析有效结合起来,而且这种多层次分别赋权法可避免大量指标同时赋权的混乱与失误,从而提高赋权的简便性和准确性。

3)评价指标隶属度的计算

一般应根据指标的实际意义及其性质来确定隶属函数的表达式。这些评价指标总体来说可分为两类,即定性分析的"软"指标和定量分析的技术经济类"硬"指标。并且,从水利建设项目对于流域社会经济发展的促进作用来看,这些指标又具有以下 3 种特性:指标值越大,则促进作用越大;指标值宜适中;指标值越小越好。

(1)定性指标隶属度的计算

对于评价指标体系中的定性指标,可以采用模糊统计法确定其隶属度。

①定义评语集 V 及其对应的标准集 U:

$$V = \{V_1, V_2, \cdots, V_K\}$$

$$U = \{U_1, U_2, \cdots, U_K\}$$

这次评价确定 V、U 分别为(在这里 K 取 5):

$$V = \{V_1(verygood), V_2(good), V_3(general), V_4(poor), V_5(verypoor)\}$$

$$U = \{1.00, 0.75, 0.50, 0.25, 0\}$$

②专家评语。

邀请一批专家,分别为指标体系中的定性指标赋分,赋分时并不要求给出具体的分值,而是在 5 个评语级别"很好""较好""一般""较差""很差"中选取最合适的某一级别上打钩即可。在打分时,要求参阅相关的建设、设计、施工和监理等资料及社会调查资料,力求赋分客观、公正。

③定性指标隶属度的计算。

依据各专家的评语集,进行统计分析可得定性指标隶属度 $r_i = \frac{1}{n}\sum_{i=1}^{n} U_i$,其中 n 为邀请的专家人数。

(2)定量指标隶属度的计算

对于评价指标体系中的定量指标,可参照国内已建水利枢纽的统计资料中确定的隶属函数来计算,如迁移人口的隶属函数可采用 $\mu(x) = 1 - x^{0.5}$,式中 x 为迁移人口数量(单位为 10 万人);也可通过构建隶属函数来确定其隶属度,若选择线性函数为隶属函数,则上述特性指标的隶属函数可以描述为 3 种:越大越优型,越小越优型,适中型。

可见,定量指标隶属度计算的关键是逐一构造各指标的隶属函数和确定各指标的最大值 M_i 和最小值 m_i,后者是评价水利建设项目社会影响后评价的重要数量界限,可以依据国家有关规定或参照国内外已有水利枢纽的实际统计资料来确定。当某项评价指标需用两项及以上定量指标表征时,其隶属度取这两项及以上定量指标隶属度的平均值或加权平均值。在求得各项指标隶属度后,便可对水利建设项目做出综合评价。

10.3 工程案例分析

1. 背景

PAS-1000 系统是由各地市电信公司为适应日益激烈的市场竞争需要和提高自身服务水平建立的,即将原诸多特服号(114、112、189、180、170 等)综合成一个特服 1000,这样客户只要拨打 1000 就可得到电信公司的所有服务。

项目合同额为 500 万人民币,项目关系人包括某市电信分公司、电信工程公司、宏智公司等,电信分公司是项目的业主单位,电信工程公司和宏智公司是实施方。其中,电信工程公司负责综合布线,宏智公司负责项目的总体实施及日后的系统支持和维护。

项目的目标是在合同规定的时间内完成项目的竣工和验收工作。

2. 管理基本思路

将项目分 3 个阶段:项目准备阶段、项目实施阶段、项目验收阶段。

准备阶段的主要工作内容:落实客户的前期准备事宜、组织设备到货、系统设备预安装,计划评审。目标要求:项目基本具备现场开工的条件。

实施阶段的主要工作内容:现场完成系统的接入和业务接口调测、系统的竣工。目标要求:系统各项功能基本可用,基本具备系统开通条件。

验收阶段的主要工作内容:由项目验收小组对系统进行全面、综合的验收,输出项目验收报告。目标要求:完成 PAS-1000 建设项目的所有工作。

健全项目组织结构:

(1)项目领导小组:主要负责审批项目计划,对项目范围、项目风险等重大事件进行决策、组建验收小组并主持验收工作;

(2)项目验收小组:项目竣工临时成立的组织,归项目领导小组领导,各相关部门人员参与,主要职责是确定验收内容、组织项目验收;

(3)质量监督小组:在系统实施过程中对工程质量进行监督,由第三方的资深技术人员参加;

(4)项目执行小组:制订和控制项目计划,合理安排资源,确定业务需求;

(5)项目实施小组:负责主机、数据库、综合布线、各平台软件的安装与调试(包括 1000 实施组和主机网络实施组);

(6)项目文档小组:制订项目文档管理计划及文档的输出、归档;

(7)项目支持小组:主要针对技术难题的支持和问题的远程处理(无须全过程现场办公)。

组织要点:保证客户的充分参与,发挥客户的积极性;明确每一个项目干系人的任务和责任;坚持提前到现场调研和勘察的制度。

分清项目责任界面:明确供方和需方的责任,标明完成时限。

教训回顾:某 112 系统项目,对业务接口调测时涉及修改交换机数据,需要客户配合完成。客户认为合同已经签订,全部的工作要由供方来做。经过多次协商,客户同意修改,但提出每次为交换机修改数据必须由供方支付费用,致使整个项目无法进行。同时,PAS-1000项目注重沟通,每天下班后一次小沟通(十分钟左右);定期例会(两小时),主题是相互交流一周的工作进展情况,分析已经出现和潜在的风险问题,及时总结经验教训。

与上级主管的沟通:输出周报、月报,保持随时交流沟通。

与客户沟通:使其及时了解项目进展情况,认同项目进度并建立预期;每周例会邀请客户相关部门的领导参加;将例行沟通列入会议纪要,统一作为项目管理的文档输出。

每个周末之前,按公司统一的格式撰写周报并提交部门文档管理员,再由部门文档管理员提交项目执行部进行审核,签字盖章后发给客户方的相关负责人。

工作汇报主要内容:上周工作内容、上周存在问题、需要配合事项、下周工作计划、费用开支预算、风险列表等。

3. PAS-1000 项目计划特点

一般工作分解不超过两个工作日,对于周报等出现频数高的工作注意单列;实施控制方面做到"三天一回顾,一周一总结",规范流程。对于计划变更有规定的变更流程:三天以内的计划变更,由项目经理确定;一周以内的计划变更,由项目执行小组审批;一周以上的计划变更,报项目领导小组审核或会议讨论,同时采取紧急处理措施。时间进度评估如表10-2所示。

表10-2 时间进度评估

阶段周期	阶段权重	计划时间(天)	实际时间(天)	绩效分析	绩效系数
项目准备阶段	30%	12	12	计划时间:11月19日—11月30日 实际完成时间:11月30日 准备工作落实到位	30
项目实施阶段	50%	28	28	计划时间:12月3日—1月1日 实际完成:12月31日 工作实施阶段,实施计划与规范得到客户认同和支持,沟通协调流畅,团队积极性高,按时完成系统任务	50
项目验收阶段	20%	18	18	计划时间:12月29日—1月15日 实际完成时间:1月15日 沟通较好,开始客户对先初验再交接持反对态度,沟通后消除了这一障碍	20
合计	100%	58	58	项目总体上按计划完成,项目后期人员变动对项目影响很小,评估时忽略不计	100

4. PAS-1000 项目评审

主要依据:工作分解结构、项目实施计划、项目移交情况(含项目质检内容)、客户满意度调查、项目总结报告。项目评审通过第三方在项目开始之前对项目目标、范围、工作分解、资源使用、项目组织、项目制度、责任界面、项目文档、沟通计划、风险控制等内容进行评审，项目结束后对项目的实施、成本、质量等进行总结和改进。

5．PAS-1000 的文档管理

文档管理涉及 4 种文档：质量体系文件、技术文件、项目管理文件、外来文件。文档输出统一纳入配置管理，并在日后维护和扩容工作中进行相应更新。

6．PAS-1000 项目的绩效评估

依据：项目实施计划、项目成本预算、项目管理规范；目的：为项目实施提供导向性管理工具，促进完善项目管理，为项目激励分配和决策提供书面依据。

项目评估结果如表 10-2 至表 10-7 所示。

表 10-3　成本费用控制分析

工程项目工作日预算	所处阶段 工作量	项目准备阶段	项目实施阶段	项目验收阶段	开发组人员	销售配合人员	合计
	总工作日（单人日）		30＋27＝57	30＋27＝57	2×2＝4		118 个工作日
分析	项目实施未超过计划工作日，项目验收阶段还抽调人员到其他项目组，实际工作日应有所减少，考虑影响较小，评估时忽略不计							
工程项目成本预算	总成本	计划						
		实际						
	交通费	计划						
		实际						
预算成本(元)		实际支出成本(元)		节约/超支金额(元)		节约/超支比例(%)	绩效系数合计	
20360		17960		2400		11.79	100/5 × (11.79/10 × 2 + 5) = 147.16	

注：成本费用的信息、数据来源于"项目周报费用统计表"。

表 10-4　成本费用评分方法

成本费用状况（实际总成本/预算总成本）	绩效分数评分描述（5 分制）	成本费用绩效评估系数（百分制）
100%～120%	5 = S1	$K = 100/5 \times S1$
大于 121%，每超过 10%，−1 分	5−Q = S2	$K = 100/5 \times S2$
小于 100%，每小于 10%，+2 分	5 + Q = S3	$K = 100/5 \times S3$

注：Q 表示大于 121% 或小于 100% 时扣减或增加的分数。

表 10-5　质量流程分析

评估事项	评估内容	评分依据	评分标准(5 分制)	评估分析	绩效分析	绩效系数
风险管理	项目实施过程中质量事故					
	项目风险管理方案					
问题管理	问题管理方案					
文档管理	文档类别及清单					

续表

评估事项	评估内容	评分依据	评分标准(5分制)	评估分析	绩效分析	绩效系数
范围管理	合同变更 进度计划变更					
项目培训	培训计划 培训实施 培训效果					
	绩效合计					

表 10-6 客户满意度评估

客户对象	评估内容	评估结果得分(5分制)	
		评估分析	评估得分(5分制)
内部客户满意度评估	团队氛围		4
	团队沟通		3
	团队水平		4
外部客户满意度评估	配合良好		4
外部客户满意度评估	响应及时		4
	资料翔实		4
评估分值合计(5分制)			23
评估绩效系数合计(百分制)			100/30 × 23 = 76.67

表 10-7 项目综合评估结果

项目经理		所属事业部		项目名称	
评估期	11月19日—1月15日		初验通过时间	1月15日	
评估内容	绩效系数	权重(%)	综合评估得分	备注	
时间进度评估	100	50	50		
客户满意度评估	76.67	20	15.33		
成本费用评估	147.16	10	14.72		
质量控制评估	64	20	12.8		
创新能力附加分		10			
合计		110	92.85		

成本费用评估得分，即绩效系数合计转入项目综合绩效评估。

工程项目各阶段工作结束后，项目经理在进行阶段工作总结时同时对项目费用执行情况进行总结分析。

根据项目的工作量和项目实施难易程度，设置不同工作量等级的不同奖金额度，最低 1000 元，最高 10000 元，在项目实施计划评审时确定，并依据项目绩效评估结果得分计算项目的激励金额。激励金额的发放分两次，一次是项目结束后评估完成时，发放 70%，另外一次是在运行阶段，发放余下的 30%。

为合理计算项目标准工作量，PAS-1000 项目将人员进行等级划分，非常熟练为 A 级，熟练为 B 级，一般熟练为 C 级，试用期或无工作经验为 D 级；A、B 两级按正常工作日计算，C 级按 70%的工作日计算，D 级按 30%的工作日计算。

本章小结

本章首先从正常结束与非正常终止两方面介绍了项目结束的相关内容；然后介绍了项目后评价的概念，分析了项目中间评价、项目论证、项目评估与项目后评价之间的关系，最后介绍了项目后评价的方法。

能力测试题

1．是非判断题

(1)失败的项目只需要说明项目终止的原因，不需要进行最终产品、服务或成果的移交。　　　　　　　　　　　　　　　　　　　　　　　　　　　　　　(　　)
(2)成功度评价以用逻辑框架法分析的项目目标的实现程度和经济效益分析的评价结论为基础。　　　　　　　　　　　　　　　　　　　　　　　　　　　(　　)
(3)后评价的重要判别标准是投资者期望达到的收益水平。　　　　　　(　　)
(4)项目中间评价是项目监督管理的重要组成部分。　　　　　　　　　(　　)
(5)前后对比法的重点是要分清项目作用的影响与项目以外因素作用的影响。(　　)

2．单项选择题

(1)项目后评价最基本的方法是(　　)。
　　A．成功度评价法　　　　　　B．层次分析法
　　C．逻辑框架法　　　　　　　D．对比法
(2)在项目结束过程中，项目经理需要记录下(　　)。
　　A．正式验收过程　　　　　　B．工作说明书
　　C．付款计划　　　　　　　　D．变更控制程序
(3)下列选项中，(　　)是项目后评价的核心内容。
　　A．项目目标实现程度和可持续性能力评价
　　B．项目绩效和影响评价
　　C．项目建设主要经验与教训
　　D．项目建设全过程的回顾与评价
(4)项目后评价的基础是(　　)。
　　A．项目建设全过程的回顾与评价
　　B．项目绩效与影响评价
　　C．项目目标实现程度和可持续性能力评价
　　D．项目建设主要经验与教训
(5)在项目结束时的一项重要活动是(　　)。

A. 分发进展报告和风险评估
B. 分发信息以使项目收尾正式化
C. 监控项目具体结果以确定是否与相关质量标准相符
D. 转交所有项目的记录给项目所有者

3. 多项选择题

(1) 项目后评价的内容包括（　　）。
　　A. 项目目标评价　　B. 项目实施过程评价　　C. 项目效益评价
　　D. 项目影响评价　　E. 项目持续性评价

(2) 关于项目后评价的说法，正确的有（　　）。
　　A. 项目后评价应在竣工验收阶段进行
　　B. 项目后评价的基本方法是对比法
　　C. 项目效益后评价主要是经济效益后评价
　　D. 过程后评价是项目后评价的重要内容
　　E. 项目后评价采用项目投入运营后的短期实际数据

(3) 项目后评价的特点有（　　）。
　　A. 前瞻性　　B. 现实性　　C. 反馈性
　　D. 重复性　　E. 全面性

(4) 当某一项目出现以下（　　）情形时，就应适时终止，使项目进入结束阶段。
　　A. 项目的目标已经成功实现
　　B. 项目目标已无望实现
　　C. 项目投资人的战略发生改变，该项目必须舍弃
　　D. 项目无法继续获得足够的资源以保证项目的持续
　　E. 项目即将进入收尾阶段

(5) 下列关于项目后评价的作用，正确的包括（　　）。
　　A. 对提高项目前期工作质量起促进作用
　　B. 对政府制定和调整有关经济政策起参谋作用
　　C. 对投资人优化生产管理起推动作用
　　D. 对项目业主提高管理水平起借鉴作用
　　E. 可以准确判断投资人、决策者、管理者和建设者在项目工作中实际存在的主要问题

4. 简答题

(1) 项目处于什么样的情况下应该进入项目结束阶段？
(2) 项目正常结束和非正常终止的主要区别有哪些？
(3) 项目中间评价的作用是什么？
(4) 项目后评价和项目论证的主要区别是什么？
(5) 项目后评价的主要内容有哪些？

案例分析

某技术改造项目的对象是国家重点规划的大型石化装置,主要为下游生产装置提供中间原料。该技术改造项目的预计工期为 24 个月,实际只用了 20 个月,稳定运行 1 年后,项目的相关数据如表 10-8、表 10-9、表 10-10 所示。试对该项目进行分析。

表 10-8 项目改造前后对比

项目	改造前	改造后
规模/(万吨/8000 小时)	40	70
年产量/万吨	44	73
产品收率/%	30.2	29.3
综合能耗/(千克标油/吨)	694.8	725.1

表 10-9 项目投资变化比较　　　　　　　　　　　　单位:万元

项目	可研报告	竣工决算	降低幅度
总投资	191565	154383	37182
建设投资	172165	140783	31382
工程费用	145399	125511	19888
工艺生产装置	128814	108453	20361
配套装置	16585	17058	−473
工程建设其他费用	14766	12972	1794
建设单位管理费	669	529	140
临时设施费	149	89	60
勘察设计费	371	171	200
生产人员准备费及联合试运费	15	16	−1
锅炉及压力容器检验费	29	23	6
超限设备运输措施费	90	68	22
引进工程其他费用	13387	10090	3297
办公及生活家具购置费		6	−6
投料试车费		1980	−1980
银行担保费	56	0	56
预备费	12000	2300	9700
基本预备费	4500	2300	2200
涨价预备费	7500	0	7500
应列入总投资的费用	19400	13600	5800
建设期借款利息	9200	3400	5800
流动资金	10200	10200	0

247

表10-10　项目主要经济指标对比　　　　　　　　　　　　单位：万元

项目	可研数据	后评价数据	备注
总投资	191565	154383	
建设投资	172165	140783	
建设期利息	9200	3400	
流动资金	10200	10200	
年均销售收入	16500	19200	
年均税后利润	23500	29600	
投资回收期(静态)/年	6.52	5.32	含建设期
财务内部收益率/%	12.56	14.68	

问题：试对该项目进行评价。

参 考 资 料

[1] 蒂莫西·J. 克罗彭伯格. 项目管理(现代方法)[M]. 杨爱华, 翟亮, 付小西, 等译. 北京: 机械工业出版社, 2016.

[2] 宋金波, 朱方伟, 戴大双. 项目管理案例[M]. 北京: 清华大学出版社, 2013.

[3] 何成旗, 马卫周. 工程项目成本控制[M]. 北京: 中国建筑工业出版社, 2013.

[4] 任汉波. 建设项目成本控制与案例[M]. 北京: 中国铁道出版社, 2011.

[5] 小塞缪尔·J. 曼特尔. 项目管理实践[M]. 王丽珍, 张金兰, 译. 北京: 电子工业出版社, 2011.

[6] 姜启源, 等. 数学模型 [M]. 5版.北京: 高等教育出版社, 2018.

[7] 曼特尔, 等. 项目管理实践[M]. 王丽珍, 张金兰, 译. 北京: 电子工业出版社, 2011.

[8] 卢向南. 项目计划与控制[M]. 北京: 机械工业出版社, 2009.

[9] 罗西瑙, 吉森斯. 项目管理——最佳实践案例剖析(第4版)[M]. 王丽珍, 高超, 熊芸, 等译. 北京: 电子工业出版社, 2008.

[10] 程铁信. 项目管理理论方法与实践[M]. 北京: 中国电力出版社, 2008.

[11] 杰弗里·K. 宾图. 项目管理(原书第4版)[M]. 鲁耀斌, 译. 北京: 机械工业出版社, 2018.

[12] 科茨纳. 组织项目管理成熟度模型[M]. 张增华, 吕义怀, 译. 北京: 电子工业出版社, 2006.

[13] 李金海. 项目质量管理[M]. 天津: 南开大学出版社, 2014.

[14] 丁荣贵, 杨乃定. 项目组织与团队[M]. 北京: 机械工业出版社, 2005.

[15] 张卓. 项目管理[M]. 北京: 科学出版社, 2017.

[16] 池仁勇. 项目管理[M]. 北京：清华大学出版社, 2015.

[17] 哈罗德·科兹纳. 项目管理案例与学习题集 [M]. 杨爱华, 杨磊, 等译.7版.北京: 电子工业出版社, 2003.

[18] 胡长明, 刘凯, 董翔, 等. 多项目管理组织结构及其评价[J]. 广西大学学报(自然科学版), 2014, 39(1): 206-213.

[19] 梁莱歆, 熊艳. 基于研发项目生命周期的成本管理模式研究[J]. 科研管理, 2010, 31(1): 170-176.

[20] 杨明海. 项目团队效能成熟度研究[D]. 济南: 山东大学, 2007.

[21] 赵爱锋. 朗威公司工程项目知识管理平台研究[D]. 北京: 北京交通大学, 2009.

[22] 卢向南. 项目计划与控制[M]. 北京: 机械工业出版社, 2018.

[23] 叶荣伟. 面向知识管理的本体进化与用户权限管理研究[D]. 上海: 上海交通大学, 2009.

[24] 刘雷. 基于供应链的项目采购风险管理研究[J]. 中国物流与采购, 2020(7): 30-31.

[25] 李亮. 用敏捷项目管理提高管理的灵活性和适应性[J]. 施工企业管理, 2019(10): 95-96.

[26] 司洪泉. 基于J2EE的知识库管理系统的设计与实现[D]. 天津: 南开大学, 2011.

[27] 王静琳, 何清华, 等. 大型复杂群体项目组织的协同特征与机制研究[C]. 第十届中国项目管理会议, 2011.

[28] 常伟. JX 学院新校区项目冲突管理案例研究[D]. 大连: 大连理工大学, 2011.

[29] 樊无敌. 面向知识管理的报社办公自动化系统的研究与实现[D]. 郑州: 解放军信息工程大学, 2012.

[30] FERNS D C. Developmentin Programme Management[J]. International Journal of Project Management, 1991, 9(3): 148-156.

[31] BROWN S L, EISENHARDT K M. The Art of Continuous Change: Linking Complexity Theory and Time- pace Devolution in Relentlessly Shifting Organizations[J], Administrative Science Quarterly, 1997, 42(1): 1-43.

[32] 马丽华, 蔡启明. 基于生命周期理论的项目团队成员的沟通策略研究[J]. 技术经济与管理研究, 2006(1).

[33] 范成方, 董继刚, 贾宏俊. 挣值法在项目管理中的应用研究[J]. 山东科技大学学报(自然科学版), 2007, 26(1): 101-103.

[34] 赵萌. 工程项目管理中的项目文化建设[J]. 建筑与工程, 2007(5).

[35] 沈暐. 浅述项目管理中的冲突解决策略[J]. 项目管理技术, 2008(5): 65-68.

[36] 杨艳玲, 刘路, 陈立芳. 关键链与 PERT/CPM 的优缺点对比[J]. 价值工程, 2008(12): 108-110.

[37] 尹辉庆, 杨明新. 浅议项目管理的冲突来源及其应对策略[J]. 项目管理技术, 2009(4): 69-71.

[38] 傅道春, 高洁, 张爱中, 等. 建筑企业项目群管理实施模型[J]. 山东交通学院学报, 2009, 17(2): 68-71+76.

[39] 戚安邦, 熊琴琴, 杨玉武. 不同功能的项目工作分解技术方法及其方法论的研究[J]. 项目管理技术, 2010, 8(1): 13-18.

[40] 鹿吉祥, 赵利, 毕向林, 等. 项目群管理研究[J]. 工程管理学报, 2010, 24(4): 442-446.

[41] 廖媛红. 基于模糊聚类和灰色决策的项目团队组建方法研究[J]. 技术经济与管理研究, 2010(S1): 14-17.

[42] 王长峰, 张杰. 研发企业矩阵式管理中职能经理与项目经理博弈模型研究[J]. 项目管理技术, 2010, 8(02): 73-78.

[43] 张瑞红. 国内企业知识管理绩效评价研究状况分析[J]. 中国管理信息化, 2010(7): 102-104.

[44] 李刚. 论知识管理在工程咨询企业的应用[J]. 中国工程咨询, 2010(10): 21-23.

[45] 王祖和. 项目质量管理[M]. 北京: 机械工业出版社, 2018.

[46] 徐颂, 黄文. 里程碑控制在研发项目进度管理中的应用[J]. 项目管理技术, 2011, 9(5): 86-90.

[47] 李传, 李娟, 宛燕, 等. 项目经理胜任素质模型综述[J]. 人力资源管理, 2011(12): 123-125.

[48] 孙慧, 范志清, 孙晓鹏. 基于模糊综合评价的 BOT 高速公路建设项目后评价[J]. 统计与决策, 2011(4): 40-42.

[49] 段云龙, 周静斌, 申晓静. 基于熵权 TOPSIS 法的房地产项目后评价模型研究[J]. 项目管理技术, 2011(9): 40-44.

[50] 陆鹏. 基于战略管理视角下的项目管理研究[J]. 价值工程, 2013(19): 140-142.

[51] 丁荣贵. 抓好"战略项目管理"和"项目管理战略"[J]. 项目管理评论, 2018(5): 1.

[52] 何勇, 熊艳. 基于战略视角的企业项目管理模式研究[J]. 企业改革与管理, 2019(3): 13-14.

[53] 王兴钊. 项目管理: 促进公司发展, 实现商业价值, 访华为项目管理能力中心部长易祖炜[J]. 项目管理评论, 2018(5): 12-17.

[54] 陆娅. 企业战略管理与项目管理耦合研究[J]. 中国管理信息化, 2019, 22(1): 119-120.

[55] 鹿吉祥, 赵利, 毕向林, 等. 项目群管理研究[J]. 工程管理学报, 2010, 24(4): 442-446.

[56] 殷焕武. 项目管理导论(第3版)[M]. 北京: 机械工业出版社, 2012.